JN271027

# ゲーテとサヴィニー

## 詩人法律家／続

オイゲン・ヴォールハウプター 著
堅田　剛 編訳

ゲーテ

サヴィニー

御茶の水書房

# ゲーテとサヴィニー　目次

# 目次

# 凡例

一、本書は、Eugen Wohlhaupter, Dichterjuristen, hrsg. v. H. G. Seifert, Tübingen, J. C. B. Mohr（Paul Siebeck）, Bd.1, 1953からの編訳である。詳細は巻末の「訳者解説」を参照されたい。

一、書名・雑誌名・新聞名・詩作品名・演劇作品名等については『』を付した。ただし、原著者による表記を尊重したので、必ずしも正確なものではない。

一、論文名・小作品名等については、原則として「」を付した。

一、特殊な用語等を強調して文意を明確化するために、必要に応じて「」を用いた。

一、原文中、斜字体および隔字体で記された用語は、傍点を付して表記した。

一、原著の脚注方式を後注方式に改め、各章または各節等の末尾に「原注」として集約した。

一、原注の文献表記については、各論文末尾の「出典および文献一覧」を組み込むなどして、可能なかぎり略記箇所を補充した。「出典および文献一覧」は、それ自体としては訳出していない。

一、編者ザイフェルトの補注であることが明らかな箇所は［］で括り、「編者ザイフェルトによる補注」と表記した。明らかでないものは、そのまま原注として訳した。

一、訳者による補注は、〔〕で括った。

一、原著の章・節以下の項目については、必要に応じて1・2・3……の番号とともに標題を付した。

一、原著にみられる引用文については、邦訳のあるものは可能なかぎり参照したが、文脈に即して訳者があらためて翻訳したものであるので、既存の邦訳については明示しなかった。

一、原文中の人命にはBettina, Bettineの両表記がみられるが、「ベッティーナ」に統一した。またGunda, Gundeの両表記については「グンダ」に統一した。また、Clemens Brentanoについては、「クレメンス」と「ブレンターノ」の呼称が自在に用いられているが、原文どおりとしてあえて統一しなかった。

# ゲーテとサヴィニー

――詩人法律家／続

# 第一章　ヨハン・ヴォルフガング・ゲーテ

## はじめに

### 1　歴史的・批判的研究の傾向

ドイツ精神史における強力で一般的な意義に関しては、以下の点でゲーテに負っているとしなければならない。すなわち、大臣フリードリヒ・フォン・ミュラーの時代以来、また彼の協力者フォーゲルの時代以来、ゲーテは詩人法律家としても繰り返し専門的論文の執筆の対象となってきた。ミュラーは、師匠の死の直後に、彼の実務的な仕事についての講演において報告したし、そしてフォーゲルは、早くも一八三四年に著書『官僚としてのゲーテ』を出版した。この文献には基本的な研究の他に無関係で皮相な論文もみられるのだが、いずれにせよそれを概観すれば、詩人法律家ゲーテの姿を全的に除去することなど誰にもできない、ということが明らかになる。ある者はゲーテの法律家としての経歴、したがって法学生時代や（モリス、フォーゲル、トラウマン）、フランクフルトでの弁護士時代や（すでに一八七四年にはクリーク、のちにはフックス）、ワイマールの公国での高級官僚時代に注目した（たとえばハルトゥング、ビュルギン、ブラディシュ）。またある者は、法的状態の記録者や法律専門家や法思想家としてのゲーテに着目した（たとえばゲオルク・ミュラー、ルドルフ・ヒューブナー、アルトゥール・ベンノー・シュミット）。ともかく、当該文献のこうした問題設定においては、繰り返し二つの中心的課題が浮かび上がるのがみられる。一般にどの詩人法律家においても追求されるべき課題と、ある定式に要約される課題とであるが、換言すれば、一方は詩人法律家の法律家としての経歴という課題であり、他方は彼の精神的活動にみられる法と国家という課題である。その際ただちに気づくように、どちらの方向においても、ゲーテについての証言は並外れて広範であり、かつ多面的である。手紙や日記や伝記的作品において、事実や考察につき彼自身が記したものの他に、第三者の側から書き留められた談話[1]も、とりわけ重要かつ有益な資料として現れる。そのうえ、ゲーテの文学的業績の途方もない規模も十全に知られている。

　ゲーテ論は、三つの時期に区別することができる。すなわち、この偉大な人物の直接的でなお感情的な影響が残っていたほぼ世紀半ばまでの時代、次に個々の作品についての歴史的・批判的研究の時代、最後に精神科学的な全体像という新しい傾向であって、これはゲーテの中にドイツ芸術の最も偉大な担い手ないしは守護者を見出そうとするものである[2]。だとすれば、ミュラー大臣の講演やフォーゲルの著書といった例外はあるものの、同時代や亜流の著作が法律家としてのゲーテをあまり重視してこなかった、ということを確認しなければなるまい。詩人法律家の系譜から諸々の事例を取り出そうとして気づいたのは、メルク、アヒム・フォン・アルニム、ツァハリアス・ヴェルナー、E・T・A・ホフマン、アイヒェンドルフ[3]、グリルパルツァー、インマーマンたちが、常に人間や詩人である点に固執したということである。彼らすべてを多かれ少なかれ悩ませた法律家と詩人の関係を想起しつつ、彼らをまさに老大家として考慮に値するとみなしたとしても、そうなのである。ゲーテ研究の第一期が詩人法律家という問題にあまり多くの寄与をなさなかったとすれば、ほとんどすべての遺産はそれに続く歴史的・批判的研究の傾向に負うことになる。これは、今日にまで継続しつつも、なおけっして追い越すことのできないような傾向なのである。フィシュラーのように、ゲーテにカール・シュミットの意味での具体的な秩序思想を要求する試みは、たしかに興味深いけれども、それは詩人法律家ゲーテの総体的現象にとって適切とはいえない[4]。ゲーテは、一七九六年二月八日付でハインリヒ・マイヤー宛てにこう書いた。「あらゆる実用的な自伝的描写も、意義ある生活の素朴な細部には比べようもありません[5]」。このことが当てはまるのは、法と国家についての情報が、ゲーテの生活や精神的活動において分明な観点のもとに、ことごとく蒐集され整序されているわけではないからであるが、その際にこそ、そうした観点の選択や評価において、精神科学的な総合が大いに正当化されることになるのである。

　このことはもちろん困難な課題であるので、本論稿において解決したいとの希望は、準備作業で確認されたことを要約するだけに限定するにせよ、不遜なものなのかもしれない。こうした上質に記録された生活と創作の資産は、まことに途方もないものである。厳密に観察する者は、詩人法律家ゲーテにあっても、才能の重みを見出すことになる。

　これに加えて、多面性がある。ゲーテの最後の手紙、死の数日前にヴィルヘルム・フンボルトに宛てられた手紙には、こう書かれている。「すべてを受け容れる最良の天才とは、すべてを捧げることを弁えている天才なのです。その際、自身の基本規定を、つまり性質と呼ばれるものを些かも損なわず、むしろそれを正当に高めて、可能性を充分に開くなどということはありえないのです[6]」。たしかに、ゲーテの途方もない生産性は、第一次的には、彼がここで性質と呼ぶ基本的天分に基づいている。けれどもそれは、彼の途方もない受容ないし適応の備えなしには、けっして可能ではなかっただろう。その証拠に、たとえば『東西ディヴァン』の前史は、六十五歳になってもなお、最高に示唆に富む説明図を提供している[7]。強力な政治的変遷の時代の渦中にあって、つまり後期自然法から歴史法学派への実り多い転換の渦中にあって、ゲーテは、「本性の完全性」を、詩人法律家としても、その政治的および法的な世界像の感嘆すべき多面性によって明らかにする。法と国家についての基本的見解の通奏低音（basso continuo）を聞き流すことができたり、まったく消し去ってしまおうとする者にとっては、ゲーテをあれこれ都合のいい立場にかこつけて、奇妙きわまる理論のための証人として召喚することも困難ではない。一般的にいって、ゲーテが精神の光によって何かを照らし出すことができないような、人間の努力や思考の小道などわずかしかないからだ。したがって、ちょうど我が民族のほとんどすべての重要な精神的潮流が、なんらかの仕方でなんらかの時代に英雄たちと合流することを求めるようなものなのである。ゲーテの多面性は、多くの人にはまさに変幻自在にみえた。だが彼には激しい矛盾があることを、誰も疑わないようなのだ。あれこれの思索のあいだの矛盾、ときとして思想と行為のあいだの矛盾である。けれども彼自身は、何事にも興味をもつ人々に対して、私は小利口な書物ではなく、まさに矛盾を抱えた人間なのです、と慰めの言葉を表明したことがある。こうした矛盾を詩人法律家ゲーテにおいて確認することを、恐れてはならないだろう。もとより必要な場合には、彼の基本的見解にしたがって提供すべき矛盾対照表（concordantia discordantium）のために努力すべきではあるのだが。

## 2　詩人法律家の問題性

ゲーテもまた詩人法律家の問題性の下にあって、特別に集中的な意味においてではあるが、詩人的使命や学問的使命という高度の価値の感情に満ちていた。彼の人物像があえて詩人魂を無力化する公務や職務についての言い回しに近づいたとしても、なんら驚くべきことではない。ゲーテ自身がそのような言い回しに如何に応じたかを確実に言明できるし、彼のそうした表明はその偉大な人格性に充分に相応しいものだからである。

なによりも彼の確固とした信念は、詩人も日常的生活への参加を拒むべきではない、というものである。ゲーテがクロプシュトックとグライムおよび彼らの往復書簡について語ることになる、『詩と真実』第十章の冒頭部において、彼は、「一日は長く、加えて夜がある。いつもいつも詩作し、活動し、施しをするというわけにはいかない」と述べている。続いて彼は次の確信を表明する。「最も優れた人物といえども、あまりに自己にかかずらい、そこにのみ成長の糧と同時にその尺度を見出しうる、外部世界の充実に手を差し伸べることを怠るならば、むなしく日を過ごし、乏しい暮らしに自足する羽目に陥ることになる」と。(8)

またライプツィヒの法学生〔ゲーテ〕が哲学部への移籍を本気で考え、父親の意向や国法学の教師である宮廷顧問官ベーメの忠告によってようやく思いとどまったとしても、それでもなお彼の法学生時代の総合成績は、同時期の同窓生たちと比べて卓越している。相当に獲得された知見が彼のうちで刺激となって活性化し、彼は間もなく、法学の勉強こそが公職での今後の活動全般の確かな基礎を作り出した、という洞察に到達した。こうした洞察によって、彼はのちに一人息子のアウグストを、やはり法学の勉強に送り出したのであった。(9) フランクフルトでの弁護士時代を、ゲーテはのちに皮肉を込めてこう振り返っている。「だがここでは、そうした商売を営み、そうした技術を用いる人間の本性に行き着くばかりだ。正当な事案に決然たる弁護士と、星空を見通す数学者とは、両法とも神様のようなものなのだ」(10)と。彼がワイマールでの大小の公務にいかに完璧に献身したかは、常に繰り返し感動をもって語られている。その際、諸々の誘惑がないわけではなかった。すなわち、外的な誘惑と同様に、長いあいだ男らしく抑制されており滅多に窺わせることはなかったが、イタリア旅行を前にようやく逃避を決心するまでに強められた、内的な誘惑がないわけではなかった。ワイマールでの些事など大したものではありません、と母親に説明していたメルクに唆されて、一七八一年には彼女自身が息子ゲーテに宛てて、職務において健康や元気を不必要に犠牲にしていないかを考えさせたが、もちろん決断は彼に任せた。(11) 一七八一年八月十一日付の重要な返信において、ゲーテは母親に対し、メルクは当地で犠牲になったことだけをみており、獲得されたことをみていません、と説明した。僕自身は、新しい任務の中で成長したことによって不断にどんどん豊かになっており、それはちょうど、多くの人々を各々の現状と不和

にするといった、例の心気症《ヒポコンデリー》の不快さを総じて僕から充分に遠ざけるほどなのです、と。(12)
ずっとのちの一八二九年になって、ハンス・フォン・ガーゲルン男爵は、ゲッティンゲンの法学生であった息子マックスをゲーテに紹介した。この若い学生は、『ファウスト』第一部の「学生の場」を仄めかして、ファウストは法的知識に馴染めないのですね、と指摘した。もとよりゲーテは、本の続きを読めば、そのことは彼にとってさほど悪い結果にはなりません、と応答した。いずれにせよ、ファウスト自身の事例が示すように、ついでに他の道楽を求めることもできると考えるべきです、というのだ。(13)
詩人〔ゲーテ〕にとっての職業の必要性の確信には、つまり彼の人生の様々な段階における法的職務には、実務的に献身的に、ついには明確な秩序のための感覚が付け加わった。

感覚にしたがって生きる、それは下品だ、
高貴な人は秩序と法律のために努力する。(14)

言語学と美学の若い学生であったカール・エルンスト・シュミットは、一八一八年に出版した著作『親和的な文学および芸術に関するゲーテの批判について』により巨匠の信頼を獲得していたが、ゲーテは一八二一年十一月七日付で彼に宛てて、シューバルトが予定していた婚姻締結との関連で次のように書いた。「私ははっきり表明できるのですが、法律の中で出会う悪いことや最悪のことは、それが自然的なものにせよ市民的なものにせよ、物質的なものにせよ経済的なものにせよ、私たちが戦い抜かなければならない厳しさの、無数の断片を常に埋め合わせるわけではありません。もしも私たちが、法律の外や傍らにあって、おそらくは法律や慣習を全面的に拒絶しながら、しかし同時に私たち自身や他の人々や道徳的世界秩序と平衡を保つという、そうした必要を感じるのであればですが[15]」。この秩序のための感覚は広範であるので、まさに『マインツの攻囲』に読み込むことができる特別の状況において、ゲーテはこう表明した。「どうやら私の本性なのだろうが、私は無秩序に耐えるよりは、不正を犯すつもりだ[16]」。その際、真の秩序の助けでももたらされるものは、果たして不正でもありうるか、という問題が未解決のままである。したがってゲーテの法意識が、一部で秩序についての厳密かつ強力な概念に依拠するとすれば、彼には他の関係が隠されている。「人類は、時として見当違いのことをしてきた。だが、そこには暖かいものや善いものがやってくる。というのも、ただちに頭が介入するからだ。正義は暖かいものや善いものにも属する。なぜなら、不正な善とは、正しいものそれ自体に対する厳しさであるからだ[17]」。ついでながら、彼にとっては、「心の善さは、正義の広い野原よりもさらに広い空間を占める[18]」。ことは明らかだった。

「法的経験という広範な領域において[19]」、ゲーテは、すでに偉大な輝く目をとおして「見ることへと目覚め、眺めることへと導かれ」ながら、根本的に自己を振り返り探し求めた。『イフィゲーニエ』の古典的な高尚と成熟において、次のことはほとんど容易に忘れられてしまう。すなわち、この演劇の第一稿が新兵の徴募と同時期に現れたこと、そしてゲーテが、アポルダには飢え死にしそうな靴下編み職人などいないかのように、タウリスの国王に語らせるのは難しいと感じていたこと、は忘れられてしまうのである[20]。国土の狭さや財政の制約もそうだが、たとえば人道主義的な目標の達成を不可能にするような刑事施設に関する他のことがらにおいても、多くのことを最も高貴な人間性の表現に合致させようとする以上、理解することを学ばねばならない。そうした表現をゲーテ時代のワイマールは、まさに模範として提示したのである。

原注

（1）グリルパルツァー文書だけが、談話の体系的蒐集として享受される。

（2）Michael Fischler, Der Ordnungsgedanke in Goethes Rechtsdenken, Königsberg, 1941, S. VII.〔以下 Fischler〕ルドルフ・バッハの叙述による。——ゲーテ伝のうち、ビールショフスキーのものは歴史的・批判的研究の典型であり、キューネマンのものは、事実資料の不充分さによって精神科学的傾向の極端な代表となっている。およその中間にグンドルフのものが位置する。ヴィトコプのものは、ゲーテにおける生活と文学と自然科学の魅力的な総合を試みている。—— Vgl., Julius Petersen, Goetheverehrung in fünf Jahrzehnten, Zum 50 jährigen Bestehen der Goethe-Gesellschaft, in: Jahrbuch der Goethe-Gesellschaft, Bd.21, 1935, S.1ff.〔以下 JbGG〕

（3）ゲーテに関する詳論につき、Vgl., Joseph von Eichendorff, Geschichte der poetischen Literatur Deutschlands（Neuausgabe durch W. Kosch）, Kempten-München, 1906, bes. S.281ff., 294ff. これはアイヒェンドルフの基本的な観点（代用宗教としてのゲーテの人間性）を強調するあまり、アイヒェンドルフが周知のものと前提する伝記的なことがらには、ほとんど場所を割かなかった。

（4）Vgl., die Besprechung von Fischler durch Walther Schönfeld, in: Zeitschrift der Savigny-Stiftung für Rechtsgeschichte, Germanistische Abteilung, Bd.63, 1943, S.404f.〔以下 ZRG〕

（5）Vgl., Albert Bielschowsky, Goethe, Sein Leben und seine Werke, Bd.1, 10. Aufl., München, 1906, S.V.〔以下 Bielschowsky〕

（6）Goethes Briefe, hrsg. v. Ernst Hartung, Berlin, o. J., Bd.2, S.524.〔以下 Briefe〕

（7）Goethe, West-östlicher Divan, hrsg. v. Theodor Friedrich, Leipzig, o. J.（Reclam）, Einleitung, S.3ff.

（8）Werke, Bd.3, S.281.

（9）Vgl., Wohlhaupter, Dichterjuristen, hrsg. v. H. G. Seifert, Bd.1, Tübingen, S.277f.〔以下 Dichterjuristen〕

（10）Goethe, Zur Naturwissenschaft, Weimarer Ausgabe II, Bd.11, 1893, S.138.

（11）Brief vom 17. Juni 1781, in: Briefe, Bd.1, S.292f.

（12）Ebda., S.294f.

（13）Goethes Gespräche, in: Gesamtausgabe von Flodoard von Biedermann, 2. Aufl., Bd4, Leipzig, 1909/10, S.111.〔以下 Gespr.〕

（14）Goethe, Paralipomena zur Natürlichen Tochter, in: Werke, Bd.2, S.1579.

（15）Brief, II, S.399. このことは当然ながら、ゲーテ自身が対外的には合法でなかったクリスティアーネ・ヴルピウスとの結婚時代に積み上げてきた、経験との関連を抜きにしては語りえなかった。

（16）Werke, Bd.3, S.1075.

（17）一八〇七年十一月のクネーベルとの対話。Gespr., Bd.1, S.513.
（18）Fragment aus dem Nachlaß, in: Werke, Bd.5, S.864.
（19）Die Natürliche Tochter, IV, 2, in: Werke, Bd.2, S.1558.
（20）Briefe an Frau von Stein vom 6. März 1779, in: Briefe, Bd.1, S.238.

## 第一節　ゲーテの法学歴

### 一　故郷と少年期

一七四九年八月二十八日、昼の十二時きっかりに、フランクフルト・アム・マインの帝国参事官ヨハン・カスパー・ゲーテと妻カタリーナ・エリザベートに贈られた息子ヨハン・ヴォルフガング・ゲーテの難産は、若い母親の父フランクフルト市長ヨハン・ヴォルフガング・テクストーアをして、市の産科医を任用したり、助産婦の教育を改善したりする契機となった。その結果、長いあいだ彼自身が活動する以前からの若き「現世の人」は、間接的に有益な行政的処置の契機を与えることになったのである。(1)

『詩と真実』の最初の五章分は、本論稿の叙述にとって出発点をなすものであるが、それを注意深く読む者は、一連の形成要素を認識する。すなわち、血統、環境としての物的・人的関係、そして教育である。(2)そこでは有名になったゲーテの韻文が問題となり、遺伝あるいは教育が内省的な疑問符をなしている。(3)

## 1父ヨハン・カスパー・ゲーテ

典型的な法律家身分の遺伝について、すでに挙げられた以上のことを知るならば[4]、ゲーテの家系にはまさに興味深い観察結果が結び付けられたことだろう。この場合にただちに注目されるのは、母方の系譜こそ代々の法律家の家系として特徴的であるけれども、父ヨハン・カスパー・ゲーテ（Johann Kasper Goethe, 1710-1782）のほうは、テューリンゲンの職人一族出身の初めての大学出の法律家であった、ということである[5]。彼の父親のゲオルク・フリードリヒ・ゲーテはアステルン・アン・デア・ウンストルート出身だが、有能な仕立て屋の親方として長い修業時代のあとフランクフルトで開業し、最初の妻、旧姓ルッツの死後（一七〇〇年没）、一七〇五年に未亡人のコルネリア・シェルホルン、旧姓ヴァルター、と結婚した。彼女は、ヴァイデンホーフ・アン・デア・ツァイルの繁盛して評判のいい旅館の所有者であった。この結婚から生まれたヨハン・カスパーは[6]、ヴァイデンホーフで交際していた医者のヨハン・ハルトマン・ゼンケンベルクの助言によって、法学の勉強を勧められた。彼は一七三〇年から一七三三年までライプツィヒ大学で法学を学んだが、数年間の実務研修ののちに弁護士業となり、ヴェツラーの帝室裁判所で活動して、一七三八年にはギーセンで学位を取得することによって、法学の名誉ある修了を迎えた。ハインリヒ・クリスティアン・ゼンケンベルク管長のもと、ローマ法および祖国法にしたがって相続開始を論じた浩瀚な学位請求論文によって、彼は法学博士号を取得した[7]。その後（一七三八／三九年）帝国議会のためのレーゲンスブルク滞在と帝国宮廷顧問官のためのウィーン滞在をとおして視野を広げたあと、イタリアへの研修旅行（一七三九／四一年）をおこなった。また彼は、のちにその息子がそうするように、歴史的法と現行法のあらゆる証人に開かれた目をもっていたが、このことはイタリア語で書いた旅行日記が明らかにしてくれる[8]。並外れて堅実な訓練を受けた法律家としてフランクフルトに戻ったときには、そのうえ経済的にも自立していたのだが、ヨハン・カスパー・ゲーテは故郷の町の参事に名誉とともに迎え入れられることを期待した。この町は大きな活躍を可能にする場所であった。[9] 彼が望んだのは、彼にとって見込みのある地位が、玉によって抽選することなしに与えられることであった。[10] それればかりか、彼はその公職からの収入を辞退するつもりであったらしい。こうした特別扱いは拒まれたけれども、彼の内面的な落ち着きにとっては大いに良いことであった。というのも、思慮深く個性に満ちた法学博士という真っ当な法律家感覚が、フランクフルト市政における腐敗状況に対して黙っていることを許さなかったからである。少なくとも、天分豊かではあるが良心を欠いたエラスムス・ゼンケンベルクが、参事会で不吉な影響力をためらいなく行使し始めた直後（一七六四年）からのことである。今やヨハン・カスパー・ゲーテは、自分にはもっと名誉に満ちた可能性が開かれていることを実証した。ヴィッテルスバッハ家のカール・アルベルトがドイツ皇帝カール七世（一七四二～一七四五年）に即位する戴冠式は、彼のウィーンでの様々な後援者たちをフランクフルトに呼び寄せたのだが、間もなく彼は帝国参事官の称号を受けた。これは彼をフランクフルト参事会の筆頭の職位と同格にするものだったので、下位の地位を引き受けることは今やまったく考慮されなくなったほどである。ゲーテ博士にとっては、異母兄の職人ヤーコプ・ゲーテを参事に迎える（一七四七年）よりも容易なことであったろうが、公職の市長の娘カタリーナ・エリザベート・テクストーアとの結婚（一七四八年）を、参事会における特定の一族の圧倒的な影響力を防止すべく妥当に制約することによって、そのような活動から排除した。帝国参事官の職務、つまり独自の帝国身分層を法的に代理したり補佐することは、もちろん有能で勤勉な人物を満足させることはできなかった。彼の子供たち、息子のヨハン・ヴォルフガングと娘のコルネリア（一七五〇～一七七七年）[11] にとって、格別に恩恵に浴することになったのは、その代表者たる同時期のフランクフルトの他の人物像と知り合いになるという、そうした上流階級の隠遁の中で生きるとか、幅広い精神的かつ芸術的な興味に生きるとか、この教養的糧を若い世代に伝えるとか、そのような機会を父親がもったことであった。

父からは体つきと、
生活の真面目な営みを、
母からは陽気な性格と
話を作る気分を得た。

このことはヨハン・ヴォルフガングに正当性を与えるけれども、それは母方のテクストーア一族の有益な伝統についての確信によって補完される。これこそがまさに法律家ゲーテにとっても意義を有するのである。法律家の継続的な系譜は、ゲーテの推測によれば母方の側で、重要な実務家であり教授であった法学博士ヨハン・ヴォルフガング・テクストーア（Johann Wolfgang Textor, 1638-1701 イェーナ大学およびシュトラースブルク大学で法学を学んだあと、一六六一年、ホーエンローエ＝ノイエンシュタインの事務局長。一六六三年、シュトラースブルクで法学博士となる。一六六六年、アルトドルフ大学の教授。一六七三年、選帝侯カール・ルートヴィヒによりハイデルベルク大学に招聘され、当地で上級裁判官としても活動。最終的に一六九一年以降はフランクフルト市の相談役および筆頭法律顧問）から始まっている。[12] このゲーテの高祖父は、国法に関しては反皇帝的でプロテスタント的な傾向の代弁者で、ヨハン・フリードリヒ・レッツ教授（フランクフルト・アン・デア・オーデル大学）およびテュービンゲン大学教授ガブリエル・シュヴェーダーの系統にあり、国際法に関しては独自の傾向を有していた。彼には一連の有名な著作があるが、そのうち『一六五四年の最終帝国分離についての解説』（アルトドルフ、一六六九年）が残っている。彼の息子のクリスティアン・ハインリヒ・テクストーアは、弁護士で選帝侯国の宮廷顧問官であった。その息子のヨハン・ヴォルフガング・テクストーア（一六九三〜一七七七年）は、一七四七年以来フランクフルト市長の公職に就いており、またある法律家の娘――アンナ・マルガレータ・リントハイマーは帝室裁判所代理人リントハイマー博士の娘であった――と結婚した。彼は『詩と真実』の中では、注目すべき知的能力を備えた円満な人物として、責任感が強く声望の高い行政官として、そして余暇にあっては美しい果樹園と花園の優しい世話人として、具体的な姿で登場する[13]。一般的にいって、母親をつうじて伝えられる血統をヨハン・ヴォルフガングの主たる相続分として特徴づけようとするならば、いずれにせよこれまで叙述してきた法律家の家系において、彼の法的才能の基礎が認識されることになるだろう。

落ち着いた市長テクストーアと、フランクフルトの経験がおよそ不満であったゲーテの父親とは、総じてまさに別種の人物であったので、七年戦争の過程でフランスが帝国都市フランクフルトを占領し、ゲーテの父祖の家を「副王」トラン（Thoranc）伯爵――ゲーテは周知のように誤って Thorane と書いている――の宿舎に接収したとき、あからさまに対立した[14]。これはフリッツ〔フリードリッヒ大王〕的心情の帝国顧問官にとっては最高に忌まわしいものだったが、祖父のテクストーアは皇帝と帝国に同調したのである[15]。

法律家一族の系譜を完全なものにするために、さらに弁護士として活動した叔父のヨハン・ヨスト・テクストーアを挙げておこう、彼はアヤ夫人の兄弟で、法学博士であり弁護士でもあった。一七七一年以降は帝国都市の市政府大臣となり、一七九二年に参審員の身分で死去した。

## 2　環境の影響

ヨハン・ヴォルフガング・ゲーテを、将来の法的使命に向かうべく血統を通じて巻き込んだものとしては[16]、環境の、影響が重要である。

1．人間から始めてみよう。『詩と真実』第二章において、ゲーテは、父親に似て、優雅で自由な生活様式という概念を実践した人物として、参審員のフォン・ウフェンバッハ、法律家のミヒャエル・フォン・レーン、オルト博士、ゼンケンベルク兄弟、カール・フリードリヒ・フォン・モーザーといった人々を挙げている。[17] これらの人々を若きゲーテの法的環境にとっての重要性にしたがって正当に整理しようとする場合には、ランツベルクの表現によれば[18]当時フランクフルトを十八世紀のゲルマン古事探求の中心とした集団が浮かび上がってくる。参審員のツァハリアス・コンラート・フォン・ウフェンバッハ（一六八三〜一七三四年）は、『詩と真実』にみられるような、単なる音楽的活動の後援者であるばかりでなく、価値の高い法的手稿の蒐集品や、非常に注目された法的蔵書を所有してもいた。[19] この学識ある蒐集家は、すでにゲーテの誕生前に死去していたが、彼の他にも勤勉な作家のハン・フィリップ・オルト博士（一六九八〜一七八三年）がいた。[20] 彼は比較的若い時代にフランクフルトの新改革法典のための古典的な解説書（全五巻、フランクフルト、一七三一〜一七五四年）を書き——ゲーテは、この著作の歴史に関する章を青年時代に熱心に学んだと告白している——、のちには、重要でなくもない『奇妙な法的紛争事例集』（全十七部、フランクフルト、一七六三〜一七七八年）や、フランクフルト帝国見本市に関する法史的な論究（フランクフルト、一七六五年）を出版した。これに向けては、ヨハン・ハインリヒ・ヘルマン・フリースが、自身の『いわゆる吹奏者裁判についての論究』（フランクフルト、一七五二年）によって、主たる準備作業をおこなっていた。[21]

フランクフルトのゲルマニステン的傾向の中で最も著名な第一人者は、ハインリヒ・クリスティアン・フォン・ゼンケンベルク（一七〇四〜一七六八年）である。彼は「三羽の野兎」の最年長者であるが、彼らはそれぞれのやり方で名を成していた。真ん中の医師ヨハン・クリスティアン・ゼンケンベルク（一七〇七〜一七七二年）の思い出は、その莫大な寄贈施設のおかげで慈善方面で生き続けているが、[22] 最も若く豊かな天分を授けられた法律家のエラスムス・

ゼンケンベルク（一七一七年生まれ）は、その不埒な陰謀に無理やり駆り立てられた結果、一七六九年に逮捕され、一七九五年に監獄で死ぬ羽目になった。[23] 最年長のゼンケンベルクは、人柄も生き方も素朴かつ真面目であり、ギーセン、ハレ、ライプツィヒでの学生時代のあと、まずヴィルト・ライン伯カール・フォン・ダウンの顧問役となり（一七三〇～一七三五年）、次いでゲッティンゲン大学、一七三八年から一七四三年まではギーセン大学で教授を務め、一七四五年以降はウィーンで帝国宮廷顧問官を務めた。[24] 大学よりも実務的活動の方面に向いていたらしく、鑑定や著作によって国法や私的な領主法に名を残すのではなく、ドイツ法源の蒐集のための尽力によって名を残した。様々な協力者の助けによって書かれたのだが、彼の『ゲルマン封建法大全』（フランクフルト、一七四〇年）および『ゲルマン法大全』（全二巻、フランクフルト、一七六〇／一七六六年）は、ドイツ起源の普通法のあらゆる源泉の、そのときまで誰もなしえなかったような完全な蒐集を提示している。とはいえ両書では、ザクセンシュピーゲルをめぐる同時代のグルーペンの尽力を考慮して、この法書のみが除外されている。さらにこれに加えて、二巻から成る『帝国分離の新しく完全な蒐集』（フランクフルト、一七四七年）が登場する。このように成し遂げられた蒐集熱からはやむを得ないことながら、ゲルマン的資料の源泉批判や精神的満足は提示された大量の素材に見合っていない。フランクフルトの参審員ヨハン・ダニエル・フォン・オーレンシュラーガー（一七一一～一七七八年）は、そこを非常に深く掘り下げた。彼は、ライプツィヒとシュトラースブルクでの学生時代のあと、各地を旅して一七三七年以降フランクフルトに定住し、ここでウフェンバッハやレーンと親交を結んだ。一七四八年以降に市の参事に出世し、オルト博士の娘婿になるという、フランス流ないし宮廷風の処世術を備えた俗物であった。彼は『皇帝カール四世の黄金文書についての新注解』（フランクフルト／ライプツィヒ、一七六六年）において、独自の古典的な法史的業績を作り出した。[25] ゲーテは、『詩と真実』の第四章において、自分に重要な影響を行使した人々の一人として彼を挙げて、まさに「黄金文書」の注釈を執筆していた時期に、自分はオーレンシュラーガーの周辺にいたと記している。[26] またオーレンシュラーガーは、「美しき魂の告白」(『ヴィルヘルム・マイスターの修業時代』第六巻)に登場するナルツィスの原型を提供したといわれる。このことが、ゲーテのみごとな回想文学を、著名な老人だけでなく若者や俗人のものとしたようだ。[27]

こうした重要なゲルマニステン集団の一部と友好的に関わり、ゲーテの母方の大叔父として親戚としても関わったのだが、都市貴族のヨハン・ミヒャエル・フォン・レーンは、一七一二年から一七一五年までのハレでの学生時代にトマジウスから強烈な感銘を受けて、その宗教的に寛容な傾向を涵養したものの、最終的にははるかに師匠以上の無関心主義に陥った。[28] 有名な国法学者ヨハン・ヤーコプ・モーザーの息子であるフリードリヒ・カール・フォン・モーザー(一七二三〜一七九八年)との人間関係は、それほど密接なものではなかったが、とはいえこの小モーザーも「美しき魂の告白」ではフィロとして永遠化されている。[29]『詩と真実』の中ではゲーテは彼を個性豊かで敏捷なわりに繊細な人物と賛美し、また彼をピュッターと並ぶ、法学的文学におけるバロック様式の克服者と称賛している。[30] モーザーの有名な著作『領主と家臣』(フランクフルト、一七五九年)は、愛国的な自由主義によって書かれたが、多くの小宮廷の経験に基づくものである。その法的問題を、モーザーは長いあいだ処理してきたのである。同書は、旧体制《アンシャン・レジーム》の著しい腐敗に直面して、内容からしても覚醒的に機能するはずであった。良い統治を、支配者の義務と国民の権利として叙述しているからだ。フランス革命が血にまみれた実物教育を授けたあと、モーザーはその『政治的真実』(全二巻、チューリヒ、一七九六年)において、几帳面な公僕によって負わされた服従の尺度についての、正当な統治に向けた領主の義務づけについての、そして虐待された国民という問題の正当性についての基本的確信とともに、なお分かりやすく登場した。この度もまた、根拠のある経験を伴っていた。一七七二年にヘッセン=ダルムシュタット方伯により、崩壊した領邦財政の改革のために招聘され、彼は八年間の勤務のあと成功に近づいた。ところが、方伯による一七八〇年のたった一度の決断によって、彼が苦労して構築したすべては再び破棄されねばならなかった。かくして彼は職を辞したのだが、さらに方伯の不興を被って、時間もかかり名誉も傷つける訴訟を招くことになったのである。[31]

ここではゲーテの少年時代をはるかに越えてしまったが、それは以下のことを明確にするためである。すなわち、ゲーテが若きモーザーの人柄や業績に心酔していた頃、ゲーテもまたそうしたことを称揚していた。

今日でもドイツ法学の歴史の中に生き続けている人々の持続的な印象は、どちらかというと広範囲にわたる影響に依拠している――オーレンシュラーガーだけが例外的であるが、彼は明らかに若きゲーテを学問的興味に関わらせた――。だとすれば、ゲーテはさらに、宮廷顧問官のフォン・ライネクや同じく宮廷顧問官のヒュースゲンからも手ほどきを受けている。ライネクは、ゲーテに世俗との関係や国家との関係について教えて、駆け引き上手な商人に育てようとした。また明敏だがどこか悲観的なヒュースゲンは、ゲーテを優れた学識者に作り上げたいと思った。ヒュースゲンは、法律学を必要な手仕事として勧めたのだが、というのも法律学によって、人は自分自身と自分のものをごろつき連中から守ったり、抑圧されている人々を助けたり、ならず者たちを咎めたりすることができるから、というのである。[32]

最後に、ゲーテの将来の義兄となるヨハン・ゲオルク・シュロッサー（一七三九～一七九九年）をあらかじめ挙げておこう。[33] 彼はゲーテより十歳年長であったが、イェーナとギーセンで法学を学んだあと、一七六二年にアルトドルフで学位を取得し、やがてフランクフルトで弁護士を開業し、それからバーデン地方で雇用された。[34] 一七九八年に受けたフランクフルト市の法律顧問職に、彼はたった一年しか就かなかった。彼は一七九九年に早くも死んだからである。有能な公僕にして思想豊かな文筆家として、立法志向の後期自然法の時代に、彼はその著作『ドイツ市民法をローマ法典の廃棄なしに改良するための提言および試案』（ライプツィヒ、一七七七年）をもってあえて時流に抵抗した。その中で彼は法典化に反対の意志を表明したのだが、なぜなら、法的領域での改良は長期にわたる発展においてのみ導かれるから、というのである。したがって彼のことを、法典化一般に対して否定的な態度が過大に評価される歴史法学派の先駆者あるいは創立者とみなすことは、正当化されないだろう。[35] シュロッサーもまた、自然法への架け橋をけっして破壊したわけではないのである。

こうして当時のフランクフルトは、相当数の重要な法律家を抱えていた。このことは部分的には次のことと関係していた。すなわち、この帝国都市は、上部ライン地方の郡議会の所定の議会開催地であり、帝国の諸々の会議に好んで使われる本拠地であって、多くの帝国身分層にとっては、そこに彼ら自身の代表者を留めておくにはまことに適当とみえたのであった。

2．これらの人々のすべてが、ある者は直接にその人間性によって、ある者はその文献上の業績によって、及ぼした影響を思い起こすならば、それに父ゲーテ自身が単なる法律家ではなかったことを付け加えるならば、ヨハン・ヴォルフガングは、人間関係での格別の好意という傾向においても明らかに恵まれていた。こうした傾向が法律家に予定されている者に与えられていたとは、如何に稀なことであっただろうか。今やこれに加えて、帝国都市フランクフルトは現行法および法古事に対して何を提示したか、が明白になった。

帝国都市での政治的生活にきわめて活発に関わっていた環境にあって、最高の役職者の後裔も統治者階層に属していたのだが、若きゲーテは、フランクフルトの古事的で複雑な憲法的基本事項をほんのわずかしか受容していなかった。彼の出身都市の法制史に(36)精通するべく伝えるところでは、彼を刺激したのは反逆者たちの運命への関わりであった。彼らの首は一六一六年に鉄門の先端に晒されたのだが、その果ての頭蓋骨は、ゲーテの少年時代にはザクセンハウゼンからこの市に近づくとき、まだみられたものであった。彼が古い年代記から引き出し得たと信じたのは、ここにみる国事犯のフェットミルヒとその一党は、将来のより良い法制の周縁で死刑判決が下されたということなのである。「というのも、当時に由来する制度であるのだが、それによれば古い貴族のリンプルグ邸、つまりある会館に由来するフラウエンシュタイン邸については、さらに法律家や商人や職人が管理に参加しなければならなかったからだ。このことはヴェネチア様式の複雑な秘密投票によって補完されつつ、同輩の市民により制約され、権利は認められながらも、不正をおこなう者に対しては特別な自由を留保することはなかった」(37)。ここでは、こうした仕組みの詳細を解明することは断念せねばならないが(38)、ゲーテによって言及されたいくつかの特別な出来事を挙げることは可能である。ユダヤ人の低められた法的地位は、彼らを市の統治から除外したり、彼らをユダヤ人地区に閉じ込めておく(39)という文言に見出された。そこは当初はたった一つの小路から成っていたが、最終的には橋の塔《ブリュッケントゥルム》の弓形の壁に、したがって公的な建物に取り付けられた「嘲笑の絵画」や「恥辱の絵画」に留められている(40)。ゲーテが目撃者となった様々な処刑のうち、彼の記憶に留まったのは、宗教的な事例に関する公開火刑と、嘲笑的なフランス流小説の良き習俗とであった。もちろん、本のためにはそうした火刑（Autodafé）に優る効果的な宣伝はない、という信念も残るのではあるが(41)。ゲーテは、陽気な行列も厳めしい絵画に繋げている。喜劇においても、劇場の平和を舞台に配置された二人の歩兵によって守る習慣があったことを、彼は伝えている(42)。

　市庁舎《レーマー》にある参事官の簡素な会議室では、帝国都市の古い栄光が若者の心に印象深く迫ってきた。そこには古い判決文が掲げられていた。

一人の意見は
誰の意見でもない。
適切に双方の意見を聞かねばならない

「皇帝の間」は、なおさら印象深かった。あと一人分の皇帝の肖像画のためにしか場所が空けられていないことに、不吉な予感が喚起された[43]のである。都市生活の毎年の頂点をなすのは、商業都市としてのフランクフルトの卓越した意義を知らされる春市と秋市とであった。それは護衛法に属する作法によって開始されるのだが、有名な吹奏者裁判の儀式にまで高められ、その際、三人の奏者による前奏のもと、ヴォルムス、ニュルンベルク、バンベルクの各都市の使節が市長および参審員の前に登場して、慣例の認定贈与――一脚の胡椒入り高坏、一対の儀式用手袋、一本の白い小さな司法杖、数枚の少額の銀貨――の献上をもって、フランクフルトから許可された商業の自由の更新を願うのである[44]。古い慣習にしたがって、こうした贈与は市長のものとされるので、その結果、祖父テクストーアはその手袋を庭作業に用いようとはしなかったものの、孫たちは彼のもとで木の杯で遊び、白い司法杖とアルプス銀貨には一瞥を加えるだけ、という次第となった。「ありうるのは」――ゲーテは有名な叙述をこう締め括っている――「こうした象徴的な、古事をいわば魔法で呼び出すような儀礼を、前世紀に再び連れ戻すことなしには、前世代の習俗や慣行や心情に頼ることなしには、説明できないということである。習俗や慣行や心情とは、再び蘇った吹奏者や使節によって、まさに分かりやすく我々に理解しうる贈与によって、とても奇妙なやり方で思い浮かべるようなものである」。

たしかに都市生活の通常の経過が法古事に満ちていたとするならば、それは日陰にあるすべてのものが、フランクフルトが長い時間を経て繰り返し経験してきたある出来事をとおして、つまりドイツ皇帝の選挙と戴冠に際しての祝祭をとおして、設定されたのである。ゲーテの少年期には、ヴィッテルスバッハのカール七世の非常に豪華な戴冠式（一七四二年）の思い出が生きており、さらには、マリア・テレジアの参列以外にはあまり輝かしいものでなかった、皇帝フランツ一世の戴冠式（一七四五年）への賛美がまだ覚えられていた。一七六四年に伝えられたのは、ヨーゼフ大公がローマ王に選挙され戴冠するはずだということであった。こうした大祝祭の準備や挙行や後祭についてのゲーテの叙述は、各々の儀式についての多数の描写の中でも卓越しているが、それは歴史の教育を受けた法律家の専門的知識によるものである。こういう法律家を、すでに少年期に彼の父親は関連する典拠（選挙および戴冠の日録、選挙規約）の勉強へと刺激し、続いてオーレンシュラーガーの黄金文書注解がいっそう奨励したのであった。さらには、たとえば戴冠式の会食に際しての世襲役人の役割(45)とか、民衆の祭の愉快な行進(46)といった、特定の個別的な事柄についての正確な伝承によって、さらに進んでは、優れた芸術作品全体についての見解によって(47)、そして彼自身が小さな可愛い行進から連想した偉大なる精神によって。「政治的・宗教的な儀式は、無限の魅力を有している。私たちは、権力のあらゆる象徴に取り巻かれている、地上の陛下を眼前に見る。だが彼が天上の陛下に身を屈するかぎりで、彼は二つの共同体を私たちに意識させる。というのも、片方は神性との親和性を、それが従属し崇拝することによってのみ示すことができるからである(48)」。

## 3　法学教育

ルドルフ・ヒューブナーは、その全内容が独白のみで展開されている『詩と真実』のまさにこの部分を、帝室裁判所についての報告と並んで、現代文学における法史的叙述の傑作に正当にも数えあげている。

ヨハン・ヴォルフガング・ゲーテは、ある部分は父親の私的な教育によって、ある部分は有能な教師や才気あふれる人々との交際によって促され、ある部分はみずから多くのことに啓発されつつ、当時の基礎的な教養財を広範な交際の中で自分のものとしてきた[49]。彼は、父親の明示的な望みにしたがって法律家にならねばならなかった。しかも教育計画は、すでに詳細に確定していた。どのみち息子は、父親自身が当地の大学に自身の学生時代から愛着をもち続けていたので、ライプツィヒで法学の勉強を開始し、それからさらに別の大学に行くことになっていた。その場合も、息子にとって残念なことに、ゲッティンゲンだけは除外された。実務的な継続教育の場所としてはヴェツラーとレーゲンスブルクが想定されており、多分まずはパリに旅行したあとで、これに劣らぬイタリア旅行が全課程を締め括るべきものとされていた[50]。

参事官ゲーテが、息子にとって「自由すぎない」ように思え、したがって幾分か干からびた仕方で許した法学教育は、方法的には当時の宗教教育に類似して組み立てられたものであった[51]。まずは、ヨアヒム・ホッペ（一六五六〜一七一二年）によって書かれた法学問答書を、法学提要の形式と内容的に対応しているゆえに[52]読んだのだが、ヨハン・ヴォルフガングは優れた記憶力と素早い理解力のおかげで、短時間でそれを終えてしまった。次に、宗教教育において聖書を繙くことが主たる学習を形成するように、若き法学勤勉家は市民法大全（Corpus iuris）を繙くことにもただちに偉大な器用さを発揮した。勉学を深めるには、「小シュトゥルーヴェ」が用いられるべきだが、その形式はそれ以上の自習を困難にした。ここに示されているのは明らかに、一七一一年にイェーナで最初に出版された、キール大学教授フリードリヒ・ゴットリープ・シュトゥルーヴェ（一六七六〜一七五二年。一七二五年よりキール大学教授）の『学説彙纂概論』のことである。彼はイェーナの著名な法律家ゲオルク・アダム・シュトゥルーヴェの息子であった[53]。

息子の法学修業には、父親が息子のためにオーレンシュラーガーや宮廷顧問官ライネクや宮廷顧問官ヒュースゲンと取り持った周知の関係も用いられた。父親は法学分野でとりわけ「優美法学」を身に付け、最も重要な新しい法学論文を継続的に購入してきたのだが[54]、父親の相当の蔵書を評価するまでには、現実にはまだ至っていなかった。ところで、帝室顧問官たる父親のほぼ一、七〇〇冊を擁する蔵書目録が残されているにも拘わらず、知るかぎりは未だに公表されていない。ゲーテの母親が夫の死後に蔵書を競売に出そうと考えた際に、彼女は息子に目録を送ったので、これによって彼自身で選び出すことができた。彼の「幼なじみ」といえる父親の書物の一部を所有することは、彼には嬉しいことであったろう[55]。新旧の文学に関する数多くの著作の他に、当時のゲーテは十四冊の法学的著作を受け継いだ。すなわち、ディオニシウス・ゴートフレドゥスの註釈の付いた市民法大全の美しいアントヴェルペン版（一七二六年）、ハンブルクとヴェネチアの法を編集した、プーフェンドルフの『人間および市民の損害について』（イェーナ、一七二一年）、モンテスキューの『法の精神』、ユスト・ヘニング・ベーマーの著名なプロテスタント教会法、さらにヨハン・ゴットリープ・ハイネッキウスの、ローマ古事法についての有名な本『法学提要綱要』、ならびにフーゴー・グロティウスの『法律顧問の生涯』である。最後に、ブリッソンとホルトマンの『典礼上の婚姻の禁止および婚姻法について』（アムステルダム、一六六二年）、ならびにエヴェラルト・オットーの当時著名であった『象徴的法学』（ユトレヒト、一七三〇年）といった著作が、ゲーテの法古事に対する関心によって受け継がれた。法学の教育を受けた官房学者ユリウス・ベルンハルト・フォン・ロールの『家政法』（ライプツィヒ）、およびこれに付された多様な契約書式付きの別巻（ライプツィヒ、一七一九年）から、ゲーテは自身の家政のための利用を大いに期待していた。結局のところ、父親の大規模な蒐集は、とりわけ出身都市の歴史に関して幅の広い教育手段を提供したのであった。

再び十六歳のヨハン・ヴォルフガング・ゲーテの精神的な全体像を、あらためて想起してみよう[56]。最初の文化的諸国民の文学が、一部は直接的に、一部は派生的に、彼には知られていた。ギリシア人、イタリア人、イギリス人はやや目立たないけれとも、ドイツやフランスやラテンやヘブライの文学における読書はますます広がっていった。こうしてそれらの国民の言語と歴史についての知識は、手に手を取って一緒に進んだ。ドイツの国家史および法史においては、彼の知識は学問上の詳細にまで及んでいた。法律学においても、神学においてさえ、彼は年齢の割りには異例なほどに先に進んでいた。もっとも自然科学においては、自身の観察や実験によるほどには、体系的な教育によって精通することはなかった。芸術については、彼はとくに音楽と素描を好んだ。彼はピアノとフルートを奏し、のちにはチェロを奏した。また巧みに素描したので、フランクフルトの画家ゼーカッツは帝室顧問官に繰り返しこう述べた。貴方がヴォルフガング君を画家にしようとしなかったのは残念なことです、と。だが生活体験から、この青年は豊かな宝物を集めることになった。それは、彼の時代に間近に迫っていた戦争の騒ぎや世間の騒ぎによってだけでなく、また彼の内面では純粋さと思慮の浅さゆえではあったものの、付随的な状況により可罰的な正犯たちの幇助者だとの嫌疑を被ることになったり、彼らの一人である若者につき、何も知らなかったとはいえ市の役人への雇用を祖父に薦めることになったりした。[57]そうしたグレートヒェンにまつわる経験によってだけ、宝物を集めたのではなかった。そうではなく、はるかに年長の人々が彼自身に寄せた大変な信頼によっても、彼はその結果、驚異的な、とはいえ教訓的なものとなった人間関係の洞察力を獲得したのであるが、そのような信頼によっても、彼は豊かな宝物を集めることになったのである。最後に、数多くの詩歌において、また演劇の試みにおいてさえ、彼には詩人の桂冠が最も望ましい生活理念とみえたほどの、直接的な力量を備えた文学的な能力が現れた。したがって彼には、法学を学ぶつもりはないという、どうにもならない問題も生じた。もちろんこのことは、妹にしか打ち明けることができなかった。実務的生活の要求には、彼は充分に妥協していると信じていた。彼は目標として、哲学部の精神科学的な専門分野での学問的な経歴を視野に入れていたからである。[58]このような計画にしても父親のもとでは克服不可能な困難に直面するだろうことは、彼にははっきり分かっていたので、時間の助力を望むしかなかったのだが、父親が彼をライプツィヒに送り出そうと考えた際に、父親の家のときとして気むずかしい俗物的な雰囲気から、彼はむしろ進んで出ようとした。十六歳とはそうでしかないように、性格的にはまだ未完成であり、彼はその天賦の才の重みにだけでなく、父親と母親の異なった性格から受け継いだ矛盾にも耐えねばならなかった。生活の渇望と思慮の深さ、遠く彷徨う感情と具体的な目標への明確な調整、制度と分析的な素質、これらすべてのものがこの若者のうちに仕舞い込まれていた。彼の課題は、意に反する要素を統一へと構成することであった。

**原注**

（1）Goethe, Dichtung und Wahrheit〔以下 DuW と略記〕I, in: Sämtliche Werke, Leipzig-Wien, o. J.〔以下 Werke〕Bd.3, S.11. Vgl., Brief Bettinas an Goethe vom 4. November 1810, in: Briefe, Bd.2, S.278f.

（2）Vgl. Bielschowsky, Bd.1, S.7ff.; Gundolf, S.31ff.; Philipp Witkop, Goethe in Straßburg, Freiburg, 1943, S.1ff.〔以下 Witkop〕

（3）父からは体つきと、
生活の真面目な営みを、
母からは陽気な性格と
話を作る気分を受け継いだ。
祖父は優雅で美しい人だった、
このことが時おり付きまとう。
祖母は飾り物と金《きん》を愛したが、
それは節々をとおして輝く。
今や諸々の要素は
複合して分離することはないが、

ではこいつの全体で
何が独自のものといえるのだろう?

（4）Vgl. Wilhelm Weber, Die geistige Veranlagung zum Rechtswahrer und ihre Vererbung, Berlin, 1942.

（5）以下の本質的な資料につき、Vgl. Rudolf Glaser, Goethes Vater, Leipzig, 1929.〔以下 Glaser〕

（6）ヨハン・カスパーの出自に関するゲオルク・フリードリヒ・ゲーテによる意地の悪い疑問視については、少年期にヴォルフガングが生き生きと記した。Vgl. DuW II, in: Werke, Bd.3, S.51f.

（7）詳細は、Glaser, S.13ff. —— Julius Zeitler (hrsg.), Goethe-Handbuch, Stuttgart, Bd.2, 1916, S.13. によれば、ラテン語で書かれた学位請求論文の標題には、「相続財産帰属認定の選択」（Electa de aditione hereditatis）とある。

（8）この日記は、グラーザーによって抜粋の形で利用されたのみであったが、一九三二年になってファリネッリによって元の形で編集された。詳細について言及するならば、以下のとおりである。すなわち、ヨハン・カスパー・ゲーテは、ヴェネチアの憲法に関心を示し（Glaser, S.47）、パドゥアで pietra dei falliti、つまり破産者の「恥辱石」に注目する（ebda, S.61. 子供の遊びにおける生き残りについての暗示を伴う）。ボローニアでは、この有名大学の存続年数についてメルヒェン的なことがらが叙述される（S.66）。ロレットの巡礼教会では、武器を携えて聖なる家（casa santa）に足を踏み入れる者たちに対する風変わりな破門の脅しを書き留める（S.73f.）。ナポリのサンタ・マリア・マジョーレ教会では、未受洗のまま死んだ幼児のための手入れされていない墓所に不満を感じる（S.86）。ローマのカピトルの丘博物館では、ロムルスの表法と称するものが展示されている（S.114）。そして同じくローマから、ある毒殺者の家の荒廃ぶりと、荒れ果てた場所に立てられた「恥辱柱」について報告する（S.137）。

（9）これに続けてわずかな記述を補完するために、Vgl. DuW II（Werke, Bd.3, S.55）.; Glaser, S.185ff.

（10）Glaser, S.188. 玉で抽選する（Kugeln）＝選挙の手続。

（11）ゲーテ夫妻の他の子供たちは、すでに早世していた。DuW I, in: Werke, Bd.3, S.30.

（12）ヨハン・ヴォルフガング・テクストーアと彼の子孫につき、Vgl. Ernst Landsberg, Geschichte der deutschen Rechtswissenschaft, Bd.III-1, München-Leipzig, 1898, Text, S.42.; Noten, S.22ff.〔以下 Landsberg〕ここには、とりわけ彼の宗教的寛容と驚嘆すべき記憶力——彼はパンデクテンの全部を暗記していた——が言及されている。

（13）DuW I, in: Werke, Bd.3, S.30ff. ——市長テクストーアと夫人の肖像につき、Jahrbuch des freien deutschen Hochstifts 1927, Titelbild und S.16.

（14）DuW III, in: Werke, Bd.3, S.61ff. ここには、副王のいずれにせよ模範的で厳密に法的な人間性が強調されている。

（15）DuW II（Werke, Bd.3, S.36ff.）.; Glaser, S.212ff.

（16）ある女性の崇拝者は、五十歳のゲーテの振る舞いの中にも、フランクフルト市長の帝国市民としての品位や威厳を見出せると信じていた。Gespr., Bd.1, S.390f.

（17）この記述（Werke, Bd.3, S.55ff.）については、以下でも引き続き指摘する。

（18）Landsberg, Bd.III-1, Text, S.245.

（19）ウフェンバッハにつき、Vgl., Landsberg, Bd.III-1, Text, S.245.; Noten, S.161（ハレで一七二〇年に出版された、ウフェンバッハの手稿蔵書の目録に言及している）.; Zeitler, Goethe-Handbuch, Bd.2, S.452. ここでは、年の記載が明らかに合っていない。

（20）オルトにつき、Vgl., Landsberg, Bd.III-1, Text, S.245.; Noten, S.161f.

（21）Vgl., Landsberg, Bd.III-1, Noten, S.163f.

（22）Vgl., Glaser, S.254f.

（23）このことにつき、DuW II, in: Werke, Bd. 3, S.57f. 同書では、クリスティアンとエラスムスの年齢関係が間違って記されている。〔『詩と真実』第一部、一三〇頁以下参照〕私はここでは、ランツベルクと、Zeitler, Goethe-Handbuch, Bd.3, S.325ff. に従っている。後者では、主にヨハン・クリスティアン・ゼンケンベルクについて論じられている。

（24）クリスティアン・ゼンケンベルクにつき、Vgl., Landsberg, Bd.III-1, Text, S.245ff.; Noten, S.162ff. ——ギーセン時代の彼のもとで、一七三八年にゲーテの父親が学位を取得した。

（25）オーレンシュラーガーにつき、Vgl., Landsberg, Bd.III-1, Text, S.249f.; Noten, S.167f. Zeitler, Goethe-Handbuch, Bd.3, S.61f.

（26）Werke, Bd.3, S.112f.

（27）Landsberg, Bd.III-1, Noten, S.167.

（28）レーンにつき、Landsberg, Bd.III-1, Noten, S.93.; Zeitler, Goethe-Handbuch, Bd.2, S.472ff.

（29）小モーザーにつき、Vgl., Landsberg, Bd.III-1, Text, S.423ff.; Noten, S.273ff. —— Friedrich Vogt und Max Koch, Geschichte der Deutschen Literatur, 5. Aufl., Leipzig, 1934, Bd.2, S.54. は、彼を叙事詩『獅子の穴のダニエル』（一七六三年）の作者と呼んでいる。〔以下 Vogt-Koch〕—— Vgl., Zeitler, Goethe-Handbuch, Bd.2, S.627ff.

（30）DuW II und III, in: Werke, Bd.3, S.58 und 196.

（31）ゲーテの友人の軍事裁判所顧問官メルクがモーザーの失脚の際に彼なりに尽力した、ということは遺憾ながら確認しえない。このことについては、以下でさらに立ち戻る。モーザーの失脚に対する「ダルムシュタットの地震」なる皮肉は、カール・アウグストと方伯夫人の母による、メルク宛の各書簡にみられる。Gespr., Bd.1, S.106.

（32）DuW IV, in: Werke, Bd.3, S.113ff.; Bielschowsky, Bd.1, S.19.

（33）シュロッサーにつき、Vgl. Landsberg, Bd.III-1, Text, S.466ff.; Noten, S.297f. ここではボン大学教授Ａ・ニコロヴィウスによる伝記（ボン、一八四四年）——ニコロヴィウスは、シュロッサーの長女の息子、つまりコルネリア・ゲーテとの結婚によって生まれた娘の息子に当たる——を引き合いに出した。——ヨハン・ゲオルク・シュロッサーの兄は、当然ゲーテも知っている弁護士のヒエロニムス・シュロッサーであるが、彼はクリスティアンとフリッツという二人の息子をもっており、ゲーテは彼らと友達だったのである。フリッツ・シュロッサーは、法律家になった。Vgl. Zeitler, Goethe-Handbuch, Bd.3, S.285ff.

（34）DuW XVIII（Werke, Bd.3, S.507）. ゲーテが伝えるところによれば、シュロッサーは頑固な合法的性格のゆえに、カールスルーエでバーデン中央政府の職位を嘱望するようなことはなかった。このゆえに、彼はエメンディンゲンの郡長に任命された。

（35）Vgl. Savigny, Vom Beruf unserer Zeit für Gesetzgebung und Rechtswissenschaft, Heidelberg, 1814（in: Thibaut und Savigny, hrsg. v. Jacques Stern, Berlin, 1914）, S.69ff., bes. 125f.「シュロッサーの意図や判断にはどれほどの優れた論点が含まれているかについて、私は誤認しているわけではない。しかしながら……民法の固有の必要性について、彼はけっして純粋であったのではない。……彼に法の感覚が欠けているわけではないということは、純粋ローマ法の研究についての才知豊かでまったく卓越した彼の論文（一七九〇年）が示している。」

（36）Vgl. Eberhard von Künßberg, Rechtliche Volkskunde, Halle, 1936, S.30 u. 65.

（37）DuW IV, in: Werke, Bd.3, S.106f.; DuW XVII am Ende; ebda., S.498. Verfassungsgeschichtliche Bemerkungen im Zusammenhang mit der Baugeschichte Frankfurts, in: Reise in die Schweiz 1797, in: Werke, Bd.3, S.101ff. 正当にも、ゲーテは一八二四年にも、同時に詩的な根拠をも有する出身都市への真の心服について語っている。Gespr., Bd.3, S.131.

（38）Bielschowsky, Bd.1, S.8.; Glaser, S.186. Vgl., Rudolf Hübner, Goethe als Kenner und Liebhaber der deutschen Rechtsgeschichte, Weimar, 1932, S.20. 32.〔以下 Hübner〕

（39）皇帝選出日の前夜、ユダヤ人街は封鎖された。DuW IV; Werke, Bd.3, S.134.

（40）DuW I, in: Werke, Bd.3, S.107. このことは「恥辱の絵画」なる仕来りの、興味深い拡張として現れる。それは一般的には私法上の請求という強奪の手段として知られている。　Vgl. Otto Hupp, Scheltbriefe und Schandbilder, ein Rechtsbehelf aus dem 15. und 16. Jahrhundert, Schleißheim, 1930.; Guido Kisch, Ehrenschelte und Schandgemälde, in: ZRG, Germanistische Abteilung, Bd.51, 1931, S.514ff.

（41）Werke, Bd.3, S.108. ゲーテがここで多くの出来事を思い出の中に一緒くたにしたことにつき、Vgl. Heinrich Hubert Houben, Der polizeiwidrige Goethe, Berlin, 1932, S.1ff.

（42）DuW III, in: Werke, Bd.3, S.69.

(43) DuW I, in: Werke, Bd.3, S.17ff. ――奇妙な類似例がある。私が一九三〇年にエスコリアルにあるスペイン国王たちの墓地を訪れたとき、案内人は、あと一人分の国王の棺のためにしか場所が空けられていない、ことに注意を促した。

(44) DuW I, in: Werke, Bd.3, S.17ff.「手袋贈与」につき、Vgl., Berent Schwineköper, Der Handschuh im Recht, Ämterwesen, Brauch und Volksglauben, Göttinger phil. Diss., Berlin, 1938. さらにニュルンベルクの市庁舎にあるいわゆるブラバントの浮き彫りの再現につき、Wilhelm Fink, Alte Deutsche Rechtsmale, Bremen-Berlin, 1940, Tafel 112. これはもとよりニュルンベルクとブラバントのあいだの関税特恵に関わるものだが、いずれにせよ行進する手袋を美しく描いている。

(45) 黄金文書の原典につき、Vgl., Karl Zeumer, Quellensammlung zur Geschichte der Deutschen Reichsverfassung, 2. Aufl., Tübingen, 1913, S.211f.; Hans Fehr, Das Recht im Bilde, Erlenbach-Zürich, 1923, S.33ff. und Bild 12-14.

(46) Vgl., S. Siebert, Volksbelustigungen bei Kaiserkrönungen, in: Archiv für Frankfurter Geschichte, Bd.11, 1913, S.1ff.

(47) Werke, Bd.3, S.135.

(48) Ebda., S.143.

(49) 詳細は、Vgl., Bielschowsky, Bd.1, S.16ff.

(50) DuW I, in: Werke, Bd.3, S.27.

(51) DuW IV, in: Werke, Bd.3, S.104. さらに、Glaser, S.235.

(52) Hoppes Examen institutionum imperialium, Frankfurt, 1684. Vgl., Roderich Stintzing, Geschichte der deutschen Rechtswissenschaft, Bd.II, Leipzig, 1884, S.103.

(53) 若いほうのシュトゥルーヴェにつき、Vgl., Landsberg, Bd.III-1, Noten, S.78.; Wohlhaupter, Geschichte der juristischen Fakultät, in: Festschrift zum 275 jährigen Bestehen der Christian-Albrecht-Universität Kiel, Leipzig, 1940, S.48ff., bes. 69f.

(54) DuW I, in: Werke, Bd.3, S.23. ――父親の蒐集のうちフランクフルトの歴史に関するものについては、郷土史や法史に対する息子の関心が息づいている。

(55) Helmuth von Maltzahn, Bücher aus dem Besitz des Vaters in Goethes Weimarer Bibliothek, in: Jahrbuch des Freien Deutschen Hochstifts, 1927, S.363ff., bes. 378f.

(56) Vgl., Bielschowsky, Bd.1, S.31ff. その優れた表現を、部分的に言葉として借用した。

(57) これに関する簡単な説明につき、ebda., S.25ff.

(58) DuW VI, in: Werke, Bd.3, S.170f.

# 二　ライプツィヒの法学生

## 1　ライプツィヒ大学

一七六五年十月十九日、ヨハン・ヴォルフガング・ゲーテはライプツィヒ大学に入学を許可され、バヴァリア学生組合（natio Bavarica）に編入された[1]。一七六五／六六年の冬学期から一七六八年の夏学期までの六学期間、彼はこの古く有名な大学で法の勉学に専念し、――基本的には有名な画廊に関わるものだったのだが、ドレスデンへの旅行を除き――ライプツィヒに留まって、あれこれの住人たちと親密な交際をもった。もしも彼が、衣服や話し方といった外面性に至るまで、イェーナやハレとは対照的に学生も概して行儀良く振る舞うような、優雅なライプツィヒにただちに適応したならば[2]、若い学生にとって内面的な危機はけっして溜め込まれなかったことだろう。したがって以下のことが明らかになるにちがいない。すなわち、ライプツィヒ大学時代の心象は、『詩と真実』が記しているように、後年のライプツィヒ滞在（一七八二年十二月[3]）における肯定的な印象のもとではもっと友好的なものになっているけれども、一七六五年から一七六八年にかけての精神状態にほぼ対応していたように思われるのである。大学時代は、思い出の中で美化される、という特性を総じてもっている。ゲーテも、ショーペンハウアー夫人による「あの方たちが候補者や事務官などだとすれば興ざめですわ」という、ハイデルベルクの学生たちについての言葉に反論したときの、自身の経験から次のように述べている。「若者たちは将来の生活の関係で、幸福な青年時代を送ったということを書き留めておきたいのでしょう[4]」。また、当時のライプツィヒが抱えていた多くの貧しい学生よりも、ともかくゲーテは金銭上の心配からは免れていた。彼の毎年の仕送りは、父親の出納帳によれば一二、〇〇〇グルデンとあり、当時の学生にとってはまったく異例にも相当の金額であったのである[5]。

## 2　職業選択

到着から間もなく、ゲーテは職業選択の問題で、ある突撃をおこなった。[6] 彼は、宮廷顧問官ゴットリープ・ベーメ（一七一七〜一七八〇年）に宛てた紹介状をもっていた。ベーメは、一七五八年より歴史学と国法学の正教授を務めていた、著名な歴史学者マスコフの弟子である。[7] ゲーテはベーメに対して、法学の代わりに古典古代の勉学に打ち込みたいとの意図を具申し、そのうえで軽はずみにも自身の文学的な傾向を仄めかしたのである。だが、この哲学部の一員にそうした願いを聞く耳を見出せると期待したとすれば、ゲーテは根本的に思い違いをしていたことになる。ベーメは、君のこのような決心にはお父上の承諾が必要だと述べただけでなく、お父上は客観的な理由から君には同意しないだろう、とも述べた。エヴェラルト・オットーやハイネッキウスが示したように、[8] 法律学を越える途上で古典古代への相当な洞察に到達することのほうが、文献学を越える途上での場合よりも、可能性があるというのだ。このような小うるさい説教により、そうしたもくろみの憂慮すべきことをゲーテがはっきりと目の当たりにしたあとで、ベーメ夫人のマリア・ロジーネは好意的で理解のある説得をおこなった。若い学生さんなら、それが妨げられなくても、哲学部を好き好んで見回ろうとする計画など諦めるものですわ。[9] 彼にとってこのことは幸運となったようだし、ビールショフスキーも次のように書いているので（Bd.1. S.47）、未熟な美の息子の感情をよく描写しているように思える。「若鷲は翼を刈り込まれ、実用性研究の大地の上を悲しげに飛び回った」。宮廷顧問官ベーメにおいて、すでにしてゲーテの教師たちの一人が認められる。ついでながらその家には、この学生も出入りを許され、そこにはまたもや宮廷顧問官夫人が、物静かにそして病気がちにではあるものの――彼女は一七六八年に亡くなった――、最良の影響力を行使したのであった。[10] ベーメ自身はあまり魅力的な人物ではなかったけれども、ドイツ国法学の講義中に、ゲーテは熱心に筆記するどころか、帝室裁判所を論じた際には奇妙な鬘を付けた裁判官や所長や試補の戯画を講義筆記録の欄外に描いて——こうした悪戯で隣に座っている学生の注意を逸らしたと聞いたときには、非常に気分を害した。[11]

法学部の講義に目を転じるならば、講義がペーター通りのペテロ館にある一七七三年に新装された立派な講堂でおこなわれたことに、あらかじめ留意しておきたい。そもそも椅子に座るという面倒に妨げられながら筆記するということが、法学生の仕来りではなかった。法学生は、神学生とは異なって、大学での義務に関して自由な見解をもっているること、また貧乏人臭さが感じられないということについて、一般的になんとなく自慢しているところもあった。[12]

最初の学期から際立った過度の熱心さをもって、ゲーテは一七六五／六六年の冬学期には、法学提要、ローマ法史——これは「国法史」のことと思われるが、ライプツィヒでは一七〇二年以来固有法の講座も存在した——、パンデクテン、並びに勅法彙纂（Codex）第七—一巻および第七—二巻についての特別講義を申し込んだ。[13] ところが、初歩的な種類の講義は、すでに知っていること以上に多くのことを得ることはできないという印象をもたらし、こうして筆記における熱心さはもとより、授業への熱心さまでも全般的に萎えてしまった。[14] 一七六五年十月十二日付の妹カロリーナ宛の手紙では教授の素晴らしさが大いに称賛されていたとしても、[15] 勉学の過程では非常に批判的な考えが湧き出てきた。すなわち、若手の教授たちは、聴講者の要望よりも自分たち自身の学問的進展のほうを重視しているとはいえ、学生たちの費用で知識を得ているのだし、年配の教授たちは、しばしば沈滞しており、なおも固定化した見解やしばしば追い越されてしまった誤謬を朗読しているにすぎない、というのである。[16] ところで、ライプツィヒの学部組織は自由なものであって、そこでは五つの正規講座が、専門分野にしたがってではなく古い順にしたがって編成されていたので、のちに本質的なものと認識された、研究を通じての理論の不断の深化にとっては不都合なものであった。[17] 教授たちの能力は大部分が広範な訓育的実践を通じて使用される、ということも忘れるわけにはいかない。この ことは世間離れを防ぐだけでなく、並外れて能動的な人物たちだけを研究活動に呼び寄せることになった。[18] この観点でとりわけ特徴的なのは、ゲーテの学生時代にあって疑いなく法学部の最も卓越した人物であった、ライプツィヒの法学者の経歴である。すなわち、カール・フェルディナント・ホンメル（一七二二〜一七八一年）のことだが、彼は一七五〇年より国法学の教授、一七五二年より封建法の教授、一七五六年には法学提要の教授であると同時に評決部の試補も兼ね、一七六〇年には宮廷裁判所試補、一七六三年には教皇令の教授と学部の常任裁判官を兼務した。[19]ホンメルは、たしかに『教会法摘要』（Epitome iuris canonici）によって講座の専門分野に貢献したし、彼の骨董的で文学史的な関心と、並びに「法律家言語」の改良をめぐるその奮闘とは、たしかに彼を飾り立てたけれども、彼の意義は疑いなく刑法改革への成功した奮闘にあった。この改革を彼は一七六五年四月三十日に、当時はまだ未成年であった選帝侯フリードリヒ・アウグストの御前でなされた「護法原理」（Principis cura leges）を主題とする有名な講演をもって開始したのだが、その際に、多くの者が首を横に振るの防げたわけではなかった。その頃ホンメルは知らなかったのだが、ベッカリーアの有名な著作『犯罪と刑罰』（Dei delitti e delle pene）（一七六四年）にすでに記されていたこと、そしてヨーロッパの文化国家の刑法に革命を起こすべく作用するはずのこと、[20]これらのことはホンメルの根本思想に合致していた。ホンメルがこう呼ばれたのは不当ではないが、この「ドイツのベッカリーア」の意義は、言葉を用いずとも、若きゲーテはなんとなく理解できたことだろう。もっとも、ゲーテが少なくともホンメルの講義を科目登録していたことを想定する必要はあるのだが。[21]無理もないことだが、彼はホンメル以外の正規講座の主任たちについては沈黙を守っている。すなわち、パンデクテンの教師ツェラーや、法学提要の教授プラトナーや、勅法彙纂の教授キューンホルトのことである。彼らのうちの誰一人として、目立った業績をもって法学の歴史に名を留めていない。[22]総じてゲーテが法学の講義にあまり熱意をもっていなかったことは、想定しておく必要がある。したがって、法学における強力な自然法運動も、少なくともホンメルのもとでは感じられたはずなのだが、ゲーテによって深く取り上げられることはなかった。一七六七年十月、したがって入学して二年後であるが、妹宛の手紙にはこう書かれている。「僕が学んでいる良い授業も、時として嫌なものになります。パンデクテンは、この半年というもの僕の記憶力を悩ませてきましたが、僕には実際のところ特に何も残りませんでした」[23]。パンデクテンの教授ツェラーはその第二十一巻まで講義したのだが、これはあまりに多すぎるという意味らしい。たいていは第一巻のみがだらだらと講読されるもので、最終巻については講師先生たちは何も語らないはずなのに、とゲーテは書いている[24]。とはいえ一七六七年秋には、良質の勉学に力を尽くして邁進するという、あっぱれな決意が目を覚ました[25]。

そのように安易におこなわれた勉学は、当然ながら高い満足感の果実をもたらさなかった。ライプツィヒ大学時代の詩歌に詠われている場合、たしかに文学的な誇張がみられる。法やその聖遺物のみに捧げられたものを、彼は憎悪をもって追求したようだ[26]。だが確実なのは、彼が一八二五年にイェーナの法学部について書いたように[27]、それはライプツィヒの法学授業のやり方にだけ当てはまるわけではない。このことは、彼において法学への正当な接近を閉ざすことになる。まさにこのことが、能動的な献身を求めることにもなるのだが。

ところで、ゲーテの教師たちは、彼に対して同程度にわずかな注意しか払わなかったわけではない。宮廷顧問官ベーメがゲーテに好意的であったことは、すでに知られている。偉大なるホンメルは、のちにその大部の評決集『審問狂詩曲』(Rapsodia quaestionum)(全五巻、一七六六〜一七七九年)の観察の中で、著名なヴェルテルの作家を「凱旋者ゲーテ」(Goeddenius triumphator)と呼んで、自殺への誘惑という非難から擁護した。すなわち、ゲーテの小説によって若い男女が自殺へと唆されたと信じる人々を、ゲーテは一笑に付すだろうというのである。何千人もの読者のうち、誰一人としてこうした理由で死を求めた者はいなかった。これに対してホンメルが知っているのは、ゲーテに関する神学的著作を読んだ一人の青年が自ら首を吊ったということだという。まさに、レッシングの活動もあって評判の悪いハンブルクの主任牧師ヨハン・メルヒオール・ゲッツによる、反ヴェルテル的な解説への当てこすりである[28]。全体として、ゲーテがライプツィヒでの六学期から受けた専門的な利益が、まったく大きなものではなかったかのように思われるかもしれない。しかしながら、彼がシュトラースブルクで補習教師の助けを借りて修了試験の準備をしていたとき、ライプツィヒでは、さほど積極的な個別的知識ではなかったにせよ、百科全書的な概観を獲得していたことが明らかになった。「大学生活とは、そこでの固有の努力を誇れないものであったにしても、教養のあらゆる仕方で無限の利益に気づくものだ。なぜなら我々は常に学問を得ていたり求めている人々に取り巻かれており、その結果そうした雰囲気から、無意識にせよ、不断に固有の糧を引き出すことになるからだ[29]」。そのうえライプツィヒ時代は、ゲーテの法学的教養にとって価値があるものだった。このことはおそらく真っ先に疑われるかもしれないが、視野や経験の広がりにとってと同様に、彼の文学的創作にとってのその意義は、何人にも異論の余地がないことであろう。若い学生は法学の講義よりもむしろ哲学部の講義をしばしば聴いたが、もとよりこれにも、結局のところある種の幻滅を感じないわけではなかった[30]。ヴィンクラー教授の哲学講義についてはゲーテはあまり語るべきものをもたなかったが、彼はこの教師による物理学の講読については感謝し続けていた。比較的大きい影響を与えたのは、エルネスティとモールスの両教授であったが、ライプツィヒの制度によれば、前者は古典文献学の講座、後者は神学の講座の主任であった。彼らのうちエルネスティは学問的な偉人であったし、モールスはゲーテと個人的にも親しかった。当然ながらゲーテは、文芸学の代表者たちに最も関心をもっていた。彼らのうちゴットシェトは、一七六六年に没したが、なお将来の偉人の影法師となっている。ゲーテがヨハン・ゲオルク・シュロッサーと一緒に彼のもとに行った訪問は、いわばドイツの文学的発展の破損箇所を示すものであった。ゲレルトはその高貴な人格性によって活動したが、クロディウス教授と同様に新しい方途を提示することはあまりなかった。クロディウスのもとでゲーテは言語・文学の演習に参加した。ゲーテがフランクフルトの叔父テクストーアの結婚のために作らねばならなかった婚礼頌詩(Hochzeitscarmen)の中で、フランクフルトの弁護士の婚姻を協議するために全オリュンポス山を煩わし、ヴィーナスとテミスを公然と対立させたのだが、この婚礼頌詩をゲーテは演習の中でも披露した。だが、それはクロディウスの承認を得るものではなかった。彼は、ゲーテがのちになって認めたように、神話の濫用を正当にも余計なものとして非難したのである。[31] ゲーテ自身の自己確認や老若の友人たちとの対話における、真の文学をめぐる絶え間ない戦いは――その際、当然ながら『詩と真実』第六章にみられる有名な文学史的余談としての見解を、ライプツィヒの学生たちは有害なものと決めつけたと推測できる[32]――、つまり自身の経験、とりわけエンネン・シェーンコプフに対する愛情は、ゲーテの精神生活は当時としては過激な極端に向かったので、彼の文学はいずれにせよ「大いなる告白の断片」によってのみ存在しうる[33]という認識に至ることになる。その際、彼はもちろん社会の経験も、つまりは国家の内実も、レッシングの『ミンナ・フォン・バルンヘルム』に対するゲーテの称賛が示すように、すでに包摂されているものとして知ろうとした。[34] もとより初期の叙情詩の業績は、まだ大きな計画には対応しておらず――いかなる詩人も同時代の名声をぜひとも目指すわけではない――、せいぜいのところ彼の手紙に散りばめられた歌曲[35]が相応しているにすぎない。こうした歌曲に、当時のドイツの叙情詩で匹敵するものは見当たらなかった。[36] これと並んでもっと包括的な業績として、二つの演劇があった。『恋する男の気まぐれ』と『同罪者たち』である。彼が詩人としての活動に費やした努力は、エーザーやシュトックの指導のもとで専念した素描や銅版彫刻における修業とも相まって、ゲーテにおける講義への熱意が薄かったことを説明することになる。

　ゲーテ自身の証言によって有益だと考えられたように、一定の法学的雰囲気に彼はなおも留まったが、それは多くの部分で学友たちに負っている。彼らについては以下で述べる。その際、他の大学で法学の勉学に専念したフランクフルトの幼なじみたちは、ほぼ役割を果たしていない。たとえば、リーゼ（一七四六年生まれ。マールブルクで法学を学ぶ）や、ヴィルヘルム・カール・ルートヴィヒ・モールスとフリードリヒ・マクシミリアン・モールスの兄弟であるが、この兄弟はゲッティンゲン大学に入学した。彼ら宛の手紙には、法学についてはほとんど述べられていない。[37]これに反して最も喜ばれそして求められていたのは、十歳年長のフランクフルトの法律家ヨハン・ゲオルク・シュロッサーの訪問である。シュロッサーと同時に、したがって一七六六年の復活祭定期市に向けて、ヨハン・ホルンがやって来た。ホルン（Horn）は小柄なために角《つの》ちゃん（Hörnchen）と呼ばれており、フランクフルトでの幼なじみであるが、法学に打ち込むためにライプツィヒにやって来たのである。[38]ゲーテの自惚れやお洒落に対する初期の批判によれば、ホルンはゲーテと真面目な交友関係にあったものの、[39]クロディウス教授の大仰な詩人性に対する諷刺においてある役割をも果たした。このことは、ゲーテの仲間たちの評判を幾分か落とすことになった。[40]ホルンと同様に、シェーンコプフの食卓仲間にはクリスティアン・ゴットフリート・ヘルマン（一七四三〜一八一三年。学位取得後の一七六七年に市参事会員、最終的にはライプツィヒの市長）もいた。彼のことをゲーテは、とりわけ不断の勤勉の模範として、気の置けない個性的な仲間として、そして素描への努力の首唱者として尊敬していた。[41]ヘルマンが一七六七年五月に学位取得のため学部に出頭したとき、ゲーテは反対論者の役を務めて、彼が学界に初めて公然と登場するに当たって躓かないよう入念に準備した。[42]広義の友人たちのうち、ブレーメン出身のグレーニング（一七四五〜一八二五年。のち当市の市長）と、ヨハン・ゴットリープ・プファイル（のちマンスフェルトの司法官僚）とは、ともに法学に打ち込んだようだ。もちろん彼らすべてより重要なのは、ゲーテの指導教師ベーリッシュであった。彼についてては、まさにゲーテがそうした物分かりの良い人物をイタリア旅行まで常に必要としていたように、弱さのゆえにではなく、彼の溢れんばかりの内面的豊かさを表現するためにこそ、ここで言及しておかねばならない。

一七六八年の夏に、ゲーテは重い病気になった。喀血が、急性の結核による深刻な危険を示していた。友人のホルンとヘルマンに看病されてなんとか回復したが、ゲーテは一七六八年八月二十八日、その十九歳の誕生日に、帰郷の旅についた。ほとんど難破者のようにして、病んだ体と打ちのめされた魂とともに。帰郷は、癒やしの休息になるはずであった。

**原注**

（1）Vgl. Bielschowsky, Bd.1, S.42ff.; Gundolf, S.53ff.; Witkop, S.17ff. とりわけ、フォーゲルの論文を参照。ゲーテのライプツィヒ時代における様々な肖像画に言及されているものとして、Friedrich Schulze, Leipzig, ein Überblick über seine geschichtliche und kulturelle Entwicklung in Bildern, Leipzig, 1937, Bild 23ff.

（2）次の詩を参照のこと。「僕は望む／できるのならば／伊達男になりたいと」(Werke, Bd.1, S.8)。これは特徴的な詩句で終わる。「甘ったるい紳士になるなんて／分別を亡くしてしまったのか！」。――ゲーテとグスタフ・フォン・ベルクマンとのあいだの、噂話的で、しかもありえない決闘事件について、Vgl. Carl Vogel, Goethe in amtlichen Verhältnissen, Jena, 1834, S.85f.〔以下 Vogel〕

（3）Vgl. Briefe vom Dezember 1782 an Frau von Stein (Briefe, Bd.1, S.321ff., bes. 324.). この手紙は、詩句「ライプツィヒ人は小さな道徳共和国に見える」に関係している。

（4）Gespr., Bd.2, S.408.（一八二四年十二月のフロマンによる伝聞）

（5）Glaser, S.247.

（6）DuW VI, in: Werke, Bd.3, S.174f.

（7）ベーメにつき、Vgl. Vogel, S.57ff. mit Bild.

（8）ゲーテがこの二人の作家の当該の著作を、のちに父親の蔵書から受け継いだ、ということが想起される。

（9）DuW VI, in: Werke, Bd.3, S.174ff.

（10）Ebda., S.180f.

（11）DuW VII, in: Werke, Bd.3, S.203f.

(12) Vogel, S.49（講堂の絵）und 65.
(13) フランクフルトの幼なじみでマールブルクの法学生となったリーゼ宛の、一七六五年十月二十一日付の手紙は開講日に触れている。Brief, Bd.1, S.13f. この手紙は、その他にこの日に聴いた講義として、ベーメの国家史とエルネスティによるキケロ『弁論家について』（De oratore）の講義に言及している。Vgl., Vogel, S.52.
(14) DuW VI, in: Werke, Bd.3, S.176.
(15) Briefe, Bd.1, S.12f.
(16) DuW VI, in: Werke, Bd.3, S.176f.
(17) Vgl., Emil Friedberg, Die Universität Leipzig in Vergangenheit und Gegenwart, Leipzig, 1898.
(18) Boehm, Der Schöppenstuhl zu Leipzig und der sächsische Inquisitionsprozeß, in: Zeitschrift für die gesamte Strafrechtswissenschaft, Bd.61.
(19) ホンメルにつき、Vgl., Landsberg, Bd.III-1, Text, S.386ff.; Noten, S.253ff.
(20) ベッカリーアのこの著作のドイツ語訳（プラハ、一七六五年。ハンブルク、一七六六年。ウルム、一七六七年。ブレスラウ、一七七八年。およびホンメルの序文付きのもの、ライプツィヒ、一七九八年）につき、Vgl., Landsberg, Bd.III-1, Noten, S.394.
(21) 一七六七年十月に選帝侯の臨席のもと、ザクセン選帝侯国の古い封建法についてなされたホンメルの講義を、ゲーテは聴講したようだ。Vogel, S.50f.
(22) Landsberg, Bd.III-1 は、Vogel, S.52 に挙げられているゲーテの教師たちのうちプラトナーだけに言及している。それはバッハ教授の追悼文（一七五八年）の執筆者として、またゴットリープ・フーフェラントの先生としてである（Noten, S.152 u. 318）。フォーゲルにおいてキューンホルトの代理人と呼ばれるゼーガー教授は、果たしてカール・フリードリヒ・ゼーガーと同一人物であるのか。後者は、シュトゥットガルト軍事大学の教師として、一七七九年に公爵の命令により、ベッカリーアの精神による講演「厳格な法律は国家と折り合うか?」をおこなった（Landsberg, Bd.III-1, Noten, S.258）。両ゼーガーが同一人物であるかについては、突き止めることができなかった。
(23) Briefe, Bd.1, S.24. Witkop, S.18 によれば、この手紙はほとんど完全な繰り返しで終わっている。「僕はやる気がなくなって、何も覚えていません」。
(24) Briefe, Bd.1, S.24f.
(25) Vogel, S.53. ベーリッシュ宛のある手紙による。
(26) 詩歌「それとはまったく異なる望みが今や現れる」。Werke, Bd.1, S.13.

（27） Vgl. Dichterjuristen, Bd.1, 293.

（28） 根拠とラテン語の原文につき、Landsberg, Bd.III-1, Noten, S.259. Vgl. Houben, Werther als Schmutz und Schund, in:ders., Der polizeiwidrige Goethe, S.7ff., bes. 13ff.

（29） DuW IX, in: Werke, Bd.3, 253.

（30） Bielschowsky, Bd.1, S.48ff.; Vogel, S.53ff.

（31） DuW VII, in: Werke, Bd.3, S.212ff.

（32） 留意しておきたいのだが、ゲーテはこれに関して二人の詩人法学者、つまり皮肉屋のクリスティアン・ルートヴィヒ・リスコウ（一七〇一～一七六〇年）とゴットリープ・ヴィルヘルム・ラーベナー（一七一四～一七七〇年）を想起しつつ、ラーベナーについては彼を有能な官吏としても称えないわけにはいかないとしている。

（33） DuW VI, in: Werke, Bd.3, S.200.

（34） Ebda., S.199.

（35） 最も美しい例は、Vgl. Briefe, Bd.1, S.16ff. passim.

（36） Bielschowsky, Bd.1, S.81f., 88f.

（37） たとえば、Briefe, Bd.1, S.13f., 16f.（リーゼ）, 17f.（W・モールス）。

（38） Vogel, S.82f.

（39） このことにつき、一七六六年八月十二日および十月三日付のホルンよりヴィルヘルム・モールス宛の手紙。Briefe, Bd.1, S.25f.

（40） DuW VII, in: Werke, Bd.3, S.214. ——のちになって現れたクロディウス教授の戯曲『メドン』に対する諷刺が問題になったわけではない。Vgl. Zeitler, Goethe-Handbuch, Bd.2, S.108（Artikel "Händel"）.

（41） DuW VIII, in: Werke, Bd.3 S.233. Vgl. Vogel S.33f. mit Bild. 同書 S.24. によれば、ゲーテが友人に献呈した銅版画は模写された。

（42） Brief an Cornelia vom 11. Mai 1767, in: Briefe, Bd.1, S.19f. Vgl. Vogel, S.50 u. 38.

## 三　帰郷と休息、シュトラースブルクの学生

### 1　シュトラースブルク時代

フランクフルトに帰郷した若者〔ゲーテ〕の健康状態は、一七六八年十二月初頭に再び危機に陥り、勉学への早期の復帰についての如何なる期待も排除したので、父親を不機嫌にさせた。父親は衒学的な無理解のゆえに、息子の病気を道徳的な悪であるかのようにみなした。[1] 両親の家の雰囲気は、総じて張り詰めており快適なものではなかった。アヤ夫人は、気むずかしい父親と彼の手から滑り落ちた子供たちとを仲介すべく、まさに奮闘していた。

フランクフルトの屋根裏部屋で回復期の患者が取り組んだ勉学の中では、あえて言葉にするのだが、[2] 法学的な勉学は最後に回されていたとすることができよう。むしろその時代は、宗教的立場をめぐる真剣な闘いによって満たされている。このきっかけになったのは、『ヴィルヘルム・マイスター』にみられる「美しい魂」の原像となったスザンネ・フォン・クレッテンベルクと、大きな人格的懸隔こそあるものの、すでに言及した政治家フリードリヒ・カール・フォン・モーザーである。結局のところ、彼らの「ヘルンフート兄弟団」的な傾向に決定的に影響されることはなかったのではあるが。こうしたバロック的な敬虔への傾きに、神秘的自然科学の研究にみられるバロック的な汎知主義が結び付いた。

一七七〇年春になってようやく、ゲーテは、別の大学で勉学を修了するに足りるほど、充分に元気になったと確信した。シュトラースブルクについての父親の決断に当たって、かつて祖先が当地で博士帽を得たこと、友人のオーレンシュラーガーもそこに進学したし、帝国顧問官自身もフランスからの帰途の一七四一年に当地で若干の講義を聴いたこと、こうした事実がなんらかの役割を果たしたのだろうか？　それはともかく、一七七〇年の三月末にシュトラー

スブルクに転学した。そこではフランスの支配のもと、大学はエルザスの民俗性に根ざしていた。愛情に満ちた忠誠が、昔の政体や言語や服装や習俗を維持していた。[3] そして、ゲーテはフランスとの国境にありながら、「フランス的な特性のすべてを一度に投げ棄てる」という状態になったのである。

本論稿での研究目的からの都合だけではないのだが、ゲーテのシュトラースブルク時代（一七七〇年四月から一七七一年八月まで）は[4]、余談ながらまたしても父親が寛大にも賦与した[5]時代であって、それは二つの時期に分けられ、その区切りとしては一七七〇年九月の予備試験が該当する。活発な生活の考察と人間的情熱の探究とは、それは「運命の大波に流入」したものだけれども、こうした運命も、老ゲーテの回顧的な眼差しにはその時代のより深い意味として映ることになるだろう。そのような考察と探究とは、味気なく学位取得を目指した当事の計画の成果として生じた。「彼の法学的な功労が飾られたように見えるべく」、彼はシュトラースブルクへと飛翔する。ゲーテはライプツィヒの友人ヘルマンに宛てて、そう書いていた。[6]

## 2　学位取得予備試験

一七七〇年四月十八日付で大学の登録簿に記帳されたところによれば、ゲーテは四月二十二日にめでたく入学を許され、こうして最高学府の学生となった。この最高学府は、カトリック国フランスにありながらもプロテスタント的な性格を保っており、四〇〇名から八〇〇名という当時としては相当数の学生によって、ある種の魅力を保っていた。[7] だが全部で十四、のちになっても十八の講座しか有せない貧弱な基金は、裕福でたいていは地元出身の教授たちでなんとかもちこたえる結果をもたらした。したがってこのことは、大学の人事政策においてある種の遮断を意味したのだが、それはフランスに対してだけでなく、神聖ローマ帝国に対してもそうであった。個別の学部に所属する講座の数は、だいたい次のように記される。すなわち、法学部の三から五の教授定数は、パンデクテン、法学提要、勅法彙纂、国法学、およびこれに関連する法史学に割り当てられた[8]。エールレン、トライトリンガー、ライスアイゼン、クーグラーの各教授のうちで、法学の歴史に重要な足跡を残した者は誰もいない[9]。また、トラウマン[10]によって後述されるヨハン・マルティン・ジルバーラートは、ハイネッキウスの『市民法の歴史』(Historia iuris civilis)に注釈を付したことがあるのだが、ジルバーラートが一七六〇年に没したのが正しいとすれば[11]、ゲーテはもはや彼に接することができなかったことになる。これに対して、卓越した人物であったのは、偉大なる歴史学者にして国法学の教師であったヨハン・ダニエル・シェープフリン（一六九四～一七七一年）である。彼は、エルザスやバーデンの歴史に関して今日でも参照される作品の著者であるが、のちには講義において国法学を強固かつ効果的に育て上げた。さらに、とりわけ数多くの貴族をシュトラースブルクに引き寄せて、ある種の「騎士大学」を組織した[12]。ゲーテは一七七〇年十一月における、シェープフリンの教授在職五十周年記念の松明行列に参加したが、彼の講義を聴くことは明らかに怠っていた。一七七〇年の夏学期には、彼は総じて熱心な聴講者とは考えられていなかったのである。このことは今や、不熱心さとは無関係であった――ゲーテはそのあいだに、時間は無限に長いこと、日々は、本気で満たそうとすれば、非常に多くのものを注ぐことのできる容器であることを学んだ[13]――。彼はむしろ試験学期として、彼の目標を一直線に達成すべく、義務づけられたものと自覚していた。彼の運命は、ここでも適切な助言者のもとに、つまりザルツマン博士のところに彼を導いた。ザルツマンは当時四十八歳で、食卓仲間の主宰者であったが、長年にわたる被後見人組合の書記として、またシュトラースブルクの後見人事務所の実際の責任者として、まことに経験に満ち、まさにこうした職務が必要とする善良さを体現していた[14]。ザルツマンの思慮深く才気溢れる流儀は、食卓仲間の天性の指導者にして、そこで新しい文学が読まれたり語られたりする学識上の教練仲間、という着想を彼に与えた。こうした教練仲間は、一七六〇年に組織されたが、まさに一七七〇／七一年に開花したのであった。そこでゲーテは、すでにナッサウ＝ザールブリュッケン侯爵に仕えていたが、学位取得の目的で再び大学に戻ってきたロートリンゲンの若き法律家エンゲルバッハと知り合った。彼において、ザルツマンが推薦したゲーテの補習教師像を推察することができる。[15]この補習教師がゲーテとの初めての会話の中で、まさに普通のお喋りによってゲーテの知識水準について洞察を得たとき、補習教師はゲーテにこう打ち明けた。すなわち、フランスでは、法律家の養成は学識よりは実務的なことがらに向けられています。試験では、実定的な現行法の知識が求められます。法律の起源つまりその外的もしくは内的な誘因とか、時代をつうじての法律の変遷とか、慣習もしくは裁判例とかについて問われることはありません。そのような問題は、学術的な研究に委ねられるのです、と。すべての法学生のための大学教育という大問題は、現代に至るまで、振り子をあるときはこちら側に、あるときはあちら側にと振れさせてきたが、それをこの補習教師は如何にして明確に理解していたかが認められる。こうしてゲーテもまた明白な方針をもって、かつて学んだ小ホッペのように、論題を質問と解答に区分したエンゲルバッハのノートに、父親による授業やライプツィヒ時代に獲得した知識を手ずから加えた。彼は今や熱心に勉学に取り組み、「意に反して博士候補者への最も効率的な方法で」資格を得た。[16]一七七〇年八月二十六日付で、つまり試験の準備の最中に、彼は魂の友スザンネ・フォン・クレッテンベルク宛てに手紙を書いた。「僕は法律学がとても好きになり始めました。何事も、初めはぞっとするメルゼブルクのビールのように、一週間で飲み込んでしまうものです。そうすればもう止めることはできません。それから化学は、相変わらず僕の秘かな恋人です」[17]。法学への、非常に条件づけられた献身の証言である！　自分の関心事を整理せねばという義務感情が、今度も彼を鼓舞したことで充分である。一七七〇年九月二十二日、彼は自ら記帳することによって、博士候補者として「学位論文審査免除」(dissertatione praeliminari dispensatus) を申請した。直後の公式の記帳は、以下のように書き留められている。

一七七〇年九月二十五日　博士予備試験　ゲーテ。　家長ゲーテは予備試験に優秀なる成績で合格せり。論文作成を以ての所定の厳格なる試験は免除される。L・ソリタ　免除申請受理――C．部門26．X号　証人証明
一七七〇年九月二十七日　博士本試験　ゲーテ。　家長ゲーテは本試験において厳格に分析したことを保証し、異議の証明がなければ、まことに学位取得開始を許可する。[18]

試験段階の意味についての沈黙を考慮に入れるのはともかくとしても、本論稿で目指すべきゲーテ文学を考慮に入れるならば、それらすべてが相まって学位取得の予備試験を意味している、ということが明らかにされねばならない。法学における大学修了試験という、今日の試補試験のやり方によれば国務に関わることを準備すべき試験という観念からは、解放されなければならない[19]。ゲーテは、本来は父親の願いにしたがって学位請求論文によって学位を取得することを考えていたのだが、通常の順序にしたがえば、まずは学位請求論文を出版しなければならなかったようだ。九月二十二日付の記帳が示しているのは、学位請求論文を事後に提出することが彼に許されていたこと、したがって、たとえばライプツィヒではなお今日においても許容されているように、まずは博士試験のうち口頭試問部分を済ますことであった。博士口頭試問は、各段階においておこなわれた。予備試験（examen prius）においては、明らかに現有の知識が試されるのだ。ここでは優れた成績を証明した旨の、ゲーテの記載を取り出してみたい。彼には二題の問題文書が交付された。――第一問は、ローマの抵当法（Codex VIII, 27l. 11）に由来し、債権者によって承認された抵当対象物の譲渡の効果に関するものであり、第二問は、グレゴリウス九世の教令（c.26, X2, 20）の証拠法に由来し、

親族の婚姻障害をめぐる訴訟において、たとえ原告が証人を連れて来たとしても、被告の反対証人を許容することに関するものであった――、この問題文書について、彼は一日の準備時間ののちに、学術的な解釈を提示しなければならなかった。ここでも彼はしっかりと切り抜け、今や学位請求論文を任意に提出する許可を受けることになった。したがってそれは管長――今日では博士代父と呼ばれる――によって指定された設問に関連づけられることなしに、独立した精神のみが入手できる特典であるけれども、一方でたいていの博士論文提出予定者はそうした設問にこそ難渋していたのである。ゲーテの伝記は、この予備試験は他の講義を聴かねばならない義務からゲーテを解放した、ということを書き留めるのが常である。[20] しかしながら、このことが予備試験の主たる成果として叙述されるとするならば、彼の歪んだ印象を覚醒させねばならない。正しくは、ゲーテはそのようにして獲得した自由を、一七七〇／七一年の冬学期を通じて医学の講義を聴くために用いたのである。[21]

試験への準備も、聖ヨハネ祭休暇（一七七〇年六月）に帰郷するほやほやの法学士たる友人エンゲルバッハ、および友人ヴァイラントとともに企てられた、ロートリンゲン旅行を妨げることにはならなかった――ゲーテはザールブリュッケンで議長のフォン・ギュンデローデと知り合い、この旅で初めて採鉱現場を見学した[22]――。また、音楽の勉強もシュトラースブルクで再開した。[23] こうして、予備試験の秋は、このシュトラースブルクの学生の人間的に最も重要な出会いと芸術的に最も重要な出会いの双方をもたらした。ルソーを読んで気分をほぐしながら、ホルシュタイン＝オイティン公子の家庭教師としてシュトラースブルクにやっては来たが、この職務をまもなく捨てることになるヘルダーとも、まだ試験の前なのに、ゲーテは知り合いになった。ヘルダーは眼病のために残されたが、ゲーテの仲間たちを喜んで受け容れた。もっとも、辛辣かつ批判的で、しばしば無愛想な仕方においてではあったけれども。[24] ――友人たちの称賛によって甘やかされ、やや思い上がっていたゲーテにとっては、良い学校となった。「ヘルダーの奔放で途方に暮れるような精神を、カントによって鍛えられハーマンによって実らされた精神を、偉大で新しい思想に即して揺り動かしたすべてのものが、ゲーテの感受性の中に土壌と温もりとを見出した。ゲーテはヘルダーに即して、芸術における偉大さと真正さのための、諸国民の文化的独自性のための、この独自性の気候と風土への依存性のための、独自の人格性における本源性のための尺度を獲得した。ヘルダーは、聖書やピンダロスやホメロスやシェイクスピアを新しい目で読むことをゲーテに教えた。そのことによって、ヘルダーはゲーテに彼らを模倣させたのではなく、彼らに即して自分自身を発見することを学ばせたのである。またヘルダーはオシアンや民衆歌謡に言及することによって、新しい自然とか新しい愛によって喚起されたゲーテの叙情詩を、伝統的な限界から独自性や偉大さへと誘導した」[25]。このことすべては、シュトラースブルク大聖堂のゴシック様式の深い印象よりも、いっそう敏感な地上へと倒れ込んだ。そして都市の状況によって喚起されたドイツ性への心情は、ともかくもゲーテの民族意識を目覚めさせていた。ヘルダーとの最初の出会いからおよそ一箇月後に、ゲーテを最も深いところで掻き立てたフリーデリケ・ブリオンへの愛という体験が始まった。彼女は、ゼーゼンハイムの牧師の娘であった。この体験に、ゲーテは結婚という成就を与えることはできなかったのだが、それは彼が内的発展のために必要な、生活形態の自由を守ろうとしなかったからである[26]。その際、罪に陥ったことを彼は充分に感じていた。

最後に、ゲーテがこの時代に得た友人たちについて考えてみたい。優れた書記のザルツマンと若き法律家のエンゲルバッハのことは、誠実な相談相手として知られている。ザルツマンがまとめた仲間たちの中では、のちに眼科医および文筆家になった、ユング、別名シュティリンクと、まもなく『ゲッツ・フォン・ベルリヒンゲン』において永遠化されることになる神学生のフランツ・レルゼとが、ゲーテと親交を結んだ。だがシュトラースブルク生まれで、のちの詩人法律家ハインリヒ・レオポルト・ヴァーグナー（一七四七〜一七七九年）と、不幸に見舞われたヤーコプ・

ラインホルト・レンツ（一七五一～一七九二年）もいた。ヴァーグナーは、その『嬰児殺し』（一七七六年）において、ゲーテの着想を利用した。彼ら疾風怒濤《シュトゥルム・ウント・ドラング》の二人の重要な劇作家が、ゲーテの生活圏に登場していたのである。[27]

## 3　学位論文

『詩と真実』第十章の冒頭部分において、ゲーテは、当時の文学を展望することによって、ヘルダーとの出会いを予感させている。それは実際、文学上の革命を導き出した。そこでは、職業の必要性についてすでに上述した言葉は、詩人にのみ当てはまるわけではないのだが、このことは別に意外なこととは思えない。そうではなくて、詩人法律家としてのラーベナーやヨハン・ペーター・ウーツ（一七二〇～一七九六年）やクリスティアン・フェリクス・ヴァイセ（一七二六～一八〇四年。ライプツィヒの郡収税吏。戯曲や歌芝居《ジングシュピール》で有名。彼の歌芝居には著名な作曲家のヒラーが曲を書いた）[28]に示された、格別の尊敬が言及されていることのほうが、意外なことに思える。なぜなら、彼らは勤勉で誠実な職業人にして定評ある詩人でもあり、こうしたきわめて異質な特性を相互に結びつけることを弁えていたからである。[29]まさにこの若い法学生は、シュトラースブルクでの出会いや経験や刺激のもとで、その詩人としての独自性に気づき始めていたのだが、詩人法律家としての根本問題が、もとよりのちに自伝で示された澄明性においてではないものの、ときに彼を照らし出すことがあった。というのも、すでに自尊心や義務意識が、次の目標から目を逸らさせることを彼に命じていたからである。こうして彼は、予備試験の直後にその学位論文を入念に仕上げ始めたのだが、[30]しかしゼーゼンハイムの牧歌的生活の傍らで自分の課題を意識するに留まっており、[31]いうまでもなく、しばしばそれが副次的な事柄になる危険な状態にあったのである。予備試験のまずまずの終了が、論題そのものを選択する可能性を彼にもたらしていたということは、一方では、彼の知的状況に適合する自由と、彼自身の精神的利益とを意味したが、他面では、さらに検討することになるように、ある危険を意味していた。ゲーテはその蒐集帳に多くの案件を書き留めていたが、法学において大きな変動が生じることは、彼も見落とさなかった。つまり、陳腐な司法への邁進とか、旧い慣習法の揺り戻しとか、刑法における大転換とかである。けれども、彼自身が感じていたように、理論的もしくは実務的な法学という小道を順調に進むための前提たる、専門的な深化が彼には欠落していた。さらに多くの時間をそのような深化に費やす気はなく、医学に強く魅せられてもいたので、彼は友人の忠告にしたがって、この提題で学位を取得しようとさえ考えた。けれども、父親は、彼自身がかつてギーセンで提示したように、まともな仕事を要求したのである。

1．如何なる問題がその後の経過を辿ったのかを検証する前に、『天体位置推算暦』への法学的記入を一瞥しておく必要がある。これはフランクフルトで始められ、シュトラースブルクで続けられた日記帳のことであるが、これには「すべきことは、今日の昼前におこなえ」という格言めいた標題が付いており、構想や本の題名や抜き書きといった記録が含まれている[32]。最終的には守られた法学的順位（Positiones iuris）よりはるかに高く、『天体位置推算暦』は要するにゲーテの法的関心の一定の方向を示しており、さらに普通の漠然とした表現を越えた、彼の法学的な教養状態についての判断を可能にする[33]。

法学生にとって常に特徴的であるべきことは、彼が如何なる法源と如何なる文献を参照したかである。原典に強いゲーテの場合、『ユスティニアヌス法典』II4,4 や IX18,4、およびユスティニアヌスの『新勅法』VIII,11（S.10, 13, 15）からの少なからぬ引用が、読者を驚かせる。これとは明らかに異なって、胡散臭い卑俗ローマ法の原理への言及、つまりローマ的原理と教会的原理の用語索引を試みた『モーゼ立法・ローマ法対照』（Collatio mosaicarum et romanarum legum）（S.10）[34]、一五九七年の『ジェノアの法的地位』（S.19）および一七六九年のバーゼルの宗教改革条例についての詳細な内容紹介、例のチューリヒ条例方式による風俗条例と奢侈品条例、ゴットフリート・ケラーの『グライフェンゼーの代官』にみられる絵解法史（Figura Leu-Geschichte）といったものは、時代を彩る愉快な描写のためにだけ利用されているようだ。大いに注目すべきは、『天体位置推算暦』における、『シュヴァーベンシュピーゲル』第一一四条にみられる文言への言及であるが、これによれば「車輪刑」なる刑罰は中傷者に対して規定されたものであった（S.15）。この直後には論題五十四においてザクセン法にも触れられているので、ここではゲーテと法書の関係について若干の言葉が一度に語られたことになる。[35] 彼は『帝室裁判所史』の冒頭部においても二大法書に言及しており、注目すべきことに、それらは私闘の慣習を防止しえなかった、と述べている。[36] ゲーテが『ザクセンシュピーゲル』の韻文序からいくつかの詩節を引きつつ、いかにして「ニコライのヴェルテルもじり《パロディー》」へのお返しに利用したかについては、のちに聞かされることになるだろう。[37] のちになってゲーテは、中世期写本の絵画を透写することによって、それは付属の原文なしに入手したとはいえ、ブレスラウの公文書監理官にして教授のビュッシング（一七八三〜一八二三年）に、調査のための刺激を与えた。この調査は、最終的には『ザクセンシュピーゲル』の、一三三六年に作られたオルデンブルク版絵解写本の確認へと導かれた。[38]

今度は、ゲーテが『天体位置推算暦』に書き留めた法的文献についてである！　かつての後期註釈学派バルドゥスの名言「大男総身に知恵が回りかね」（Longus homo raro sapiens）を、彼は折に触れて耳にして、むしろ彼自身の身長を顧みながら注目した。『イオコ＝セリウス法訴訟』（ハノーファー、一六一一年）という、つまりいわゆる悪魔《サタン》裁判あるいは「ベリアル裁判」に関する蒐集から、彼はニュルンベルクの詩人法律家ヤーコプ・アイラーのベリアル訴訟に注目している（S.4）。[39] オランダの法学者シュルティングの『ユスティニアヌス以後の法学』を、ゲーテはとくに好んでいたように思えるが、というのも、彼はこの著作をここで言及している（S.10）だけでなく、後年に父親の蔵書から引き取っているからである。(40) カルプツォウは、一度だけ言及される（S.19）。ハレの偉大な法学教師クリスティアン・トマジウスの著作の中では、広く知られた『担保をめぐる法学上の予備的考察』（初刷、ハレ、一七一〇年）、つまり一種の法学入門が彼の関心を惹いたのである（S.10）。(41) だがそれ以上に、トマジウスが一六九四年に神秘主義者ポアレの『真の学問、表層的な学問、偽りの学問』のある版のために書き送って、トマジウス自身が経験主義を越えて神秘主義へと至る途上で提示した序言のほうが、彼の関心を惹いたといえよう。(42) けれども、トマジウスがのちにこうした方向性を伴う分裂を招いたことを、ゲーテも承知していた。(43) ここでフランクフルト時代の勉学の残響を見出すことが許されるならば、ザミュエル・シュトリーク（一六四〇～一七一〇年）やアウグスティン・ライザー（一六八三～一七五二年）についての言及は、当時のきわめて著名な民法学者についての知識を提示することになる。シュトリークに関しては、もちろん実務のための手引書である『訴権探究および選択的担保論考』（初刷、ハレ、一六九六年）が挙げられる。(44) さらに幅が広いのは確かにライザーの影響であったが、彼は『詩と真実』では、形容詞「有能な」を用いて称えられている。(45) ゲーテが、当時きわめて有名だったライザーの『パンデクテン考』を知っていたことは疑いない。とりわけライザーが法学の潮流として強調した適法性による決定への傾向を、ゲーテはきわめて明晰に彼の著書から読みとることができた。(46)『天体位置推算暦』において、彼はさらにライザーの『教会法講義』を、なにより逆説的と思われる以下の論題の証人として引用している。その論題とはすなわち、産婆は精神的人格とみなされる、というものである（S.16）。法史学者なら知っているように、事実上、十九世紀になるまでは産婆の教育の世話は教会の手中に置かれていた。経験を積んだ人物に比べて、若きモーザーによる世間の耳目を集めた著書『領主と家臣』(47) のほうは、シュトラースブルクの学生に語るべきことは少なかった。この著書は、宮廷生活における領主の描写というよりも、むしろある種の地誌であるように彼には思えたからである（S.12）。

『ゲッツ』のそもそもの発端が、おそらくはピュッターの法史学やメーザーの論文「強者の権利について」（一七七〇年）にみられる私闘慣習への、法史学的な取り組みに由来することを知っていれば、[48] 私闘慣習の発端についての、また私闘の権利と強者の権利の相違についての、『天体位置推算暦』における若干の所見が興味深い（S.17）。相続権は、人間相互の不平等の主たる原因として特徴づけられる（S.15）。ヴィドゥキント・フォン・コルヴェイの『ザクセン国訴訟事例集』（II.10）からは、ゲーテは、オットー一世の宮廷裁判所における有名な決闘についての立場を書き留めたのだが（S.17）、それによって子孫の介入権が承認されたのであった。[49]

最後に若干の法的滑稽譚が語られる（S.18）。その中の一つは、こういう内容である。すなわち、新任の牧師にカタツムリを食べられた農夫に、役人が出会ってこう質問した。「元気かね？」。農夫は答えた。「へえ、元気です！ 牧師様がムシを食いましてね。その悪魔がお役人様や弁護士先生を捕ってくれたら、儂らも助かるんですがね」。

たしかに、『天体位置推算暦』にみられる法学的書き込みの多くは、当時としては自明の事柄に属するかもしれない。たとえば、カルプツォウやシュトリークやライザーの見解のようなものだ。だが他のものは、この法律家候補生〔ゲーテ〕が充分に独創的な小道の途上にいることを示している。もちろんその際、知識の体系的な連関や画一性が、彼には不足していたのだが。

2．すでに周知のように、ゲーテにおける知識の不足や欠如が、法学的に確立された事柄に設定された論題の選択にとっては障害物になると、彼は感じた。こうして彼は一般的な論題に飛びついたのだが、[50]「立法者について」（De legislatoribus）という標題を有する学位論文の基本思想として大胆な論題を彼に勧めるべく、様々な提案が集まってきた[51]。たとえば、国家は立法者として、なんらかの儀式を定める権利を有し、それによって聖職者は教えたり振る舞ったりすべきだが、平信徒も外的かつ公的にはそれに従わねばならない、といった提案である。それはそれとして、各人が何を身近に想ったり感じたり思案したりするかは、問われるべきではあるまい。このことは、ルソーの『社会契約論』にみられる理念の強烈な誇張であった。彼はこう教えている。すなわち、国家は市民たちの静穏な信仰告白などに関心はないが、これによって国家宗教が阻害されることのないよう大いに留意すべきである、と。こうした印象は、ゲーテが信仰の自由および良心の自由の問題を排除したうえで、以下のような論題に制約されていたことによって高められたにちがいない。すなわち、立法者の権利だけでなく義務も、公的な儀式を定めるのであり、聖職者も平信徒もそれと無縁であることは許されない、という論題である。ゲーテにしたがうならば、彼は理論的な思考だけを表明しようとしたのではなく、当局と教区との二律背反《ジレンマ》から聖職者を救済しようともしたのである。彼は何度もその目撃者となったが、この二律背反が彼なりの仕方で如何にして除去されるべきかが明白になったわけではない。学位論文は、歴史的ならびに構造的な要素をもって作成され、とりわけ、「すべての公的な宗教は将軍や国王や権力者によって採用されてきたこと、これはキリスト教にも当てはまること、プロテスタントの事例はまったくそのとおりであること」を詳論している。その際ゲーテは、モーゼ、モハメッド、民族大移動時代のゲルマンの諸王、宗教改革時代のプロテスタントの諸侯、を想定していたとすることができる[52]。

達者なラテン語で様式に則って書かれた論文が推敲されたあと、父親は写しを取って、大胆な筆跡に精神的な親近感を見出しただけでなく、これを印刷に付すことで卓越した効果が生じることまでも期待した。これに対して、学部長のヨハン・フリードリヒ・エールレン教授は、この論文が憂慮すべきもの、というより危険なものであることに気づいた。それはプロテスタント的なシュトラースブルクで、カトリックの国王の支配に服するものであったからだ。

しかしながら、彼は業績の独自性を称賛し、のちに私的に公表するべく助言することによって、拒絶をきわめて慇懃なかたちで装った。それと同時に、彼は学位申請者にこう打ち明けた。学部としてはゲーテに対して諸論題につき討論することを認めるつもりなのだから、学位取得が延期されることはないでしょう、と。のちに論敵ベッティガーが伝えるように、そうした経緯もあってこの学生ゲーテがさらに異端的な学位論文を書いたということは、とうていありえないと思われる。なぜなら、彼にはそれに当てる時間がまったく足りなかったからである。実際にも、学位論文の内容の多くは、シュトラースブルクで話題になっており、自称面白すぎる半学識者にして推定された宗教軽蔑者に対する批判への理由となっていた[53]。ゲーテにとっては、学位論文を握りつぶしたことについての彼自身の叙述によれば、「信仰および知性の埒外」(ex capite religionis et prudentiae)のことであり不幸ではなかった。今度は父親も、論題による学位取得にそれ以上の異論を唱えることはできなかった。

この論題による学位取得は、五十六問の法学的論題が急いで選び出されたのだが、一七七一年八月六日にゲーテはそれを大成功のうちにやり遂げた。その際、市民法大全を用いる能力が彼の役に立った。この愉快な、何か軽い議論においては、神学生であるにも拘わらずレルゼが反対論者の役を務めた。彼は一時ゲーテを窮地に追い込んだので、ゲーテは所定のラテン語をしくじって友人のレルゼにドイツ語でこう応えた。「思うに、兄弟よ、君は僕をヘクトールにしたいんだね」と。学部長の面前では冗談はまずすぎるとレルゼは気づいたようで、彼は上品に技巧を凝らした愛想でもって締め括り事態は上首尾に終わった[54]。ゲーテは得業士の学位を得ただけなので、新博士のためだけに予定されシュトラースブルクではとりわけ厳粛に遂行される学位取得式[55]が実施されることはなかった。どんな場合でも、博士宴会が省略されることは許されなかったのであるが。

3．叙述を続ける前に、五十六問の法学的論題（56 positiones iuris）を一瞥することが肝要である。[56] その際、前もって述べておかねばならないが、このような大部分が私法に属する論題の厳密な分析は、基本的には普通法に関する同時代の法源や文献の中に見出される専門的論文[56a]によってのみおこなうことが可能であった、ということである。すなわち、出典の確認がきちんとできるかぎりで、ゲーテが市民法大全からは若干の引用しかしていなかった、ということでは決してない。ここではむしろ、非常に簡潔に定式化された普通法学の個別的成果が目につくということなのであって、それは部分的には錯綜した教理史を有するものなのである。

より厳密にみるならば、すでに言及したように、論題の大部分は私法に属し、さらにそのほとんどは債務法と物権法に属しており、これに対して相続法は目立たず、人格法に至ってはまったく目立っていない。また、相対的に多いのは訴訟法で、一般的原則や証拠法に関するものは一部に留まっている。残りの論題は、一般法学と刑法に割り当てられている。国際法に関する論題（論題四十七）は、国際法は慣習（usus）にではなく万民の利益（utilitas gentium）に依拠する、と述べている。こうした勉学を過度に背負い込まないために、ゲーテの論題をそれぞれ別個の扱いをする私法および訴訟法に委ねるとしても、最も多く一般的な関心を奪うことのできる諸論題がまだ残っている。ついでに、これらも整理することが肝要である。なぜならゲーテは、奇妙な仕方で、彼なりの配列で実務的に関連づけた諸命題につき、何度も混ぜ合わせながら賽を振ったからである。

一般法学の対象の中では、何よりも立法についての若干の論題が注意を引く。そこでは、立法は領主の権限である（論題四十三）とか、公益は最高の原理を形成する（論題四十六）といった確言は、広範に流布した法学的常套句にほかならないのではあるが。立法に好意的な後期自然法の時代には、あらゆる法典化を厳しく拒絶すること（論題四十九）も比較的自由に言及される。そこでは、友人のゲオルク・シュロッサーによる同趣旨の傾向が想起されるかもしれない。これは一七七七年になって初めて、その文学的表現が見出されたものである。ゲーテは法典化に対しては反対したが、フィシュラーが考えたようには[57]、市民法大全に反対したわけではない。すでにシュトラースブルクの各講座が教えるように、依然としてローマ法を普通法への発展における基本とみなす学部を前に、ゲーテでさえ、あえてそうした論題に鋭く反ローマ法的な解釈を提示することはできなかったらしい。反ローマ法的な解釈が、総じてまったく彼から遠いものであったと確信することもできる。委曲を尽くした法典化を拒絶することとの関連で、次の論題五十「完成した優れた法典も、やがて攻撃され、大いに非難される」(Tabula potius conscribendae, breves verbis, amplae argumento.) が理解されねばならない。要求のあるところでは、文言の細部においても、内容の豊かさにおいても、処方を生み出すべきである[58]。したがって法典化ならぬ個別的立法を、ゲーテの構想は述べているのである。領主から与えられた、ゆえに法的な語法にしたがった確定的な解釈についての二つの論題(五十一、五十二)が次に続く。ついでながら、こうした解釈は唯一許容されるべきものである(論題四十四)。ゲーテは、これらが何よりも別個に集められ、法文には含まれていないことを、心得ているつもりであった。すなわち、世代が異なれば、あるいは君主の交替に際しては、以前の確定的な解釈を失効させて、新しい解釈を領主に依頼すべきなのである。したがって個別的立法およびその確定的な解釈においては、ゲーテは法的発展の支配的手段に気づいていた。ところが、ただ学んだだけで法律に詳しい人々が任命されるはずの裁判官たち(論題六)は、単に個別的事例への適用に制約されているにすぎない。このことのすべてが優れて絶対的国家の原理の味付けなのであって、だからこそ、裁判官の職務について言及された命題を、権力分立論の意味で理解することは許されないのである。学部によって拒絶された学位論文の基本命題は、絶対主義的な国家思想という乗り越えがたい頂点を意味してはいなかっただろうか?

このような法律思想に——打ち明けるならば——公然と対立して、今度は慣習法の是認が登場する。慣習法は、論題二によれば、書かれた法を変えたり良くしたりする効力をもつのだが、一方で論題四十五においては、慣習法による法律への名誉毀損的な影響が否認されることになる。ゲーテが彼の論題の表面的な配置に際して命題間の矛盾を免れたことを受け容れないならば、たとえばフィシュラーが提案するような意味で、[59]排除する（abrogare）と制限する（derogare）との述語的な区別を付けなければならない。こうして論題四十五は、法律の優位を確定し慣習法をとにかく排除するという意味をもっていた。そこでは法規範の範囲を規定する法律が、慣習法の排除あるいは制限についての原理を設定したのである[60]。しかしながら、ゲーテが、体系的な思慮ではないまでも、ともかく明晰性を欠いていたという印象はなお残る。

たいていの場合は、ずっと前から刑法的内容の論題が注目されてきた。このことは、少なくとも論題二十二について当てはまる。これによれば、窃盗への幇助あるいは教唆も、窃盗自体と同様に処罰されねばならないのだが、このことは、普通法の厳格な窃盗刑罰――高額の物品の窃盗には、基本的に絞首刑が定められていた――を勘案するならば、より自由な裁判を遂行することをおそらくは躊躇させた[61]。死刑の不可避性なる基本命題（論題五十三）には、たしかにその他の点では刑法における当時の改革思想にかぶれやすかったのだが、ゲーテは生涯を通じて固執していた[62]。だがこのことが意味するのは、彼は死刑を当時の広範な状況の中で論じようとしていた、ということである。出産中もしくは直後にその子供を殺した女性を死刑に処すべきか（論題五十五）という問題は、彼にとっては単なる学識上の論点ではなかった。トラウマン[63]は、嬰児殺しの女性に対するフランス法の厳格さを引き合いに、次のように説明しようとした。すなわち、この題材についてのハラハラさせる詩人的造形は、まさにシュトラースブルクの仲間たちに由来するというのだ。つまり、レンツェンの「家庭教師」、ヴァーグナーの「嬰児殺し」、ゲーテの「グレートヒェン」である。刑事裁判の領域に属するのは論題五十四であるが、これによれば、自白した者や立証された者にのみ有罪判決が下されることを弁えていたザクセン法（lex Saxonica）は、その根本原因においては適切であるが（aequissima）、その執行においては非常に残酷であることになる。この論題において拷問の判決を検討してみるならば、留意すべきは、ザクセン法が一般的に前提しているザクセンシュピーゲルは、極端な形式化における自白原理も、後期中世になってドイツに初めて導入された拷問も、知らなかったということである。正当にも、きわめて影響力のあるザクセンの実務家、とりわけベネディクト・カルプツォウは、自白原理およびこれとの関連で、拷問をさらに強固に根拠づけたように思われる。軽い嫌味な底意がないわけではなかったものの、自分の学部の講堂よりも哲学部および医学部の講堂に頻繁に顔を出していたゲーテは、彼の論題に、法学の勉強ははるかに最重要なものである（論題四十一）、との命題を挿入したくなった。

4．得業士の学位しか得られず博士の学位を得ることができないことに、ゲーテがまったく満足していなかったことについては、疑いの余地がない。事柄の経緯に直面するかぎり、もとより父親との意見の衝突が出来したわけでもない。息子が学位論文を手にして帰郷することで、フランクフルトに栄誉をもたらすだろうと、父親が期待していたとしてもである。父親は、自費出版という目標をもっていっそう研鑽することだけを願っており、ゆえに原稿を注意深く保管していた。そして一八一六年になって、それはフランクフルトでツェルターの目に触れることになったのである。残念ながら、ツェルターが要請した複写は許されなかったのではあるが[64]。のちにこの小品は行方不明になったので、この喪失についてのトラウマンの遺憾の意[65]に続けて、それはまさに最終的な喪失であったとせねばならない。

ゲーテは几帳面にも訴訟書面や公務上の報告では、常に自分のことを「両法得業士」と記していたのだが、知人仲間では以後は「ゲーテ博士」で通っていた。彼がザルツマンに宛てたのちにも言及する手紙に書いているように、二つの学位はけっして同等のものではなかった[66]。中世の大学においては、得業士号（licentia）は学芸学部での予備的勉学から、たとえば神学部や法学部のようないわゆる上級学部に進学するための資格を与えるものであり、教師団体への受け入れは博士の学位と結びついていた。その結果、博士の学位は今日の教授資格取得制度に対応することになったのである。だが博士試験と同様に得業士試験が専門的勉学の終了として考慮されたあとでも、はっきりと感じられる価値の差異は残ったままであった。シュトラースブルクの学部は、一七七一年十二月にゲーテに対して博士号の請求を再び勧めたのだが、トラウマンが考えるように、それはもっぱら学位授与の手数料のためであった。しかしながら、論文を書くことはゲーテには時間的にも不都合であったので、彼は拒絶した[67]。こうして、彼はようやく一八二五年になって、ワイマール国務就任五十周年記念日にイェーナ大学から名誉哲学博士号および名誉医学博士号を贈与されたとはいえ、正式な法学博士の学位そのものを取得することはついになかった、ということになるのである。

なおもゲーテを学術的な経歴に導く計画に言及することなしには、彼のシュトラースブルク時代から立ち去るわけにはいかない[68]。この構想は、ともにザルツマンと親しく一七七一年に没した偉大な歴史学者シェープフリンの二人の学生に由来する。すなわち、ゲルマン古事学の学識ある研究者にして、ヤーコプ・グリムの実績ある先駆者となったイェレニアス・オーバーリンと、とりわけ法学者のクリストフ・ヴィルヘルム・コッホ（一七三七～一八一三年）[69]とである。コッホの学術的な経歴は、記すべき学術的功績においては、可視的で外的な成果なしに長いあいだ存続した事例に属する。シェープフリンの遺言での推薦にも拘わらず、コッホは十年の長きにわたって名目のみの教授に留まっていた。一七八二年にようやく正教授に任じられたが、彼はさらに十年のちに（一七九二年）初めて司教座聖堂参事会員を兼ねる正規の講座を獲得した[70]。シュトラースブルクの正規の講座は、要するにかつての聖トマス財団の十三の聖職俸給から支払われるのだが、他の講師たちは宮廷費とわずかな都市補助金に頼っていた[71]。シェープフリンと同様、コッホはその講義において国法学を含む歴史学および国家学を育て、また師が創設した外交官学校もしくは「騎士大学」、つまり外国人と貴族にとってシュトラースブルクの主たる関心事を、まさに最盛期へと至らせた。この外交官学校がフランス革命の激動のもとで潰れたあと、コッホは行政業務と文筆業に転じた。シェープフリンが創設したエルザスの古事博物館や、その整った受け入れ方針や、しかし法学部の民法的資料に対する露骨な反感や、最後に学術的経歴への彼の意欲といったものへのゲーテの関心が、オーバーリンやコッホにおいて以下のような希望を呼び覚ました。すなわち、このゲーテなる青年を歴史学や国法学や雄弁に対する教育的使命によってシュトラースブルクに留めておけば、ひょっとしてパリ駐在のドイツ官庁との繋がりを付けることができるのでは、という希望であった。――たしかに、こうした有力な才能に気づいた者たちにとっても、そのような使命に適格だとみられた二十一歳のゲーテにとっても、うまい鑑定であった。とはいえ、ゲーテも述べているように、明らかに学位論文事件の前に論じられたこのすべての計画は、主としてフランスの国家体制との結び付きに対する内的な矛盾の関係で水泡に帰した。その他にフランス文化の独特な成果には明らかに充分に通じていた彼を、[72]何がそれから切り離したかは、『詩と真実』において読むことができる。彼がフランス国民の何よりも些事に拘る不正と感じたのは、彼らが事物をめぐるドイツ人の努力をことごとく理解しようとしないことである。彼は政治的頭脳の人としてまた法律家として、エルザスの状態についての批判を、旧体制（ancien régime）の弊害だとまではいわないにせよ、聞かされたものであった。[73]法律の濫用に由来するドイツ帝国体制へのあらゆる独特な批判に際して、彼は、このフランスの迷走状態は無法の濫用においてさらに蔓延するだろうことについて明白にした。[74]したがって、当時のフランスの国家および法への眼差しは、彼が自身の有名な言葉で言い表した立場に対して彼なりの寄与をしたのである。すなわち、「我々はフランスとの国境にいながら、あらゆるフランス的な本質を一度に露わにして投げ棄てた」のだと。[75]

## 原注

（1）このフランクフルト時代につき、DuW VIII（Werke, Bd.3, S.237ff.）。Bielschowsky, Bd.1, S.92ff.; Gundolf, S.83f.; Witkop, S.36ff.; bes. Ernst Traumann, Goethe, der Straßburger Student, 2. Aufl., Leipzig, 1923, S.1ff.〔以下 Traumann〕

（2）Bielschowsky, S.95. が考えるように、おそらくはアーノルトの教会史および異端史についての研究が顧慮されている。

（3）DuW XI, in: Werke, Bd.3, S.337, bes. 344.

（4）Vgl. Bielschowsky, Bd.1, S.97ff.; Gundolf, S.82ff.; Philipp Witkop, Goethe in Straßburg, Freiburg, 1943, S.45ff.〔以下 Witkop〕bes. Traumann.

（5）父親の出納帳には、「教皇派、アルゲントラーテス滞在」（Guelfi commoratio argentratensis）のために総計一、四四七グルデン、と記されている。Vgl. Traumann, S.358.〔アルゲントラーテスはシュトラースブルクの古名。ゲルフ派（教皇派）とは叙任権闘争に由来するローマ教皇支持派のことだが、ここでは息子ゲーテを意味する。〕

（6）Traumann, S.26.

（7）シュトラースブルク大学の性格につき非常に良いものとして、Traumann, S.45ff. Vgl. Julius Petersen, Goethe Elsaß, in: Viermonatsschrift Goethe, Bd.5, 1940, S.252ff.

（8）ようやく一七六〇年代になって（Traumann, S.53. は厳密な記述をまったくおこなっていない）、ローアン枢機卿は教会法の教授一名枠の配置を実施した。

（9）エールレンは、一七七一年の夏学期に学部長になった。ゲーテ（DuW XI, in: Werke, Bd.3, S.332）は、彼のことを活動的で如才ない人物として称賛している。Traumann, S.84. は彼に言及していない。

（10）Traumann, S.84.

（11）Landsberg, Bd.III-1, S.128. Traumann, S.84. では、ジルバーラートはゲーテの時代にはまだ教授団には加わっていない。

（12）彼に関するゲーテの綿密な性格描写につき、DuW XI, in: Werke, Bd.3, S.333f. 詳細な記述および肖像画は、Traumann, S.295ff. ——シェープフリンが法学部と哲学部のいずれに属していたかは、突き止められなかった。

（13）DuW VIII, in: Werke, Bd.3, S.244.

（14）Vgl. August Stöber, Der Aktuar Saltmann, Mühlhausen, 1855. これによって書かれた性格描写として、Traumann, S.81ff.

（15）Traumann, S.83. これとの関連で、ゲーテが予備試験に合格したあと、エンゲルバッハに宛てて、ゲーテに提供されたノートを良き援助の感謝とともにザールブリュッケンに返送した、という事実が想起される。Traumann, S.48.

（16）DuW IX, in: Werke, Bd.3, S.253f. 小ホッペ（der kleine Hoppe）とは、ホッペのいわゆる「小法学問答書」のこと〕

（17）Briefe, Bd.1, S.75.

（18）Traumann, S.85.

（19）以下の説明は、部分的にはキール大学の旧試験制度との関係から導かれた理解に基づいている。Vgl., Wohlhaupter, Geschichte der juristischen Fakultät, a. a. O., S.55f.

（20）Bielschowsky, Bd.1, S.104.; Traumann, S.95.

（21）詳細は、Traumann, S.84.

（22）この旅行とその正確な時間的行程につき、Traumann, S.143ff.

（23）Traumann, S.106f.

（24）ゲーテにとって紋章学への良質の導入となった印象蒐集がヘルダーに嘲笑されたことについて、当然ながらゲーテは不愉快な気分になった。またゲーテは、何冊かの書物を無心するに当たってのヘルダーの次の詩を、悪い冗談と感じた。

君は神々（Götter）の裔か、
ゴート神（Gote）の裔かそれとも泥土（Kote）の裔か、
ゲーテ（Goethe）よ、我に書物を遣わせ！

ゲーテはそうした感情を、人の固有の名前は気儘な外套でもあるが人格的財産でもある、ということによって、まったく正当にも根拠づけた。DuW X, in: Werke, Bd.3, S.283 u. 286.

（25）Hartung, in: Briefe, Bd.1, S.68. 詳細は、DuW X, in: Werke, Bd.3, S.282ff. Traumann, S.120ff.

（26）詳細は、Traumann, S.159ff. 自伝（Werke, Bd.3, S.301ff.）において詩人的変容と時間的経過との関係がうまく描かれている。

（27）ゲーテの友人たちについての詳細は、Traumann, S.87ff.

（28）ここにいうヴァイセを、はるか以前のバロック劇作家クリスティアン・ヴァイセと混同してはならない。クリスティアン・フェリクス・ヴァイセについては、Vgl. Vogel, S.75. 詳細ではあるが、もとより役人としての事跡には触れていないものとして、Christian Felix Weißens Selbstbiographie, hrsg v. Christrian Ernst Weiße usw., Leipzig, 1806. なお、編者は彼の息子である。

（29）DuW X, in: Werke, Bd.3, S.279.

（30）Traumann, S.85.

（31）DuW XI, in: Werke, Bd.3, S.316. Vgl., Traumann, S.177.

（32）Werke, Bd.5, S.3ff.

（33）こうして、Traumann, S.284. におけるゲーテの法学的な教養状態についての消極的な評価を、私自身のものとしないことが可能になる。

(34) Vgl., Franz Triebs, Studien zur Lex Dei, Freiburg, 1905/07.; Moses Hjamson, Mosaicarum et romanarum legum collatio, Oxford, 1912.

(35) Vgl., Georg Müller, Recht und Staat in unserer Dichtung, Hannover-Leipzig, 1924, S.24 u. S.156, Anm. 54-57.; Arthur Benno Schmidt, Goethekreis und deutsche Rechtsgeschichte, Weimar, 1935, S.6ff.; Hübner, S.21ff.

(36) DuW XII, in: Werke, Bd.3, S.367.〔二大法書とは、『ザクセンシュピーゲル』（ザクセン法）と『シュヴァーベンシュピーゲル』を指す。〕

(37) Dichterjuristen, Bd.1, S.227.

(38) Tages- und Jahreshefte 1813, in: Werke, Bd.3, S.1432. 詳細につき、Vgl., Max Hecker, Aus der Frühzeit der Germanistik, Briefe Büschings und Hagens an Goethe, in: Jahrbuch der Goethegesellschaft, Bd.15, 1929, S.100ff., bes. 103f., 119ff., 127,141ff., 144ff.

(39) こうした悪魔裁判あるいはベリアル裁判と詳しい文献一覧につき、Vgl., Wohlhaupter, Aequitas canonica, Paderborn, 1931, S.73ff. 他に、Fehr, Das Recht im Bilde, S.76ff.; ders., Das Recht in der Dichtung, S.348ff.

(40) ゲーテが引き取った他の著作につき、Vgl., Dichterjuristen, Bd.1, S.188.

(41) この著書につき、Vgl., Landsberg, III-1, Text, S.96f.

(42) こうした関係につき、ebda., Text, S.83; Noten, S.52.

(43) Ebda., Text, S.93.

(44) この著書につき、ebda., Noten, S.43.

(45) Werke, Bd.3, S.330.

(46) Landsberg, III-1, Text, S.210f.

(47) この著書につき、Vgl., Dichterjuristen, Bd.1, S.181f.

(48) Traumann, S.360.

(49) Vgl., Richard Schröder u. Eberhard Freiherr von Künßberg, Lehrbuch der deutschen Rechtsgeschichte, 7. Aufl., Berlin-Leipzig, 1932, S.822, Note 207.

(50) 以下は、DuW XI, in: Werke, Bd.3, S.330ff. Traumann, S.284ff. 論文の冒頭については、一七七〇年九月三十日付のエンゲルバッハ宛の手紙が伝えている。「町の若者は皆喧嘩をしていますが、僕は仲間とともに（par compagnie）議論を仕上げています」。――ゲーテがいわゆる蚤の学位論文を書いたというのは、一つのメルヒェンにすぎない。

（51）Traumann, S.285. は、これらの提案を推測によって集めている。
（52）Traumann, S.86.
（53）Traumann, S.286f. は、助手（次席説教者）のエリアス・シュテルバーがシュトラースブルクの聖ペーター教会気付で、カールスルーエの宮廷顧問官リングに宛てた手紙に言及している。この手紙につき、Vgl. Briefe, Bd.1, S.84.
（54）レルゼの報告につき、Briefe, Bd.1, S.85.
（55）Traumann, S.50f.
（56）Werke, Bd.5, S.20ff. Vgl. Traumann, S.288ff. 入手できなかったが、J. W. Goethes Positiones iuris, Straßburg, 1942.
（56a）〔今日では、Vgl. Gertrud Schubart-Fikentscher, Goethe 56 Straßburger Thesen, Weimar, 1949. ——編者ザイフェルトによる補注〕
（57）Fischler, S.16.
（58）Fischler, S.16. は、完全に誤解している。
（59）Fischler, S.22.
（60）ここでは事実上、普通法の問題が存在する。Vgl. Bernhard Windscheid-Theodor Kipp, Lehrbuch des Pandektenrechts, 9. Aufl., Bd.1, Frankfurt am Main, 1906, S.92ff.
（61）Friedrich Schaffstein, Die allgemeinen Lehren vom Verbrechen in ihrer Entwicklung durch die Wissenschaft des gemeinen Strafrechts, Berlin, 1939.
（62）Vgl., Fischler, S.29f.
（63）Traumann, S.293f.
（64）Traumann, S.287.
（65）A. a. O.
（66）これについての優れた詳論につき、Vgl. Theodor Knapp, Die Lizenz der Lizentiaten, in: ZRG, GermanistischeAbteilung, Bd.51, 1931, S.524ff.; ders., Zur Geschichte der akademischen Würden, in: Zeitschrift für Württembergische Landesgeschichte, Bd.2, 1938, S.48ff.
（67）Brief an Salzmann, in: Briefe, Bd.1, S.87（一七七一年八月末の日付だが、これはまったくありえないことに思える。Traumann, S.295. は、一七七一年十二月の日付だとする。）
（68）DuW XI（Werke, Bd.3, S.334f.）〔『詩と真実』第三部、四六頁以下参照〕Vgl. Traumann, S.300ff.

(69) Friedrich Buech, Christoph Wilhelm Koch (1737-1812), der letzte Rechtslehrer der alten Straßburger Hochschule, Frankfurt am Main, 1936. Vgl. W. Kapp, in: Deutsche landtechnische Zeitschrift, 1938, Sp. 1513ff.〔以下 DLZ〕著者ビュッヒによって計画された第二部は、出版されなかったと思われる。――このシュトラースブルク人コッホは、ギーセンの民法学者ヨハン・クリストフ・コッホ（彼については、Landsberg, Bd.III-1, Text, S.310ff., Noten, S.208ff.）と混同されてはならない。

(70) トラウマンは、自著の注（S.302）でこの昇格を一八〇二年になってからと異論を呈している。ビュッヒの論文のほうが、正しいだろう。

(71) Traumann, S.45f.

(72) Heinz Engel, Goethe in seinem Verhältnis zur französischen Sprache, Göttingen, 1937. Vgl. Heun, in: DLZ, 1938, Sp.1613ff.

(73) DuW IX, in: Werke, Bd.3, S.264.

(74) DuW XI, in: Werke, Bd.3, S.337f.

(75) Ebda., S.344.

## 四　フランクフルトの弁護士、帝室裁判所での実習

### 1　ヨハン・ハインリヒ・メルク

一七七一年八月二十八日、つまり二十二番目の歳が終わるその日に、ゲーテは帝国都市フランクフルトの市庁に対して、当時のバロック的な公職様式で義務づけられた弁護士登録の申請書を提出した。彼は、その認可を虚栄心をくすぐる希望とともに待つことができた[1]。一七七一年九月三日に、彼は市民宣誓をおこなった[2]。父親は、明白な経歴に乗ったようにみえた息子に満足し、息子を「枢密官試補」として弁護士業務に際して支援する用意をし、息子の文献的成果を蒐集したり整理したりして、その完成および公刊を迫りさえもした。もちろん当分のあいだ、若い弁護士は、

おそらくはヴェツラーやレーゲンスブルクやウィーンで見込まれる研修のことを考慮しながら、非常に力を込めてというのではないにせよ、法定代理人を目指して努力した。彼はヴェツラーに出発する日（一七七二年五月）までに、二つの訴訟しか処理していなかった。一七七一年十一月二十八日付で友人のザルツマンに書いたように、実務はまさについでの時間に取り組めばいいものであったようだ。[3] また同じ手紙で述べたように、「フランクフルト、鳥の巣（Nidus）あるいは嫌らしい洞窟（leidig Loch）」は、けっして彼の時間をつぶすことができなかった。もちろん、ゲーテは友人のホルンとリーゼに感謝することを忘れていないが、というのは彼らの巣で、彼は弁護士として開業したためである。同様にして、年長で声望もあり高い教養も備えた、弁護士のヒエロニムス・シュロッサーにも感謝していた。シュロッサーに、彼は選ぶべき人生行路について何度も相談していた。また彼の弟で、既知のヨハン・ゲオルク・シュロッサーも、当時はバーデンの公職に移籍する前で、弁護士としてフランクフルトで働いていた。[4] 詩歌「ヨハン・ペーター・デ・ライニールの系図」は、次の詩行を含んでいる。

汝には、調書晒し台のムーサたちが
薔薇色の手を快く伸ばすのだが、
汝は二人の主人の召使いなのだ、
悪意ある敵たる金銭とキリストとして……[5]

この詩節によればライニールは法律家だったと推測したくなるが、彼については何も確認することができない。これに対して、詩の本当の主人公たる、マリア・カタリーナ・クレスペルのことは知られている。彼女はゲーテの家に出入りしており、トゥルン・ウント・タクシス家の宮廷顧問官にして公文書管理者たるヨハン・ベルンハルト・クレスペル（一七四七〜一八一三年）の妹であった。彼は才気溢れる頭脳として、まさにフランクフルトの弁護士時代にゲーテと親しくなり、のちにはE・T・A・ホフマンの文学をつうじて「顧問官クレスペル」として有名になった。[5a]両シュロッサー[6]を介して、ゲーテはヨハン・ハインリヒ・メルク（Johann Heinrich Merck, 1741-1791）とも知り合った。メルクは矛盾に満ちた不幸な人物で、冷たい頭脳と温かい心をもっており、ヘルダーの教育的事業を励ましたり抑えたりして継続させ――ヘルダーはすでにシュトラースブルクにおいてゲーテをメルクに紹介していた――、またゲーテ自身の告白によれば、何年にもわたって最も大きな影響を彼に行使した。[7]メルクもまた詩人法律家に数えねばならないので、彼の主な履歴を確認しておきたい。メルクは、一七四一年にダルムシュタットで生まれ、一七五七年以降ギーセン大学とエアランゲン大学で表向きは神学を学んだのだが、実際には文学関係の学問と、おそらくは法学と[8]に転じた。ある貴族の旅行の同伴者であったとき、彼はレマン湖畔のモルジュでフランツィスカ・ルイーゼ・シャルボニエと結婚した。故郷に帰ってから、彼は一七六七年にヘッセン＝ダルムシュタットでの勤務において、初めは官房秘書官として採用されたが、一七六八年には軍事主計官となり、一七四七（ママ）年には軍事顧問官の称号を得た。メルクは果断で実直な官吏としてまた「できあがった会計人」（ゲーテ）として評価されるが、伝記作家の語るところによれば、メルクはその任務になんら満足を求めることも見出すこともなかった。[9]メルクと当時のドイツにおける最良の頭脳たちとの、要するにヘルダーやゲーテやヴィーラントとの関係が多面的で集中的なものになるのに応じて、彼らとは精神的に対蹠的な人々、たとえば現実的な啓蒙家のニコライとの関係も、多面的で集中的なものになった。ニコライは、ダルムシュタットにおいてさえ、いわゆる「聖人共同体」の才気溢れる熱狂的な集団にあって、指導的な役割を果たしていた。幸いにも文学面で活動し[10]、とりわけヴィーラントの雑誌『メルクール』への寄稿者として、また有能な芸術通として、メルクは折に触れて技術的かつ商売人的な思惑への傾向を感じ取っていた。もっとも、そうした思惑は、たいていは失敗したのだが。彼の経済的な破綻のため、一七八八年にはゲーテの仲介によりカール・アウグスト公によって救済されたものの、一七九一年にはさらに深刻な破滅に際してもはや打開策を見出しえず、メルクは自死を選んだ。[11]ゲーテの後年の回顧では、メルクの性格にみられる実直で頼りになる根本的天分を誤認している。[12]けれども、ゲーテがこの矛盾に満ちた個性への反対者として、メフィストフェレス的な動きを強く際立たせる以上、正当に評価しなければならなかっただろう。ヘッセン＝ダルムシュタットの大臣カール・フリードリヒ・フォン・モーザー[13]は、この論稿ですでに繰り返し登場したが、彼の協力者としての、メルクは、モーザーの失脚（一七八〇年）に無関心ではいられなかったように思える。いずれにせよ、失脚した偉人に面と向かって気高い心に賛同するわけでもなく、メルクは「大詐欺師モーザー」に対する形式的演繹法を、『反ネッカー』なる標題のもとに一七八二／八三年に執筆した。[14]この形式的演繹法は、モーザーが方伯に対して起こした訴訟における方伯の法的立場を公然と擁護するものであった。モーザーは、この訴訟に長年かかって最終的には勝利したのである。この訴訟作品に関する仕事についてのヴィーラントに宛てた報告の中で、[15]メルクはこう書いている。「私にとって重要なのは、読者というすべての好意的な裁判官を彼から奪い取ることですので、私は死刑執行人として私の職務を遂行し、彼に損害を与えるべきだしそうできるかのようにして、あらゆることを訴えたのです」。[16]こうしたモーザー物語を知らされたゲーテは――もっとも、これはメルクの意図に反して印刷に付されなかった――、控え目な態度をとった。「それは危険な事態です。読者はそのような争訟に際しては、たいていは声高な安直さに賛成し、双方ともに不当だとして反対するものなのです」。[17]やはり特徴的なことだが、メルクは友人の多くと疎遠になり、法学教師のヘプフナーともそうであった。このことについては、もちろんゲーテはメルクにお祝いを述べた。[18]ゲーテ自身との関係においても、それで終わりになったわけではないものの、一七七五年以降には顕著な冷却がみられた。というのも、メルクは、仕事にも不満を抱いており、ゲーテが実証した公職への献身に対して、あまり理解を示すことがなかったからである。

とはいえ、詩人法律家メルクについてのこのような余談によって、本論稿の叙述の進行を甚だ急ぎすぎてしまったようだ。メルクとのつながりを通じてのゲーテの放浪は、一七七一年の秋に『ゲッツ』の第一稿を仕上げて、ファウストやソクラテスやシーザーに向かう計画を抱いていた彼にとっては、必要な心の均衡としての確かな目標を保つものであった[19]。当時は「放浪者」とか「側近」と呼ばれていた若き弁護士は、やがて『フ、ラ、ン、ク、フ、ル、ト学、識、者、報、知』誌に、その創作の広範な結晶化拠点を見出した。同誌は、その創刊（一七三六年）以来さして重要でない書評誌であったが、その所有者の宮廷顧問官ダイネットが一七七二年一月一日に主筆をメルクに委ねて以後は[20]、文学的革命の機関誌に強化されることになった。とはいえ、メルクと友人仲間とは、中でもシュロッサーとゲーテとは、書評からのみ成り立つこの雑誌を、一七七二年のうちに特色あるものへと指導した。神学的著作の若干の書評の余波として生じたフランクフルトの聖職者階級との争いにおいて――検閲についてではないものの、文学にも関係する教会教育に関する「説教者省」があった――、シュロッサーと彼の代理たるゲーテとは、ダイネットの弁護人として活動した[21]。だが『フランクフルト学識者報知』の個別的な書評への参加を確実なものにするという、ゲーテののちの試みが問題なく持続したわけではない[22]。何よりも注目すべきは、ゲーテが法学的著作の書評者として活動していたかという疑いである。一七八二年に、彼は冗長な標題をもった、ある著作の書評を寄稿した。すなわち、『政府の後継者が前任者の責任を負うべく義務づけられるかぎりでの疑念、ならびに公的責任が最良に果たされうる手段への提案』という標題であった。ゲーテの書評は、以下の言葉で締め括られている。「思うに、こうした疑問やその詳論に煩わされることはありえない。法について語るならば事柄は明白であるが、政治を正すならばそれはけっして明白にはなりえない。神の法廷への控訴であるが、これを著者が哀れな債権者に勧告するのは、領主がその基本原則を悪用する場合である。そうした基本原則について評価しようとは思わないが、というのも、控訴を法学によって根拠づけるべきか、それとも神学によって根拠づけるべきかを、正しく知ることはできないからである」[23]。したがって、当時の多くの小君主の無法なやり方のみが非難されたのではなく、法学の領域から神の法廷への出廷命令も示されている。このことは、特定の出版物において法的民俗学を利用する利益を妨げるものではなかった[24]。

ここである有名な法律家に言及しようとすれば、ゲーテのヴェッツラー時代に立ち入ることになる。この法律家は、『フランクフルト学識者報知』の寄稿者として予定されていた、ギーセンの若き教授ヘプフナーのことである。彼のことを、ランツベルクは当時の十年間で最も重要な私法学者として称賛している[25]。またメルクとシュロッサーも彼のことをとりわけ評価しており、すでに一七七二年の初頭には寄稿者として獲得することを試みていた。初めのうちは成功しなかったのだが、それはヘプフナーがギーセンに着任したばかりで、学部の仕事を多く担っていたからだ[26]。だがメルクは、彼の雑誌のためにこの著名な名称を維持することを、簡単には放棄しなかった[27]。こうした目的に役立ったのは、メルクやシュロッサーやゲーテと、それに低い身分ながら文学界の大物であったクリスティアン・ハインリヒ・シュミットとが、一七七二年八月十七日にギーセンにやって来て開いた会合である[28]。ゲーテは待つことに耐えられなかったので、自分の名前を告げることなく朝のうちにヘプフナーを訪ねて、講義の準備に取りかかっていた彼に金欠状態にある学生という印象を残した。けれども、ヘプフナーは彼に旅費を手渡すや、すぐに会話を学問的問題とりわけ自然法へと転じた。ヘプフナーは、ゲーテも知るように、その頃は自然法に取り組んでいたのである[29]。しかしながら、ゲーテがシュロッサーを待って躊躇いがちにおこなった会話は、何度も途絶えた。やっとシュロッサーがやって来たが、ヘプフナーはゲーテのことを知らないかのように振る舞った。ヘプフナーの伝えるところによれば、ようやく正体が判明したのは夜になってであったが、それはヘプフナーが教授たちの社交的な会合にやって来て、その真ん中に、乞食学生を見つけたときであった。この乞食学生は、逡巡しながらも心からただちに赦しを請うた。『詩と真実』の叙述によれば、若き詩人が正体を明かしたところ、彼の名前はヘプフナーにはもはや未知のものではなかったので、旧知の友人どうしの狭い仲間うちでの、文学的な会話の流れとなった[30]。いずれにせよ、この会合は、ヘプフナーが今後『フランクフルト学識者報知』の寄稿者となることに同意する、という成果を生んだ[31]。ところでゲーテ自身は――ここでこうした関係について切り上げたいのだが――、その時点ではヘプフナーの人格と知性に強く感銘していた。一七七二年の八月という時点では、多くの啓蒙と教示を受けた結果、法学的な識見を広げることをも決意した。ところで、シュロッサーはゲーテにコルネリアへの愛を打ち明け、メルクは学者的な市民の粗野さに対する反感を抱いて、ともに出発を迫った[32]。

当時ゲーテが果たした途方もない生産力についての最初の偉大なる証明書は『ゲッツ・フォン・ベルリヒンゲン』であるが、この法史的側面になおも取り組んでおきたい[33]。『ゲッツ』の公表に当たって、ゲーテは最初の出版権上の経験を積むことになった。彼の叙述によれば、詩的著作の生産は、当時は何か神聖なものとして扱われたので、これに対して報酬を請求する、ある種の聖物売買とみなされていた。現代風にいうならば、著者は著作権に甘んじるが、出版業者は利益を得るということだ。ところが、自分たちの経済状態を改善したいという著者たちの要求は、もはや自費出版による利益を考えるまでになった[34]。こうしてゲーテとメルクも、『ゲッツ』を自費出版に供することを決意した。著者が紙代を支払い、メルクが印刷代を支払うというわけである。しかしながら、彼らは計算違いをしていた。この試みは、期待した利益の代わりに損失をもたらしたのである[35]。『ヴェルテル』のための報酬でもって、ゲーテはこの試みから生じた負債をどうにか弁済することができたのではあるが[36]。

## ２　帝室裁判所の実習生

若き詩人が大きく揺れれば揺れるほど、息子が十年来停滞してはいるものの、これ以上の法学教育という計画からは逃れていないことに、顧問官ゲーテますます満足したにちがいない[37]。たしかに、ヘプフナーとの出会いから認められるように、そのことは自発的なものでもあった。こうして、ゲーテは一七七二年五月一日にヴェッツラーに移り、五月二十八日に帝室裁判所の実習生として登録簿に記入されたことが確認できる――彼の伝記を信じるならば、そこで取り組んだのが唯一の職務であったようだ。たしかに、ゲーテのように、帝室裁判所の書類に前もって目を通すことによって[38]、「裁き同時に裁かれる裁判所」に関わることはあまり意味がない、という確信に到達した者は、――皇帝ヨーゼフ二世が一七六七年以降におこなわせた査察は、緩慢な事務手続きという周知の欠陥の他に、もっとひどい問題として、若干の試補たちによる深刻な間違いを広範に暴露した――まさしく格別に野心的で情熱的な法律家となって、そのような課題に献身せざるをえなかった[39]。にも拘わらず、帝室裁判所の尊敬すべき制度は、何百人もの責任感の強い試補たちよりも、この若き詩人に負っている。すなわち、偉大な思想のもとにある全ドイツ国民にとっての明白な歴史観のことであるが、これなしにはこの裁判所の本質は、歴史家の仲間内でのみ生き残るしかないのである[40]。読者に対してはこの法史的な叙述の傑作が指摘されて、まさに現代的な国制史的研究の光に照らされつつ、注目に値する入門的な思想のみが際立っている。「それでも、裁判所および軍隊の状態は、ある帝国の状態への最も厳密な洞察を提示する」と読めるのである。すべての国制史家は、裁判制度に関する知識が如何に基本的なものであるかを知っているが、というのも、ゲルマン的領域の中では裁判制度に沿って国制の構造が形成されてきたからである。その傍らで、軍事制度を規定的な要素として意義づけるという、新たな試みも欠落することはなかった[41]。ここは、この二者択一に対して立場を明らかにしたり、各々に対する見解を理由づけたりする場所ではない。これについては、両者の視点の総合からのみ、正当な全体像が期待されるからである。ここで強調したいのは、いずれにせよゲーテはその国制史的な説明を裁判制度において構築して、まさにゲルマン的な法見解の核心へと突き進んだということである。その際、彼は帝室裁判所の歴史を、一つの職務として、法的平和（Rechtsfrieden）の思想において意義づけたのである。広範な決闘慣習《フェーデ》を抑止することが、この最高の裁判所の課題であったからだ。[42]もちろん、ゲーテは領邦平和法の中世盛期への投入をまだ全面的に洞察しえたわけではないのだが、領邦平和法との関連は予感していたことになる。種本たるヨハン・フィリップ・ダットの『新ゲルマン史、あるいは公的平和について』（ウルム、一六九八年）によって、ゲーテはそうした見解の先駆者となっていた。[43]

本研究では、帝室裁判所の実習生のうちの歴史家をあらかじめ提示しておくことが適切であろう。ヴェツラーでのわずか数か月間の――一七七二年九月十一日にゲーテはこの町を去った――人間および詩人としての周知の成果については、簡略に述べれば足りる。ハノーファーの公使館書記官クリスティアン・ケストナーは、[44]公爵領ブレーメンの公使ファルケという査察委員会の最も有能な法律家を、仕事仲間として補佐していたのだが、ケストナーの報告によれば、ゲーテのヴェツラー滞在は目立たなかったわけではないという。彼はただちに「ゴットフリート・フォン・ベルリヒンゲン――正直者――」として、「騎士の食卓」に迎え入れられた。ここにはほとんどすべての公使館属官が社交的集まりに参加したが、ゲーテは、懸念していた気むずかしい交際の代わりに、三番目の大学生活に跳び込んだ。[45]一七六七年一月に帝国身分の二十四人の使節で構成された査察委員会は、その任務を効果的にかつ見込みをもって開始したのだが、帝室裁判所自身の腐敗的空気に冒されていた。委員の分裂や、業務のほとんど完全な停滞に至り、[46]その結果、会議の委員は相当に多くの時間を空費することになった。ゲーテは、委員会の何人かの若手委員には魅力を感じていた。すなわち、有能で信頼できるメクレンブルクの伯爵フォン・キールマンスエッゲ、ブラウンシュヴァイク＝ヴォルフェンビュッテルの公使館書記官フォン・グーエ、公爵領ゴータの公使館書記官ゴッターである。ゴッターは、詩人法律家であり、まさに一七七二／七三年頃に最盛期を迎えた「ゲッティンゲン森林同盟」の同人であった。ゲーテはゴッターを通じて、他の同人のことも聞き知った。シュトルベルク伯爵の他に、市民身分の両ボワイエ、ヨハン・ハインリヒ・フォス、ヘルティがいたが、彼ら四人ともに、やはり詩人法律家であった。シュトゥルム・ウント・ドラングの仲間との最初の接触に関して、――「森林同盟」の結成は、クリンガーの戯曲が名前を与えることになるこうした潮流の出生の瞬間であるからだ――ゲーテは、彼らとの友好的な時間のうちに明らかになる自由の感覚について、若干の所見を付け加えている。自由の感覚は外政的な脅威に欠けているので、必然的に暴君の姿をとることになる、というものである。[47]その際、こうした自由の感覚は、ときとして正義の番人を引き受けたり、大臣や役人の傍らに悪戯小僧を見つけ出したりして、ドイツにおいても司法への口出しから自由ではいられなかった。そこではカラス事件でのヴォルテールの介入や、不正なスイスの代官に対するラファーターの行動が、模範として眼前にあった――ゲーテの既知の名言、私には無秩序よりも不正に耐えることのほうが簡単だ、との方向での文章が再び現れている。彼自身は正当にも、そのような傾向から免れることができた。ゲーテにとって、友人ケストナーの婚約者であったシャルロッテ・ブッフとのヴェッツラーでの経験は、「彼の側での習性と寛容によって、安っぽいというよりも情熱的なものとなった」[48]し、それから一年後、ゲーテが崇拝するマクシミリアーネ・フォン・ラローシュを妻として迎えていた、フランクフルトの大商人ペーター・アントン・ブレンターノ家での不調和のゆえに鳴り止んだ交際は、大きな告解の種になるには充分なほどであった。一七七三年に起きた公使館書記官イェルザレムの自死は、他人の妻への絶望的な愛情を勘案すれば死以外の打開策を見出せないものであったのだが、この自殺の報道が、当時は自殺願望さえ抱いていたゲーテにきわめて深い印象を与えたあとで、彼は最終的には、偉大なる告白たる『若きヴェルテルの悩み』において自己を救済することができた[49]。一七七四年一月に完成したこの本は、同年の秋にライプツィヒの出版社ヴァイガントから著者の名前なしで公刊され、途方もない影響を引き起こした。『ゲッツ』の高潔な反抗心に対して、若き詩人は『ヴェルテル』においては高潔な厭世観を設定したのだが、これによってシュトゥルム・ウント・ドラングの風潮内容を、彼もそれに同調していたように、本質的に汲み出した。

『ヴェルテル』は、ヴァイガントにより一七七五年には第二版が出版されているが、法的特徴をもった切り狂言のようなものを含んでいた。こうした自殺の弁明書[50]に対する闘争を、ホウベンは「俗悪出版物としてのヴェルテル」という教示に富む章において詳述した[51]。ゲーテのかつての教師であったライプツィヒの神学教授エルネスティのために、ザクセンでの『ヴェルテル』攻撃に向けてきっかけを提供する機会が与えられた[52]。ハンブルクの神学者ツィーグラーとゲーツェの詳細かつ粗野な密告は、直接の警察的処置を引き出した[53]。これに対して、一七七六年にはオーストリアとデンマークで公的な禁止に至った。さらに熱狂的な恋愛小説の販売についてのバイエルンの全般的禁止は、事もあろうに品行方正ではなかった選帝侯のカール・テオドーアのもとで一七九四年に公布されながら、『ヴェルテル』をもその対象とした。エッカーマンは一八二九年になってゲーテについてユーモアを込めつつ報告しているが、ミラノ大司教は、他の賢明なやり方で、間もなく出版された『ヴェルテル』のイタリア語訳の全冊を彼の管区の聖職者層を介して買い占めさせることによって、自衛策を講じた[54]。あらゆる警察的処置の成果とは、もとより大衆の増大する欲望であった。この機会に、ゲーテは著者と読者の関係についての重要な経験にも言及している。「彼らは（読者は）妄想の中に生きている。誰かが何かを仕上げれば、その人は彼らの債務者となるのであって、彼らが本来欲したり望んだりすることのもとには、いつでも戻れるという妄想だ。たとえ、彼らが我々の仕事を見る直前までは、何が起こり、あるいは何が起こりうるのみか、という観念などまったく有さなかったにしてもである[55]」。

ニコライの『若きヴェルテルの歓び』は、都合の悪いことはすべて文学として抑圧するという、ニコライの努力のみから生まれた。これにゲーテ自身は、「ヴェルテルの墓の上のニコライ」という短い嘲笑詩と、「ロッテとヴェルテルの対話」でもって応えた。この中では、後者の小冊子そのものが次のように詠っている。

思い上がったあの男
俺が危険と言いふらす。
泳ぎのできぬ不器用者は、
水が悪いと指摘する！
俺をベルリンに追放してどうするの？
いかもの食いの生臭坊主め！
俺を理解できない奴は、
も少し読み方を習うがよい。[56]

ゲーテがここで自身の言明に即して用いた古い韻は、ザクセンシュピーゲルの韻文序の十二／十三行と十五／十六行に由来するものである。[57]

周知のように、啓蒙主義という大いに称賛された光り輝く時代にあっては、大胆な著作は少なからぬ妨害を覚悟せねばならなかった。採られた処置は、そうした妨害もゲーテを傷つけるに至らない、という類いのものであった。ゲーテの青年時代の名声は、禁止によって高まったとさえ解せる。他の視点、つまり婚約者であり一七七三年四月以降は配偶者となったケストナーの秘密の領域に対する侵害は、もとより道徳的な重荷よりは真面目にゲーテの心を動かした。それはいまだ法的な形を取っておらず立法においても見出されなかったが、近代法学にあっては個人的生活の保護が見出しつつあった法的な形となる。というのも、ロッテとアルベルトの原型がシャルロッテ・ブッフと公使館書記官ケストナーの中に求められるということは、狭い仲間内で以前から知られており、時間の経過にしたがって広い仲間内でも知られることになったからである。このことが本の出版後に気まずく言及されることになったのは必然であり、ゲーテがロッテとアルベルトの外見に対して文学上の理由から設定した強調点に応じて、ますますそうなった。――ロッテは原型に合致しているというよりはもっと献身的であったし、アルベルトはもっとみすぼらしかった――。大方の読者によって、現実の忠実な成り行きとして受け止められたのである。ケストナーは彼自身と妻からの不信の念を隠さなかったが[58]、ゲーテの返答は、罪悪感こそ伝えるものの、まともな弁解をすることさえ弁えず、古い友情の維持を求めるばかりであった[59]。

## 3　フランクフルトの弁護士業

ヴェツラーからの逃避ののち、再びフランクフルトの弁護士業に戻ったゲーテを追跡してみたい。彼は今や押し寄せる法的事件に直面して、弁護士業についてあらためて整理しなければならなかった。レーゲンスブルクの帝国議会で、またウィーンの帝国宮廷顧問官として、研修を続けるという以前の計画は断念した。こうした場所は、必要とあればイタリア旅行の折りにちょっと訪ねればいいからである[60]。何よりもゲーテは、日々の相当部分を弁護士業務のために費やしていたようだ[61]。なんといっても、祖父の死後に参事官に就いた叔父テクストーアが、その弁護士実務から回して寄こした仕事に事欠くことはなかった。シュロッサー兄弟も同様であったのだが[62]。長くおこなわれなかった仕事に大いに没頭しかつ喜んで、父親は実務活動の勉強に取りかかった。「枢密司法官試補」として、彼は丁寧ではあるが鷹揚な法律家であって、事案については息子と協議した。息子は協議の結果を楽々と書面の形式に流し込んだ。二人は、非常に熟練した秘書によって補助されたにせよ、彼への信頼のうえに官庁の手続きが構築され得たのである[63]。良き助言もあって、若き弁護士は、喜んで引き受けた実務に[64]なんの支障も恐れる必要がなかったが、それは彼がライン河旅行やスイス旅行をして、長いあいだ不在であったときもそうであった[65]。父親は官庁での協力をつうじて詩人の息子が暇を生み出すことに満足を感じていたが、この父親との関係は喜びとともに進展した。父親が息子をなおも物足りなく思うとすれば、それは貪欲というよりも、慎重さのゆえであった。というのも、独立して倹約しつつ切り盛りするという意味では若きゲーテは、アヤ夫人と同様の状態にあったからである。

若き弁護士〔ゲーテ〕は、事務所についての叙述に関連して伝えられるところでは、法学や実務における当時の人文主義的な努力にも留意した。この努力とは、刑法と行刑の改革や家族法の緩和や（もっともゲーテは不同意だったが）硬直した同業組合《ツンフト》法の柔軟化において、要するに宗派間の法的寛容やユダヤ人に対する一定の忍耐[66]において、最終的には一般的な公正性の動向において表明されたものである。最高の賛美をゲーテに求めたのは、当時メーザーの娘によって父の死後に公刊された、著名なオスナブリュック史家にして政治家たるメーザーの『愛国的幻想』であった。自身の創作においてメーザーに負けまいと努力することは、ゲーテにとって最高に望ましく思われた[67]。

法的文化にみられる当事のそうした自由主義的な傾向について、ゲーテは、フランス流の口頭弁論（Plaidoyers）の模範にしたがった、自然主義的で生き生きした様式もまた相応しいものと考えた[68]。こうして彼は、ヴェッツラー時代の直前に起きた彼にとっては初めての訴訟の書面に、つまり父親ヘッケル対息子ヘッケルの事例に、青年の激情を伴いつつ、全力を尽くしたのであった。「虚偽の外套は、至る所に穴が開いている。虚偽を覆うべく片方を広げれば、他方では予期に反してすべての欠点を露わにしてしまう。……今や多くの歓呼をもって見出された根拠も、凍結した河川以外の何物でもないとするならば、この上に築かれた建物など、ほんの一吹きの春のそよ風でもって真新しい墓穴に没するしかない。……隠された深い法的学識が長いあいだ産みの苦しみの中で屈曲したあとで、二、三匹のワライネズミが便覧的定義から跳び出して、彼らの母親について証言している。彼らは駆け出すことができるのだ！」。事案には勝訴したが、彼は裁判所から戒告を受けた。彼の不作法な、そうでなくても憤激した心情の気むずかしさを招来する書き方のゆえであった(69)。友人のヨハン・ゲオルク・シュロッサーもまた、法的な能力というよりは修辞的な能力の展開へと到達するこのやり方に警告を発した。というのも、如何にして書面が依頼人の気に入るかではなくて、問われるべきは、彼が裁判官に如何なる印象をもたせるかだというのである。

こうしてヴェツラー滞在以後のゲーテの書面は、シュトゥルム・ウント・ドラング調がなお時折り現れるにしても、即物的な様式を提示している。このことは今日ではもちろん、法学的専門用語の特別の必要を受け付けない多くの文学愛好者を、不快にさせることになる。

ここでゲーテが携わった二十八件の訴訟に関していえば(70)、立ち入って分析することで、それらは特殊研究の論述のための素材を提示することになる。多くのことが進行したあとになって、フックスの本で結着を付けられた論述であるのだが。ここで個別的なことがら全般に踏み込む理由はあまりないけれども、限定的に概観しておく必要はあるだろう。

最も興味深い法的問題を提示するのは、おそらくは、ゲーテが商人シュティーベル兄弟対フォン・ギュンデローデ男爵の事案で代理人を務めた法的紛争であった(71)。事実関係は、以下のとおりである。すなわち、一七六九年四月五日に、フランクフルトの書籍商ラスペは、彼の家と事務所とその他のすべての所有物を、枢密顧問官フォン・ギュンデローデに対して抵当に入れた。だが一七六九年七月四日に、ラスペは、提訴された手形債務を弁済するために、ヴァイス女子修道院から賃借していた丸天井広間に収蔵していた四十六梱《バレン》文の書物を、シュティーベル兄弟に売却した。これらの書物は丸天井広間に収蔵されたままであったのだが、ラスペはその賃借料を継続して支払っていた。ところが一七七一年になって、ギュンデローデの督促に基づいてラスペの財産が裁判所によって封印されたとき、シュティーベル兄弟はその直前にそれらの書物を大急ぎで自分たちの営業所に運び込ませてしまった。男爵フォン・ギュンデローデは原告として、彼の総括的抵当権は運び去られた書物梱にも及ぶと主張したので、これに対する有効な抵当権は、財産譲渡がおこなわれない場合でも発生するかが査定されることになった。ところで、一五七八年の宗教改革に基づく[72]フランクフルトの法では、債権者への譲渡によって発生する動産占有質権と同様に、抵当物件が債務者の占有に留まっている非占有の抵当権も可能であった。ただし、まさに移送財産全体の抵当権設定に際して、抵当証券とその裁判所からの送達書との交付が必要になった。[73]だが男爵フォン・ギュンデローデに有利に作成された抵当証券には、書物梱は明示的には記載されていなかった。差押えの可能性が欠落していれば如何なる抵当物件も受容され得ないので、こうしてシュティーベル兄弟が勝訴した。ちなみに、書類送付の方法について諮問された二つの法学部による法的見解にも合致した。ここでただちに気づくのは、法学部へのこうした諮問が、[74]なお普通におこなわれていたということである。それは、ゲーテが処理した他の法的事案においても現れるし、ときには同一の訴訟で何度も現れるからである。その際、個別的な事例において重要なのは、法的所見であるのか、それとも形式的な判断であるのかについて、確定することができないのではあるが。

なおも財産法に留まろうとすれば、さらに多くの売買事案に言及せねばならないだろう。その際には、事実問題が、この解答に依存する法的問題よりも前面に出ることになろう。[75]ヘッラー対ブッデの法的紛争においては、会社とともに売却された商業活動にあって、かつての法律行為に基づく請求は誰の権利かという問題が、明確な契約規定にしたがって決定されるべきとされた。[76]

帝国都市フランクフルト対肉屋へムリッヒの訴訟では、建築法および相隣法が問題になった。[77] 三つ以上の法学部が、この法的紛争の裁判過程で諮問された。職人特権に関しては、一七三七年の有名な「帝国分離」事件にも拘わらず、同業組合がその古い加盟規定になお頑なに固執していることが、同業組合受け入れを拒まれた鬘職人コールヘップの事例で明らかになった。コールヘップの代理人となったゲーテは、事案が帝国宮廷顧問官にまで行ったものの、最終的には勝訴した。[78] 古い伝統の証が問題になったのは、フランクフルトに属するドルテルヴァイルの村々とニーダーエアレンバッハの紛争においてであった。この場合は、ドルテルヴァイルがフロンフーレン近郊の近隣地区による慣習法上の援助を要求したところ、このことにつき相手側から異議を唱えられたのであった。[79] 家族法はたった一つの婚姻法事例も提供しないが、ただし四つの後見人事案を提供している。この場合は、後見人の義務が規定から甚だしく逸脱したとされた。[80] ゲーテにとって最初の訴訟であった父親ヘッケル対息子ヘッケル事案において問題となったのは、相続契約と結びついた会社契約の解約告知の可能性である。一七七四年に死んだ心の友スザンネ・フォン・クレッテンベルクの遺言の執行に際して、ゲーテは被相続人から年金を贈られていた貧しい老叔母を助けて、前払いを実行させた。というのも、主たる相続人が申請した財産目録の作成によって、遺産規定の締結が延期されていたからである。[81] フォン・クレッテンベルク嬢の存命中には、教会席の購入さえ法的問題が結びついていた。[82]

内容に関する視点からすれば、ゲーテの役人式文体についてと同様に、以下のことについては不足が感じらる。すなわち、彼の書面には即物的な刺激や有益な思考が見当たらないこと、また彼の書面は高度の法的思考への飛躍について如何なる情報も示していないことである。[83] 文体および内容に関する分別のある限定について、ゲーテが簡単に満足したとはいえないものの、そうした限定におけるある種の利点を認識したものと思える。つまり、弁護士の専門的な日常業務で適切にみえる事柄のための、正当なる如才なさの形成という利点である。[84] すでに知られていることだが、ゲーテは、当時の法文化の実り豊かで将来が楽しみな潮流を身をもって体験した。これ自体をさらに進めるためには、彼の生産的な詩人力の高みに存在するものが、時間についても内的な使命についても欠けている。天賦の才についても、不可能なものを求めることになろう。さらに問われるべきは、そもそも二十代半ばの青年が、実務的な経験も不足しているままで理論的な思考に飛躍するような状態にありうるものだろうか、ということである。それでも、透徹した数学者は星空を眺めて、断固とした弁護士は公正な事案に関わって、何か神的なものを獲得する[85]ということ以上に、弁護士の使命についての意味深い言葉が表明されたことはなかった。前者は世界建築の偉大なる法則を認識することにおいて、後者は人間の共同体的生活の法則を洞察したり成就したりすることにおいて、何か神的なものを獲得するのである。

あらかじめ記述された処置以上にさほど求められることの多くない弁護士実務は、気楽なようにもみえるが、生活の基盤としては、ゲーテは満足しなかった。彼の中に眠っている能動性はもっと相応しい活動領域を求めたけれども、おそらくは父親のような名誉欲が、彼自身が拒絶され続けてきたことを達成しようと努めたのである。また、ゲーテがアンナ・シビラ・ミュンヒと緩く結びついた結婚遊戯[86]との関連で、さらにそれ以上にリリー・シェーネマンへの情熱的な恋愛との関連で、確保された生活の基礎への願望が浮上した。[87] 文筆家の業績を法的保護を奪われたものとして取り扱うような、自己評価的な文献的複製に直面して、換言するならば、ベルリンなどでは我慢させられ、バーデンとオーストリアでは国家的な援助を享受したものの、そうした悪習に直面して、あらためて文学的な仕事の成果の上に、堅牢な生活設計が構築されねばならなかったのである。[88]

そのようなものが検討されるとすれば、何よりもフランクフルトでの活動そのものについて考えられねばならない。市長テクストーアの死後（一七七一年）[89]ただちに叔父テクストーアが参事の地位に就いて以来、すでに言及したフランクフルトの市政生活の原則に則して市の参事会で役割を果たすという計画は、もとより見合わせざるをえなかった。だが帝国都市に奉仕する代理人職や駐在官職は、両者はまさにフランクフルトでは好都合にも一体化していたのだが、有能で機敏な青年に開かれていたのであった。[90]

そこから外交的国務への参画の構想までは、もう一歩であった。しかしながら、ゲーテが一七七三年十二月二十五日付でケストナー夫妻に宛てて書いたように、父親の同意が得られたとしても、そこにはなお多くの考えるべきことがあった。[91]何よりも独自の人格性の強い要求は才能や実力に向けられたのだが、いわば落ち穂だけに囲まれた領主のために、うまく勤め上げることはできまいというのである。それから『政治的従属』という重い教訓劇があるが、これは学長モーザーの声明によれば、まさにフランクフルト市民にとっては悪く理解されるものであった。最後にゲーテが考えるには、彼の全才能のうち法律学は最も弱いものであって、最も未熟な者が司法官僚の席に着くつもりは彼にはなかった。[92]帝国市民の心情は、領主一般との関係では、「遠くのジュピター、遠くの雷鳴」（procula Jove, procula fulmine）というものであって、この原則の有効性のためには数多くの事例が挙げられる。だがこのことは、若きゲーテにとっては、当時の社会秩序にあって支配的な君主や貴族への敵対をなんら意味するものではなかった。教養ある市民に名誉ある地位がまったく開かれているとすれば、なおさらのことであった。[93]『詩と真実』に挿入された韻を踏んだ対話は、こう始められる。

A．長く宮廷に、長く地獄にいた！

B. そこで多くの良き仲間が暖まった!

A. 儂のように、儂の一族も、

儂には誰も好意を示してはくれないが。

B. 何を汝は好意に恥じようとするのか?

汝がそれを与えれば、汝はそれを受けるのに。

貴族との当時の肯定的な関係についても、ゲーテは『詩と真実』第十七章の末尾近くで、若干の意味深長な数頁を書き残している(94)。そのような心情が決意に変わる時点は、もはや先のことではなかった。そのことについて聞く前に、当時の重要な出会いや業績を、なお簡単に一瞥しておくことが適当である。

『ゲッツ』と『ヴェルテル』に続いて、完成した主要な業績のみを挙げても、『クラヴィーゴ』『シュテラ』『エグモント』が書かれた。その他に、永遠の財産に属する数多くの詩歌が出現した。大部分は、フランクフルトの商人の娘リリー・シェーネマンへの愛から生まれたものである(95)。若き詩人を魅惑した当時の重要な人々とは、しばしば多事多端な喧噪状態にあった、フランクフルトの生家を訪れるまでもなく、斡旋された旅行の中で新たな人間関係が得られたのである。そのかぎりで、ライン河旅行(一七七四年七月~八月)と、最初の初めてのスイス旅行(一七七五年五月~六月)とは、憧れのイタリア地方への最初の視線を伴っていた(96)。

ゲーテは、すでに一七七四年十二月に十七歳のワイマールの公位継承者カール・アウグストの面識を得ていた――メーザーの愛国的物語が対話の中心だった。その後カール・アウグストは、一七七五年の秋に、あらためてワイマールへの招待をおこなった。ゲーテは、若干の付随的な状況によって大いに感激し、運命的な感情に浸りつつ、その招待に従った。その結果、『詩と真実』の第二十章は、エグモントの以下の言葉で締め括られることになった。

お前、お前！　もういい！　目に見えぬ精霊に鞭打たれつつ、時なる日輪の馬は、我々の運命たる軽車を引いて駆け抜ける。我々は、勇気を奮って手綱を握りしめ、この岩あの断崖を避けるべく、今や右に今や左にと、車を御して行くしかないのだ。馬車がどこへ行くのかなど、誰が知ろう？　どこから来たのかさえ、まるで覚えてはいないのだ！

**原注**

（1）DuW XII-XX. ——この伝記は、この内容豊かで生産的な年の素材を、一連の諸章に分割している。Vgl. Bielschowsky, Bd.1, S.143ff.; Witkop, S.74ff. Johannes Fuchs, Advokat Goethe, Weimar, 1932. 以前に閲覧したこの重要な論文は、遺憾ながらもはや入手できなかった。——一七七三年のゲーテの肖像につき、Witkop, nach S.96.

（2）フランクフルトの市民宣誓に際しての古事的な形式的手続（外套を着用して、武器を贈呈する）につき、Vgl. Dichterjuristen, S.32f. (Kapitel über Friedrich Karl von Savigny und Clemens Brentano).

（3）Briefe, Bd.1, S.89.

（4）DuW XII, in: Werke, Bd.3, S.353ff.

（5）Werke, Bd.1, S.77.

（5a）Zeitler, Goethe-Handbuch, Bd.1, S.344f.

（6）メルク宛の一七七七年五月三日付の手紙で、ヨハン・ゲオルク・シュロッサーは、その法典化問題についての既述の論文を予告している。Johann Heinrich Mercks Schriften und Briefwechsel, hrsg. v. Kurt Wolff, Bd.2, Leipzig, 1909, S.90 u. Anm., S.262.〔以下 Wolff〕

（7）メルクにつき、Vgl. DuW XII.; Wolff, 2 Bände（第一巻は編者の筆になる伝記とメルクの著作、第二巻は書簡集とS.281ff. に関連作品についての概説を収載する）。——Vgl. Helmut Prang, Johann Heinrich Merck im Urteil seiner Zeitgenossen, in: Vierteljahrsschrift Goethe, Bd.5, 1940, S.62ff. 入手できなかったものとして、Wilhelm Michel, Der Kriegsrat Johann Heinrich Merck, Berlin, 1941.

（8）私はこのことを受容するが、なぜなら、彼はなんらかの方法で、のちの法学的地位のために資格を得なければならなかったからである。

（9）Wolff, Bd.1, S.VII.

（10）Wolff, Bd.1, S.293ff. における概説は、外国語の翻訳と出版のほかに、数多くの文学作品や論文を紹介している。最も印象深く思えるのは、Wolff, Bd.1, S.45ff. に収載された小説類である「オーハイム氏の物語」（『メルクール』誌、一七七八年より）、「田舎の結婚式」、「リンドール——市民的ドイツ人の物語——」、「若きオーハイム氏」である。ほとんどすべては、皮相的な都市文化に対する田園生活の賛美であるが、田舎の人々の税金負担にも注目している。（ついでながら、S.159. には、非常に迷惑な誤植がみられる。すなわち、Dotalgelder の代わりに Dokalgelder となっている。）

（11）Wolff, Bd.1, S.XIII.

（12）正当にも、メルクのうちには『クラヴィーゴ』におけるカルロスの原像が見出される。

（13）一七八〇年になっても、メルクは『ヒルシュフェルトの庭園芸術』（ライプツィヒ、一七八〇年）所収のダルムシュタット周辺の庭園についての記述の中で、モーザーの造園を際立たせていた。このことに対して、モーザーは一七八〇年五月十七日付のメルク宛の手紙で感謝している。Wolff, Bd.2, S.160, u. Anm., S.266.

（14）R. Loebell, Der Anti-Necker J. H. Mercks und der Minister Moser, in: Quartalsblatt des historischen Vereins Hessens 1893, Bd.1, S.256ff.

（15）Brief Mercks an Wieland vom Mai 1783, in: Wolff, Bd.2, S.207f.

（16）そのような表明によって、メルクはヴィーラントの賛同を当てにすることができた。というのも、ヴィーラントは一七八一年十二月三日付の手紙で、メルクの小説『若きオーハイム氏』からはモーザーのすべての国家論集からよりも多くを得た、と述べていたからである（Wolff, Bd.2, S.182）。ただし、ヴィーラントの政治的判断能力のために好都合な徴しはみられない。

（17）Brief an Merck vom 19. Mai 1783, in: Wolff, Bd.2, S.208. モーザーの失脚は、ワイマールにまで波及した。というのは、大公妃ルイーゼはヘッセン＝ダルムシュタット出身の妃だったからである。——ヘルダーの妻カロリーネもフラクスラントの出身であり、枢密顧問官ペーター・フォン・ヘッセ（一七二八〜一八〇三年）の家で育った。ヘッセは、モーザーの影響下にあって、その失脚後にも以前の指導的な立場を再び受け容れた。Vgl. Adolf Müller, Unbekannte Briefe Herders und seiner Gattin an ihre Darmstädter Verwandten, in: JbGG, Bd.21, 1935, S.108ff.

(18) Brief Goethes an Merck vom 14. Nov. 1781, in: Wolff, Bd.2, S.181.

(19) メルクに向けられた詩歌「書簡」(Werke, Bd.1, S.78f.) は、次の有名な結句を伴っている。
母なる自然によって支えられる者は、
茎状のグラスの中に世界さえ見出す。

(20) この数年間の若く陽気な気分を、ゲーテは『エッカーマンとの対話』の中で一八二九年になっても確認している。「私がメルクとともに若かったときは、至る所で良き時代だった。ドイツの文学は、まだ純粋な石板で、これに喜々として多くの良いことを描くことが期待された」。Gespräche, Bd.4, S.73.

(21) Hermann Dechent, Die Streitigkeiten der Frankfurter Geistlichkeit mit den Frankfurter Gelehrten Anzeigen, in: Geigers Goethe-Jahrbuch, Bd.10, 1889, S.169ff.〔以下 GJb〕

(22) Werke, Bd.5, S.27ff. は、同誌に対する同時代人が認めたゲーテの寄稿と思われるものを提示しているが、完全なものではない。
—— Vgl. Bielschowsky, Bd.1, S.149ff.; Zeitler, Goethe-Handbuch, Bd.1, S.387ff.

(23) Rudolf Stammler, Deutsches Rechtsleben in alter und neuer Zeit, Bd.1, Charlottenburg, 1928, S.407.〔以下 Stammler〕

(24) Siegfried Hardung, Die Vorladung vor Gottes Gericht, Bühl/Baden, 1934.

(25) Landsberg, Bd.III-1, Text, S.442ff., Noten, S.284ff. この記述から次の履歴を取り出した。すなわち、ヘプフナーは一七四三年にギーセンで法学教師の息子として生まれ、一七六七年にカッセルの法学教授、一七七一年以降ギーセンの教授となり、一七九七年に没した。

(26) Vgl. Brief Mercks an Höpfner vom Anfang Februar 1772 (Wolff, Bd.2, S.24). 一七七一年秋における、ヘプフナーによる学問的業績のメルクへの送付については、一七七一年十一月一日付のメルクよりヘプフナー宛の手紙 (Wolff, Bd.2, S.20) が述べているが、『フランクフルト学識者報知』との関連を示すものではない。

(27) ラスペ教授についてランツベルクは言及していないが、メルクは公法領域での寄稿について彼と交渉した。Brief an Raspe vom 30. Januar 1772, in: Wolff, Bd., S.22f. には、S.22. に迷惑な誤植がある。すなわち、Frankfurter Gelehrten Anzeiger の代わりに Erfurter..... となっている。

(28) これについては、ゲーテのものとヘプフナーのものと二つの報告が存在する。DuW XII, in: Werke, Bd.3, S.382ff.; Gespr., Bd.1, S.23ff.

(29) 実際に、ヘプフナーは一七八〇年に『個人、社会、諸国民の自然法』を公刊した。Landsberg, Bd.III-1, Text, S.443.

（30）ゲーテとヘプフナーの伝えるところは、このギーセンでの出会いとの関連でシュミットが滑稽にも非難されたということにおいて、またしても一致する。

（31）Landsberg, Bd.III-1, Text, S.443. ——のちの一七七五年六月三日付のメルクからヘプフナー宛の手紙からは、ヘプフナーがこの友人のカッセルでの雇用に助力したことが分かる。Wolff, Bd.2, S.55ff.

（32）DuW XII, in: Werke, Bd.3, S.385f.

（33）Vgl. Dichterjuristen, Bd.1, S.305ff.

（34）DuW XII, in: Werke, Bd.3, S.362f. これに関連して、クロプシュトックによる『学者共和国』の予約注文の試みが想起される。それは著者自身には失敗でなかったが、予約注文のための市場全体には損害を与えるものであった。 Vgl. Zeitler, Goethe-Handbuch, Bd.3, S.323f. の「自費出版」の項目。

（35）DuW XIII, in: Werke, Bd.3, S.366ff. Vgl. Bielschowsky, Bd.1, S.155ff.; Witkop, S.96ff.

（36）DuW XII, in: Werke, Bd.3, S.366ff.

（37）DuW XII, in: Werke, Bd.3, S.366ff.

（38）この関連で、病的でありしかも奇跡のようにして生活上に保たれたドイツ帝国の国体のまさに怪物的な状態が、ドイツの国法学者の厳密性を昔から特別に引き付けてきた、という見解がみられる。DuW XII, in: Werke, Bd.3, S.371.

（39）Bielschowsky, Bd.1, S.156. ——ゲーテはヴェツラーでは代理人ルドルフ方に居住したこともあり、Zeitler, Goethe-Handbuch, Bd.3, S.188. の「帝室裁判所」（Reichskammergericht）の項目は、ルドルフが若き実習生をなんらかの官房実務に就かせたことを推測させる。

（40）詩人法律家カール・インマーマンによる、ラーンへの旅行についての報告からは、当時のヴェツラーで、帝室裁判所および当地でのゲーテの滞在に関する伝承が、如何に一種の郷土神話にまとめられたかが認められる。Vgl. Dichterjuristen, Bd.2, das Kapitel über Immermann.

（41）Ritterbusch, in: Festgabe für Richard Schmidt. Leipzig, 1932.; Ernst Rudolf Huber, Goethe und der Staat, Straßburg, 1944. ; Johann Peter Eckermann, Gespräche mit Goethe, hrsg. v. Conrad Höfer, Leipzig, 1913.

（42）この関連で、ザクセンシュピーゲルおよびシュヴァーベンシュピーゲルにみられる領邦裁判制度に即して、批判がおこなわれている。だが聖なる刑事裁判《フェーメ》については、これは秘密警察へと堕落してついには私人の手に落ちた、という不適切な文言が据えられた。ここで想起されるのは、『ゲッツ』における聖なるフェーメの文学的な採用である。それは同様に歪んだ印象とともに、法史的な研究やこれに刺激されたインマーマンの小説『上級法廷』が、より良い洞察を開拓するまで、長いあいだ充分な影響力をもち続けたのである。

（43）ダットにつき、Landsberg, Bd.III-1, Text, S.47f., Noten, S.27f. ランツベルクによるドイツ語著作の内容紹介は、ゲーテがダットに如何に負っていたかを明らかに認識させる。

（44）Briefe, Bd.1, S.94ff.; Gespr., Bd.1, S.21f.; Bielschowsky, Bd.1, S.160f.

（45）DuW XII, in: Werke, Bd.3, S.372f.

（46）Bielschowsky, Bd.1, S.156.

（47）その際、平時における市民の愛国的な使命についてのゲーテによる表現には、明らかに以下の詩が透けて見える。この詩節は、ゲーテがアヒム・フォン・アルニムとベッティーナの息子ジークムント・フォン・アルニムのために、一八三二年の三月になって記念帳に書き込んだものである。

誰もが扉の前を掃除すれば、
どの街区も清潔になる。
誰もが課業を練習すれば、
善良にも助言に呻くことになる。

(Die Andacht zum Menschenbild, unbekannte Briefe von Bettina Brentano, hrsg. v. Schellberg und Fuchs, Jena, 1942, S.247. この詩節は「市民の義務」なる標題のもとに、詩歌集に収録された。Werke, Bd.1, S.650.)

（48）DuW XII, in: Werke, Bd.3, S.388.

（49）この報道の第一印象を、ケストナー宛の手紙が伝えている。Briefe, Bd.1, S.103f.

（50）ゲーテに自殺の弁明書を書く気などなかったことは、明らかである。一七九七年の初頭に、婚約者に捨てられたワイマールの宮廷社会の若き女官クリステル・フォン・ラスベルクが、イルム川で入水自殺し、バッグの中から『ヴェルテルの悩み』が発見されたとき、ゲーテはともかくも非常に塞ぎ込んだ。Briefe, Bd.1, S.226.

（51）Houben, Der polizeiwidrige Goethe, S.7ff. —— Vgl., Zeitler, Goethe-Handbuch, Bd.3, S.544ff.（Wertherliteratur）

（52）このことは当然にも諷刺を挑発した。Vgl., Houben, S.17ff.

（53）ゲーテの以前の法学教師であったライプツィヒの教授ホンメルがゲーテに反論したことは、すでに前に（S.194f.）紹介した。

（54）Gespr., Bd.4, S.86. Vgl., Houben, S.24.

（55）DuW XIII, in: Werke, Bd.3, S.415.

（56）Ebda., S.413f.

（57）誰でも泳ぎができないと
水が悪いと指摘する……
も少し読み方を習うがよい
教えが理解できない者は

（58）Brief an Goethe vom Anfang Oktober 1774, in: Briefe, Bd.1, S.137. 一七七四年十一月七日付の手紙（ebda, S.139f.）は、ベルリンで『ヴェルテルの誤解』を発表したヘニング宛のものだが、この手紙によれば、ケストナーは以下の点に拘っている。すなわち、ゲーテはケストナーに対して文学的に無思慮なままに不当な仕事をおこなったが、しかしながら、彼（ケストナー）は赦そうとして、ゲーテだけにきちんと本当のことを話すつもりなので、したがってゲーテは今後はいっそう気をつけるだろう、というのである。

（59）Brief an Kestner vom Oktober 1774, in: Briefe, Bd.1, S.138.

（60）DuW XV, in: Werke, Bd.3, S.461.

（61）DuW XIII u. XVII, in: Werke, Bd.3, S.395 u. 484f. Vgl., Glaser, S.284f.

（62）シュロッサー同伴の仕事上の日帰り旅行は、短時間のヴェッツラー訪問のために必要なものであったのだが、これについて一七七二年十一月十日付でケストナーに宛てたゲーテの手紙は、職務上の目的を相当に軽視して報告しており、ロッテとの再会のあとに書かれたものと解される。Briefe, Bd.1, S.104.

（63）この秘書については、人間性としても無関心ではいられないように思える。ゲーテは遺憾ながら、彼のことを一度も小説の枠組みの中で書かなかった。

（64）多種多様な仕事や、オッフェンブルク訪問との関連について、Vgl., DuW XVII, in: Werke, Bd.3, S.489.

（65）DuW XIV, in: Werke, Bd.3, S.432.

（66）DuW XIII, in: Werke, Bd.3, S.395f. 狭く建てこんだフランクフルトのユダヤ人街での危険な大火に際して、ゲーテは進んで人助けをしただけでなく、焼け出された気の毒な人々が嘲笑を堪え忍ばねばならないのを、断固として非難することで防止した（DuW XVI, in: ebda, S.473.

（67）DuW XV, in: Werke, Bd.3, S.416ff. 詳細は、Peter Klassen, Justus Möser, Frankfurt, 1936, S.182ff. ゲーテによるユストゥス・メーザー論（Werke, Bd.5, S.502ff.）につき、Vgl., Du WXIII, in: Werke, Bd.3, S.299.

（68）DuW XIII, in: Werke, Bd.3, S.396.

（69）Witkop, S.82f.

(70) ゲーテの書面は、例外なく、しかも時系列に並べられて、モリスによって公開された。Vgl. Max Morris, Der junge Goethe, 6 Bde., Leipzig, 1909-1913.

(71) Stammler, S.405. シュタムラーは、どちらの人間が問題であるかについて、突き止めることができなかった。

(72) Helmut Coing, Die Frankfurter Reformation von 1678 und das gemeine Recht ihrer Zeit, Weimar, 1935. フランクフルト宗教改革の当時の法に対する全般的整理について、私法制度についての概観を提示した非常に堅実な研究である。〔以下 Coing〕

(73) Coing, S.34ff. したがって、シュタムラーの一般的主張は誤りである。Stammler, S.405f.

(74) こうした制度の歴史についての差し当たりの概観について、Vgl. Wohlhaupter, Die Spruchtätigkeit der Kieler Juristischen Fakultät, in: ZRG, Germanistische Abteilung, Bd.68, 1938, S.752ff.

(75) Stammler, S.403. フランクフルトの売買法につき、Coing, S.46ff. カルマン対マイグレトの売買訴訟における適法性思想の主張につき、Vgl. Fischler, S.19.

(76) Stammler, S.403.

(77) 詳細は、Stammler, S.402. 一三六三年のフランクフルトの旧建築法規定について、Vgl. Coing, S.23.

(78) 詳細は、Stammler, S.402f.

(79) 詳細は、ebda., S.403.

(80) 詳しくは、ebda., S.400f.

(81) Ebda., S.405.

(82) Ebda., S.403f.

(83) シュタムラーでさえ（S.399 u. 407）、こうした非難を自身のものにしている。

(84) 一七七三年十二月二十五日付で、ゲーテはケストナーに宛ててこう書いた。「ここでは（ゲーテの弁護士業のことと思える）僕の実務は、僕の知識と手を携えています。僕は毎日学び、のろのろと進んでいるのです」。Briefe, Bd.1, S.121.

(85) Dichterjuristen, Bd.1, S.172f.

(86) Bielschowsky, Bd.1, S.217. まさに西部ドイツでよく確認された「五月封土」（従来の全文献を利用して総括したものとして、Maria König, Bäuerliche Burschenschaften, in: Niederdeutsche Zeitschrift für Volkskunde, Bd.16, 1938, S.191ff., bes. S.212ff.）に勘案するならば、この結婚遊戯は、村的な五月封土の都市的な変形とは単純にいえないのでは、という疑問が呈されるだろう。このことは、農民の風習をより高い社会階層にとって魅力的に引き上げることを意味するだろう。「結婚遊戯」の項目（Zeitler, Goethe-Handbuch, Bd.2, S.514ff.）が説明していることも、この関連を排除するものではあるまい。

(87) DuW XVII, in: Werke, Bd.3, S.490, 492.
(88) DuW XVI, in: Werke, Bd.3, S.472.
(89) 一七七一年二月付の祖母宛のゲーテの悔やみ状。Brief, Bd.1, S.80f.
(90) DuW XV und XVII, in: Werke, Bd.3, S.461 u. 493.
(91) Briefe, Bd.1, S.121. ケストナーは、同様の、はるかに漠然とした計画をゲーテに提案したことがあった。
(92) E・T・A・ホフマンが司法官としての経歴を十年間にわたって中断したあとで、再び帝室裁判所に戻ることになったとき、法廷で、ちょうど短剣のようにして、法服からきわめて特異な訓令をさっと取り出す人々に、彼は恐れをなしたという。Vgl. E. T. A. Hoffmann, in: Dichterjuristen, Bd.2.
(93) DuW XVII, in: Werke, Bd.3, S.495.
(94) Ebda, S.494ff.
(95) 婚約と婚約解消の物語は、『詩と真実』の中では至る所で述べられている。ここでは、リリーのゲーテに向けた最後の挨拶がさらに言及されている。これは、彼女の死後(一八一七年)暫くしてようやく一八三〇年になってから、ワイマールの宮廷社会のある婦人によって伝えられた。リリー自身の語るところによれば、リリーはゲーテを彼女の道徳的存在の創造者と考えていたという。Briefe, Bd.1, S.166f.
(96) 随員は、ハウグヴィッツ伯爵の他に、シュトルベルク伯爵兄弟であったが、この兄弟もやはり詩人法律家であった。ゲーテは、『詩と真実』の第十九章で、ラファーターが与えた兄弟の性格をぴったり当てはまるものと認めた。Werke, Bd.3, S.527ff.

## 五 ワイマールの官職時代(〜一七八六年)

### 1 ザクセン=ワイマール

一七八五年十一月七日の早朝、ゲーテがワイマールに到着したとき、彼はその運命をまことに小さな政体に結びつけることになった。この国家は、テューリンゲンの群小国家と評される中ではともかくも最も堂々たるものであった。[1] ザクセン＝ワイマールは、一七七五年から一八二八年に及ぶカール・アウグスト公の治世にあっては、ワイマール侯国、アルシュテットを含むアイゼナッハ公国、大学を擁する元のイェーナ公国、そして先のヘンネベルクのイルメナウ官庁を包摂していた。――合わせておよそ一、九〇〇平方キロメートルの領地に、約九〇、〇〇〇人の領民がいたが、領民は基本的に農林業に携わっていた。一方で、アポルダ織りの靴下製造のような産業は、外国が輸入を締め出したために振るわなかった。貧しく生きる領民という弱い社会的基盤にとって、上級および下級の多くの役人を抱える宮廷は重荷となっていた。宮廷は、軍隊や狩猟や劇場や旅行のために過大な出費をおこなっていたのである。[2] この国家が如何に財政的に貧弱であるかが示されたのは、一七八四年の大火が城を全焼させたときであった。この廃墟を、百年間も放置しておかねばならなかったのである。王宮所在地のワイマール自体は、六、〇〇〇人の居住者から成る地方都市であった。小さな民家のあいだに、教会と市庁舎といくつかの侯爵家の建物だけが目立っていた。一七七〇年には、中央の統治官庁として領邦省が設けられ、これを最高の財政部局としての王室会議が関与することになった。このことによって、ワイマールおよびアイゼナッハにおける従来の二つの領邦政府は権限上は制約されることになったけれども、なおも最高の裁判所や統治組織としては機能していた。[3]

アウグスト・コンスタンティン公の早世（一七五八年）により、十九歳で未亡人となったアンナ・アマーリアは、ブラウンシュヴァイク家の出身でフリードリヒ大王の姪であったが、統治を継承して、引き受けた小領邦を、しかも戦争の時代情勢によって苦しめられている小領邦を、平和の精神や内外の文化を奨励する精神において治めていた。それは一七七五年に、二人の息子のうちの長子である若きカール・アウグスト公に対して、正式に手綱を委ねる状況に至るまで続いた。フリードリヒ大王の判断によっても、すでに青年時代においてカール・アウグストには最上の期待を可能とする資格が備わっており、また実際にも、彼は当時のドイツで最も卓越した領主像へと成長した。ここでは彼の性格形成について、若干の見解のための場所を見出すことができよう。それは、領主の死後にゲーテが表明したものである。[4]この公爵は基本的かつ包括的な教養を備えた人物であり、多くの君主の表面的な知ったかぶりとはまったく異なっていたというのだ。彼は抜きん出た三つの統治能力を有していた。第一に人物や性質を見分ける天賦の才であり、その結果、彼は各人を適所に配することができた。第二に誠実な厚情、つまり最終的には常に相手のためを考える高貴な人間愛である。第三に彼は周囲の人々よりも偉大であって、その結果、特定の事案についての十の異なった見解に対して、その中に十一番目のより良い見解を聞き取った。彼は寡黙であったが、その言葉には実行が伴っていた。失敗しても意欲を削がれることはなく、彼はただちに新たな事態を処理した。細部にわたって精通していることにより、彼には多くの論文や多くの法律を創造する能力があったという。要するに、生まれながらに偉大で完全な人物であったのだ！

ゲーテが差しあたりは若き公爵の同伴者としてワイマールに登場したのは、ちょうど当地の貴種ワインが盛んに発酵し続けている最中であった。公爵より八歳も年長の助言者が、知識や経験や内面的平静さにおいて優っていたことは非常に好都合であった。こうしてゲーテは、野性的かつ天才的に追い立てることと、いつも上品とはかぎらない公爵の楽しみとに意識的に関わったのではあるが、それはもっぱら彼と親密になって、災厄を避けつつ徐々に公務に向けて教育するためであった。[5]ワイマールの空に現れた新星は、もとより非常に目に付いた。たとえばヴィーラントのように、外見のみを眺める者たちもいたし――「ゲーテは生きて治めて怒って、雨や天気をもたらし、そうして我々を幸せにした」[6]――、クロプシュトックのような他の者たちは、彼らの声を警告とするべく呼び集めねばと感じた。[7]おそらくゲーテの意図を理解したのは、一人の婦人シャルロッテ・フォン・シュタインのみであった。[8]彼女は主馬頭フォン・シュタインの夫人で、すでに一七七六年初頭から若き詩人にとっての有力な磁石《マグネット》となっており、彼の魂に入り込んで読み取る能力によって、ゲーテの女性関係においては最も奇妙で最も重要な友人と呼ばれた。

ゲーテ自身は、フランクフルトでの狭い交際から男らしい活躍への正当な道筋を見出したとの気持ちを抱いており、[9]すでに三月の初めには目標を見つけていた。すなわち、領邦を知り宮廷に慣れたあとに、統治にも慣れるという目標である。[10]とはいえ、ザクセン＝ワイマールからいずれは去るとの意図をもっていたとしても、いずれにせよ彼は二つの問題の進展を待たねばならず、これらは彼の態度によって着手されることになっていた。一つは、望みどおりにヘルダーをワイマール管区の総監督に招聘することであり、もう一つは、一七七五年の十二月以来ワイマールを覆った大臣危機であった。枢密院の議長として国家第一の官吏であった大臣フォン・フリッチュは、アンナ・アマーリアの下で十四年の長きにわたって優秀さを示してきた。ところが彼は、まったく根拠がなかったわけではないものの、若き公爵の信頼を母親の信頼と同じ程度には得ていないと信じ、その風当たりの強い政治的地位をもっと中立的な地位に取り替えたいとの考えを抱いて、公爵が彼に対してゲーテを枢密院の構成員に、また侍従フォン・カルプを侍従長に就けることを予告したときに、辞任を願い出たのであった。ゲーテが何か月も長引くこの問題の経過の中で常に程よく動いていたとするならば、最終的には母親たる公爵夫人の仲介によって、フォン・フリッチュ氏を公国に留めることに成功したことだろう。[11]次代にワイマール政府の魂となるべきゲーテ自身は、彼が一八一四年まで共に働いたこの卓越した人物の偉大な功績を、常に進んで是認していた。自分自身を何よりも大切に思う多くの陰険なお気に入りの類いは、彼の周りにはいなかった。そうした類いの者たちは、個性に満ち専門知識をもったあらゆる人々を、これまで排除してきたのではあるが。謝意という総じて彼の最も特徴的な徳が、君主に対して満ちあふれていたのである。[12]新しい義務への責任を、彼は全面的に引き受けた。

## 2　官歴の諸段階

ここで、最初のイタリア旅行までの官歴の初段階を確認しておこう。一七七六年六月十一日、ゲーテは公爵により枢密院の議席と投票権をもつ枢密公使館参事官に任ぜられ、一、二〇〇ターラーの俸給を与えられた[13]。一七七九年、軍事・建設委員会の監査を引き受け、この所管により初めて直接の命令権力を獲得する。一七七九年九月五日、大臣相当の枢密顧問官に任ぜられる。一七八二年六月七日、侍従フォン・カルプが粗雑に務めていた侍従長職が移譲される。侍従長職には国有地や森林地区の管理も含まれていた。一七八二年、ウィーン滞在中の公爵は、ゲーテの帝国貴族への昇格を取りなして成功した[14]。若きゲーテはゆったりした自己景仰を手に入れたのだが、これに栄誉ある迅速さをもって昇進が重ねられたのであった。しかしながら、几帳面かつ基本的に、しかも命令や指示といった大事だけでなく、日々の書類処理といった小事においても新たな課題をこなしながら、急激な出世をしてきた人物はまことに稀であった。

困難な職務は日常の防御、
さもなければ啓示など無用だ

——この言葉は[15]、ゲーテの公務に関するものだ。まさに行政上の些事について想像できる者は、次のことを知っている。すなわち、ゲーテの職務をつうじて、一般的な枠組みの中でのみ書き換えられる事柄という使い古した描像を提示することは不可能である。公爵がゲーテをさらに広範に、外交政策のためにも重用したとすればなおさらである。こうして、ゲーテが取り組んだようにみえる対象から重要な諸点、とりわけ封建的負担の軽減や[16]、山林法の起草といった点を際立たせて指摘することができる。一七八一年における破産規則の導入に当たっても、彼は何日間もの文書調査ののちに詳細な所見を提示した。さらには、野生動物による被害の防止のための通達の他に、質屋規則、消防規則も起草した。抵当権法や土地債権法の草案も、彼が取り扱った[17]。さらに、新しい刑事規則の草案のために、彼は様々な外国の刑法典を調査したとも伝えられている[18]。このことは、ルヒトの叙述にしたがうならば、一八一二年に改正された一八一〇年の刑事規則に当てはまる。これはそれ以前に、ワイマールとアイゼナッハの二つの刑事裁判所において、犯された非行についての錯綜した調査を寄せ集めたものであって[19]、その際、刑事手続の改革についてはともかく、どのみち必要な実体的刑法の改革は重視されていなかった。後者の改革は、のちの有力な試みにも拘わらず――イェーナの教授マルティンに対して、アンゼルム・フォイエルバッハが作成した一八一三年のバイエルン刑法に基づく草案が委託された――、カール・アウグストの治世には実現しなかった[20]ということだ。とはいえ、ベッカリーアの有名な著作が引き起こした、刑法の大改革思想の時代には、すでに早くから個々の論点が有無をいわさぬ清算を迫ったものであった。というのも、カール五世の刑事裁判規則やワイマールの特別法に基づく刑事司法は、完全にいかがわしく不充分なものになったからである[21]。こうして、ゲーテが一七八三年に、子殺しの婦人に対して制定された死刑の廃止問題や、それ以前の教会贖罪の改革に取り組んだことが納得できることになる[22]。恥辱を恐れて誕生前もしくは誕生後に我が子を殺した未婚の母を、死でもって罰することが果たして正しいかという問いは、疾風怒濤の大きな文学的主題であるばかりか、すでにゲーテがシュトラースブルク命題の中で取り組んだときからの、刑法の現実的問題でもあった。こうした時流にしたがって、カール・アウグストは死刑の廃止と適切な自由刑による代替とに賛同した。彼は、フリッチュ、シュマウス、ゲーテの各大臣の賛成票を必要とした。フリッチュとシュマウスは、純粋に威嚇思想から出発して死刑の維持に賛成した。個別事案における君主の恩赦権限によって、不公正な非常さが避けられるからである。ゲーテは、あえて彼の意図を投票の形式で装わなかったが、彼が書いたはずの長大な論文はもはや見つけられないでいる。しかしながら周知のように、ゲーテの態度は内容的な結果においては二人の同僚のそれと一致していた。彼は総じて死刑の反対者ではなかったのである。

未婚の母だけでなく、たとえば盗人や姦通者も覚悟すべき恥辱刑のもとでは、いわゆる教会贖罪、公式名でいえば「説教壇の前の告解」が、少なからぬ役割を果たしてきた。[23] ザクセン＝ワイマールでは、教会贖罪の廃止をめぐる論争がすでに一七五一年から進行しており、その際、宗務局は現行の教会法の文言に依拠していた。ヘルダーでさえ、職務上この路線の維持に義務があると信じていたのである。とはいえ教会贖罪は、一七七七年にまずもって盗みに対して廃止された。さらに拡充されるべきとの、一七八〇年十二月十四日付のゲーテの所見も存在する。[24] この所見はまったく独自に歴史学的な議論を伴うものであるが、教会贖罪の歴史的・論理的な前提として教会構成員を一定の法から除外したことが見逃され、「説教壇の前の告解」のみが維持されてきたために、もともと法全体への再受容に服していた事柄が締め出されたとの烙印を押されてしまったことを、とくに強調している。それが提案したのは、犯罪人をまずは国家の刑罰に供し、次に私的な訓戒のために聴罪師に委ねることであって、そうすれば、教会共同体への復帰は秘密裡におこなわれるというものであった。ただし、なんらかの免罪が生ずべきものではない。[25] このような私的な訓戒にも拘わらず悔い改めないことが明らかな者のみが、常習的犯罪者と同様に破門に付されたうえで、公的な告知にも付されるべきなのだ。こうした解説の意味において、一七八六年になると、ザクセン＝ワイマールでは公的な教会贖罪の基本的廃止がおこなわれたのである。

まったく別の領域であるが、ゲーテによる軍事委員会での活動がある。彼はこれをもっぱら自己研修の手段として理解したのだが、それは日記への次のような書き込みに示されている。「軍事委員会を引き受けた。第一回会議。私の感覚では、堅苦しいが落ち着いており、そして鋭敏だ。しかし、この任務は何日もかかり、私は入り浸っているうちに、頑張れるとの確信のうちに良き希望を見出す。任務の圧力は、魂にとってはとても美しい。魂が解き放たれれば、それはもっと自由になって人生を楽しめることだろう。仕事のない気楽な人間以上に惨めなものはない。才能のうち最も美しいものが、彼には厭わしいからだ[26]」。軍事委員会において、彼はとりわけ耐えがたい軍事的負担の軽減を心がけ、派遣分担兵力の総数を六〇〇名から三一一名に削減した[27]。ゲーテが一七八二年に侍従長職を引き受けたとき、適切な所で節約するということが、まさに彼の大綱領となった。彼は不人気な対策をも恐れることなく、最終的に通常の収入が期待できない場合には、公爵の宝石箱の管理人たるベルトゥフを、ゲーテの辞任を伴う最後通告をもって威嚇したのである。彼は博愛主義的で[28]国土にも精通していたが、下から教えられる以上に、上からはいつも一日で消耗させせられることを、よく理解していた[29]。また彼は、貧しい人々に同情の念をもっていた。「貧しい人々は、いつも袋を担っています。そして、それが彼らにとって右側と左側でどちらが重くなるかは、そもそもどうでもいいのです[30]」。いずれにせよ、常に彼は家政的であることを心がけていたのだが、それは適切な意味で金か物かを惜しまない、つまりは生か死かをも惜しまないためであった[31]。実際にも、下層民のための不幸な義援金（misera contribuens plebs）に由来する損失を回避すべく至る所で留意しつつ、彼は節約した財源を人々の状態の改善という事態に相応しい仕方で供出した[32]。またエッタースベルクの猪が公爵領で繁殖することに抗議することも重要であったのだが、というのも猪は農民に大きな損失をもたらしたからである[33]。ゲーテによって提案され貫徹された対策は、若き公爵にとってはきわめて不愉快なものであっただろう。国家の栄光と名声に留意しながらも、公爵はきわめて困難ではあったが、外交政策での唯一の協力者たるゲーテが、この分野でも抑制するよう忠告することで我慢した。ここ十年の最も重要な外交政策的事案は、「君主同盟」であった。皇帝ヨーゼフ二世の遠大な帝国政治上の計画とは、オーストリアの力を大幅に強化することを目指すものであったのだが、それに対してプロイセンは最終的に一七八五年のいわゆる「君主同盟」でもって応えたのである。これにはハノーファーとザクセンに加えて、ザクセン＝ワイマールを含む中部ドイツおよび南部ドイツの数多くの君主たちが参加した。「君主同盟」の公然条項は帝国体制の枠内に留まるというものであって、「君主同盟」は身分上の自由思想の維持に向けた結合の観を呈していた。だがザクセン＝ワイマールが署名しなかった秘密条項は、オーストリアの計画に対する軍事的反攻をも想定していたのである。[34] カール・アウグストは、この「君主同盟」に祖国全体の再生、つまり全ドイツの統合運動を期待した。実際の展開からすれば、現実的に冷静に考えるゲーテのほうが正しかった。[35]「君主同盟」は必ずやプロイセンの手中で権力の道具となる。このことを、ゲーテは間もなく認識することになる。

## 3　現世的な物事

ゲーテのように政治的な任務に没頭するためには、燃えるような献身、揺るぎない根気、最高の無私欲が必要だった。一七七六年から一七八六年までの十年間に、彼はたった三度しか仕事を中断しなかった。すなわち、二回のハルツ旅行と、それに一七七九年夏から一七八〇年一月まで公爵に随行してなされた一回のスイス旅行による中断である。ハルツ旅行については、とくに一七七七年晩秋の最初の旅行が清浄な追憶となっており、彼はそれ以来、宮廷の節度ある娯楽とはさらに冷めた距離をとることになった。彼にとって強い力の源泉は交友であり、より的確にいえば、シャルロッテ・フォン・シュタインとの精神的結婚であったのだが、それは最初は諸々の良き習俗の問題によって覆われていた。ゲーテが一七八二年十一月二十一日付でシャルロッテに宛てて書いたところによれば[36]、生も死も、文学も書類閲読も、もはや彼女から彼を引き離すことはできなくなった。この夫人を外見上も法規上も我が物にするための誓約や秘跡があれば、という彼の願いが読み取れる。[37]ところで、ゲーテはフランクフルトの弁護士時代の溢れるような空想的生活に、今や日々の義務の充足という生き方を対置しようとしたかのようではあるが、ここでの数少ない詩人的精華は——極上の『リーリクとイフィゲーニエ』初稿である——、もちろん彼が遺した最も美しいものに属する。彼は自分自身をある堅苦しい学校に入れた。「しかしながら必然についていえば、人間というものは如何に心の中で必然とともにあるかを示すものなのです。誰でも恣意的に生きることはできるのですが[38]」。世界貿易は、彼を生き生きとさせた。[39]彼は多彩な活動への欲求を感じたり信じたりしたのだが、それは現代的状況における毅然さや誠実さによってのみ、高次の状況に相応しくなれるからであった。[40]現世的なもののためには彼は熱心でありたいと思い、また現世的な物事に配慮したいとも思っていた。[41]他人が楽しむところで彼は苦しまねばならず、他人が苦しむところで彼は楽しむことができた。[42]様々な世渡りの上手さを、彼は次のように理解した。すなわち、市民的な事柄においては、善があまりに促進されることもないし、悪がたやすく撲滅されることもない。善と悪は、白と黒の一群の羊のように、一緒になって家畜小屋から出てこねばならないという。[43]彼はまた、道徳的で政治的な世界は、地下の通路や酒場や暗渠から掘り進められるとも感じていた。[44]

公的機関への奉仕における内的な成熟や高度の満足についての明白な証言を顧慮するならば、この数年間に詩人であることを断念してしまったなどと、誰が決めつけられるだろうか！　ゲーテが母親に宛てた返信がすでに知られているが、メルクに急き立てられ、彼女は息子に対して、根を詰めないように諭したのであった。[45]ところが、ゲーテは職務を楽しんでおり、それはまさに、彼が職務を多くの側面で動かすことが可能であったからである。[46]これに加えて、人あしらいの幸福な仕方があった。「自分を重んじる者は、他人も少しは評価するという正しさを断念してきたように思います」。彼は一七八六年の初頭に、フリッツ・ヤコービに宛ててこう書いた。[47]そしてそのゆえに、彼は仕事仲

間のどんな下役をも自由に働かせて、「彼も人間である」ことを感じ取ったのである。(48)

公爵がいい当てたように抜擢とは信頼であったが、まぶしいほどの正当な根拠によって、公爵は出世に応じてますますゲーテに信頼を置いたのであった。メルクは遠方のダルムシュタットで、ワイマールのゲーテは万事にわたって指導しており、しかもそれが私欲によるものではない旨を聞き知った。メルクには、ゲーテの人間愛が成功の秘密であるように思えた。(49)ヴィーラントは時々は怒っていたものの、一七八〇年にゲーテの公的態度にみられる思慮深さを称賛した。これが心情に安らかに働きかけ、ワイマールの有益な発展のために最良の保証を与えた。(50)ヘルダーは、一七八四年にゲーテを「蘇ったユリウス・カエサル」(Julius Caesar redivivus)と表現した。彼は罰として——何に対する罰かは明確でないが——、ほとんど一八〇〇年ものちになってワイマールの枢密顧問官に昇進したのである。(51)またクネーベルは、彼のことを「物事の背骨」と呼んだ。

事務総長リーマーおよび首席大臣フォン・ミュラーとの一八二四年三月三十一日の会話の中で、公務就任から五十年後のことであるが、ゲーテはワイマール時代の初期を回顧した。これは振り返るに相応しい回顧である。(52)ゲーテの出発点となった大臣フォン・フリッチュの性格描写、つまり意志が強く誠実ではあるが交際面では退屈な人物とする性格描写は、リーマーに学識と性格を互いに分離するのは大きな誤りだという意見を表明させた。人は場合によっては学識がなくても生きられるが、性格がなければ生きられないというのである。

「なるほど」とゲーテは答えた。「性格は学識の代わりにはならないが、性格は学識を補うものです。私にとっては、すべての仕事や生活の些事において、絶対的なものが性格に代わりうるのです。私は三か月ものあいだ犬のように黙して耐えながら、目的を常に確かめることができました。そうして私は実行をもって飛び出して、無条件に目標へのあらゆる力をもってして、右に向かおうが左に向かおうが、そこで望むことを押し通したのです。でも、私はしばしば中傷されたようですがね。総じて私の最も高貴な振る舞いでした。でも、人々のわめき声は私には何の関係もありませんでした。子供たちと彼らの私に対する態度とが、しばしば親たちの心情に関する私の気圧計《バロメーター》となりました。私はあらゆる状態と人格を、たとえば我が同僚たちを、まったく現実的に、所与の一応は固定された自然的存在として捉えていました。彼らは行為するようにしか行為できない自然的存在なのです。このゆえに、私は彼らとの関係を整理したのです。その際、私は周囲に自分自身を正当に見せようとしました。私が軍事委員会に参加したのは、ただ財政を軍資金によって立て直すためでした。というのも、そこで先ずは節約させねばならなかったからです。……私はイルメナウの収税吏グルーナーを監獄に送りましたが、それは彼が虚偽の残高明細によって偽装した四、〇〇〇ターラーの固有財産残額を、私が閣議において容赦なく暴露したからでした。フリッチュ、ヘルツァー、エッカルトらの各大臣が、グルーナーを擁護したにも拘わらずでした。……私のような成り上がり者を、断固たる無私性こそが真っ直ぐに立たせたのです。私は、多くの側面から催促には反対しました。でも私は作家としての稼ぎと父親の遺産の三分の二とをそれに加えて、まずは一、二〇〇ターラー、つぎに一、八〇〇から一、八一五ターラーをもって貢献したのです」。

此処で求めず何処で求める（Hic est aut nusquam, quad quaerimus）、これがゲーテの公職上の義務充足に関する公理であったように思える。(53) けれども、彼はこれに関して、同様に解放を求めるその他の才能を、時が経つに応じてますます忘れられなくなった。彼には満足できなかった『イフィゲーニエとリーリク』の初稿のみが、一七七六年から一七八六年までに生み出されていた。ところでゲーテは、断片と構想から成る瓦礫に取り囲まれているようにみえた。(54) 彼の学問的な活動は、彼を非常に実り多い思想へと導いていたが、また自然の深遠な秘密を暴露することを約束するものであったようにも見える。まさしく彼は、道路や鉱山の建設によって地理学および鉱物学に、国土や森林の管理によって植物学に、さらに最終的には解剖学にまで導かれていったのである。詩人の義務と研究者の義務とが彼の眼前に現れても、それなりに時間はあったとさえいえる。私人としてはあるのだから、彼が運命によってそのように国家行政に費やしてきた[55]のと比べれば、捕まえるのは難しかったにしても時間はあった。ただし詩人法律家としての緊張による時間であって、これは、公務への専念が自己を失い犠牲的になるに応じて、また詩人と研究者という義務づけられた才能が事実として高まるのに応じて、ますます感じ取られるはずのものであった[56]。これだけ長いあいだ日常的に学び新たなものを生み出しながら、もとより臆病な回避などはまったくなかった。一七八六年頃には、諸事は本質的に整理されることになった[57]。そして、公爵の外交熱に一定の反対が生じた「君主同盟」においてさえ、大波は静まったのである。

　こうした強い仕事力の限界に至るまでの負担は、終了した課題の各々から新たな課題が生じたこともあり、健康を害することになった。こうして一七八四年以後、ゲーテが深刻な危機にあったことがみられる[58]。この危機は、それ以前から——ライプツィヒ、フランクフルト、ヴェツラー時代から——、詩人法律家の典型的な危機として顕在化してきたものだ。憧れの国イタリアへの逃亡が決意された。当を得た手際が望んだのは、こうした決意が、一七八六年八月末のカールスバート滞在後に、大きな注目を受けずに良い形で実行に移されることであった。すでにカールスバートを発っていた公爵に九月二日に伺候して、ゲーテは無期限の休暇を願い出た。彼が告げるには、すべての職務をきちんと整理しておくので、当分は彼がいなくても非常にうまく進行するだろう、というのである[59]。本当に必要な事案があればゲーテはただちに戻ってくる、ということも明白であった。シラーは一七八七年の夏にワイマールで聞くことになるのだが、きわめて純粋な思い出を、まさにある種の崇拝を、ゲーテは残していった[60]。

## 原注

（1）Vgl. Bielschowsky, Bd.1, S.257ff.; Gundolf, S.234ff.; Witkop, S.148ff. 遺憾ながら入手できなかったが、Fritz Hartung, Das Großherzogtum Sachsen-Weimar unter der Regierung Karl Augusts, Weimar, 1923.; Hans Bürgin, Der Minister Goethe vor der römischen Reise, Weimar, 1933.; J. A. von Bradisch, Goethes Beamtenlaufbahn, New York, 1937.

（2）Vgl. Bielschowsky, Bd.1, S.261ff. 同書にみられる主要な人物（宮廷の紳士と淑女）の紹介については、ここでは繰り返さない。

（3）詳しい展開については、Vgl. Friedrich Wilhelm Lucht, Die Strafrechtspflege in Sachsen-Weimar-Eisenach unter Carl August, Berlin-Leipzig, 1929, S.23f.〔以下 Lucht〕

（4）Gespräche mit Eckermann vom 23. Oktober 1828, 8. April 1829, 13. Februar 1831, in: Gespr. Bd4, S.41ff., 99, 323.

（5）ゲーテがその教育的意図を発揮するのに如何に巧みであったかは、詩歌「イルメナウ」（一七八三年九月三日。Werke, Bd.1, S.137）の以下の詩節が示している。

ああ殿よ、貴方の国の隅々までが
貴方の日常の手本なのです！
貴方は御身分から生じる義務を疾うに御存知で
少しずつ自由な魂を制限しておられます。
多くの望みを自覚しうる者、
自らに冷たく自分の意志に生きる者。
その者だけが他の者たちをよく導くべく、
必ずや多くのものを失う能力を有するのです。

（6）Brief an Merck vom 27. Mai 1776, in: Wolff, Bd.2, S.78. ――ヴィーラントによるメルク宛ての手紙は、ワイマールでのゲーテの活動に対して総じて教示に富んでいる。

（7）Bielschowsky, Bd.1, S.286ff.

（8）Brief der Frau von Stein an Zimmermann vom 6. März 1776, in: Briefe, Bd.1, S.186ff.

（9）Brief an Johanna Fahlmer vom 14. Februar 1776, in: Briefe, Bd.1, S.182f.

（10）Brief an Merck vom 3. März 1776, in: Wolff, Bd.2, S.72.

（11）一七七六年五月十日付で公爵から大臣に宛てた有名な手紙に関する、細部の詳しい叙述について、Vgl. Bielschowsky, Bd.1, S.289ff. この手紙は、Brief, Bd.1, S.196f. でもみられる。

(12) 有名な詩歌「ゲルマンの君主たちの中で、たしかに我が君主は小さい」が、引き合いに出される。Werke, Bd.1, S.165.

(13) Vgl. Brief an Kestner vom 9. Juli 1776 (Briefe, Bd.1, S.205f.).「公爵は、……とうとう僕を職務に就けてくださいました。僕たちの恋愛から［公爵との親密な関係のことと思われる――編者ザイフェルトによる補注］、神の祝福する結婚が生まれたのです」。

(14) 詳細につき、Vgl. Arthur Benno Schmidt, Goethekreis und deutsche Rechtsgeschichte, Weimar, 1935, S.9ff. ゲーテの紋章は、青い盾の真ん中に六角の銀色の星を配したものである。

(15)「古ペルシアの信仰の遺産」。Werke, Bd.1, S.434.

(16) 耕作の苦役軽減のためのゲーテの計画について、Vgl. Fischler, S.24.

(17) Fischler, S.9.

(18) 犯罪学へのゲーテの関心が示されたのは、いかがわしい事物への嫌悪にも拘わらず、一七八〇年の九月に公爵と連れだって、イルメナウの監獄から殺人犯や窃盗犯や故買犯を連行してきたときであった。Brief an Frau von Stein vom 9. September 1780, in: Briefe, Bd.1, S.274.

(19) Lucht, S.70.

(20) Lucht, S.91ff.

(21) Lucht, S.30ff.

(22) Lucht, S.39ff.

(23) Lucht, S.42ff., bes. Note 54. 詳細な叙述につき、Vgl. Hartung, Das Großherzogtum Sachsen-Weimar, S.124ff.

(24)「廃止されるべき教会贖罪についての考察」につき、Werke, Bd.5, S.53ff. ルフトによれば、明らかにゲーテの所見である。

(25) 教会贖罪の従来の適用における主たる弊害は、裕福な者についての公的告知が金銭の支払いに代えられたこと、したがってその処置は貧困層のみに向けられたことにあった。

(26)「公務の立場と活動」の項目による引用。Zeitlers Goethe-Handbuch, Bd.1, S.42f.

(27) Bielschowsky, Bd.1, S.321.

(28) ゲーテの私的な慈善活動については、とりわけゲーラのクラップトなる者に宛てた様々な手紙が示している。ゲーラに対して彼は継続的に援助を与えた。Briefe, Bd.1, S.233ff., u. 271.

(29) Brief an Knebel vom 17. April 1782, in: Briefe, Bd.1, S.309.

(30) Brief an Herder vom 20. Juni 1784, in: Briefe, Bd.1, S.346.

(31) Brief an Frau von Stein vom 10. Dezember 1781, in: Briefe, Bd.1, S.299.

(32) Bielschowsky, Bd.1, S.323.
(33) Brief an den Herzog vom 26. Dezember 1784, in: Briefe, Bd.1, S.350.
(34) Vgl. Bielschowsky, Bd.1, S.325ff.; Gebhardt-Holtzmann, Bd.2, S.52ff.; Feine, Werden des deutschen Staates, S.26ff.
(35) ゲーテのまったく現実主義的な政治的教養に関する適切な所見につき、Bielschowsky, Bd.1, S.310f. もちろん一瞬ではあるが、高度な政治の陶酔は、ゲーテをも巻き込んだ。一七七八年五月十七日付でベルリンからフォン・シュタイン夫人に宛てた手紙には、こう書かれている。「目下のところ戦争の源泉に留まっているのですが、素敵な気分です。なぜなら、それが吹きこぼれそうだからです」。Briefe, Bd.1, S.229.
(36) Briefe, Bd.1, S.321.
(37) Brief vom 12. März 1781, in: Briefe, Bd.1, S.285.
(38) Brief an Krafft vom 31. Januar 1781, in: Briefe, Bd.1, S.280.
(39) Brief an Merck vom 22. November 1776, in: Briefe, Bd.1, S.211.
(40) Brief an Knebel vom 3. Dezember 1781, in: Briefe, Bd.1, S.298.
(41) Brief an Frau von Stein vom 16. April 1783, in: Briefe, Bd.1, S.328.
(42) Brief an Fritz Jacobi vom 17. November 1782, in: Briefe, Bd.1, S.320.
(43) Brief an Frau von Stein vom 21. September 1780, in: Briefe, Bd.1, S.276.
(44) Brief an Lavater vom 22. Juni 1781, in: Briefe, Bd.1, S.290.
(45) Oben, S.173.
(46) Briefe an Frau von Stein vom 9. u. 10. November 1785, in: Briefe, Bd.1, S.358.
(47) Briefe, Bd.1, S.362.
(48) Gespräche mit Kanzler von Müller（1827）, in: Gespr., Bd.3, S.421.
(49) Briefe Mercks vom Herbst 1777 u. August 1778, in: Wolff, Bd.2, S.98 u. 125.
(50) Brief an Merck vom 16. April 1780, in: Wolff, Bd.2, S.158.
(51) Gespr., Bd.1, S.123.
(52) Gespr., Bd.3, S.96f.
(53) 以下の優れた叙述につき、Vgl. Bielschowsky, Bd.1, S.361ff.
(54) いずれにせよ、全八巻から成る最初の信頼できるゲーテ著作集の最初の版が一七八七／九〇年にゲッシェン書店から刊行されることになっていたが、そのうちの四巻が一七八六年の秋に印刷に回された。出版条件につき、Vgl. Bertuchs Bericht an Göschen vom 27. Juni 1786, in: Gespr., Bd.1, S.129f.

(55) Brief an Frau von Stein vom 17. September 1782, in: Briefe, Bd.1., S.316.

(56) ゲーテが、枢密顧問官と彼自身の別の自己との距離の取り方に関して、深い内的な統一を忘れていたわけではないことについて、Vgl. Brief an Nebel vom 21. November 172, in: Briefe, Bd.1, S.318..

(57) そのような風潮から理解できるのは、次の言葉である。「統治する指導者たることなく行政に関わる者は、俗物であるか悪党であるか阿呆であるかのいずれかである」。Bielschowsky, Bd.1, S.368.

(58) 一八二九年二月十日におけるゲーテとの相談に基づいて、エックマン（Gespr., Bd.4, S.65）は、以下のような雰囲気を描写した。「ヴァイマールでの彼の数年間について。現実性との葛藤における文学的才能。この現実性とは、宮廷に対する立場や、国家奉仕の様々な部門によって、より高い利益へとおのずから引き上げられるよう強いられるものだ。それゆえに最初の十年間は、文学的なものは何も創り出さなかった。……イタリアへの逃亡は、文学的な生産性を回復させるためだった」。

(59) Bielschowsky, Bd.1, S.368.

(60) Ebda., S.370.

# 六　第一回イタリア旅行（一七八六〜八八年）の法的成果

## 1　政治的関心と法的関心

一人のドイツ人〔ゲーテ〕を南国に連れて行った有名なイタリア旅行ではあるが、その旅程や人間的・詩人的な収穫を語るのがここでの目的ではない[1]。これについては『イタリア紀行』[2]や手紙類の資料が愉快に表現しているし、ゲーテの経歴のこの輝かしい章は、伝記の美しい叙述に霊感を与えてもきた[3]。旅行の行程も、以下の説明のためにのみ必要とされる。すなわち、ゲーテは一七八六年九月三日の早朝にカールスバートを発ったが、ヨハン・フィリップ・メラーなる仮名で有能な家僕ザイデルさえ退けて、ほぼ十四日間の困難な行路の末、レーゲンスブルク、ミュンヘン、ブレンナー峠を経て、九月十四日にヴェローナに到着した。(4) ヴィツェンツァではパラディオンの神殿に深い印象を抱き、ヴェネチアには霊感を吹き込まれたのだが、彼はもどかしげにボローニアとフローレンツを経て、十月二十九日にローマに足を踏み入れた。当地では喜ばしい冬を過ごし、一七八七年の二月末にナポリに向かい、そこからシチリアに行った。五月六日には再びローマに戻ったが、フローレンツ、パルマ、ミラノを経て故国に帰るべく、一七八八年の復活祭にローマをあとにした。折に触れて父親のイタリア旅行がゲーテの眼前に彷彿としただろうが、息子のイタリア旅行はまったく異なった成果をもたらしたとせねばならない。その理由は、後者が強力で実り多い緊張関係から生じたものであったからだ。しかしながら、このことが父親と息子を結びつけることになった。つまり、外国における政治的および法的な関心のための眼差しである。支配者層の私欲や民衆の抑圧された状態を、彼はけっして好ましいものとは思わなかった。これについては、「ヴェネチア警句集《エピグラム》」に何篇かが示されている。

誰もが自分だけを心配する他人を信頼しないのは、空しい、
国の主人たちもやはり自分たちのことだけを心配している……
こうした鉄床に国を例えるなら、鉄槌《ハンマー》には君主を、
そして民衆には板金を、この板金を真ん中で曲げるのだ。
哀れな板金には空気を！　恣意的な一打ちが
漫然と下されても、薬缶が出来るわけではないのだが。(5)

外国の裁判制度に関しては、ゲーテは早速ヴェネチアで、恐ろしい国家審問の制度や機能の心象を形成した。[6] 彼は統領（Doge）の邸宅で、様々な裁判手続について詳細に報告しているが、これには関連する法条文等が詳細に読み込まれており、こうした読み聞かせへの弁護士の独自の介入について、および手続に対する民衆の生きた関心についても報告している。ある訴訟では、なんと統領夫人（Dogaressa）自身が被告となり、他の訴訟では信心のための寄付（pia causa）が、したがって教会審問が、ある老人に対する信託遺贈に起因する訴えとしてなされた。[7] こうした機会に言及されるのは、信託遺贈は、総じてヴェネチア共和国においては、明確な法的利益が享受されていたということである。[8] 弁護士自体の通俗性に関しては、ゲーテはローマの謝肉祭《カーニヴァル》での印象を得た。弁護士たちが仮面を付けた姿で、特徴づけられた役割を演じたのであった。[9] ローマでは、頻繁な殺人事件が目に留まった。これらが処罰されることは稀であり、というのも、殺人者はしばしば教会という避難所《アジール》に逃げ込んだからである。[10]「教会ごっこ」（Chiesa）と呼ばれる子供の遊びは、再現された避難所法の一部に他ならなかった。[11] パレルモでは、キリストの受難週にあっては、死罪相当の犯罪者でも、古い習俗にしたがって恩赦を与えられる様子の目撃者となった。[12]

さて行政制度に移るならば、ヴェネチア市の不潔さは、総督の街を散策する途中で、改善のための行政通達の考えをゲーテに思いつかせることになった。[13] パレルモでは、民衆とは行政のあれこれの不備や悪用を良き諧謔で冗談の対象にするものだ、ということを確信させられた。[14]

ゲーテがイタリアで会った著名な法律家はガエターノ・フィランジェリ（Gaetano Filangieri, 1752-1788）であるが、[15] 彼は当時有名な『立法学』（Scienza della legislazione, 7 Bde., 1780ff.）の著者であった。この本は『立法の体系』なる標題でリンクによりドイツ語に翻訳され（8 Bde., Ansbach, 1784-1793）、ドイツ諸国でも大いに評価された。[16] フィランジェリの流儀は、けっしてどうでも良いことを論じているわけではないのだが、シュロッサーを想起させるもので、ナポリにとっても世界にとっても心地よく愛想のよいものであった。ゲーテはまた、ある種の崇敬をもってジャンバティスタ・ヴィーコ（Giambattista Vico, 1668-1744）の畢生の仕事《ライフワーク》を知ることになった。ヴィーコの実り豊かな思想は、後世の――たとえばバッハオーフェンのような――著名な社会哲学者たちに先んじていたが、彼の名声は最近まで光が当てられなかった。[17] ゲーテはフィランジェリのところで、ある王子と結婚したその妹とも知り合った。[18] 彼女は文句なしの身持ちの良さのもとに、冷笑的なお世辞を楽しんでいた。ゲーテと兄との専門的な対話に明らかに刺激されて、彼女はこう表明した。「あらゆる法令を学ぶべきだとしても、そのすべてを犯す時間などありませんわ」[19]。「貴方たちが新しい法令を作るなら、私たちは早速それを犯す仕方を考え出すために、新たに努力せねばなりませんね。古い法令にはもう飽き飽きですわ」。

ゲーテは若い音楽家のカイザーに、ヴェネチアのある著名な音楽家法律家のきわめて有名な作品を教えられた。ベネデット・マルチェロ（Benedetto Marcello, 1688-1739）による、聖歌集の作曲である。[20] これはのちにもう一度、ベッティーナ・ブレンターノによって、ゲーテに身近なものになるはずである。[21]

当時の最も価値ある法的思考へのゲーテの信仰告白は、『イフィゲーニエ』や『タッソー』といった、その時代の最も重要な成果との関連で論じられる以外に、戦争の問題とも結びついている。パレルモから遠くない高台において、案内人がこの場所で起きた大規模な戦闘行為を語ってゲーテを楽しませたとき、彼は国土の平穏が妨げられることを我慢ならないものとも感じた。[22] すでにその当時、人間の熱狂によって繰り返し埋没させられてしまう大きな洞察を、彼はこう表明していた。「最近の戦争は、それが続くあいだ多くの人々を不幸にするし、それが過ぎ去っても誰も幸福にはしない」[23]。こうして、さほどのちのことではない思考を、『フランス戦役』から引き出すことができる。そこで彼は、戦争を心情に有害なものと説いている。絶望的な状態の只中では、希望を高揚させたり鼓舞するための美辞麗句に慣れてしまうかもしれないが、それによってまったく特別の種類の偽善が生じるのだという。[24] まさにイタリア旅行によって永続的な価値に取り組むべく導かれた彼からすれば、世界の束の間の姿のうちでも戦争的・破滅的な姿はまるで気に入らなかったのである。[25]

「私は平和の子です」と、ゲーテは一七八七年十月十二日付でローマからヘルダーに宛てて書いている。「平和は、世界全体と共に維持できるのです。私はかつて、平和を私自身と締結したことがあります」[26]。戦争への欲望は、それ自身が混沌とした本性を有する人間の側できわめて容易に生じるという、重要な指摘である。

## 2　新たな所管

一七八七年の春から夏にかけて、負担が軽くなるならばザクセン＝ワイマールの行政のためにあらためて努めたいという将来像をゲーテが思い描いていたとしたならば、[27] すべての公職への復帰について、イタリア旅行の数年後になって語ることはなかっただろう。公爵はゲーテのすべての栄誉を留めたので、ゲーテは公爵の王座で受けた職位の正当性とともに、枢密院および裁判所の構成員であり続けた。ゆえに彼は様々な会議にしばしば出席しようとしたのだが、[28] これが正当化されることは稀であった。ゲーテは、総じて従来の公職から身を引いた。彼の新たな所管は、それ以降は詩人や研究者に直接関係するものに限定された。すなわち、宮廷劇場の事務的・技術的な総支配人（一七九一～一八一七年）とか、フォン・フォイクト大臣と共同で実行される公国の学問・芸術機関の総監督といったものである。彼の昇進の最終地点としては、一八一五年十二月十二日に国務大臣に任命された。

ビールショフスキーが述べたところによれば、[29] ゲーテはイタリア旅行によって、実務的な行為への欲求から解放されたのである。こうして「現実的生活への誤った傾向」についての、一七九七年の断片的な自己省察にみられるゲーテの所見は、彼に実務家への柔軟さが欠けていたかぎりで、[30] ビールショフスキー説を支持するように思える。しかしながら、まさに詩人であるために、彼には現実的生活の保証が依然として必要であったようにも思える。[31] ゲーテは当時にあっても、イェーナのパウルス教授の報告によれば、他の事柄に向かう前に公務を処理するという習慣にこだわっていた。[32]

ゲーテは今や完全な優位を獲得した、ということは正しい。今や彼は自身の資産によって賄うことができ、与えることの欲求も後退した。生成するものから存在するものへと進むことで、彼は容易に孤独に沈潜しえたのである。こうした孤立と、社交上の一種の威厳ある頑固さとは、彼の知己や訪問者にまでも及んだ。

もとよりこのことは、一部は社会的な理由をも有していた。ゲーテにとって身分的にも精神的にも同等ではなかったクリスティアーネ・ヴルピウスとの交際は、一七八九年十二月二十五日に息子アウグストをもたらしたのだが、[33] ワイマールの社会からは良き習俗に反するものとして陰口を聞かされることになった。また、一八〇六年十月十九日の結婚[34]による「良心的結婚」の合法化は、クリスティアーネ夫人に完全な社会的承認を得させることになった。[35] ゲーテはあらゆる社会的配慮に敏感でこうした状態に苦しんだのだが、これについては疑う余地がない。他方で、夫人と子供に対する保護が、彼をさらに固く現実の社会に縛りつけた。家族の保護のためにはイルム川右岸の自由農場オーバー・ロスラが当てられたが、それはゲーテが一七九八年の初頭に取得したものであった。だが彼自身で経営することはできず、二人の借地人による一八〇三年のひどい経験によって、それを手放すことを余儀なくされた。[36] この地所との関連で一連の法的問題が生じたが、これについてはアルトゥール・ベンノ・シュミットが明晰に報告している。その際この法学者を捉えたのは、なによりも地所法令において蓄積された象徴学であった。古い慣習によるその清算としては祝祭的な会食が欠かせないのだが、これには、隣接農場オスマンシュテットに居住する「アポロの兄弟にしてケレスの友」ヴィーラントも招待された(37)。家族への配慮——クリスティアーネとの結婚に先立って、アウグストは一八〇一年三月十五日付の公爵の答書によって認知されていた(38)——とともに、ゲーテは一八〇六年十二月二十五日付の手紙において、公爵に対し、すでに長く使わせてもらったフラウエンプラッツの家を完全に所有するための譲渡を願い出た(39)。

騒音に敏感になって、年老いたゲーテは多くの無視に耐えねばならなかった。この家に住んでいたある女性歌手は、夜中に顫音《トリル》を練習することを好んだ。犬の群れは、石を投げても追い払うことができなかった。もちろん、警笛を吹く夜警のお節介に対しても、近隣での九柱戯《ボーリング》に対しても、警察の助けを必要とせざるをえなかったという(40)。

**原注**

（1）周知のように、ゲーテはイタリアからワイマールに帰国する公母アンナ・アマーリアに随行するべく、一七九〇年の五月末に再びヴェネチアに旅行し、一七九〇年の六月にワイマールに戻った。Julius Vogel, Goethe in Venedig, Leipzig, 1918, S.153ff.

（2）『イタリア紀行』については、本論稿では、Werke, Bd.3, S.547ff. から引用する。

（3）Bielschowsky, Bd.1, 371ff.; Gundolf, S.362ff.; Witkop, S.188ff.

（4）フェリックス・ダーンの詩「ブレンナー山荘での箴言」（ゲーテの宿）。Vgl. Felix Dahn, Sämtliche Werke poetischen Inhalts, Bd.18, Leipzig, 1904, S.398.

ゲルマン人は掠奪のためしょっちゅうブレンナー峠を越えた、
金色のワインを野蛮人の国に持ってきた。
だがゲーテは出征のためブレンナー峠を越える、
彼は古典的な美の書かれた金色の羊皮紙を我々にもたらす。
イフィゲーニエの聖なるミルテは不滅に緑なし、
タッソーの月桂冠で飾られた頭は不滅に輝く。

（5）Werke, Bd.1, S.169, 170.

（6）Vgl. a. a. O., S.45ff.

（7）このことは、ゲーテの二つの報告からなされたという。Italienische Reise, Bd.1（Werke, Bd.3, S.595f.）、および一七九五年五月二十八日のベッカーとの対話（Gespr., Bd.1, S.223f.）。Vgl. Vogel, S.47f.

（8）以前に触れたヴィンツェンツァで、ゲーテはカプラ家からの信託遺贈を受けた。Werke, Bd.3, S.581f.

（9）Ebda., S.888.

（10）Briefe, Bd.1, S.382f.

（11）Werke, Bd.3, S.897. Vgl., Eberhard von Künßberg, Rechtsbrauch im Kinderspiel, Heidelberg, 1920.

（12）Werke, Bd.3, S.720f.

（13）Ebda., S.592.

（14）Ebda., S.709.

（15）詳細な叙述につき、Vgl. ebda., S.677f., 681f., 684ff.

（16）Landsberg, Bd.III-1, Text, S.412.

（17）Vgl., Wohlhaupter, Giambattista Vico, in: Staatslexikon der Görres-Gesellschaft（5. Aufl., Freiburg, 1932）, Bd.5, Sp.559f. この論文には新しい文献表を付した。またこれ以前のものではあるが、Richard Peters, in: Geist und Gesellschaft, Festgabe für Breysig, Breslau, 1926. Vgl., Emil Bösch, Recht und Nation bei Vico, Beiträge zu den Grundlagen des internationalen Rechts, Züricher jur. Diss., St. Gallen, 1933.; Agostino Gemalli, La posizione di Vico nella storia del pensiero, Grabmann-Festschrift, München, 1935, Bd.2, S.1312ff.; Walter Witzenmann, Politischer Aktivismus und sozialer Mythos, Berlin, 1935.

（18）この姻戚関係について、枢密大臣ゲーテは、『イタリア紀行』の中では秘しているが、『芸術と古事』IV-2で伝えられた省察への解説がそれを明かしている。Werke, Bd.5, S.511.

（19）『箴言と省察』より引用。Werke, Bd.5, S.779.

（20）Werke, Bd.3, S.991.

（21）Vgl., Wohlhaupter, Friedrich Karl von Savigny und Clemens Brentano, in: ders., Dichterjuristen, Bd.1, S.38. 詳しい典拠を付した。

（22）Werke, Bd.3, S.707.

（23）Ebda., S.822.

（24）Ebda., S.951.

(25) Ebda., S.815.
(26) Werke, Bd.3, S.836.
(27) Briefe an den Herzog vom Ende Mai u. vom 11. August 1787, in: Werke, Bd.1, S.409 u. 414f.
(28) Witkop, S.297.
(29) Bielschowsky, Bd.1, S.485.
(30) Werke, Bd.3, S.1518.
(31) Brief an Johannes Erichson vom 28. April 1797, in: Briefe, Bd.2, S.92.　神学生のエリクソンは、ゲーテに彼の詩を贈っていた。
(32) Gespr., Bd.1, S.292f.
(33) 一七九五年の晩秋に誕生したもう一人の男児は、生まれてすぐに死亡した。Briefe, Bd.2, S.67f.
(34) 形式的手続の簡易化についての、一八〇六年十月十九日付の枢密顧問官フォイクトからゲーテ宛の手紙。同日付のワイマール宮廷教会簿への登録。Briefe, Bd.2, S.187.
(35) ついでにクリスティアーネの弟クリスティアン・ヴルピウス（一七六二〜一八二七年）への一瞥がなされているが、彼は詩人法律家としては二重に保留されていたようだ。というのも、第一に彼は法学の勉強をイェーナとエアランゲンで終えられずに、間もなく芸術愛好家に転じたからである。さらには彼の小説『リナルド・リナルディーニ』の大成功にも拘わらず、詩人としてのクリスティアン・ヴルピウスの名前は、リッペン以上に相応しいものとはならなかったからである。Vgl., Zeitler, Goethe-Handbuch, Bd.3, S.505.
(36) この地所に関するゲーテ自身の言明につき、Vgl., Goethe, Tages- und Jahreshefte zu 1978 u. 1801-1803, in: Werke, Bd.3, S.1310, 1315f., 1337f., 1346.〔以下 TuJH〕Adolf Doeber, Goethe und sein Gut Ober-Roßler, in: JbGG, Bd.6, 1919, S.193ff.; Arthur Benno Schmidt, Goethkreis S.18ff.
(37) Briefe, Bd.2, S.117.
(38) A. B. Schmidt, S.25, Note 1.
(39) Briefe, Bd.2, S.199f.
(40) TuJH 1801, in: Werke, Bd.3, S.1323f.; Brief an Minister von Fritsch von August 1811, in: Briefe, Bd.2, S.294f.

## 七　フランス革命およびナポレオン時代

### 1　公務関係

公務関係について論じるならば、ゲーテは自身の報告に妙に引きずられていたように感じる。それは、一七九二年秋の野営地に、選出されたらフランクフルトの市参事会員の地位を引き受けるかという、母親からの問い合わせが届いたときであった(1)。

ゲーテは断ったが、それは生まれ故郷の町の当時の微妙な立場のゆえだけでなく、なによりも、彼には故郷の町が提供した以上の、大きな活動圏に馴染んだとの気持ちを抱いていたからである。こうした余談とはいえない展開を最初に設定したのは、このことによって、イタリアから帰国したあとも、ゲーテがワイマールでの公務を新たに定められた範囲で担おうとしていたことを明らかにするためである。

1．ゲーテが承諾した個々の任務の特性から、最終的には一八〇九年に、公式の職務として学芸機関総監督の仕事が生じた(2)。この職務は、教会や学校の組織に関わる文教大臣ではなかったし、ましてや常設の大学行政にも関わるものでもなかった。むしろ、彼の総監督によって、ワイマール国が通例の基準を越えて芸術および学問のためになすべき義務が、枢密院に課されることになったのである。したがってこのことが、ワイマール国に対してドイツの諸領邦の中でも独自の特色を与えたのである。ともかくゲーテの書類管理は訓練された官吏のそれとは対照的であったが、というのも、彼は細々とした仕事の負担を評価しなかった――書類に封をすることさえ彼は惜しんだ(3)――からである。ゲーテがとくに好んだのは、新たな関係の中では、非常に多くのことが直接に個人的な接触のもとで結着がつくことであった。

もとより、ゲーテは常に他の課題を援助する用意もしていた。鉱山事業、とりわけイルメナウ鉱山への尽力がこの時代になされたことが知られている。[4] 一七九五年の日誌は、遺憾ながら、ゲーテがそれほどに愛着を込めて受け持った事業の破綻を記している。[5] 一七九五年のザーレ川改修の終了については、ゲーテは、この事業における私の公務への関与が結集した、という表現で報告した。[6] このきわめて有益な事業に際しても、他人は明白な公益にも拘わらず一連の不満を残すという経験を、やはり彼は得ることになった。

2. イ、エ、ー、ナ、国立大学に対するゲーテの行き届いた配慮は、ザクセン＝ワイマール国外の庇護者たちも聞くところであったのだが、その最重要事項については様々な方向に追跡することができる。学問上の国際的な共同の必要という大きな観点によって支持されたとはいえ、[7] 彼はドイツの大学相互の関係について教えられる機会を見逃そうとはしなかった。一八〇一年のゲッティンゲン滞在の折には、ゲーテはピュッターの叙述にしたがってゲッティンゲンの学問史を学び、この大学の講義目録すべてに目を通すことまでした。[8] ヘルムシュテットでバイラス教授を訪れるに際しては、この小さな大学の価値についての共感的な印象を書き留めている。[9] 一八一四年から一五年のライン河旅行の場合には、伝統あるケルン大学の破綻を残念に思い、それが再建される期待を表明しており、大都市が大学拠点として自己推挙することの問題は、もはやもち出されることがなくなった。[10] ボンでは大学新設の計画を聞き——それが一八一八年に実現したことは知られている——、同時にコブレンツの法律学校にはもはや将来がないことを予言した。[11] イェーナについていうならば、ゲーテがなによりも学生に関する事項に取り組んだことが知られており、これにより誤った印象が生じることもなく、彼が生涯にわたって、ドイツの学生層における健康と生活との友人であったことが証明されたことを述べねばならない。もとより彼は、同郷人会的な秘密の結社には反対せねばならないと信じていた。この問題につき彼が関与した、一七八六年の四月七日と三十日、および六月一日の票決は、[12] 以下の提言に結実した。すなわち、大学の処分会議（concilium arctius）は、学長代理[13]および四学部の学部長が定めた学則にしたがって、妥当な四名の人格者を加えたうえで、厳格な監督を貫くべきである。同郷人会の会員で嫌疑のかかった学生たちは召還されねばならず、宣誓による保証を示さねばならない。彼らがいずれの同郷人会にも所属しない場合はいずれにも加入できず、またどれかの同郷人会に所属している場合には、ただちに脱会してけっして再加入に努めてはならない、といった提言であった。

何年かのちには、決闘行為が政府の干渉を促した。イェーナ大学における決闘の禁止についてのゲーテの所見は、[14] 何よりも非常に簡明な名誉規則の提案を含んでいた。

1．すべての言葉上の侮辱は、侮辱された本人および彼が依頼した友人若干名の面前における謝罪をもって、
2．突いたり押したりした行為は、その程度に応じて、学生牢への禁錮をもって、
3．すべての殴打は、無条件の退学をもって、処分される。

大学の名誉裁判には、数名の学生が相応の仕方で陪席することができた。[15] 決闘行為の禁止への要望がまさに学生の側からなされていたにも拘わらず、およそ四五〇名の反対派の学生が、マインツ選帝侯の大学であるエアフルトに移籍することによって、一種の「平民退去」で威嚇した。ゲーテはこれに対して、一七九一年七月十九日付の手紙の中で、総督カール・テオドール・フォン・ダールベルクを、万一の場合に備えて模範とした。最終的には両大学を統合

して、移籍した学生たちをイェーナに戻らせたのである。

テューリンゲンの境界を越えてゲーテがいかに学生集団に愛されていたかは、一八〇一年のゲッティンゲン滞在の折りの、当地の学生による熱狂的な歓迎ぶりが示している[16]。ボルンシュタイン出身の哲学生シューマッヒャーは、愉快な備忘録を遺しているが、彼と法学生アヒム・フォン・アルニムとは、当時ゲーテに万歳を唱えたゲッティンゲンの学生仲間であった。当然ながら、ゲーテは個々の学生のことも気にかけた。一八一二年に、名誉に関わる争いのゆえに、ある伯爵とともに学生牢に入れられたクネーベルの息子カールを釈放するために、ゲーテはその利害に関わることをおこなった[17]。

総じてゲーテはイェーナの大学教授たちの資質については好意的な眼差しをもっていたし、彼らの一部とは友好的に付き合った。正当にも、一七九四年には哲学者のラインホルトの退去を、ゲーテはイェーナにとっての損失として残念がった。ラインホルトはカント哲学の有力な継承者であったけれども[18]、義理の父親であるヴィーラントは、義理の息子の哲学上の方向には同意していなかった[19]。若き私講師アンゼルム・フォイエルバッハに対するワイマール政府の不当な要求、つまり彼が一八〇〇年にイェーナで空席になった法学提要講座を引き継ぎたいと望んだときに、彼の師にして後見者のフーフェラントと競争して講読せよとの要求があり、これについてはフーフェラントがその回想記で報告しているのだが[20]、そのことを果たしてゲーテが知っていたかは確認できていない。けれども、そうだったのだろう。というのは、フォイエルバッハはこの不当な要求を名誉を傷つけるものとして拒否し、イェーナ大学はこうした仕打ちで天才的な法学者を失ったからである。このあいだに、フォイエルバッハが招聘されたキール大学からティボーが獲得された。ティボーは、ゲーテの生涯にしばしば登場することになる。

ラインホルトの後継者となった、哲学者のゴットリープ・フィヒテを、公爵は大学の最盛期にイェーナに招聘したのだが――彼はここで一七九四年から一七九九年まで働いた――、フィヒテは当初は非常に大きな教育業績によって託された期待に応えた。しかしながら間もなく、いわゆる無神論論争を引き起こして、公爵およびとくにゲーテによって――フィヒテの思弁哲学をゲーテは嫌っていたにも拘わらず[21]――しばらく庇われていたものの、ゲーテの政府への申請の中では次の言い方を用いるまでになった。すなわち、嬉しいことに、ようやく一七九九年に適正なかたちで彼を厄介払いすることになった、と。[22] 一七九九年九月十六日付のヴィルヘルム・フォン・フンボルト宛の手紙において、ゲーテは政府に対するフィヒテの不作法が罷免のきっかけだと明示的に述べている。[23]

ゲーテは、この経緯に関して、またイェーナ大学の他の有能な教授たちの流出に関して、フランス革命が人々を捉えることになった不安の徴候をみていた。イェーナの名声に格別に寄与し、ともかくも声望のある『イェーナ一般文芸新聞』が、一八〇三年に編集人のシュッツ教授によってハレに移されそうになったとき、ゲーテはこの打撃を、文芸新聞はイェーナで継続されるとの声明でもって受け流した。文献学者のアイヒシュタットに支持されて、ゲーテはみずから率先して定期刊行物の編集を引き受けたのである。[24]

様々な個別事例からみて取れるのは、ゲーテが任命の際に如何に影響力を行使したかである。一七八八年十二月九日付の枢密院への書簡が保存されているが、その中で彼はフリードリヒ・シラーを歴史学の員外教授として大学の教師陣に受け入れることを推挙している。[25] パウルスの退去ののちゲーテが君主と相談して東洋学者《オリエンタリスト》の招聘を始めたとき、大公はあとで揺れ動いたのだが、このこともゲーテをもはや決定の変更へと動かすことはできなかったようだ。[26] シェリングのカトリック的傾向は、一八一六年から一七年の冬に議論されたイェーナへの再招聘を、思い留まらせるようゲーテを促した。しかもシェリングの過大な要望――哲学教授職とともに神学部の教授職をも望み、一、五〇〇ターラーを要求した――は、彼を遠ざける口実を与えることになった。[27]

一八一七年にはゲーテはそのことを気にしなかったのだが、官吏たる友人はそれ以上のことを記している。すなわち、シラーの園亭《あずまや》が建てられることになったが、そこは数多くの訪問者にとって重要な場所になることだろう、と。[28]

こうした個別的なことが、感謝をこめて補足され、いくつかの総合的報告によって拡大される。そのようなことが、まずは一八〇七年にワイマールとイェーナの教育機関についてベルティエ元帥に宛てた、フランス語で書かれた陳情書のうちに見出される。[29] すでにここには、バッチュ教授が設立した植物園、動物学上の蒐集品、解剖学の展示室、イェーナ大学からは独立したワイマール宮廷の直属組織としての、故ビュットナー教授の自然科学図書館が登場する。したがって公爵のために書かれた一八一二年と一八一七年の年次報告は、[30] もっぱらあれこれの自然科学上の蒐集品と施設に関わっており、そのゆえに、ゲーテの総監督としての任務の中核に関わる姿を提示するものとなっている。より詳しく立ち入るならば、自然研究者としてのゲーテの足跡が続くのだが、このことは、本論稿で意識的に限定した研究においては提示することはできない。一八一七年になって、総監督局は大学図書館の全面的な新設の指示を受けたが、この事業は七年後に完成したことが認められる。[31]

イェーナの施設に関して命じられた拡張は、ゲーテ時代の後期における重大な憂慮の対象であった。[32]

3．イェーナ大学との、また何かと厄介な教授たちとの公務上の交流が特別な調子を必要とする一方で、ワイマールの宮廷劇場に対する配慮によって、なおはるかに厄介な任務がゲーテに課されることになった。だが彼は、これを優れた観点から担うことを心得ていた。[33] 彼は劇場を、「芸術のための快活さを伴う教育施設であり、常に穏やかに成されるとは限らない世俗・職業生活のまさしく象徴[34]」と考えていた。しかしながら、男優陣や女優陣について――個人的問題から始めるためだが――論じるのは、教授たちや学生たちについて論じるよりも、はるかに厄介である。とりわけゲーテのように、俳優たちの芸術的教育によって――彼による俳優のための九十一箇条から成る規則がある[35]――、ドイツの模範的舞台を形成しようとするならば、それは何年かのちにもう一人の詩人法律家たるカール・インマーマンが、デュッセルドルフで試みたのと同様に厄介なものである。その場合、まさに才能への情熱的な愛においては党派性を避けねばならないという、ある種の固有の危険に際して[36]、ゲーテは明らかに、若く美しく感情豊かな女優たちへの好みに、けっして屈することはなかった。というのは、「支配することの欲望を一度感じた……者は、お気に入りによって軽率に拠点を放棄してはならない」からである[37]。しばしば個人的で調整すべき相違が挙げられるが、たとえば、男優ハインリヒ・ベッカーと女優ヘンリエッテ・ベックとが、上演の際にやり合った言葉上と実際の侮辱には罰が加えられた[38]。ある男優は、同業の妻を殴ったため。彼女は青痣のために夜の公演を取りやめたのだが、彼は正気に連れ戻されねばならなかった[39]。一八一六年には、『エピメニデスの目覚め』とこれに作曲された音楽とを、陰険に批評した楽団員《オーケストラ》への処置を、ゲーテは宮廷劇場委員会に一任したのだが、それは特定の個人を非難したからであった[40]。総じてゲーテは、ヴァーレによれば[41]、劇場の規律に最も重きを置いており、彼の舞台人に対する教育は完全に成功した。

　しかしながら、公爵の愛人である女優のカロリーネ・ヤーゲマンが事ごとに影響を行使して以来、ゲーテが問題の必然性を進言したときには、公爵自身との不和のおそれが生じた。ヤーゲマン嬢は、『ヴァレンシュタイン』のテクラ役をめぐる同僚のフォスとの諍いの際に、ゲーテが彼女の党派に与することを期待した。やがて彼女は、楽団指揮者のクランツが総譜《スコア》に指定された速さ《テンポ》を守るよりも、彼女に従うべきことを要求した[42]。一八〇八年に、ヤーゲマン嬢とテノール歌手のモルバルトとの諍いにおいて、劇場の指導権を手中に入れたいとの、影響力あるこの女性歌手の意図が明らかに現れたとき、すでにゲーテは職を辞するつもりであったのだが、公妃ルイーゼによってまたもや思い留まることになった[43]。ところで、一八〇八年十二月九日当時、ゲーテは公爵に対して、演劇を歌劇《オペラ》から分離する必要性と妥当性についての報告を提出していた[44]。一八一七年に公然たる破綻が生じたのは、ゲーテがワイマールの宮廷舞台の上での調教された尨犬《プードル》の公演について反対意見を表明し、これに対して公爵が上演を命じたときであった。公爵が辞任の意図についてのゲーテの仄めかしを引き取ってその罷免を表明した形式は、このドイツの模範的舞台の構築において二十六年間も果てしない苦労を注ぎ込んできたゲーテを、最も深く傷つけるものであった[45]。大公が大臣ゲーテを再び宥めようとしたけれども、大臣は再び劇場に足を踏み入れることはなかった。

しかしながら、ゲーテによる劇場管理の別の問題に再度戻っておきたい。コッツェブーとの対話から引き出すならば、ゲーテは、この劇作家の上演されるべき作品について、広範に削除・変更が必要とされるとしたが、これに対してコッツェブーは、すでに印刷された部分のみには適用されるにしても、作者がまだ公表していない原稿には委託されえないとの意見を主張したという[46]。――当然ながら、どうでもよい著作権問題とはいえない。ゲーテの立場が、概して非常に広範な検閲法に関連していることは疑いない。彼はこれを、ワイマールで上演される予定の劇作品に対して要求した。その場合、彼が将来的には芸術的観点のみならず政治的観点をも調べようとしたことは、ワイマール宮廷劇場における検閲の導入についての一八一二年一月五日付の報告が示している[47]。

ゲーテは些細なことも軽視しなかったが、優れた大道具係であったミーディングの功績について、その死後にある美しい詩の中で偲んだことを、沽券に関わることとはみなさなかった[48]。彼は政治家たちにも、この実直な職人の棺に注目させている。

汝、政治家よ、こちらに来たまえ！　ここに眠る人物は、彼こそは、汝と同じく、困難な事業を始めた。
利益のためよりも、仕事への意欲によって……

エアフルトやルードルシュタットでのワイマール楽団《アンサンブル》の巡業公演や、その後のライプツィヒやハレでの巡業公演は、舞台の良好な経済的基礎づけに役立つとともに、芸術的な刺激をも与えた。最も有名になったのは、バート・ラウヒシュテットでの夏の巡業公演であるが、これは、ハレの学生層と一部はライプツィヒの大衆とを惹きつけた。一八〇二年頃には、ラウヒシュテットにある旧態依然とした劇場建築はもはや維持できないことが証明された。ゲーテの活動は、新築に反対する数多くの障害を乗り越えることを成功させ、新しい建物の場所が様々な裁判管轄の下にあることについて多くの配慮をしないで済むようにした。[49]

4．ホウベンの魅力的な推測によれば、ワイマールの政府は、――あまり重要でない地方新聞のために存在している予防検閲を別とすれば――望ましくない印刷物についてあらゆる法的根拠を欠いている、との意識をもっていたフィヒテの事例とは、おそらくは次のような状況にあった。すなわち、まさにフランス革命によって掻き立てられた大衆性の時代にあっては、長続きしないようにみえた状況である。一七九九年四月十五日、ゲーテは検閲の導入に関する所見を書き上げた。それは一見するとまことに独特なものに思えるが、しかしホウベンが気づいたように、本質的にはオーストリアの皇帝ヨーゼフ二世による一七八八年のものと同様、そのもとで再び採用された国民検閲に広範に関連するものであった。[50]ゲーテの草案は、以下の基本構想に帰着する。すなわち、ザクセン＝ワイマールの二つの印刷所は、家臣三名の署名のない原稿を引き受けるべきではない。彼らは最高の基準として、現行の法令および規則に反するものは印刷されてはならないことを確認せねばならない。新聞および雑誌の保証として、原則的にそれぞれ三名の官吏を受け入れねばならない、という基本構想であった。イェーナの大学教授たちの出版に対しては、自由な特別規定が予定されていた。しかし、ワイマールに最も偉大な自由なる名声を再び与えたいというこの提案は、枢密会議の同意を得られなかった。なぜなら、その提案は一部は実行不可能とみなされ、また一部は不充分とみなされたからである。[51] したがって、のちの時代に重大な怠慢として際立つようなことは、何事も生じなかったのである。

## 2　卓越した政治的頭脳

ファウストの言葉「嫌らしい歌、ぺっ、嫌らしい政治」によって、解放戦争および出現した国際主義《コスモポリタニズム》とに対するゲーテの冷ややかな態度への言及によって、しばしば試みられてきたのは、この枢密顧問官に非政治的な頭脳という烙印を押すことであった。これまで本論稿を追ってきた読者なら、すでにもっと優れた洞察を有しているだろう。ゲーテは卓越した政治的頭脳であり、もとよりわずかな人しか随いていけないほどに、彼は広くて高い視点をもっていた。それは概していつの時代でも人間にとって不愉快なものではあるが、というのも、優れた理念というものは、政治的な領域におけるせわしない活動を批判的に越えて、すべての営みの虚しさを明らかにするからである。新たな転回においては、常に義務づけられたがゆえに不愉快な思考も再び戻ってくる。これにゲーテは、『一七九七年のスイス旅行』の中で、なんとも細かい言い回しを与えていた。「私が作らねばならないいくつかの詩節は、私にはなんの影響も及ぼさない多くの重要な事柄よりも面白い。すべての人が同じことをすれば、同じことが町や家にきっと現れることだろう[52]」。補足するならば、彼はそれを国にまで拡張することを目論んでいた。

秩序と正義についての彼の政治的な基本思想は、荒れ狂ったフランス革命とナポレオンの時代に対しても、彼に抑制的な指導思想を供与した[53]。ドイツのすべての文学者や思想家の中でほとんど唯一の人として、ゲーテはその調停原則からフランス革命には当初から否定的に対立していた。とはいえ、革命にきっかけを与えた支配者層の不正や恣意に対して、彼はけっして盲目ではなかった[54]。ゲーテはフリッツ・ヤコービに宛てて一七九二年八月十八日付でフランクフルトから手紙を書いて、生まれ故郷の町と古い友人知己たちと再開できた喜びにも拘わらず、社会における無秩序ぶりには飽き飽きしたと記している。というのも、至るところでフランス革命の四年間の歌を賛同するにせよ反発するにせよ（pro et contra）聞かされ、しかも変奏曲が伴うばかりか「粗野な主題曲として」聞かされるからだ、と[55]。正当にも彼は、上流層においてさえ曖昧な利益を革命に見出していることに驚いた[56]。彼はその心情から隠し立てをしなかったので、ときには古い友人たちと訣別した。たとえば楽長のライヒャルトであるが、彼はまったき革命思想のゆえに貧困層に身を投じた[57]。上流層に対してよりも、ゲーテはむしろ民衆に対して感じるところがあった。

フランスの悲しい運命は、偉大な人々が考えたのだろうが。
だがまことに小さな人々のことをもっと考えるべきだった。
偉大な人々は根本に向かったが、では誰が大衆を守ったのか
大衆に抗して？　大衆こそ大衆の暴君だったのだから[58]。

ところでゲーテは、フランスに対する第一次同盟戦争への参加によって、同時代人の大方とは異なった、ある世界観を学んだ。この戦争に関しては、『フランス戦役』[59]や『マインツからの攻撃』で述べられた有名なヴァルミーの砲撃の晩に、彼は将校仲間のうちに次の重要な言葉を見出した。「今日ここから世界史の新たな時代が始まる。諸官に

言えるのは、諸官はそこに居合わせたということだ」[60]。この言葉については、ゲーテは一七九三年の五月末にマインツの戦友たちによって再び思い出すことになるのだが[61]、その言葉を全体的な意味において理解しようとすれば、背後にフランス革命軍の迫力についてのゲーテの洞察をみることができる。ドイツ同盟の、格好はいいが何事もうまくいかない軍事力は、数の上でははるかに劣るのに、破壊から高度の成果へと火を付けられた革命軍に屈せざるをえなかった[62]。同盟軍の企図は、最も不幸な遠征の一つとして、歴史年鑑に悲惨な姿を留めるべく定められていた[63]。これに対してフランスの革命軍は故国を最大の危機から救っただけでなく、同時にヨーロッパの相貌を以後の十年間にわたって刻みつけるべく、途方もない勢力拡大を始めたのであった。特筆されるべきは、『マインツからの攻撃』の中で序文で言及した状景が現れるのだが、そこでのゲーテの説明によれば、彼は以前から無秩序としての不正義に耐えてきたということである。彼にとってある種の元気づけとなったのは、ドイツの故国には古い秩序がなおも存続していると考えたときであった。たとえば、古い帝国都市ハイルブロンには、彼が称賛した保守的で賢明な都市基本法があった[64]。とはいえ、これらのすべてが如何に脅かされているかを、彼が明示したわけではない。スイスでも、一七九七年の旅行の際、独特の古い基本法にあらためて注目して、彼はこの暴風の時代をこう感じている。すなわち、ゲーテは十月二十五日付でチューリヒからシラーに宛てて手紙を書いて、「純粋に存在と経験にもとづく古い基本法が、あらゆるものが変成と変化へと向かう時代に除外されているのは素晴らしいことです」と述べている[65]。

ミュレンジーフェンが正しければ、フランス革命とは、その結果とともに、詩人であり人間であるゲーテが一七九〇年以降の生活において、外面的にも内面的にもそれまでの長い人生の出来事となんら変わることなく取り組んだ、そうした出来事であっただろう[66]。その際、彼はけっして存続するものの危機のみを見たのではなく、正しい進歩にとっての危機をも見たのであった。しかし、諸政府は至るところにジャコバン主義、つまり王座と聖壇に対する反乱や冒涜をかぎつけたので[67]、その結果、ゲーテの『ゲッツ』と『エグモント』が国家にとって疑わしい要素として現れることになった。あらゆる側面から革命の問題を解決すべく努めたのに、どうしてそれができなかったのか、しかもその努力は如何に深く誠実であったたか、こうしたことはとりわけ彼の革命詩が明確に示している。ある種の過度のユーモアとともに、彼は途方もない世界的運動からさえ嘲笑的な側面を引き出そうとする[68]。とはいえ、成功はしなかった。『グロースコフタ』（一七九一年）と『市民将軍』（一七九三年）は、失敗作だったのである。また古い動物叙事詩を高地ドイツ語で翻案した、神聖ならぬ世俗の聖書たる『ライネケ狐』は、避けることのできない現実に対する半ば疑わしい帰依であった[69]。これに続いて革命体験の誠実な克服の試みが現れ、それは『メガプラツォンの息子たちの旅』『興奮した人々』『オーバーキルヒの娘』（一七九五／九六年）の中にみられるのだが、しかしながら断片に留まっている[70]。――『怒れる人々』は、ともかくも印象深いけれども。『ドイツ避難民閑談集』（一七九五年）は、永遠の政治的長話に気分転換の一連の物語が対置されている。いまやゲーテは、当初の革命的熱狂から離れたフリードリヒ・シラーの中に、心情的同志を見出した。一七九四年以来、ゲーテはシラーと、精神史からみて重要な交友関係を結んでいた。だが『諷刺短詩』が若干の政治的鞭打ちを分かつ機会を提供したことは、この場合あまり重要ではない。これに対して『庶出の娘』三部作は、文学的にはゲーテの完璧な作品であり、彼はこれに一七九九年から一八〇三年まで取り組んで、いうなればここ十年間の思想と経験の貯水池とした[71]。しかし、唯一終結した第一部は、革命問題の周辺に留まり、続編が如何にしてその核心に迫ったかを予見することはむずかしい[72]。一部の評価は、まことに冷ややかなものであった。辛辣なヘルダーは、ゲーテについて、彼の庶出の息子は結局のところ庶出の娘より可愛いのだと思った[73]。これに対して、今日、真の救済の作品と感じられるのは、傑作叙事詩『ヘルマンとドロテーア』（一七九六年）である。そこにおいて、故郷を追われた人々の列が、ヘルマンの故郷である長閑な小さな町に直接流れ込んでくるわけでないのは、どうでもいいこととは思えない。詩人ゲーテは、「クリオ」の歌においては革命の歴史的な法となったのだが、革命の直接の影響を市門の外に追い出した。そのあいだに彼は、純粋人的なものの中で終わる力を見出し、性格の強さによって邪悪な時代の克服を促すことができるようになったのである。

人間は、揺らぐ時代への揺らぎを感じるものだから、
人間は害悪を増やしそれをさらに準備する。
だが感覚に固執する者は、世界を自分のために作るのだ。

## 3　ナポレオン

そうこうするうちに、革命についてのゲーテの信念のあとにであるが、ある対極的な対抗力としての革命の克服者がナポレオンの姿をとって復活してきた。その価値に満ちた付随物は、今やもちろん、優秀な頭脳とともにこの革命の遺産となった。[74] ゲーテもナポレオンも、なによりも制約に抗して行為した。すでに一七九三年以来、ゲーテは、いわば波打つ海の上の角材として自然科学の勉強に留まっていたが、その後、現実の諸関係という恐ろしい難破を経験していた。[75] また結局のところ、シラーとの交友関係は、こうした政治からの逃避を容易にしたのであった。[76] ナポレオンによる対プロイセン戦争が、直接にテューリンゲン地方を侵すに至るまでは、その処方箋は良好にみえた。[77] ゲーテは事件の前夜、少なくとも私有物のうち最も価値あるものと最も重要な書類とを、安全な場所に移すべきだとの警告を受けた。彼はこれについて決断できなかったが、[78] イェーナ＝アウエルシュテットの会戦（一八〇六年十月十四日）前後の危機的な日々に、フランスの指導的な将校たちによる格別な保護を喜ぶ結果となり、なんとかすべての荷物が

出発することになった。一方でイェーナの友人たちの多くは、ひどく狼狽することになった[79]。公爵は今やプロイセンとの絆を失い、ライン同盟に加わらざるをえなくなった。これとともに、ゲーテによる外交上のかつての警告は、新たな状況において正当化されることになった。出版人コッタに宛てた非常に精力的な手紙の中で、ワイマールの枢密顧問官ゲーテは、コッタの『一般新聞』にみられる解説に対して抗議した。この解説は、新たな状態において、ワイマールに対するナポレオンの不信を支持する趣旨のものであったからだ[80]。ついでながら、ほとんど全般的な絶望の時代にも、彼はドイツ民族の将来に向けた希望を諦めなかった[81]。そして彼は、公的な通達だけでなく、一八〇七年一月二十九日にベルリンのアカデミーで偉大な歴史家ヨハネス・フォン・ミュラーがフリードリヒ二世について語った、講演の翻訳をもあえておこなった。その政治的な基調は、次の文章にみられる。すなわち、一人の人間も一つの民族も終わりが来ることをけっして見誤ることはない。ただ自分を放棄する者だけが実際にも見捨てられたのだ、と[82]。ドイツにとってのいっそう不幸な転換に際して、ナポレオンに対するゲーテの忠実な態度は、ドイツの国民性の存続のために彼を皇帝として規定する唯一の可能性を開く、という信念の正しさとともにゲーテは生きることができた[83]。これに関して、一八〇八年十月二日と六日の二度のナポレオンとの会談の経緯は、結局のところ彼に権限を与えるものではなかった。このうち最初の対面に際しては、ゲーテの人格についてナポレオンは「ここに人物がいる」（Voilà un homme）と思わず叫んだのだが、疑いなく重要な対面であった[84]。文学的話題を中心とした会談の中で、本論稿の主題にとっても興味深いいくつかの所見が目につく。ナポレオンは、ゲーテが『ヴェルテル』において病める名誉なる動機を含めることによって、ヴェルテルの情熱的な愛の印象が和らいだことを指摘した。これをゲーテは、独創的かつ的確な所見とみた。ナポレオンの悲劇に対する関心を、ゲーテは刑事裁判官の関心についての何かを有するものと思った。ついでながら、皇帝は運命悲劇に反対してこう表明したのだ。では運命によって何を望むのか？　政治こそが運命だろう、と。十月六日にワイマールで会談した際には[85]、皇帝はしばらくタキトゥスにこだわって、歴史を原告と被告から成る大きな法廷へと変えるその歴史叙述は、暗い文体以上に不愉快になると述べた。

ゲーテはその後の数年も引き続き、新聞を読むことからは離れたものの[86]、ナポレオンの歩みを大きな関心をもって追いかけた。そして、ライプツィヒでの諸国民の会戦に至るまでは、この皇帝が軍事的敵対者たちに勝ち続けるものと確信していたのである[87]。

彼の政治的態度にとって、一八一三年十二月十三日におけるイェーナ大学の歴史学教授ルーデンとの対話は[88]、記憶すべきものであろう。ルーデンは、解放戦争の精神からもたらされた新たな政治的新聞『復讐の女神《ネメシス》』を創刊することを決意して、これについてのゲーテの支援を要請した。これはもちろん、叶えられることはなかった。ゲーテが明らかにしたように、彼は以前にルーデンに対してそれを思い留まらせており、歴史研究に戻ることを勧告していたからである。ゲーテはルーデンに、困難が多すぎることを予言した。しかしながらルーデンは、ドイツの自由という問題のために高貴に熱狂することに取り憑かれており、これにゲーテは深く感動して、次のような重要な言葉を述べた。「偉大な理念たる自由や民族や祖国に対して、私が無関心だなどと思ってはなりません。そうではないのです。こうした理念は我々の内部にあり、我々の本質の一部であって、何人もそれらをみずから放棄することなどできないものなのです。私にとっても、ドイツなるものは熱く心に宿っているのです」と。最も深いところでこのように広く将来を信じ、心配もする言葉に魅了されて、ルーデンは以下のことを確信しつつ枢密顧問官ゲーテのもとを去った。すなわち、「ゲーテを詰《なじ》る人々は、ひどい間違いを犯している。彼が祖国を愛さずドイツ的な心情を有さず我々の民族を信じず、ドイツの名誉や恥辱、幸福や不幸に対する感情を有さないなどとはありえない」という確信である。ここでの親密で感動的な時間の中で、告白として口の端に上ったのは、祝祭劇『エピメニデスの目覚め』にみられる、文学には形成されにくいものであった。だがその思想的・芸術的な態度は、ドイツのことを解放戦争の感情過多で熱狂的な歌い手たちによって聞かされることに慣らされたということについては、あまり対応するものではなかった。当時はそれほどに円熟したかたちで、ナポレオンは対極的な力として革命を飼い慣らしていたのである。彼がその神的な任務を絶対的な権力を確保するために濫用したなどと、誰が理解しえただろうか？　したがって、神に抗する者はみずからを神とせざるをえない（nemo contra Deum, misi Deus ipse.）ということが、政治的なるものに翻訳されたのである。[89] この祝祭劇のベルリン公演に伴う付随的な状況も、ゲーテが喜んでそれに同意したことを示すものではまるでなかった。

ザクセン＝ワイマールにとって、ウィーン会議で文書化された解放戦争の結果は好ましく充分なものであった。領土の範囲は倍増し[90]、大公国に昇格し、これとの関連で枢密院は内閣に改編され、ゲーテも首席国務大臣に昇格した。このようにまったく激しく変動した時代にあって、ゲーテにとっては大きな人間的経験にも遭遇した。すなわち、すでに言及したシラーとの交友同盟[91]、『親和力』から生まれたミンナ・ヘルツリープへの愛情、最終的には、『西東詩集』によって彼を活気づけたマリアンネ・ヴィレマーへの好意、といった人間的経験のことであるが。

## 4　ゲーテと法律家たちとの関係

深く捉えられ文学的に実りの多かったこのような経験と比べれば、ゲーテと法律家たちとの関係は同一の項目で論じることはできない。本論稿との関連で重要に思えるものを、この項目のもとに（ただし一八一五年の枠組みには囚われないで）まとめておきたい。

1．法学教師たちから始めようとしても、イェーナの法学部の教授たちとの密接な関係について、利用できる資料はあまりないことに気づく。[92]自然科学者と医学者とは、ゲーテの当時の研究方針に対応して、はるかに関心の対象となっている。それはともかく、キールから招聘された著名なローマ法学者のティボー（一八〇二年から〇四年までイェーナ大学教授）は、シラーと交友関係があったの[93]と同様に、イェーナに滞在することを好んだゲーテとも交友関係を有していた。[94]しかもゲーテは、法学生として成長したようにみえた息子のアウグストを、ハイデルベルクでの修学期間中、この高名な法学教師の学問的指導のもとに置いて、彼と人間的にも親しくなることを期待したのであった。ところで、ティボーとアウグストとは、古いイタリアの声楽についての共通の楽しみでも結びつくことになった。[95]ゲーテと同質の人物は、法典問題でティボーの論敵となったフリードリヒ・カール・フォン・サヴィニー（Friedrich Karl von Savigny, 1779-1861）であった。その盛名は、占有権についての有名な著作（一八〇三年）以来、[96]ドイツの「法律家天国」に輝き浮かんでいた。サヴィニーはフランクフルトで生まれたが、高度の天分を充分に発展させ、多面的で文学方面にも教養があり、困難な運命の打撃のあとでさえ繰り返し大きな課題を見出す卓越した研究能力によって、長い生涯のあいだ不断に受容されけっして硬直化することなく、立派な外見によっても権威づけられた。このサヴィニーは、しばしば円熟期のゲーテとの同定を目論まれており、[97]サヴィニーには同時代の天才的な刑法学者アンゼルム・フォイエルバッハが、法学のシラーとして対置される。こうした類いの比較に伴う問題的な事柄にも拘わらず、ゲーテとサヴィニーのあいだのある種の類似的な本質を見誤ることはできない。それはすなわち、両親を亡くして育ち早熟だったサヴィニーには、疾風怒濤の時代が欠けていたこと、そしてすでに二十五歳にして「法学のカント」になることを決心していて、フランクフルトの弁護士ゲーテにはみられなかった目標を設定していたことを想起するときに気づかされる。ゲーテとサヴィニーの最初の出会い（一八〇七年）については、イギリス人のダウンが報告しているが、これは明らかに、高次の天分をもった二人の男がある種の物怖じと予断をもって向かい合った、というベッティーナの叙述にしたがっている。[98] 互いに相手の偉大さを尊重すべきことを弁えていたが、その際、サヴィニーはゲーテの著作から、ゲーテがサヴィニーの著作から教えられたよりも、さらに多くを教えられたというのが事実である。[99] これに加えて、両者は互いの噂を知っており、とりわけサヴィニーの義妹ベッティーナ・ブレンターノが一八一〇年にアヒム・フォン・アルニムと結婚したということも与った。彼女はバイエルンやベルリンからワイマールに定期的に手紙を書いて、サヴィニーについて報告し、他方では彼女のゲーテ崇拝をサヴィニーの生活圏に持ち込んだのであった。[100] さらなる出会いは一八一〇年の八月初めにテプリッツでおこなわれ、サヴィニー一家のワイマール訪問は一八一八年と一八二三年におこなわれた。[101] サヴィニーの『ローマ法体系』の有名な箇所（Bd.1, S.42）には、そこで彼は法的教育を時折り妨げる抵抗力によって成立する法律につき述べているのだが、サヴィニーは以下のゲーテの言葉を示している。

相続されるのは法律と権利
まるで永遠の病気が移るように、
それらは性から性に垂れ下がる
そして場所から場所へと穏やかに立ち去る。
理性は無意味に、恩恵は災厄となる。
ああそんな、お前が孫だとは！
我々とともに生まれた権利から、

権利については残念ながらなんの問題もない。

サヴィニーは、実定法の欠点が明示されていない以上、遺憾ながら自然法が支配することはない、と解釈した。彼の見解によれば、有名な『ファウスト』の場面には、個別立法の生き生きとして柔軟な適用にしたがった請求が認められるが、このことは、ランツベルクがみたように、ゲーテのシュトラースブルク命題によって、すでに周知の命題と合致する。(102)

サヴィニーが基礎づけた歴史法学派の根源を追求するならば、有名なゲッティンゲンの法学教師グスタフ・フーゴー(Gustav Hugo, 1764-1844。一七八八年以降ゲッティンゲン大学教授)に到達する。ゲーテは一八〇一年のゲッティンゲン滞在時に彼と知り合ったのだが、ゲーテはフーゴーに、彼と親しい歴史家にして国家学者のゲオルク・ザルトリウス・ヴァルタースハウゼン(Georg Sartorius Waltershausen, 1765-1828)の消息を伝えた。(103)ゲーテの『色彩論』についての講演の折りであった。(104)たとえこの講演がなくても、フーゴーはゲーテの総合的人格について持続的な印象を受けただろうし、ゲーテからの引用によって自身の見解を生涯にわたって味付けしたことであろう。(105)一八〇九年の聖霊降臨祭の休暇に、フーゴーは二人のお気に入りの学生、フリードリヒ・コールラウシュとヴォルフ・バウディシン伯爵とともに、ゲーテのもとに赴くことを計画した。ゲーテは当時、ちょうどイェーナに滞在していた。初対面の挨拶の直後に、ゲーテは教授にある法的事案を提示した。ゲーテは、ドレスデンから何体かの珍しい古代の石膏像を注文した。ところが、到着した木箱の中身のうち、最上のものが壊れていたのである。フーゴーはゲーテに対して、貴方は購買価格の全額を支払わねばなりませんと教示した。貴方は、購入物がずさんに梱包されていたか、運送業者がそれを不適切に扱ったことを立証できないからです、と。ゲーテは、明らかに興奮して口を挟んだ。彼は、購入物全体について最も責任のない者がこのような損害を引き受けるべきならば、この者は法律家を変わり者と呼ばねばならないでしょうと述べた。[106] 他の点では、ゲーテが正しかった。フーゴーは、その何日か前のローマ法史についての講演で、ローマのティベール川はゲッティンゲンのライネ川より幅が広くないと述べたのだが、ライネ川はせいぜいベルリンのシュプレー川ほどの幅広さだと、ゲーテから教えられる羽目になった。このことについて、フーゴーは有名な川に対して、講義の際に名誉の謝罪をすることを約束させられたのである。[107]

ゲーテの家におけるイェーナ大学のフロマンとの出会い（一八二四年）は、サヴィニー学派の次世代に属するゲルマニストのエルンスト・ガウプ（Ernst Theodor Gaupp, 1796-1859）をつうじて持続的な印象を残した。[108]

青年ヘーゲル派でありサヴィニーの論敵であったエドゥアルト・ガンス（Eduard Gans, 1798-1839. 一八二五年、ベルリン大学法学部の員外教授。一八二八年、正教授）[109] の訪問に際しては、対話はなによりもヘーゲルの哲学に及んだのだが、ゲーテはヘーゲルの思考について、「果たして、そうした類いの大胆な総括が経験的な研究の進歩に耐えうるだろうか」と表明した。ゲーテは、サヴィニーの記念碑的著作『中世ローマ法史』に関わるガンスの非友好的な言明に対して、非難の意を表明した。というのは、それが学問的な企図とは異なる何かを著者に強いるものであったからだ。[110] しかし、ガンスはゲーテに、きわめて重要な法律家との印象を残した。[111]

もっと以前の一七七九年には、テュービンゲンの法学教師たち、つまり、ヨハン・クリスティアン・マイヤー（Johann Christian Mayer, 1741-1821）やヴィルヘルム・ゴットリープ・ターフィンガー（Wilhelm Gottlieb Tafinger, 1760-1813）との束の間の出会いもあった。彼らはウーラントの師として知られているが、[112] たとえば、マイヤー教授の家での夜会では、そこに出席していた宮廷裁判所の式部官フォン・デア・リューエという、のちにウーラントの上司となる司法大臣とも知り合った。[113]

2．詩人法律家たちは、このようにしてゲーテの生涯と何重にも交差している。ハインリヒ・レオポルト・ヴァーグナーやメルクについては、すでに述べた。一七八〇年には、ライゼヴィッツという、その唯一の戯曲『ユリウス・フォン・タレント』で知られるゲッティンゲンの「森林同盟」の劇作家が、ワイマールにゲーテを訪れた。[114] 奇妙なのは、当時のまさしく最も重要な詩人法律家である、アイヒェンドルフやE・T・A・ホフマン[115]やウーラント[116]、さらにはインマーマン[117]やグラッベが、ワイマールに歩を運ばなかったことである。その一方で、のちに（一八〇四年）ハインリヒ・ハイネとの短い出会いがあった。ついでながら、ハイネは自身を理念の人と思っており、彼らの出会いは、実利的なものに向けられていたゲーテの本性との対照をはっきりと意識させることになった。[118]

フランクフルト時代に結ばれたゲーテとゴットフリート・アウグスト・ビュルガーとの交友関係が、時の流れの中で目立って冷えてしまったことは、主にビュルガー自身に責任があった。すなわち、ビュルガーが弱強格《イアンボス》を用いてのホメロス翻訳の計画をもって現れたとき、ゲーテはワイマールで相当数の予約注文者を確保して、常に経済的危機に囚われていた詩人が六十五ルイ金貨を使えるようにしてやった。[119] ところが、間もなくビュルガーのホーマー〔ホメロス〕翻訳が停滞したので、ゲーテは苦境に陥り、一七八九年のワイマールでの会見も素っ気ないものとなって、ビュルガーは意地の悪い警句で復讐せねばと思うまでになった。[120] ところでゲーテによれば、自分とビュルガーとは別の才能として別の道を行く、と割り切っていた。[121]『諷刺短詩』には、次のようにある。

残念ながら、ここにある教壇の上の才能は消えていく、
才能はより高い足場の上で光り輝くに相応しかったのだ。[122]

この言葉は、のちにゲッティンゲン大学私講師となったビュルガーにとっては、不快なものではなかっただろう。それが彼に向けられたものだと指摘しなければであるが。ゲーテ自身は、ビュルガーの学者としての経歴のために助言していた。ゲーテは、一七八二年二月二十日付の手紙で、ザクセン＝ワイマールの司法職への斡旋の申請をしたようだが、ビュルガーが期待した楽で実入りの多い職務は公国には存在しなかったからである。「この制約された地上の有能な子供たちは、彼らのパンは額の汗の味がするのですが、そこでまずまずの生活をし、その能力や徳に応じて財産と平安を得るべく造られているのです」[123]。常に不満を抱いていた詩人法律家のビュルガーは、そのゆえに職業の内面的な価値を強く指摘され、しかもそれを可能にしてきた人物に指摘されることになった。ゲーテこそは、模範的に義務を果たすことを奨励しただけでなく、実践してもきたからである。

疾風怒濤の潮流の参加者の一人、一七五二年にフランクフルトに生まれたマクシミリアン・クリンガーは、若きゲーテを信頼し、そのうえ一七七六年にワイマールに随いて行ったのだが、けれども最終的には、熟練の法律家であるにも拘わらず、将校としてロシア軍に勤務して出世した。ゲーテは、彼の死後の一八三一年に敬意に満ちた言葉でもって、「いかなる人よりも誠実で頑固で無愛想な人だった」と呼びかけている[124]。その何年か前に、ゲーテは内面的な連帯感から生まれた幾篇かの詩を献呈している[125]。

ゲーテのドイツ・ロマン主義に対する途方もない影響を知る者は――彼はやがてこれに対して厳しい言葉を語るのだが――、一連のロマン主義的な詩人法律家を彼の交際圏に見出しても驚くことはあるまい。比較的に活発であったのはアヒム・フォン・アルニムとの関係であるが、彼は法律職に就くことがなかったにしても、法学生時代に基本的なことを学んでいた[126]。その場合、アルニムの花嫁ないし伴侶であるベッティーナ・ブレンターノが、そうした関係の強化にも、のちの疎遠化にもだが、寄与したのであった[127]。ゲーテとアルニムを結びつけた最も美しいものは、『少年の魔法の角笛』に関する、老大家ゲーテの繊細な批評であるだろう。[128] これは幸福なことに、アルニムとブレンターノによるドイツ国民への上質な贈り物を手ほどきしている。そのうえ、『角笛』に対する小うるさい非難のゆえに、ゲーテは旧い友人のフォスを「ブロッケン山に召喚する」つもりであった。[129] アルニムの強いが、あまりにも抑制の利かない創造力は、ゲーテから次の発言を引き出した。すなわち、「彼は樽のようなもので、そこには箍《たが》を締めるべき桶屋がいないので、あらゆる側から流れ出してしまうのです」というものだ。[130]

東プロイセンの詩人法律家ツァハリアス・ヴェルナー（Zacharias Werner, 1768-1823）の生涯において、ワイマール滞在（一八〇七年十二月から一八〇八年三月までと、一八〇八年十二月から一八〇九年六月まで）は、最も重要な意味をもった。[131] ヴェルナーは、何よりも彼の「太陽神《ヘリオス》」たるゲーテとの刺激的な思想的交流を喜び、その『ヴァンダ』が初演されたのを観て、ワイマールの才気ある仲間内での新たな出会いが開花するのをみた。[132] こうして放浪中の一八〇八年の広範な経験において、彼はワイマールかローマかという二者択一を受け入れた。つまり、純粋な人間性か、それとも教会という仲介者による超自然に向かう人間形成かという、より意味のある形での二者択一であった。そして一八〇八年の大晦日にゲーテ家の昼食の席で、ヴェルナーが朗読した神秘的な十四行詩《ソネット》に関して口論が起きたのである。[133] 多くの友人の取りなしで決裂はなんとか避けられたし、ヴェルナーはゲーテに関して、その芸術的に最もまとまった作品である運命劇『二月二十四日』[134] からの刺激をなおも感じていたのはもちろんである。しかし、本来の開放性も二度と順応することはなかったし、一八〇九年の六月には、次のような意識をもって訣別することになった。すなわち、ヴェルナーが一八一〇年の四月にローマで実際にカトリック教会に回心したように、道は別々のものになるだろうとの意識である。[135]

すでにヴェルナーの事例において、ゲーテは運命劇について否定的に対立したわけではないこと、したがってこの点で運命悲劇についてのナポレオンの評価を自分のものとしたわけではないことが示された。だからこそ、ゲーテはヴァイセンフェルスの詩人法律家たるアドルフ・ミュルナーをも正当に扱って[136]、その運命悲劇『罪』を一八一四年にワイマールで公演させたのである[137]。一八一四年一月三十一日のその成功した公演は、ミュルナー本人も観たのだが、ウィーン、プラハ、シュトゥットガルトの公演に続いておこなわれ、すぐあとにはベルリンでも公演された[138]。したがってゲーテは、初期の劇場監督の一人として、ドイツの舞台を越えて儀式的な凱旋を開始すべきものとの、この劇の特質を知っていたことになる。のちには、公的には『ヴィルヘルム・マイスター』についてのミュルナーの論評の結果、良好な関係が暗いものになったのではあるが[139]。

オットー・ハインリヒ・グラーフ・フォン・レーベン（Otto Heinrich Graf von Loeben, 1786-1825）との関係は、当時は非常に注目されたが、今日では彼はほとんど忘れられたロマン主義の代表である[140]。ゲーテ崇拝のゆえに繰り返し語られた表現には不快感を覚えるものの、彼らの関係においてワイマールの老大家ゲーテは以下の事実を意識していなかった。すなわち、彼は、法学の勉強をヴィッテンベルクでの四学期のみで放棄した詩人法律家と関わったのだ、という事実である。レーベンは、ゲーテ作の二篇の四行詩を入手したことを伝えている。一篇は一八一八年の誕生日祝いのもの、もう一篇は一八二八年の追悼文の言葉である[141]。

エルザスの方言詩人アーノルト（Arnold, 1780-1829）は、シュトラースブルク大学の法学教授であるが、ここで言及しておきたい。というのも、ゲーテはアーノルトの喜劇『聖霊降臨祭翌日の月曜日』（一八一六年）に関して、詳細で肯定的な劇評を寄せたことがあるからだ[142]。

生産的で成功した詩人法律家ヴィルヘルム・ヘーリンク（Wilhelm Häring, 1799-1871）は、筆名ヴィリバルト・アレクシスの名でウォルター・スコット流の価値の高い歴史小説を公表したが、彼はゲーテを一八一九年、一八二四年、一八二九年の三度にわたって訪れた。その度にこの人物の力に強く魅せられたが、とはいえ対話は大して深められることはなかった。[143]

最も重要な詩人法律家は、ゲーテがフラウエンプランにある家で友好的な接待をおこなったフランツ・グリルパルツァーである。彼は新古典主義の劇文学におけるオーストリアの傑出した第一人者であった。孤独な心気症《ヒポコンデリー》の男の繊細さと臆病さとが、それ自体重要な出会い（一八二六年九月二十九日から十月三日まで）を、彼らの充足した結果にまでは到達させえなかった。[144]

3．法学的教育に取り組むきっかけになったのは、結局のところは、一七八九年に生まれた息子アウグストの経歴であった。[145]息子は実際には父親とは異なる職に就くだろうという注目すべき事実が、父ゲーテには見えていた。だがアウグストのほうは、若いうちから色彩論よりも法学識のほうに馴染んできたことを自覚していた。[146]こうして、息子の職業選択は父親の完全な同意を要した、ということが認められる。父親が上述の考えを表明したとき、アウグストはすでにハイデルベルクで三学期を過ごしていた。[147]この大学の選択については、当地ではティボーとフォスが、若者たちにとっての誠実な友人であり世故に長けた指導者であることをゲーテが知っていたということが与《あずか》っていた。彼らなら不足はない、ということだ。[148]ティボーの法学教師としての偉大なる名前も、当然ながら惹きつけるものがあった。ゲーテが大いに満足したのは、息子が最初の学期（一八〇八年夏学期）にはわずかの時間しか聴講手続をしなかったこと、彼の勉学が歴史学の課程を採り入れたこと、であった。――ここには歴史学的な法的考察という教養的価値についての、みごとな言葉がみられる。――ゲーテは息子に対して、当時のハイデルベルクがそうであったのだが、ロマン主義の牙城であることを意識して、「哲学的および宗教的な時代の顔」に用心するようにだけ注意した。むしろゲーテは息子に、素晴らしい近郊に遠足することを奨励した。そこはライプツィヒ以上に限りなく広がっているからだ。[149] アウグストは、ハイデルベルクでの三学期のあと、イェーナに移ったが、ここでは何か「俗物的なもの」が彼の中に入り込んだので、父親は息子を、一八一〇年から十一年の冬学期にはゲッティンゲンのような別の大学に送ろうと考えた。[150] アウグストを早急に好ましくない学生層から切り離すべく、一八一〇年十月八日にはゲーテは公爵に対して、息子のために王室試補としての地位を請願した。息子は、今や職業生活の基礎たる法律学と官房学とをもって、財政的な諸関係への必要な洞察を手に入れていたからである。むしろゲーテはそれを望んだのだが、しかしながらそれに関しては、もはや実現することはなかった。ゲーテは、依頼された職務を平穏かつ確実にこなす実務的な本性が、息子には備わっているものと信じていた。[151] 公爵がこうした願いを叶えてくれることはほとんど疑わなかったらしく、一八一一年一月一日付の公爵宛のゲーテの年賀状にみられる特別な感謝の言葉によってそのことは確認できる。[152] 王室侍従、のちには王室顧問官の称号とともに、アウグスト・フォン・ゲーテは一八一五年以降、父親を補佐すべくその上級監査局に配属された。そこで彼は、父親の金銭的な仕事と文芸的な仕事の管理において、その有能さを実証した。[153] 一八一七年初頭の、父親が息子を宮廷劇場興行部の一員に就かせた式辞が保存されている。[154] 一八一七年八月に結婚したオトリー・フォン・ポグウィッシュと一緒に義理の娘が家にやって来たが、この娘は巨匠ゲーテを燃えるように崇拝し細やかに面倒をみてくれた。また孫のヴァルターとヴォルフガングについても、彼は大きな喜びを味わった。けれども、アウグストの結婚は幸福なものではなかった。両親の外面的な美貌を受け継いだ彼には、父親の性格的な偉大さが欠けており、その結果、自分の生活に目標と様式を備えることを理解していなかった。故国を遠く離れたローマで、ロッテンの息子で公使館参事官のケストナーに世話されながら、アウグストは一八一三《ママ》年の十月に「父に先立って」(patri antevertens) 亡くなった。[155]

すでに早くから、ゲーテは、シュタイン夫人の末子たるフリッツ・フォン・シュタイン（Fritz von Stein, 1772-1844）の面倒をみていた[156]。彼はイェーナ大学と、卓越した商法学教師ビュッシュで有名なハンブルク商科大学での勉学ののち[157]プロイセンの行政職に携わったのだが、その際には、彼のためにゲーテの影響力が多くの障害を取り除いたのであった[158]。

ゲーテの孫のうち弟のヴォルフガング・フォン・ゲーテ（Wolfgang von Goethe, 1820-1883）は、法学を学び学位を取得して、プロイセンの公使館参事官の地位にまで昇進した。彼は哲学や文学の面でも活躍した[159]。

## 5 法的生活との関係

官職や政治や法律家に対するゲーテの立場を概観したあとでは、彼自身における法的生活との関係を論じることが義務づけられる。その際、素材を分散させるために、一八一五年以降のものを取り扱いたい。他方で、一七八八年から一八一五年までのゲーテの法的思考についての証言は、後述のものとともに次節でまとめるつもりである。

1. 法的生活における私人としてのゲーテに目を向ければ、なによりもある法的事案を再び想起することになる。これは一八〇九年にゲーテがフーゴーに語ったものだが、フーゴーの法的判定をゲーテはまったく理解しようとしなかった。ともかくゲーテにとっては特殊すぎる労働法の細目であったが、仕事においては有能ではあるものの、意地が悪く聴覚障害をもった料理女のシャルロッテ・ホイヤーが一八一一年に解雇されたときにそれが現れた。その直前には、警察条令が雇い主に対して、使用人を具体的な中身のない一般的な診断書で解雇してはならず、次の主人に迷惑をかけないとの意図をはっきりもって、長所と欠点について明確に説明するよう促していた。今度はゲーテはそのことを事実に即しておこなったのだが、ホイヤーは診断書を引き裂いたり、家のぼろ切れをばらまいたりした。ゲーテはこのことを、ワイマールの警察署に報告するよう指示している[160]。

すでにゲーテの初期の経歴において、著作権および出版権に対する経験について考えてきた[161]。『ゲッツ・フォン・ベルリヒンゲン』の著者であるゲーテもメルクも、自費出版に際して経済的なことは計算していなかった。若き詩人たちの評判はそのことを乗り越えさせたものの、しばらくのあいだは、恥知らずな海賊版出版者たちによる損害さえ生じた[162]。彼らのうち、ベルリンの書籍商ヒンブルクは、全三巻から成るゲーテ本を一七七五年、一七七七年、一七七九年に三つの本として売り出したのだが、最も厚かましい者の一人であった。なんと彼は、感謝の意を表すために、ゲーテにいくつかの磁器を送ることを申し出たのである。憤慨した詩人ゲーテはヒンブルクには応えずに、その代わりに警句をもって仕返しをした。これの結びの言葉はこう詠っている。

けれども私は磁器もパンも頼んではいない、
ヒンブルクのために私は死ぬのだから[163]。

バーデン辺境伯が後援した海賊版出版者マクロートも、詩人〔ゲーテ〕の恨みを招いた[164]。周知のように、一七八六年以降に最初の信頼できるゲーテ著作全集がゲッシェン書店から刊行されたが、とりわけ彼の親族の利害との関連で[165]、今や詩人はしだいに、彼の作品群は何かを濁らせるということに留意するようになった。自身の価値を意識して、その代価を低くは見積もらなくなったのである[166]。それでもゲーテは、一八一〇年にはリーマーに対して、ドイツの著者は万事を神の御意志のままにせねばならない、と嘆いた。それが世俗のまるで際限のない手仕事であったにしても、である。[167] なお、また同じ年にフランスの大臣ポルタリスがゲーテに対して、ケルンの書籍商なら『親和力』を遠慮なく海賊出版することができるのかと照会したときには、格別に愛想よく接しなければならなかったようだ。ゲーテは、財産権上の側面のゆえに出版社を指名したものの、フランス人が知的財産についての概念において、すでにドイツ人とは如何にかけ離れてしまったかという考えが生じることになった。[168] 一八二七年から一八三〇年までに全四十巻でコッタ出版社から刊行された最終校訂版の法的保護を、[169] ゲーテは精力的に引き受けた。ドイツ同盟会議に対して一八二五年にドイツ同盟の包括的特権をめぐる申請をしたものの、それが拒絶されたあと――同盟文書第十八条にも拘わらず、同盟にはその権限がなかった――、彼は三十九の同盟加盟国による個別的特権を獲得した。[170] 全集の個別的特権を拡張的に（in extenso）先行させるという計画を彼は断念して、法的にはまったく具体的でない、「ドイツ同盟のいと高き陛下が保護する諸特権のもとで」なる覚書をもって満足したのである。[171]

一八二五年には、ゲーテは首席大臣のフォン・ミュラーに対して、出版社が倒産した場合のために、出版契約における予防措置について照会している。[172]

けれども、海賊版の防御によっても、著作権上の諸問題が論じ尽くされるわけではない。もちろんゲーテには、いずれにせよ他人の知的遺産の僭称はそぐわない。なんといっても彼の名前は、そのもとで苦しんできただけであるだろうからだ。一七七五年には、匿名出版の『プロメテウス、デウカリオン、彼の批評家たち』という、『ヴェルテル』の批判者たちを手荒く扱った諷刺文学はゲーテによるものだ、という噂が広まった。そのとき彼は、ハインリヒ・レオポルト・ヴァーグナーがその著者だという、公の釈明を迫られたものと感じた。[173] ニコロヴィウスがゲーテに対して、詩歌「夏に」はJ・G・ヤコービのものだと指摘したときには、ゲーテは自分の詩集において、「各人に彼のものを」（Suum cuique）という儀式ばった表現でもってそれを帳消しにした。[174]

文学においてはさほど頻繁にあるわけではないが、共著者相互の持ち分を分ける共同著作権の事例を、『諷刺短詩』が作った。この場合には、シラーとゲーテは、「個々の警句ごとに所有権を分割しない」と最初から正式に決めており、このことは諷刺の自由のためにも望ましかったように思える。[175]

著作権からみて興味深い状況が、ディドロの『ラモーの甥』のゲーテによる翻訳に直面して生じている。[176] ゲーテはこの著作を一八〇五年にフランス語の原稿から翻訳し、原著版をも計画していた出版社に原稿を返した。ゲーテの翻訳は、今度は名前も知らないある若いフランス人の作家に、フランス語版への逆翻訳の底本として利用された。このフランス語版は、『ラモーの甥、対話、ディドロによる未刊の遺作』(Le Neveu de Rameau, dialogue, ouvrage posthume et inédit par Diderot) と題して、パリで一八二一年に公刊された。その結果、それが長きにわたって原著とみなされてきたということは、はなはだ奇妙なことに思われる。ところが、一八二三年にパリの書籍商ブリエールがゲーテに対して、この度一七六〇年にディドロの眼前で作成された写しにしたがってフランス語の初稿を編集した、と通知してきた。またしても読者の混迷が出来すると主張されたので、ブリエールはゲーテに判断を求めたのである。ブリエールが編集した版はフランス語の原著――ゲーテの側で出版された手稿はそのあいだに所在不明になっていた――として認められる旨を、ゲーテは喜んで確認した。[177]

如何にゲーテが専門用語を使わずに、業績の高みにおいて著作権の核心を見出し、その二重の効果によって、財産権の要素よりも人格権の要素を強調したか、このことはすでにそうした個別性のうちに際立っている。だとすれば、知るかぎり従来ほとんど注目されてこなかった論文「文学的天国の流星群」は、[178] 著作者の人格権なり著作者の名誉にとって、自身卓越した生産的人物の最高に実り多い観点を含んでいる。[179] それは、優先、先取、先占、剽窃、所有、横領といった概念の規定を、豊富な経験によって引き受ける試みである。基本思想はこうだ。すなわち、すべての発明や――この言葉は、特許権的つまり技術的な意味だけでなく、すべての精神的または芸術的な成果に対しても理解される――、あるいは一定の精神的な高さの発見は、主体の価値や品位を上昇させその国民の名誉に貢献する、という基本思想である。今度は直近の準備作業に満足しているあいだに、同時期の発明に関して優先性をめぐる争いが出来する。とりわけ、いわば宙に浮いていた諸問題の解決が肝心である。優先性を確定するために、学問においては、昔から文字遊び、つまり発明や新しい認識を標示する省略記号を用いる。そうして、翰林院《アカデミー》での保管へと移るのだ。イギリスでは、効用へと向かう国民と並んで、特許権が生まれ発達したのである。――剽窃、つまり他人の知的財産の占有という最も無作法な形態は、境界を定めるのが難しい。学者は先駆者を利用せねばならないし、造形的な芸術家も、すでに処理された題材を加工することで高次の状態に引き上げてこそ、称賛されうるのだからである。ここではないけれども、詩人に関して別の箇所でゲーテはこう表明している。「前世および現世が成し遂げたすべてのことも、法にもとづけば詩人のものにはならないのだろうか?……他人の宝物の習得によってのみ、大物が生まれるのだ。メフィストフェレスにおいても、私はヨブやシェイクスピア歌曲を習得していなかっただろうか?」(180)。学校での教育を、そこで伝統的な知的財産が保存され育成され発展させられるのだが、ゲーテは非難したつもりはない。しかし彼は、奇妙な見方や無媒介的な考え方をもった諸力が放置されるときには、手仕事への硬直化の危険に気づかせる。芸術や学問における簒奪は、彼の見解によれば不誠実と悪意が主体的に存在するところで初めて生じる。単に客観的に違法な習得は、著作権上の簒奪の指標とはなりえないのであって、というのも、効果を産み出すためには、芸術や学問において尊重すべき価値のある力の展開が不断に必要だからである。

このゲーテの命題は、著作者の名誉を排他的に統制することが特徴的であり、個々の点については今日の立場からは異論の余地があるかもしれないが、大局的に分析する価値のあるものである。仕事の高みから流れ出す著作権の名誉は、今日の法理論によれば、なによりも知的財産の分断と無権限の公開に反対する。これについても、ゲーテの仕事の範囲から事例を挙げることができる。今やもちろんゲーテは、彼の説明するところでは、『ファウスト』を——一八〇八年に出版された第一部のことと思われる——検閲の鋏を挑発するような舞台化のための叙述として書いたのではない、というのである。まさに彼自身によるヴァイマールの検閲実務は、すでに知られているところである。[181]実際『ファウスト』は、ブラウンシュヴァイク、ドレスデン、ライプツィヒでの一八二九年の上演のために、クリンゲマンやティークや宮廷顧問官ヴィンクラー（偽名テオドール・ヘルとして知られる）によって、まさに著しい削除と修正が施されることになったのである。[182]

『日記』という詩は、現実に起きたかもしれないし捏造されたかもしれない性愛的《エロチック》なポストハウス事件を描いたものだが、それをゲーテは著者生前の最終校訂版では収録しなかった。だが、ゲーテの文学上の遺産管理人となったフォン・ミュラー首席大臣によって、個々の人物も、間もなく彼らの仲間たちも、知られるようになった。その結果、今日ではいずれの批判的な全集版にも、それは欠落していない。[183]著者がもともと望まなかったこうした公開に関する法的状況の判断は、ゲーテが継続的な秘匿を望んだことを、果たして首席大臣のフォン・ミュラーは受け入れねばならなかったかという点に依拠している。

2．著作権の諸問題は作家ゲーテを法的生活に引きずり込んだので、彼の遺言書は要件についての大部分を熟慮しなければならなかった。一七九七年に作成された遺言書では、息子のアウグストを包括相続人に指名して、クリスティアーネに終身の用益権占有を配分し、ゲーテの同僚のフォン・フォイクトを遺言執行者として指定していたのだが、[184]いずれにせよクリスティアーネの死（一八一六年）とアウグストの死（一八三〇年）の後は——フォイクトも一八二九年に死去した――、その遺言書は完全に効力を失ったものとみなされた。ゲーテは、一八二九年の四月における王室裁判所試補のシュニッターの訪問を好機として、遺言書の書式について情報を得た(185)。その後彼は、首席大臣フォン・ミュラーと繰り返し協議して、一八三〇年秋以降の最終的意志を確定した文言の考えを検討した(186)。一八三一年一月六日付の遺言書には、ヴァルター、ヴォルフガング、アルマの三人の孫たちが包括相続人として指名されていた。遺された著作の編集はエッカーマンに、ツェルターとの往復書簡の編集はリーマーに委ねられた。

**原注**

（1）Brief der Frau Aja vom 14. Dezember 1792, in: Briefe, Bd.2, S.33f.; Kampagne in Frankreich, in: Werke, Bd.3, S.1005f.
（2）Hartung, Goethe als Staatsmann, in: JbGG, Bd.9, S.306f. 以下も同じ。
（3）Ebda., S.304.
（4）Werke, Bd.5, S.59ff., 96ff. には、以下の記録が含まれている。「イルメナウの新規採鉱の開始に当たっての挨拶」（一七八四年）。「イルメナウの新規採鉱の進行通知」「作業日の開始に当たっての報告」（一七九一年）。Vgl., Josef Durler, Die Bedeutung des Bergbaus bei Goethe und in der deutschen Romantik, Frauenfeld-Leipzig, 1936.
（5）Werke, Bd.3, S.1293. ゲーテの見解によれば、イルメナウの鉱山事業の破綻は、その孤立に関係していた。ハルツおよびフライベルクにおける採鉱への依存が厄介物を避けたのだという。
（6）TuJH 1795, in: Werke, Bd.3, S.1298.
（7）「学問の歴史とは、諸国民の声が少しずつ姿を現す繋ぎ目なのだ」。Gespr., Bd.1, S.511.
（8）TuJH 1801, in: Werke, Bd.3, S.1321f.
（9）TuJH 1805, in: Werke, Bd.3, S.1367f.
（10）Kunst und Altertum am Rhein, Main und Neckar, in: Werke, Bd.3, S.1224f.
（11）Ebda., S.1226/ 27.
（12）補足的に、Werke, Bd.5, S.61ff.

（13）領主は名誉学長（Rector Magnificentissismus）に相当する。したがって大学の長は、学長代理（Prorektor）の称号しか認められない。
（14）Werke, Bd.5, S.107ff. この提案は、一七九一年から九二年のものである。
（15）すでにゲーテのこの原則から、彼は大学に蔓延る悪習のうち一つだけを除去するつもりだったことが分かる。現実的に重大な事例に対して、決闘を名誉の対外的な保証としては否定していないのである。
（16）TuJH 1801, in: Werke, Bd.3, S.1316.
（17）クネーベルによる、妹ヘンリエッテへの報告。Gespr., Bd.2, S.159.
（18）Ferdinand Weinhandl, Karl Leonhard Reinhold, in: Jahrbuch der Schleswig-Holsteinischen Universitätsgesellschaft, 1929/30, S.69ff.; ders., Die Philosophie an der Universität Kiel im Zeitalter des deutschen Idealismus, in: Festschrift für 275 jährigen Bestehen der Universität Kiel, Leipzig, 1940, S.280ff.
（19）TuJH 1794/95, in: Werke, Bd.3, S.1287 u. 1300.
（20）Vgl. Wohlhaupter, Anselm Feuerbach in Kiel, in: Adolf Zycha-Festschrift, Weimar, 1941, S.388.
（21）フィヒテに対しては、シェリング＝シュレーゲル派から示された意地の悪い警句詩がゲーテの賛同を得た。

　太陽については明るさを疑え、
　星々については光を疑え、
　読者よ、ただ私の真理のみを
　そしてお前の無知のみを疑うな！

Gespr., Bd.1, S.305.
（22）詳細は、Houben, S.75ff. 簡潔には、Briefe, Bd.2, S.127f.
（23）Briefe, Bd.2, S.128. Vgl. TuJH 1803, in: Werke, Bd.3, S.1341.
（24）TuJH 1803, in: Werke, Bd.3, S.1342f.; Briefe, Bd.2, S.154f. イェーナ大学の名声にとっての当時の衝撃に関連して、有名な法学教師のゴットリープ・フーフェラント（Gottlieb Hufeland, 1760-1817）も、イェーナから離反した。
（25）Briefe, Bd.1, S.433f.
（26）Gespr., Bd.2, S.388f.（1814/17）.
（27）シェリングの招聘に関する非常に興味深い文書が、オットー・ブラウンにより公表された。Otto Braun, Schellingiana II, in: Euphorion, Bd.24, 1922, S.869ff. これに収録されていないゲーテのフォイクト宛の手紙が、以下にみられる。Goethe-Briefe, kleine

Auswahl von Wilhelm Bode, Hamburg, 1906, Bd.2, S.15ff. Vgl., Bielschowsky, Bd.2, S.475.

(28) Schreiben an von Voigt vom 24. März 1817, in: Briefe, Bd.2, S.391f.

(29) Werke, Bd.3, S.230ff. それは、フランスの占領軍に対して、ドイツの学問および芸術にとってのワイマールとイェーナの意義を理解させようとするものであった。

(30) Werke, Bd.5, S.261ff. u. 358ff.

(31) ゲーテによる一八一九年の報告、および一八二四年の最終報告。Werke, Bd.5, S.368ff. u. 555ff. ——ゲーテ自身が如何に細部を検討したかは、一八〇五年十二月二十一日付の同様のフォイクト宛の詳細な手紙が示している。ゲーテはその中で、ワイマールの図書館職員のために、利用者に新年の祝儀を依頼する権限が与えられないものかと提案している。Briefe, Bd.2, S.179. ——ゲーテの勝手な考えによってもたらされた保証金問題の、図書館長ギュルデンアップフェル教授の側での取り扱いについて、Vgl. Fischler, S.20.

(32) 一八一七年九月のフォン・ミュラー首席大臣との対話。Briefe, Bd.2, S.390. 一八三〇年三月十五日のゾーレとの対話。Gespr., Bd.4, S.240.

(33) Vgl. Das Weimarer Hoftheater unter Goethes Leitung, Aus neuen Quellen bearbeitet von Julius Wahle, mit einem Vorwort von Bernhard Suphan (Schriften der Goethegesellschaft, Bd.6), Weimar, 1892. ヴァーレは、第一節で宮廷劇場の創立と発展を述べているが、そこでは、準備期間（一七九一〜一七九七年）の直後にワイマールの劇場の独自の高度化が始まり、ほぼ同時期の一七九七年にいわゆる宮廷劇場委員会が発足したことが教えられる。この委員会では、ゲーテこそが精神的中心であり続け、キルムスは経済的な支配権をしっかりと手中にしていた。ヴァーレの次節以下では、演劇芸術と演技者（S.70ff.）、演目《レパートリー》（S.213ff.）、巡業公演（S.269ff.）、が論じられている。

(34) TuJH 1794, in: Werke, Bd.3, S.1287.

(35) Werke, Bd.4, S.540ff. ゲーテが創設した演劇学校での訓練（教授法）に基づいて、最終的にはエッカーマンがまとめた規則につき、Vgl. Wahle, S.162. ——エッカーマンとののちの対話（一八二五年五月一日）の中では、劇場法が一連の罰則規定を含みながら、卓越した功績の奨励や報酬に対してはなんの条文もなかったことを、ゲーテは欠陥だったと考えていた。Gespr., Bd.3, S.193.

(36) Gespräche mit Eckermann vom 22. März 1825, in: Gespr., Bd.3, S.169f.

(37) Gespr., Bd.2, S.439.

(38) Briefe, Bd.2, S.83f. に付された、一七九六年二月十六日付のベック宛の手紙。

(39) Vgl. Briefe, Bd.2, S.258 (1809).

（40）Schreiben vom März 1816, in: Briefe, Bd.2, S.369.
（41）詳細につき、Vgl., Wahle, S.195ff.
（42）Gespr., Bd.1, S.303（1801）.
（43）Brief an den Herzog vom 10. November 1808, in: Briefe, Bd.2, S.247f. 一八〇八年十一月と十二月の様々な対話。Gespr., Bd.2, S.6ff.
（44）Werke, Bd.5, S.252ff.
（45）Bielschowsky, Bd.2, S.478f. Vgl., Briefe, Bd.2, S.385f.
（46）Gespr., Bd.1, S.315f.（1802）.
（47）Werke, Bd.5, S.256ff.
（48）Werke, Bd.1, S.123ff.
（49）TuJH 1802, in: Werke, Bd.3, S.1333f.
（50）Werke, Bd.5, S.167. さらに、Houben, S.84ff. ――まさに用心のために、ヘルダーは『人間の歴史哲学の理念』第二部を、ゲーテの大臣検閲に供した。ゲーテは、国家や主権等についても論じたその著作を、「当然ながらそれらに関する言葉はまったく見当たりません」という慰留の通知を添えてヘルダーに返却した。ヘルダーの著作はリガで出版されたので、ワイマールの枢密院の見解は、なんの実利的な効果も有していなかったのだが。Vgl., Houben, S.75f.
（51）Houben, S.87.
（52）Werke, Bd.3, S.1095. 別の言い回しが詩の中にみられる（Werke, Bd.1, S.342）。
　正しいことのみを汝の物事においておこなえ。
　別の物事は自ずからなされるだろう。
（53）Bielschowsky, Bd.2, S.27ff., 44ff.; Witkop, S.232ff.; Paul Müllensiefen, Die französische Revolution und Napoleon in Goethes Weltanschauung, in: JbGG, Bd.16, 1930, S.73ff.〔以下 Müllensiefen〕; Johannes Hoffmeister, Goethe und die französische Revolution, in: Viermonatsschrift Goethe, Bd.6, 1941, S.138ff.
（54）Vgl., Müllensiefen, S.84.
（55）Briefe, Bd.2, S.23f.
（56）Kampagne in Frankreich, in: Werke, Bd.3, S.1024.
（57）TuJH 1795, in: Werke, Bd.3, S.1295.
（58）ヴェネツィア警句集より。Werke, Bd.1, S.174.

(59) グスタフ・レーテの有名な研究である『ゲーテのフランス戦役』は、第一章「ゲーテと戦争」を含んでいるが、残念ながら入手できなかった。
(60) Kampagne in Frankreich, in: Werke, Bd.3, S.966.
(61) Belagerung von Mainz, in: Werke, Bd.3, S.1057.
(62) Kampagne in Frankreich, in: Werke, Bd.3, S.1013.
(63) Brief an Voigt vom 10. Oktober 1792, in: Briefe, Bd.2, S.31.
(64) Reise in die Schweiz, in: Werke, Bd.3, S.1118.
(65) Ebda, S.1185. Vgl., S.1160. 後年のことだが、スイスの友人ハインリヒ・マイヤーによる故国の基本法の状態についての報告が、ゲーテを魅了した。Gespr., Bd.2, S.230.
(66) Müllensiefen, S.80.
(67) Bielschowsky, Bd.2, S.71.
(68) Müllensiefen, S.81ff.
(69) TuJH 1793, in: Werke, Bd.3, S.1283. Vgl., das Xenien, in: Werke, Bd.1, S.217.
何百年も前に一人の詩人がそれを歌ったって？
そんなことができるのか？　題材は昨今のことじゃないか。
(70) Müllensiefen, S.83ff.
(71) TuJH 1799, in: Werke, Bd.3, S.1311.
(72) Müllensiefen, S.88f.
(73) Gespr., Bd.1, S.333(1803).
(74) Müllensiefen, S.90ff., bes. 92f.
(75) TuJH 1793, in: Werke, Bd.3, S.1284.
(76) Houben, S.70f.
(77) Bielschowsky, Bd.2, S.250ff. ここで繰り返さなかった詳細が含まれている。Vgl. Einführung in: Briefe, Bd.2, S.183ff.
(78) TuJH 1806, in: Werke, Bd.3, S.1396.
(79) これについて、一八〇六年十月の日々の複数の手紙。Briefe, Bd.2, S.188ff.
(80) Brief vom 24. Dezember 1806, in: Briefe, Bd.2, S.200ff.

（81）Bericht Christiane Reinhards an ihre Mutter über Ausführungen Goethes vom 30. Mai 1807, in: Gespr., Bd.1, S.494. Vgl., Bielschowsky, Bd.2, S.328.
（82）講演は、Werke, Bd.5, S.234ff. 翻訳は、ebda., S.241ff.
（83）Bielschowsky, Bd.2, S.333.
（84）Goethes Bericht in der Paralipomena, in: Werke, Bd.3, S.1509ff. フォン・ミュラー首席大臣とタレイランの報告。Gespr., Bd.1, S.537ff. ゲーテの申し立てに基づくミュラーの報告。Briefe, Bd.2, S.238ff.
（85）Die Berichte von Talleyrand und Adolphe Thiers, in: Gespr., Bd.1, S.543f.
（86）TuJH 1808, in: Werke, Bd.3, S.1409.
（87）ゲーテは、一八一三年の四月に純心な学生たちで構成されたリュツォヴの狙撃兵部隊から祝福を求められたとき、祝福を拒まなかったが、それは正しい。Müllensiefen, S.100.
（88）Gespr., Bd.2, S.210ff.; Briefe, Bd.2, S.329ff. Vgl., Müllensiefen, S.97. ――ルーデンにつき、Vgl., Zeitler, Goethe-Handbuch, Bd.2, S.479f.
（89）Müllensiefen, S.105ff.
（90）このことには、一八一五年十月一日付でハイデルベルクから出されたフォン・フォイクト氏宛のゲーテの手紙にみられる、「魂の問題」としての領民の増加という良い結果についての仄めかしが関係している。Briefe, Bd.2, S.363.
（91）詳細は、Bielschowsky, Bd.2, S.102ff.; Witkop, S.250ff.
（92）「当地の活動の様々な分野について」という一七九五年の金曜会でおこなわれた講演において、民衆のある種の無関心に抗するイェーナの教授たちの態度について、ゲーテは次のように強調している。――それは「法律家に注目しよう」という言葉に帰着する。――彼らの教育活動は、市民的生活に大きな影響をもっているのだから、というのである。Werke, Bd.3, S.1547.
（93）ティボーがシラーから買い取った園亭で、ティボーの名を高めた『パンデクテン法の体系』（全二巻、イェーナ、一八〇三年）が書かれた。Vgl., Dichterjuristen, Bd.1, S.123（Thibaut und Schumann).
（94）Landsberg, Bd.III-2, Text, S.84.
（95）Briefe Goethes an Thibaut aus den Jahren 1808/09, in: GJb., Bd.10, 1889, S.42ff.
（96）Landsberg, Bd.III-2, Text, S.195 は、この画期的な専門論文の評価において、『西東詩集』に由来するゲーテの言葉と関連づけて、「巨匠の手の中では水も固まる」と述べた。Vgl., ebda., Noten, S.97.
（97）Landsberg, Bd.III-2, Text, S.226, 227, 245.

(98) Gespr., Bd.3, S.285(1826).
(99) たとえば、サヴィニーがとくにゲーテの『親和力』を評価したことが知られている。Vgl., Dichterjuristen, Bd.1, S.55, Anm. 86 (Savigny und Clemens Brentano).
(100) Vgl., ebda., S.63f. 関連文献への言及がある。
(101) ゲーテとサヴィニーの出会いについて、Vgl., Zeitler, Goethe-Handbuch, Bd.3, S.241 (Savigny).
(102) Landsberg, Bd.III-2, Text, S.233f.; Noten, S.105f. ついでながら、そのことを欄外に書き留めるために、ゲーテは一八〇九年にリーマーに対して、一定の法律上の禁止はなされないことがあるとの趣旨で表明した。なぜなら、それは当然にも自明のことであるからだ。Gespr., Bd.2, S.49f.
(103) Vgl., Else von Monroy, Ein neuerschlossener Goetheschatz, Goethes Briefe an Sartorius, in: JbGG, Bd.15, 1929, S.3ff.
(104) TuJH, in: Werke, Bd.3, S.1323.
(105) Landsberg, Bd.III-2, Text, S.32.
(106) Gespr., Bd.2, S.30, 33. コールラウシュとバウディッセンの報告を含む。コールラウシュの報告につき、Kohlrausch, Erinnerungen aus meinem Leben, Hannover, 1863, S.113f.
(107) Ebda., S.33.
(108) Landsberg, Bd.III-2, Text, S.532.
(109) Gespräche vom 21., 29., 31. August 1827, in: Gespr., Bd.3, S.426f., 429ff., 436ff. ガンスにつき、Vgl., Landsberg, Bd.III-2, Text, S.354.; Noten, S.166f.
(110) この言明は、『学的批評年報』に載ったようだが、これにつき、Landsberg, Bd.III-2, Noten, S.168.
(111) ヨハンナ・ファイト夫人の報告書による。Gespr., Bd.3, S.437.
(112) 『スイス旅行』。Werke, Bd.3, S.1145f. Vgl., Wohlhaupter, Das Recht im Leben und Werk Uhlands, in: Schmollers Jahrbuch, Bd.68, 1944, S.55.
(113) Wohlhaupter, ebda., S.62.
(114) Gespr., Bd.1, S.106.
(115) ホフマンは、一八二四年十二月三日のエッカーマンとの対話に、クラウレンの仲間の純粋な娯楽作家として登場するが、相応に評価されてはいない。Gespr., Bd.3, S.145. Vgl., Zeitler, Goethe-Handbuch, Bd.2, S.178f. (Hoffmann).
(116) ウーラントの詩集は、一八二三年にはもうゲーテを魅了することはできなかったが (Gespr., Bd.3, S.27)、ゲーテはウーラントについて遅くとも一八三二年には、政治家は詩人を食べ尽くす、と予言している（Gespr., Bd.4, S.437）。このことはもちろん、政治的文学に対するゲーテの一般的な嫌悪に関係している。Vgl. Zeitler, Goethe-Handbuch, Bd.3, S.452f.（Uhland）.

（117）インマーマンとゲーテとの一様ではない内面的関係については、詩人法律家としての研究（Dichterjuristen, Bd.2）で指摘する。ゲーテ自身は、一八二四年の時点では成長途中のインマーマンに関して、まだ正当な判断を形成しえなかった。Gespr., Bd.3, S.119. —— Vgl. Zeitler, Goethe-Handbuch, Bd.2, S.246f.（Immermann）.

（118）Gespr., Bd.3, S.135f.

（119）ゲーテの公式な回答および予約注文者一覧は、ヴィーラント・ドイツ博物館に移管された。Werke, Bd.5, S.52f. Vgl. Wolfgang von Wurzbach, Gottfried August Bürger, Leipzig, 1900, S.160f.

（120）Wurzbach, S.251ff.

（121）Gespr., Bd.3, S.204（1825）.

（122）Werke, Bd.1, S.198.

（123）Briefe, Bd.1, S.300f.

（124）Gespr., Bd.4, S.359.

（125）「クリンガーに捧ぐ」。Werke, Bd.1, S.583. Vgl., Zeitler, Goethe-Handbuch, Bd.2, S.350ff.（Klinger）.

（126）Vgl., Zeitler, Goethe-Handbuch, Bd.1, S.112ff.（Arnim）.

（127）こうした感情の変化については、ゲーテが簡潔に表明している。TuJH 1811, in: Werke, Bd.3, S.1427.

（128）Werke, Bd.5, S.210ff.

（129）Gespr., Bd.2, S.10.

（130）Gespr., Bd.3, S.215（1825）.

（131）Vgl. Paul Hankamer, Zacharias Werner, Bonn, 1920, S.171ff.; Zeitler, Goethe-Handbuch, Bd.2, S.542ff.（Werner）.; Dichterjuristen, Bd.2,（Zacharias Werner）.

（132）ヴェルナーの最初のワイマール滞在について、Vgl. Paralipomena, in: Werke, Bd.3, S.1508f.; Brief Goethes an Jacobi vom 11. Januar 1808, in: Briefe, Bd.2, S.219. ——すでに一八〇六年に、ヴェルナーによるルター劇『力の聖別』が、イフラントの客演でワイマールの舞台に上っていた。TuJH 1898, in: Werke, Bd.3, S.1384.

（133）一八〇八年十二月三十一日付のシュテッフェンの報告。Briefe, Bd.2, S.251ff.

（134）一八〇八年二月二十四日のこの戯曲の公演については、パウリーネ・ゴッターによってシェリングに報告された。Gespr., Bd.2, S.75.

(135) 後年になって、ゲーテはヴェルナーを辛辣で不当な警句「ヴェルナー氏、混沌たる詩人」でもって罵った。Werke, Bd.1, S.384.
(136) ゲーテのミュルナーに対する肯定的な評価は、一八二四年と一八二六年の対話にもみられる。Gespr., Bd.3, S.130 u. 261. Vgl. Zeitler, Goethe-Handbuch, Bd.2, S.635ff.（Müllner）.
(137) TuJH 1814, in: Werke, Bd.3, S.1434.
(138) Hans Paulmann, Müllners “Schuld und ihre Wirkungen”, Münsterer phil. Diss., 1925, S.151ff.
(139) 警句「厳しい男、額には皺が、ミュルナー博士と彼はいう」。Vgl., Werke, Bd.1, S.497.
(140) Max Hecker, Der Romantiker Graf von Loeben als Goetheverehrer, in: JbGG, Bd.15, 1929, S.69ff.
(141) Werke, Bd.1, S.494 u. 576.
(142) Werke, Bd.5, S.377ff. u. 420f. Vgl. Zeitler, Goethe-Handbuch, Bd.1, S.114（Arnold）.
(143) 三度の訪問については疑いないが、最初の訪問に関する報告とされるもの（Gespr., Bd.2, S.451f.）および第二の訪問に関する報告（ebda., Bd.3, S.128ff.）は文面が同じであることを確認した。この報告は、一八二四年のものとすべきだと考える。第三の訪問に関する報告は存在する。Gespr., Bd.4, S.142f.
(144) Gespr., Bd.3, S.292ff.
(145) Vgl. Zeitler, Goethe-Handbuch, Bd.2, S.7ff.（Goethe, August von）.
(146) Gespr., Bd.2, S.51（mit Riemer 1809）. まったく似たような表現が、一八〇九年九月二十六日付のフォイクト宛の手紙にみられる。Briefe, Bd.2, S.258f.
(147) 一八〇八年春のハイデルベルクへの出立について、TuJH 1808, in: Werke, Bd.3, S.1413.
(148) 一八〇八年七月二日付のクリスティアーネ宛の手紙において、ゲーテは、ティボーとフォスからアウグストについての良い報告を受けたことに言及している。Briefe, Bd.2, S.235. 一八〇八年十二月五日付の手紙においては、彼は息子自身に対して、友人たちの家での交際を望む旨の忠告をしている。Briefe, Bd.2, S.249f. ——それ以上の詳細は、遅まきながら知ったばかりだが、一八〇八年から〇九年にかけてアウグスト・ゲーテに宛てた、ゲーテ夫妻やリーマーやヴルピウス叔父の手紙類が示している。Goethjahrbuch, Bd.10, 1889, S.3ff.
(149) Brief vom 3. Juni 1808, in: Werke, Bd.2, S.228ff.
(150) Brief an Christiane vom 30. März 1810, in: Briefe, Bd.2, S.263.
(151) Briefe, Bd.2, S.276f.
(152) Briefe, Bd.2, S.285.

(153) 当時、一八一六年九月十九日付で父ゲーテの最新の手紙が出されたが、その中で彼は、真の法律家の心情をもって、すべての保証の引き受けに関して忠告している。Briefe, Bd.2, S.378.
(154) Werke, Bd.5, S.341f.
(155) その直前の一八三〇年九月十七日付の手紙でも、ゲーテはドイツにおける七月革命の影響について息子に知らせていた。Briefe, Bd.2, S.497f.〔本文中の「一八一三年」は「一八三〇年」の誤り〕
(156) Vgl. Zeitler, Goethe-Handbuch, Bd.3, S.361ff.（Stein, Friedrich von）.
(157) Brief Goethes an Fritz von Stein vom 23. Oktober 1793, in: Briefe, Bd.2, S.47f.
(158) 一七九八年十二月二十一日付のゲーテの手紙は、すでにフリッツ・フォン・シュタインの関心を軍事・国土参事に向けさせている。Briefe, Bd.2, S.120f.
(159) Bielschowsky, Bd.2, S.707.
(160) Briefe, Bd.2, S.287f.
(161) Vgl. Dichterjuristen, Bd.1, S.222（Goethe）. Zeitler, Goethe-Handbuch, Bd.1, S.676f.（Geistiges Eigentum）; Bd.2, S.197f.（Honorierung）; Bd.3, S.1f.（Nachdruck）, u. 322f.（Selbstverlag）.
(162) 海賊版出版者たちとその後援者たちは、もちろんこういわれねばならないだろう。「精神を有さない者は、精神を信じることはないし、したがって作家の知的財産をも信じることはない」。Gespr., Bd2, S.631.
(163) DuW, Bd.16, in: Werke, Bd.3, S.471. 少し異なった言い回しの詩につき、Werke, Bd.1, S.111.
(164) DuW, Bd.18, in: Werke, Bd.3, S.502, 505.
(165) そうした気分から、次の小詩（Werke, Bd.1, S.64）が生まれた。

詩人は天分を楽しむ、
美しい精神的な才能を。
けれども彼に焦眉の急が起きたならば、
彼は地上の所有物を切望する。
まさしく現実の機知が
曾孫たちを想起させるのだ。
それは地上の占有物なので――
私はそれに税金を払わねばならないのだ！

(166) Vgl., Briefe an Cotta, I, Das Zeitalter Goethes und Napoleons, hrsg. v. M. Fehling, Stuttgart, 1925, S.75ff.; II, Das Zeitalter der Restauration, hrsg. v. Herbert Schiller, Stuttgart, 1927, S.528ff.
(167) Gespr., Bd.2, S.80.
(168) TuJH 1810, in: Werke, Bd.3, S.1422.
(169) 詳細な叙述につき、Vgl., Arthur Benno Schmidt, S.29ff. 個別的事情が指摘されている。
(170) ベルリン大学教授のガンスに対して、彼が訪問した際に、ゲーテは、「ご覧なさい。これこそ最良の勲章です」という言葉とともに、プロイセンでの特権を示した。Gespr., Bd.3, S.430.
(171) 一八二六年三月の出版告示。Werke, Bd.5, S.599ff.
(172) Gespr., Bd.3, S.211.
(173) Werke, Bd.5, S.52.
(174) Gespr., Bd.3, S.516.
(175) Brief Schillers an Wilhelm von Humboldt vom Januar 1796, in: Briefe, Bd.2, S.72.
(176) ゲーテの注が付された翻訳。Werke, Bd.4, S.325ff.
(177) 『ラモーの甥』覚書。Werke, Bd.5, S.514f.
(178) Werke, Bd.5, S.1301ff.
(179) 存命中に悩まされた、生産的な人物という生活上の心痛を伴った記念碑に、ゲーテはなんの関心も抱かない。「陽気で善良な男がいる」という詩を参照されたい。Werke, Bd.1, S.422.
(180) Gespräch mit Kanzler von Müller vom 17. Dezember 1825, in: Gespr., Bd.3, S.148.
(181) Vgl., Dichterjuristen Bd.1, S.261.
(182) 詳細は、Houben, S.153ff.
(183) Werke, Bd.1, S.328ff. Vgl., Houben S.139ff.
(184) Schreiben Goethes an Regierungsbeamten von Koppenfels vom 27. Juli 1797, in: Briefe, Bd.2, S.98f.
(185) Gespr., Bd.4, S.113.
(186) 一八三〇年八月三十一日の協議（Gespr., Bd.4, S.295）は、息子の死の前になされた。一八三〇年十一月十九日の協議（Gespr., Bd.4, S.313）とは別の内容協議は、入手できなかったGespr., Bd.5で指摘されている。最終的な遺言書の草稿は、一八三一年一月五日に公表された。一八三一年一月の遺言状の内容についての記述については、Vgl., Zeitler, Goethe-Handbuch, Bd.3, S.433f.（Tod

Goethes).

## 八　円熟期（一八一五〜三二年）

ウィーン会議は、解放戦争の軍事的・政治的な成果を平和的作業の基礎づけに変換しようとしたが、同時にドイツの統一と自由への憧憬が達成されないことによって新たな嵐を引き起こした。そのあいだに、老ゲーテは理解しがたい神秘を畏敬しつつ[1]、ギリシア的な美やローマ的な秩序やドイツ的な深遠さに基づいて、完全な内面的平穏に到達していた。こうしてこの完璧な人物の仕事は、その頃からようやく象徴的なものとみられるようになった[2]。その際、自身において平穏なこの人格は、官吏としても詩人としても学者としても、いささかも休むことはできなかった。自伝的な著述に費やした生産的な小休止のあとで、彼は『ヴィルヘルム・マイスター』の修業時代から遍歴時代の続篇へと向かい、畢生の大作たる『ファウスト』を完成させ、世界文学の大全集に自身の諸作品を提供し、とりわけ翻案をつうじて、「ドイツ語による世界文学」を産み出そうとした[3]。これは彼の後期における、お気に入りの構想として知られている。この老人は日々の予定を固く守ったので、彼の時間は、訪問で一杯になっても――対話集の諸巻さえその一部にすぎない――、完全には使い尽くされなかった、といわれる。誤解でなければ「天才は努力だ」という言葉はゲーテに由来するものだが、彼は正当な憤激をもってジャン・パウルの箴言を踏まえつつ以下の詩節を拵えた。ところで、「人間は二分半のうち、一分は笑うために、一分は苦しむために、そして三十秒だけが愛するためにあり、この三十秒の只中で死ぬのだ」というジャン・パウルの箴言は、フォン・シュピーゲル夫人が孫のヴァルターの血統証明書に書き込んだものであった。

一時間は六十分ある、
一日は千分以上ある。
息子よ、学問は君にとって、
成し遂げうるすべてをもたらす。[4]

周知のように、ゲーテはリーマーおよびエッカーマンにおいて——後者は何学期か法学を学んでいた——、理解力のある協力者を育てた。建設部長のクードレー、家庭医のフォーゲル博士、首席大臣であり練達の法律顧問官であったフリードリヒ・フォン・ミュラーは、ゲーテの定期的な訪問者であった。[5]

### 1　官職的なことと政治的なこと

1．ゲーテの公職の範囲は、首席国務大臣への任命によっても些かも変わることはなかった。すでに知られているように、持続的で個別事案として依頼される公務上の活動が、復古時代の新たな政治的状況に伴って論議されねばならなかったからだ。そういうわけで、一般的に述べるにしても、ここには官職的なことと政治的なことが絡み合ってくるのである。

ハルトゥングの造詣の深い見解にしたがって[6]、たとえゲーテの公務上の活動についての総決算が時折り書かれるほど輝かしいものではなかったとしても、ゲーテは正当な誇りをもって、君主制の時代に到達しうる公的事柄の状態を回顧することができる。エガーの警察署長グリューナーとは、ズデーテン地方の温泉地での湯治逗留の際に親しくなったのだが、そのグリューナーが一八二五年にワイマールを訪問して滞在したときに、彼はゲーテに促されて、刑事裁判と刑務所および非行少年のための教護院を視察した。[7]

大公カール・アウグストは、全ドイツの諸侯の中で最初の領主として、すでに一八一六年には領地に憲法を授けていたのだが、このことはゲーテの喜ぶところとはならなかった。一八一六年四月七日に、王座の側近である国務大臣ゲーテは、反対の感情を抱きながら領邦等族の忠誠の誓いに立ち会った。こうした新しい憲法については、彼は何も持ち合わせていなかったのである。[8] そして領邦議会がかつて学芸委員会に、つまりゲーテに、国家予算を超える一一、七八七ターラーの決算報告を要求したとき、彼は領邦の代表者たちに一枚の紙片を届けさせた。そこには歳入・歳出・残高という三つの言葉とともに、それぞれの金額と彼の署名が記してあった。[9] その一方で、彼は公爵に対して、年度ごとに具体的な決算を提出したので、それを領邦議会は簡単に書き写すことができた。領邦議会では、ラコニア人のように言葉少ない予算書についての当初の哄笑は、予算演説者の鋭い批判によって間もなく撤回された。そして領主の介入だけが、癇癪から大臣を守ったのである。

ゲーテにとっては、出版の自由が新しい憲法による不幸を孕んだ贈り物に思えた。いかにゲーテが、当時の現象を注視しつつ、利害状況を洞察したかについて、彼の立場は一目で理解できる。「検閲と出版の自由とは、いつでも相争うものだ。検閲を要求したり実行するのは権力者だし、出版の自由を欲しがるのは少数者だ。権力者は、その計画についても行為についても、差し出がましい抵抗勢力によって妨げられるのではなく、耳を傾ける用意がある。少数者は、不服従を正当化する根拠を表明する用意がある。こうしたことが、どこでも妥当だとみなされるのだ[10]」。ここから彼のために生じたのは、次の命題であった。「誰かが悪用しようとするならば、出版の自由を求めて誰も喧しく叫ぶことはない[11]」。彼の詩歌からも、同じ趣旨の表明の詩文を集めることができる。

何が諸君に聖なる出版の自由を
効用や利益や成果のために与えるのか？
そこから諸君はある現象を手に入れる。
世論という深い軽蔑をだ[12]。

彼はさらに考える。すなわち検閲においても、一般的な効果があるものや長年にわたって培ってきたものを申し立てることはできるのだが、出版の自由はそれらと矛盾する見解を隠蔽することもあろう[13]、不愉快な真実も、言葉で圧殺することによって、容易く墓場にまで持ち込むことができる[14]、と。ゲーテは経験したことがなかったけれども、自由な意見表明の抑圧は――責任を弁えた意見表明であって単なる煽動的なものではなかったと解しても――、きわめて重大な内外の政治的危険を引き起こしかねなかった。この点では、首席大臣フォン・ミュラーが伝えるところでは、ゲーテはそれについて議論の余地がないほど、一面的かつ専制的に考えていた[15]。出版の自由に関する最初のワイマールでの経験は、下層の者にも権利を与えることであったようだ。イェーナでは、政治的な雑誌が大地から湧き出る茸のように出現した。『ネメーシス』や歴史家ルーデンの『国制資料』、自然科学者オーケンの『イシス』、フリース教授の『ドイツ青年の空飛ぶ新聞』、そして詩人の息子のルートヴィヒ・ウーラントによる『国民の友』である[16]。とりわけオーケンの『イシス』は、早くも一八一六年八月一日付の第一号において、新憲法についての激しい批判をもたらした。その中には基本的な権利がまったく見当たらなかったからである。ゲーテは、大公から裁決を促されてその雑誌の禁止処分を勧めたのだが、しかしながらオーケンへの個人的な干渉は思い留まらせた。ゲーテはその学問的な意義を、オーケンとの学識上の確執にも拘わらず、認めていたからである。大公は当時は禁止処分には躊躇していた。しかしながら、最終的には一八一九年になって、『イシス』の向こう見ずな論調に直面して[17]、しかもそれは他の諸国への抵抗を挑発するものだったので、オーケンの職位を剥奪し『イシス』を禁止するべく提案する以外になかった[18]。出版の自由に対する大公の敵意を、ゲーテは一時的にだが、一種の半文化を大衆に持ち込んだり[19]、時代におもねるだけの新聞にも転用した[20]。一八二九年には、友人ツェルターに伝えたように、彼は新聞を読むことを一般的に禁じた。それによって多くの有意義な労働時間を確保できると信じて[21]、彼にとっても必要な刺激の充足に公然と反抗したのだけれども、そうした刺激は、彼が何十年にもわたって新聞から引き出してきたものであった。

2．復古と反動の時代にあって、大公国の領邦大学はドイツの学生組合《ブルシェンシャフト》のために合法的な基盤を提供したが、その結果、一八一七年のヴァルトブルク祭に最大限の動員をかけるといった、厄介な試練が大公国に立ちふさがった。ゲーテは、時代の嵐の中でどこに立場を採ったのか？　ゲーテが、首席大臣フォン・ミュラーと諸君主および彼らの反動的な奮闘についての対話を始めたとき、首席大臣に反対して自身の立場を古典主義的にこう定式化した。「現在するものを維持し革命的なものを予防するという原則において、私は彼らと［諸君主のことと思われる――ザイフェルト］完全に一致し、それについては単なる中立的な立場ではありません。彼らは救済のために無知と闇を呼ぶけれども、私は悟性と光を呼ぶのです[22]」。ゲーテは、ドイツの自由と統一を求める当時の大きな要求については、けっして敵対者ではなかった。ゲーテにすれば、ファルンハーゲンが枢密顧問官のシュテーゲマンに宛てて書いたように、「ゲルマン人のすべての自由は、とっくに集約されていた」からだ[23]。ズルピッツ・ボワスレーは中世芸術の再発見者としてゲーテに好まれていたが、一八一五年の彼との政治的対話において、ゲーテはたしかに貴族制を統治の最善の形態として評価した。君主が過激派を愛することはないまでも、国民の要求にそれなりに寄り添うならば、立憲制のもとでも大変革を懸念することはない、とも彼は信じていた。[24] 度量衡において、日々の営みと交流において、さらには相互の友愛や外的脅威に対する抵抗において、ドイツの統一に向けた彼の意志は、一八二八年十月二十三日のエッカーマンとの記念すべき対話が明瞭に表現している。その際ゲーテは、ドイツのあらゆる地域に一様に行き渡っており、如何なる場合にも唯一つの首都による中央集権制の犠牲にはなりえないような、称賛すべき国民文化の維持を望んだ。[25] こうして彼は、関税同盟をも、ドイツの統合への紐帯として歓迎したのである。[26] そうした心情に支えられて、ゲーテと大公とは、一八一七年のヴァルトブルク祭の参加者たちを、つまり全国のあらゆる地方出身の五〇〇名の学生と彼らに協力したイェーナの教授たちを、ウィーンとベルリンの宮廷がこうした示威行動について大いに憤慨したときにも、擁護したのであった。[27] ザクセン＝ワイマールの利益に適う状況処理を試みて、ゲーテは一八一八年夏のカールスバート滞在を利用したのだが、それはシュヴァルツェンベルク侯もメッテルニヒもゲンツも居合わせていたからであった。いずれにせよ、そうした試みに際してゲンツは、ゲーテが「学生の狼藉に直面しながらの中立性への気取った努力」に気づくものと信じていた。[28] コッツェブーがワイマールで、いわばゲーテの鼻先でロシアの代理人として活動していたことは、反動的な仕方に対するゲーテの共感を強めるどころか好ましいものではなかった。[29] それでも、ゲーテはその客観性によって、詩人コッツェブーをその才能の範囲内で公平に取り扱った、[30] つまり、劇場の上演演目に関する彼の仕事を論じたのである。[31] これに対して常にコッツェブーは、ゲーテの高度の芸術を貶めることに懸命であった。[32] ゲーテは、コッツェブーをそのことで咎めた。

自然は君に素敵な才能を与えた、
何千もの人々が持っていないほどの。
だが自然は君のもっと素敵な功績は拒んだ、
外国の利益の喜びで評価するための。[33]

にも拘わらず、ワイマールの大臣ゲーテにとって、一八一九年三月に起きたイェーナの学生組合員ザントによるコッツェブー暗殺以上の不愉快な知らせはなかった。同僚のフォン・フォイクトをゲーテは称えて、このような知らせが二度と到達することはなくなったと喜んだのだが。[34] イェーナの教授たちが、彼らの聖職禄を失うことを恐れて、まったく責任を取らないことに、ゲーテは怒っていた。[35] メッテルニヒの圧力のもとで実現され、大学や教師たちの教授の自由や学生組合を含む学生たちの結社に向けられたカールスバート決議は、とりわけイェーナおよびザクセン＝ワイマールに対する明確な当てこすりであることを示したが、このことを、当の領邦大学は堪え忍んだ。プロイセンとロシアは、両国の学生たちにイェーナ大学に赴くことを禁ずることで、そこから法的保護を奪った。オーケンとその『イシス』が周知のように犠牲になったことも、不信感を払拭するものではなく、一八一九年にゲーテがイェーナ大学の管理者の職務を引き受けても、それにはけっして成功しなかった。その職務は彼の年齢のゆえに、もはや無理強いされることがなかったからだ。[36] この嵐がなんとか過ぎ去ったあとになって、ゲーテの政治的な無関心が、すでに多くの証言が関与しているように、強く増進したとしても、それは驚くべきことだろうか？　一八二四年に首席大臣フォン・ミュラーとの対話の中で浮かび上がったものだが、ドイツの諸大学での煽動的な策謀の歴史を叙述するという計画は、二十世紀になってようやく公表されることになったといえ、[37] 決して着手されることはなかったのである。

「革命と革命の間」――一七八九年革命と一八三〇年革命のことと思われる――、ホウベンは、政治家ゲーテに関する教示に富んだ著作のある章に、そのような標題を付けた。最後の部分では、ゾレが一八三〇年に伝えた逸話も収められている。[38] 一八三〇年の春以来、キュヴィエとジョフロワ・ドゥ・サンティレールとは、ある重大な原理論争で対立していた。そこで問題となったのは自然科学における分析や総合ということであり、また何について当時のフランスの新聞は詳しく報告したかということである。一八三〇年七月には、この二人の偉大な学識者の公開討論がパリでおこなわれることになった。自然科学者でもあるゲーテは、この議論の冒頭に格別に関心をもった。というのも、キュヴィエが勝てば、それはゲーテの学問的な基本理論の勝利を意味するからである。一八三〇年八月二日の午後に、七月革命の知らせを抱えてゾレはゲーテを訪問したのだが、ゲーテは逆にゾレに向かって、「この偉大な出来事についてどう思いますか?」と尋ねた。そこでゾレがその政治的見解を、つまりブルボン家への軽蔑を表明したところ、ゲーテはこう応答した。「でも私はこれらの人々について、まったく語ることができません。そのことは私と何の関係があるのでしょう? 私は、キュヴィエとジョフロワの偉大なる論争について語りたいのです」と。老人が政治的駆引きに疲れたとしても、誰が彼を悪くとるだろうか! ともかく、一八三〇年九月十七日付の、当時イタリアに滞在していた息子宛の手紙は、七月革命のドイツへの影響について好意的に記している。ゲーテはそうした影響を、事実に即した報告として伝えたので、ゆえに息子は新聞報道によっても驚くようなことはなかった。[39]

3. 再び一八一七年という年に戻るならば、ゲーテはこの年を宗教改革の祝賀年としても言及した。個人としては宗派的なルター主義に冷淡ではあったが、彼は常にプロテスタントであると自覚しており、自身ではこう結論づけていた。[40]

私もまた神から与えられた力を
使わずに失うべきではあるまい、
だから芸術と学問において
いつでも抗議しているのだ。(41)

宗教改革記念年のための交声曲《カンタータ》の草稿が遺されている。(42) ゲーテはキリスト教に対しては概して生涯の末期に多くの不道徳な行為の赦しを請わねばならなかったのだが、(43) 彼がここで宗教改革祭に興味を示していることは、ロマン主義への重大な抗議と関わっている。ゲーテはこうした抗議を、友人のハインリヒ・マイヤーと共同で、同じく一八一七年に声明『新ドイツ教の芸術』に書き記していた。(44) その際も、如何にしてゲーテがロマン主義の初期には共感を抱いており、如何にしてロマン主義によってとりわけ『ヴィルヘルム・マイスター』とともに高められてきたかを考慮するならば、それは不道徳な行為なしになされてきたわけではない。彼の後年の定式「古典主義は健康であり、ロマン主義は病気である」(45) は、歪曲されて現れたのである。

美しい思慮深さによって知られる老ゲーテが、冷静な考察をする気になれなかったいくつかの事柄がある。彼の魂の敏感さは、ウルリケ・フォン・レヴェツォウへの愛による魂の動揺において明らかになったのだが、その甘美な果実として『マリーエンバートの悲歌《エレジー》』が生まれた。

4．最後の十年間は、お祭り的な時間をもたらした。一八二五年は、ザクセン＝ワイマールおよびその君主との出会いから五十周年目となり、(46) これとの関係で顕彰が続いて、イェーナ大学から名誉哲学博士号および名誉医学博士号が贈られ、故郷の町〔フランクフルト〕にとっての記念となった[47]。誕生日が真面目さと厳粛さを増していくにつれて、ゲーテにおいてますます明らかになったのだが、長く生きる者は、多くの者が墓に入るのを見届けねばならない。一八一六年にはクリスティアーネが、一八一九年には長いあいだ同僚であったフォイクトが[48]目を閉じた。続いて一八二七年にはフォン・シュタイン夫人が、一八二八年には大公が、一八三〇年には大公妃のルイーゼと息子のアウグストが亡くなって、切り裂かれるような喪失感のみを際立たせることになった。

## 2　ゲーテの法律家感覚

ゲーテの人格の調和的な円熟は、形式的な要素に埋没することなく、最後の十年間においても法律家が常に聞くべきことが対応していた。イェーナ大学法学部による祝賀決議文に対する一八二五年十一月二十四日のゲーテの謝辞では、以下のように述べられている。「まさに今日の瞬間、私は大いに喜ばねばなりません。それは昔日の若者の中にあって、あらゆる法的な洞察の根拠として、つまり法律的な思考および判断の基準として、次代においても反論なく是認されるものが守られていたことであります。そうです、少々付け加えさせてください。この専門領域が当時において今日のように大学《アカデミー》で遇されていたとするならば、私は大いに熱心にそれに没頭したことでありましょう[49]」。真の法律家の特性は――傾聴者にして選択者（audiatur et altera pars）[50]の恒常的な顧慮、つまりどのような事物からも何事かを作り出す弁護士の能力は[51]――、依然として彼がまったく同感するところであった。万能の統治者なる方法には反対して、彼は秩序へのいかなる努力に際しても、冷静と善行という重要な原理を告知した。ゲーテは一八二四年にエッカーマンにこう述べている。「人間は互いに調和すべきだ、などと希求することこそ、大いなる愚行だ[52]」。すべての人間を、つまりはすべての出来事を固有の意味で捉えるべく準備することを[53]、彼は自身のためにも要求したのである。

僕が自分の鞍に跨がることだけ認めてくれ！
君らは自分の小屋、自分の天幕に居てくれ！
そうすれば僕は愉快にどんな遠い所にも駆けて行く、
僕の帽子の上にあるのは星々だけだ[54]。

ゲーテの法律家感覚は、彼の晩年の二、三十年間の数多い発言・詩歌・箴言・対話の中にあらためて示されている。ここで取り入れようとする収穫物は、一部は普遍的な法と国家の学識に属し、一部は法史学および民俗学に属する。

1. ゲーテの処世訓（Lebensweisheit）の全体においては、それは何よりも短詩や『箴言と省察』に現れるように、法学識（Rechtsweisheit）が欠けることはない。「二つの平和的な権力がある。法と嗜みだ[55]」。今やゲーテは、基本原理に即して、法秩序の枠組みの中で個々人に出来する不正行為ならば、無法世界よりも容易に耐えうると確信するに至った[56]。たとえそうだとしても、如何に不正も不法も無情も魂の深みで彼を傷つけたかということについては、やはり疑念の余地はないのだが[57]。彼は法律に対して、方法的には、可能を達成するために不可能を意欲する指導原理を供与し、内容的には善の基準を拡大せよと要求する代わりに悪の基準を縮小する課題を供与した[58]。それはそうとして彼は、すでにシュトラースブルク命題において示されていた基本的見解との合致の中に、法律の自然的な高齢化が生じているのを見出していた。つまり、法律家なら注目し法の適用に際して顧慮するはずの、時間的経過が生じているのを見出していたのである[59]。権利と義務の相互連関も知られている。「もしも人々に義務を求め権利を認めないならば、人々に善く報いねばならない[60]」。独特の謙虚さとともに、彼が天性の裁判官として望んだのは、達成できない最善を越えて達成可能な善に関わる裁判官なのである。[61]

2．ゲーテの国家学識の源泉はなおも豊かに流れ出し、そこからは独特の核心的思考が浮かび上がる。国民性（Volkheit）と国民（Volk）の優れた区別は、彼のおかげである。

我々は自分たちの言語の中で言葉を用いる。子供性が子供に関わるように、国民性と国民の関係を言葉が表現するのである。教育者が、子供ではなくて子供性を聞かねばならないように、立法者や統治者は、国民ではなくて国民性を聞かねばならないのだ。後者は、常に同じことを表明し、理性的で安定的であり、純粋かつ真実である。前者は、大声の意欲の割りには、自分の意志が何であるかをけっして知ることはない。またこの意味で、法律とは、一般的に表明された国民性の意志であるべきだし、ありうるのである。意志というものは、多数者はけっして表明することがなく、分別のある者が聞き知るものであるのだが、理性的な者が叶えることを弁えて、善良な者が叶えることを好むものなのである。[62]

これについてさらに考えることで、彼は国民の政治的な成熟という問題に到達した。彼はこれを世代問題とみたのだが、それは若者は出しゃばりだし老人は元気がないからであり、これに対して独自に成熟した者は、実利的な商売に割り込んでは驚くべき仕方で切り抜けているからである。[63] このことには、別の思考も関係している。平穏な所有を評価することを弁えない若者は常に民主主義的であり、取得したものが保障され子孫に相続されることを望む老人は、常に貴族主義的であると考えられる。[64]

一八一八年四月十九日の春の朝、喜ばしいドルンブルク行きの際に、ゲーテは男爵夫人フォン・エグロフシュタインと首席大臣フォン・ミュラーに対して、その国家論の基本を明晰さと温かさをもって開陳した。彼ら同行者自身の言明によれば、あたかもそれがゲーテ本人の体験したことではなかったかのようにして、[65]である。宗教と倫理的教養とを、ゲーテは「国家機関」の主目的として際立たせた。超世俗的な起源の保証として、人間には形而上的な憧憬が付き物である。宗教は、かの精神的帝国の法と人間界の倫理性のあいだに平和を設定するべきである。道徳がカントによって快楽主義の誘惑から解放されて以来、独自の法にしたがってのみ生き、外的な生活圏に恣意的に干渉しようとする野蛮を緩和するという正しい意味において、道徳は機能するのである。こうした野蛮と恣意に制限を加えることを、国家的団体は一括してきたので、すべての実定的な法律は、個々人による自力救済を相互に防止する不充分な試みにすぎない、というのである。

臣民によるなんらかの自然法的な諸要求の不可欠性というゲーテの確信に伴って免れえないのは、それらの臣民が統治に必然的に反抗する状況が存在するということであろう。一八二三年には、ゲーテ自身が、反抗という不運に遭遇したと考えていた。彼は「存続するものの永遠の非難という暗い円環を」彷徨ったのではなく、むしろ反乱と革命とを作ったとさえいえる。[66]だからといって、革命時の外的な法は、周知のところで、フランス革命時の外的な法は、これをまったく毛嫌いする思想家ゲーテによって是認されたのだろうか？　彼は単なる改革欲からのみ次のことを知ろうとしたことはない。すなわち「人間は政治的な事柄においては、病床にあるのと同様に他方に反転すべく身を投じ、思想においては、改善すべく身を投じるのだ[67]」と。すべての革命の危険が明確に認識されていたわけだが、それはまさに、革命は極端を回避することができないからである。濫用を取り除くことを始めると、知らぬ間に流血や残虐の深みに入ってしまうからなのだ。[68]ワイマールの軍事予算の容赦ない減額者たるゲーテには、次の重大な見識が浮かび上がってきた。「拡張され、防衛のために見積もられた状態には、いかなる国家も耐えられない」[69]。

そのような基本的確信から、個別問題に対する立場が生じた。死刑の維持は、その廃止に際しては常に血讐が再び扉を叩くためである。[70] 強制接種の維持は、この処置の偶然の拒絶ですら全体的慈善に反する小さな害悪を作り出すからである。[71] ポーランドの没落に関するラウマーの本の禁止を擁護したのは、この本が一般的なポーランド熱の時代におけるプロイセンのポーランド政策を仮借なく照らし出したためなのである。[72] 結婚の神聖についてのゲーテの厳格な根本原則や、とりわけ『親和力』の中で印象深く充分に伝えられているように、離婚に対する彼の反感は多くの驚きをもたらした。というのも、彼の男としての寛大さは広く知れ渡っていたからである。[73]

ゲーテの法および国家学識のこうした詞華集は、政治と文学の関係についての独特な思考によるのと比べて、うまく締め括られているわけではないことに気づかされるかもしれない。ナポレオンの名言「政治は運命なり」を、ゲーテは評価しようとしたものの、[74] それは青年ドイツ派を直視したうえで語られた「政治は文学なり」とは異なる。詩人ゲーテは、政治的活動を目の敵にしていたが、彼の自由な精神を断念して、ある政党観を信奉せねばならなかった。[75] すでに早くから、彼はベランジェに関してこう表明してきた。「一般的に、純粋に文学的な素材は、政党観という純粋かつ永遠の自然的事実として、政治的な素材にはるかに先行している」と。[76]

3．ゲーテにおける法史学的関心については、彼の晩年の二、三十年間からも事例が挙げられる。ローマ人の法・国家の文化に対するあらゆる賛嘆は、彼のイタリア旅行の報告に顕著であるが、その際、彼には十二表法はくだらない編纂物に思えた[77]――大いに不充分な報告の結果なのだが。彼にもっと近いところには、ドイツの法古事が存在していた。こうして彼は、一八一四年秋のラインガウ旅行の途次、いわゆるライヒスタールのカイザープファルツ・インゲルハイムを訪れた[78]。一七九七年のスイス旅行では、シャフハウゼンのライン滝で、ヴェルトの小城の所有者たる某ゲルツァー氏から、この「投げ封土」の法的関係についての報告を受けた[79]。彼は名前を正しく述べているのだが、貸し主は義務違反の場合に借り主を封土から押し出す（投げ出す）ことができるというのである。相続性は、具体的な事例では、ゲーテが一七六二年に世襲封土認可状から引き出したように、合法的に存在するのではなく、むしろ事実において存在する。教会法の古事が繰り返し彼を魅惑したが、それはたとえば、ジンスハイム・アン・デア・エルゼンツ（ネッカー川の支流域）では、カトリックとプロテスタントによる教会財産の独特の共同管理であり[80]、ケルンでは大聖堂の無資産性であった。この大聖堂は、一八〇六年以降は帝国財団として、また建物の保全のために規定された教会建築用財産と聖職禄用財産との統合によって、最も貧しい教会になっていた[81]。エーガー出身の友人である法律家グリューナーから、ゲーテは、ズデーテン地方における牧師の任命の際に慣例の儀式、つまり教会の法的慣習についての、さらに当地の教会寄進者の権利についての詳細を聞くことを望んだ[82]。

ビンゲンの聖ロクス祭（一八一四年八月十六日）[83]は、本質的には教会の祭であるものの、実は奪回したライン左岸に関する喜びの表現とされるのだが、それについてのみごとな記述に気づくことで、法民俗学の対象となる。一八〇四年の日誌には、ゲーテが如何にして自分の財産を政治的異議に抗しながら民衆の慣習[84]の維持のために用いたか、が報告されている。イェーナ大学の貧しい若者たちは、走り使いとして僅かな収入を得ていたのだが、彼らはイェーナの家庭から出る使い古した箒に対する権利を守ることを心得ており、この箒を聖ヨハネ祭の夜にハウスベルク山上で火を燃やすことに用いた。このような慣習を維持することへの願望を、ゲーテは四行詩でこう表現した。

ヨハネ祭の火は邪魔されず、

喜びが失われることはない！
箒の先はいつでも磨り減るし
若者はいつでも生み出される。(85)

奇妙な似而非《えせ》法の典拠もゲーテに負うのだが、それによれば、使用人のところで見出された食料品は、盗まれたものとはみなされないという。(86)

古事物をつうじて『北ガヴィア古事誌』（Antiquitates Nordgavienses）に言及するならば、ゲーテは、フランケン地方の帝国教会の公会議における異教徒の風習の禁止に注目した。(87) すでに早くチューリヒにおいて、「鐘の仕来り」が彼の注意を惹いていた。血の裁判がなされていたので、十一時の鐘が鳴るということは特赦の合図であり、それが鳴らないということは、罪人が十一時半に処刑場に連行されるという合図であった。(88)『ヴァレンシュタイン』における帽子や、スペインのアルカルデという小都市といった、法的象徴の対象にもゲーテは着目している。後者を挙げるのは、「王の名において」という言葉に由来するからで、無条件の服従が保障されているためである。(89) すでに何度も言及してきたエーガーラントの友人グリューナーは、イギリスにおける印象深い死者の慣習について、ゲーテに伝えた。そこでは、故人は自分の部屋に置かれた開けたままの棺の中に安置される。そして親族や友人や隣人が葬儀のためにやって来たときに、故人の枕頭にいわゆる代理人が進み出る。彼は故人の名前で皆を注視したり訓告したあとで、皆に別れを告げ、意図的なまたは無意識の無礼について謝罪するという(90)――美しい大衆的・人間的な、ゲルマン法におけるザルマン、つまり遺言執行者の言い回しである。しばしばこうした時間の指摘は、迷いを正道に立ち戻らせるためには充分である、とグリューナーは確言した。

民間信仰に対しては、(91)ゲーテは詩人として好意的に向き合っており、メーザーの著作から祖先たちの迷信についての箇所を抜き書きしたり、自身の見解の出発点にしたりしている。思うに、詩集には収録されなかった詩作である、「破門」のきっかけにもなっているのである。(92)論文の中には、「迷信は生の文学《ポエジー》である」という重要な言葉も見出される。もちろん彼は、文学と迷信の相違について、迷信は人間を魔法の綱のようなもので縛り付けるが、文学はその悪戯な蜘蛛の巣から自己を解放するという自由を留保する、というようにみている。ゲーテはスイスから、「境界石」の迷信も伝えてくれる。シュヴィーツ人が、シュヴィーツとチューリヒの境の目印とした「境界石」にチューリヒの紋章の側で躓いたときには、チューリヒ州《カントン》全体に災いが生じる、とシュヴィーツ人たちは信じていた。(93)

これらの個別性に対応して――卓越した人物が個別的に考えたことは、心に残るけれども(94)――個別的な人物やその展開の全体に、つまりその業績と思想にあらためて視線を戻すならば、以下のことを知ることになる。すなわち、ゲーテの中の法律家は一部を構成するにすぎないけれども、本論稿がここまで示してきたように、それは非常に意義深い一部なのである。なぜなら、秩序と正義の諸原理は、法律家としてのゲーテにのみ属するものではないからである。彼は、その生涯と創作にとっての本質的な基礎をなす原則なしには、全体として思考することができなかった。まさにそうした原則は彼の倫理的な本質へと導くものであるのだが、この本質とは、鉱山官吏のマールがゲーテの八十一歳の誕生日にキッケルハーンから同行した様子を想起したときに、マールが言葉に言い表したものだ。「彼は愛そのものだった」というのである。(95)

ゲーテが眠りに就いたので、時間はもはやこれ以上遠ざかることはなくなった。彼は当時、キッケルハーンにおいて次のような不滅の詩歌を感動しつつ読みあげていた。

あらゆる峰々の上に
眠りがある、
あらゆる梢の中にも
君は息吹を
感じることはない。
小鳥たちは森の中で沈黙している。
待て、間もなく
君も眠りに就くのだ。

一八三二年三月二十二日、ゲーテは目を閉じた。

**原注**

（1）周知のように、ゲーテの宗教に対する見解は、最も的確には哲学的汎神論と解されている。Vgl. Kurt Hildebrandt, Goethe und der deutsche Pantheismus, in: Kieler Blätter 1943, S.1ff.; Günther Müller, Die Religiosität Goethes, in: Der katholische Gedanke, Bd.5, 1932, S.119ff.

目が太陽のようでないとすれば、
いかにして我々は光を見ることができようか？
神ご自身のお力が働かないとすれば、
いかにして神的なものが我々を熱狂させうるのか？

Werke, Bd.5, S.1146（『色彩論』草稿より）. ゲーテによる人間の普遍的宗教をキリスト教の立場から分析したものとして、Eichendorff, S.281ff., 294ff.

（2）Gespr., Bd.3, S.106.「私は仕事や行為のすべてを常に象徴的なものとみなしてきた」（一八二四年のエッカーマンとの対話）。

（3）一八二七年一月三十一日に、ゲーテはエッカーマンにこう語った。「国民文学は、多くを語ろうとはしない。世界文学の時代がやって来たのだ。誰もが今や、この時代を早めるべく活動せねばならない」。Gespr., Bd.3, S.339. Vgl. Fritz Strich, Goethe und die Weltliteratur, in: JbGG, Bd.18, 1932, S.150ff.

（4）Briefe, Bd.2, S.463.; Gespr., Bd.3, S.446.

（5）詳細は、Bielschowsky, Bd.2, S.489ff.

（6）Hartung, Goethe als Staatsmann, S.308.

（7）Gespr., Bd.3, S.220, 223. こうした施設の状況につき、Vgl. Friedrich Wilhelm Lucht, Die Strafrechtspflege in Sachsen-Weimar-Eisenach unter Carl August, Berlin-Leipzig, 1929.

（8）ゲーテは、望みさえすれば、冷たい「領邦議会のための乾杯の辞」（「個人の幸福」のことと思われる）、おそらく一八一七年の会議のための乾杯の辞にみられたよりも、もっと温かい口調で語ることができた。Werke, Bd.1, S.480.

（9）Houben, S.107f. 年度の記述（一八二〇年または一八三一年）は、不確かである。

（10）Goethe, Maximen und Reflexionen, in: Werke, Bd.5, S.819.〔以下 MuR〕

（11）Ebda., S.837.

（12）Werke, Bd.1, S.494.

（13）さらに、詩歌「何を私は言いたいのか」と「ああ、自由は出版を甘くする」がある。Werke, Bd.1, S.516.

（14）詩歌「言ってくれ、いかに真実たりうるかを」。Werke, Bd.1, S.520.

（15）Gespr., Bd.2, S.637 (1823).

（16）Bielschowsky, Bd.2, S.64.

（17）『イシス』においては、四行詩が血統証明書に書き込まれている（Werke, Bd.1, S.479）。

それは何事にもすばやく入り込む、
血気と箒を携えて、
けれど教皇派でもありたい、
それが奇妙な存在だから。

(18) さらなる詳細は、Vgl., Houben, S.109ff.
(19) Gespr., Bd.3, S.57 (1824).
(20) A：言ってくれ、なぜ君の気に入る新聞がないのか？
B：僕は新聞が嫌いだ、それは時代におもねるからだ。——Werke, Bd.1, S.430.
(21) Brief an Zelter vom 29. April 1829, in: Briefe, Bd.2, S.486.
(22) Gespr., Bd.3, S.10 (1823).; Bielschowsky, Bd.2, S.469.
(23) Bielschowsky, Bd.2, S.476.
(24) Gespr., Bd.2, S.356f.; Briefe, Bd.2, S.366.
(25) Gespr., Bd.4, S.46f.; Briefe, Bd.2, S.479f.
(26) Gespr., Bd.4, S.128 (1828).
(27) Feine, Das Wesen des Deutschen Staates, S.99f.
(28) Gespr., Bd.2, S.424.
(29) コッツェブー（一七六一～一八一九年）は、ワイマール生まれで、法学を学んだのち初めは故郷の町で、次いでペテルスブルクで弁護士業を開業した。間もなく一七八一年以降に司法職に就いた。そこで一七九五年まで幹部として勤務したが、解放戦争以後はロシアの政治的代理人となった。したがって、彼も詩人法律家に属している。——Vgl., Gerhard Stenger, Goethe und Kotzebue, in: Breslauer Beiträge zur Literaturgeschichte, Bd.20.; L. F. Thompson, Kotzebue, Paris, 1928.; Zeitler, Goethe-Handbuch, Bd.2, S.389f.（Kotzebue）. ワイマールでゲーテの劇場管理のもとに上演された演目の十五パーセントが、コッツェブーの筆になるものと推測できる。
(30) Gespr., Bd.3, S.29.
(31) コッツェブーの歴史劇『守護霊』および喜劇『盗まれた人々』についての、ゲーテによる劇場版は、Werke, Bd.4, S.1244ff. に収録されている。
(32) コッツェブーの憎しみで膨らんだ詩歌「宮廷顧問官たちの体面」（一八〇四年）は、シラーの「婦人たちの体面」の諷刺《パロディー》である。
Vgl., Jahrbuch des Freien Deutschen Hochstifts 1926, 399ff.
(33) 詩歌「コッツェブー」。Werke, Bd.1, S.472.
(34) Bielschowsky, Bd.2, S.468.
(35) 詩歌「イェーナの俗物たちと教授たち」。Werke, Bd.1, S.501.

（36）Hartung, Goethe als Staatsmann, S.308.
（37）Gespr., Bd.3, S.139.
（38）Gespr., Bd.4, S.290f. Vgl., Houben, S.103ff.
（39）Briefe, Bd.2, S.497ff.
（40）Erich Franz, Deutsche Klassik und Reformation, Halle, 1937（Vgl., Franz Koch, in: DLZ 1938, Sp.1598ff.）.
（41）詩歌「一八一七年十月三十一日」。Werke, Bd.1, S.485. ――「我々は喜んであらゆるものに抗議する」という言葉でもって、ゲーテは詩歌「ドイツ人に栄光をもたらせ」を締め括っている。Werke, Bd.1, S.626. ――ここで言及されるのは、ゲーテは寛容の精神を根拠に、論文「宗教改革祭のために」（Werke, Bd.5, S.340f.）の中で、ヴィッテンベルクの記念日とライプツィヒにおける諸国民の闘いの記念日とを結びつけるべく提案していた、ということである。このことによって、すべてのドイツ人はその日を楽しむことができるというのだ。
（42）Werke, Bd.2, S.1861ff.
（43）Bielschowsky, Bd.2, S.675f.
（44）詳細は、ebda., S.470ff.
（45）Gespr., Bd.4, S.81（1829 zu Eckermann）.
（46）このことにつき、Vgl., Briefe, Bd.2, S.437ff.; Bielschowsky, Bd.2, S.503ff. その五十周年は、ゲーテがワイマールに移住した日からであって、彼が公職に就いた日から数えられるのではないことを、大公は明確に望んでいた。ゲーテは初めからワイマールの繁栄と名声のために活動を開始していたのだから、というのである。
（47）Vgl. Goethes Schreiben an den Senat von Frankfurt vom 13. Januar 1826, in: Briefe, Bd.2, S.444. こうしてフランクフルトでは、ゲーテが一八一七年に面倒で費用もかかる税金関係のゆえに市民権を放棄したことが乗り越えられた。このことにつき、Briefe, Bd.2, S.389f.; Bettinas Brief an Sophie Brentano vom 28. September 1824, in: Gespr., Bd.3, S.131f.
（48）一八一六年九月二十七日までに、ゲーテは同僚のフォイクトに一篇の奉祝歌を献げた（Werke, Bd.1, S.477）。ゲーテは一八二二年に首席大臣フォン・ミュラーにも一篇の詩的な挨拶を送っている（ebda., S.550）。
（49）Vgl., Marcuse, Goethe als Rechtsbildner, in: JbGG, Bd.9, 1922, S.4.
（50）一八二二年七月二十八日のグリューナーとの対話。Gespr., Bd.2, S.582.
（51）オスナブリュックの弁護士ステューヴェとの対話。Gespr., Bd.3, S.481（1827）.
（52）Gespr., Bd.3, S.103.

(53) Gespr., Bd.2, S.615.
(54) 詩歌「自由思想」。Werke, Bd.1, S.387.
(55) MuR, in: Werke, Bd.5, S.808.
(56) Ebda., S.828.
(57) 一八一〇年十一月十日のファルクとの対話。Gespr., Bd.2, S.96.
(58) Gespr., Bd.3, S.26, u. Bd.4, S.302f.（サン＝シモンの意味での功利原理の明確な拒絶を伴う）. Vgl. Fischler, S.14ff.
(59) このことが、一見して何か不可解な次の発言の意味であるようだ。「法律は、多かれ少なかれ何年かたてば誰でも保護を停止する（proskribieren）。これは周知のことである。実務的な法律家は、巧みにかつ好意的に個別的な事案を処理しようと努めねばならない」（Gespr., Bd.3, S.420）。確かなのは、ゲーテがこう語りかつ思っていたことだ。すなわち、保護を停止する（Präskribieren）とは、法律用語ではこれによって消滅時効が指示されているということだ。だがゲーテは、法律が設定している様々な仕方での請求権に対する消滅時効期間について考えたのではなくて、法律の高齢化について考えていたのである。つまり、消滅時効（Verjährung）というよりは、むしろ非・法技術的な意味での経年劣化（Überjährung）のことなのである。Vgl. Fischler, S.19.
(60) MuR, in: Werke, Bd.5, S.777.
(61) 奉納額「天性の裁判官」。Werke, Bd.1, S.231.
(62) MuR, in: Werke, Bd.5, S.819. Vgl. Fischler, S.13.
(63) MuR, in: Werke, Bd.5, S.837（「はたして国民は成熟しうるか」）.
(64) 一八二七年のエッカーマンとの対話。Gespr., Bd.2, S.416f., 418f.
(65) 基本的に同趣旨の報告。Gespr., Bd.2, S.416f., 418f.
(66) Gespr., Bd.2, S.614.
(67) Gespr., Bd.3, S.247.
(68) Gespr., Bd.4, S.231.
(69) MuR, in: Werke, Bd.5, S.837.
(70) Ebda., S.820. Vgl. Zeitler, Goethe-Handbuch, Bd.3, S.434f.（Todesstrafe）.
(71) Gespr., Bd.4, S.331.
(72) Ebda., S.425. Manfred Laubert, Die preußische Polenpolitik von 1772-1914, 3. Aufl., Krakau, 1944. この本からは、ラウマーの著作の標題を確定することはできなかった。

（73）Gespr., Bd.3, S.94.

（74）Vgl. Dichterjuristen, Bd.1, S.267.

（75）Gespr., Bd.4, S.436. これとの関連で、ウーラントについての周知の評価もあるが、そこでは政治家は詩人に吸収されている。

（76）Gespr., Bd.3, S.388.

（77）Ebda., S.207.

（78）「ライン、マイン、ネッカーにて」。Werke, Bd.3, S.1214.

（79）「一七九七年のスイス旅行」。Werke, Bd.3, S.1154f.「投げ封土」につき、Vgl. Schröder-von Künßberg, Lehrbuch der deutschen Rechtsgeschichte, 7. Aufl., Berlin-Leipzig, 1932, S.882, 885. 基本的な非相続性についてとくに強調されている。

（80）「スイス旅行」。Werke, Bd.3, S.1114.

（81）「ライン、マイン、ネッカーにて」。Werke, Bd.3, S.1222.

（82）Gespr., Bd.2, S.665.

（83）「ライン、マイン、ネッカーにて」。Werke, Bd.3, S.1190ff. 以下の法的細目を含む。法的流通の外に存在する聖なる物（res sacrae）としての聖遺物、奉納蝋燭の販売、蝋燭行列（S.1197）、祭の政治的意味（S.1198）。

（84）如何にして楽器の使用すら国家的禁止の対象になりうるかを、ゲーテは友人グリューナーに伝えた。フランスに雇われていたスイス連隊の兵士たちは、ルイ十四世のもとでは木管楽器シャルマイを吹くことが厳罰をもって禁止されていた。というのも、スイス人たちはそれによって故郷を想ったり、郷愁を抱きつつ死んでいったりしたからである。Gespr., Bd.2, S.664.

（85）Werke, Bd.3, S.1352f. 詩集の中に四行詩が二度出てくる。Werke, Bd.1, S.304 u. 599. 一八二七年一月十七日のエッカーマンとの対話（Gespr., Bd.3, S.323）においては、世界の進歩にも拘わらず若者は常に繰り返し過去から始める、というゲーテの確信との関連で、この四行詩が現れる。

（86）Gespr., Bd.4, S.21. イタリアでなされた美術品の窃盗と関連している。

（87）TuJH 1810, in: Werke, Bd.3, S.1418.

（88）「スイス旅行」。Werke, Bd.3, S.1159. これとの関連で、同名の詩歌（Werke, Bd.1, S.372）における、彷徨う鐘という広く知られた伝説についての文学的造型が想起されよう。

（89）「シラーのピッコロミニについての批評」。Werke, Bd.5, S.152ff., bes. 158（単なる言及）.「『若き警備兵』についての書評」。Werke, Bd.5, S.527ff., bes. 528.

（90）Gespr., Bd.2, S.467f.

(91) これとの関連で想起されるのは、ザクセン＝ワイマール公エルンスト・アウグストが、「格別の国父的な思し召しから」、一七四二年に、どの家にも回覧が記された皿を備えて火事を素早く消せるようにせよ、と命じたことである。この命令発布には領主の顧問官たちは以前から反対しており、その早期の廃止だけが歓迎された。Vgl. Walter Steller, Volkskunde und Rechtskunde, in: Zeitschrift für Volkskunde, Bd.6, 1939, S.117ff., bes. 125ff.

(92) Justus Möser, in: Werke, Bd.5, S.502ff.

(93)「スイス旅行」。Werke, Bd.3, S.1164.

(94)「神、心情、世界」(Werke, Bd.1, S.338) 参照。

無限なものに歩を進めようというならば、
あらゆる方面で有限なものにおいてのみ歩め。

(95) Briefe, Bd.2, S.515.

# 第二節　ゲーテ文学における法と国家

## 一　予備的考察

### 1　法設計者、法思想家、法信奉者、法の語り部

法律家ゲーテの生涯を示そうとする本論稿の試みは、素材の豊富さに圧倒されるけれども、偉大な文学の法的内容を個別的な論述のために留保しておかねばならなかったし、本論稿の視点のもとでのゲーテの生涯という芸術作品を、その文学的作品から分離しなければならなかった。偉大なる信仰告白としてのこうした諸断片は、彼の人格の進展と密接に絡み合っているので、法的分析は作品の生成時期にしたがって配列することとするが[1]、他の詩人法律家の場合

にも順序原理は適切ではないので、文学形式（叙事詩的なもの、演劇的なもの）という外的な視点については以下では断念することとした。従来ゲーテがその官僚的活動において法設計者として、すでにして法思想家として現れていたとするならば、今後はさらに法信奉者としての姿にも注目することが必要だろう。しかしながらその際には、ゲーテの法ないし国家哲学といった体系的な概観を、専門の法哲学者に委ねねばならない(2)。最終的には、法の語り部に、つまり過去および同時代の法的状態の造形力をもった舞台俳優に着目せねばならない。

## 2　叙事詩的作品と演劇的な作品

基本的にはゲーテの叙事詩的な作品と演劇的な作品に限定することが、本論稿の課題を軽減することになろう。

1. 伝記的な著作群、何よりも『詩と真実』や、その続篇のような『箴言と省察』や、最後に対話集といったものは、すでにして伝記的な部門にとっての不可欠な資料である。そこでは関連の詩歌群も、ゲーテの詩歌が、全体的には主に標語的な教えとして、如何に法や国家に対する立場を採っているかに関して、すでに貢献しているのである。これに反して、こうした大きな主題から外れる関連については、さほど徹底していない(3)。

さらに本論稿の企図のためには、自然科学的な著作群も除外する。たしかに、ゲーテの自然科学的な基本思想と法および国家観との接続線は存在するようにみえる。しかしながら、フィシュラー(4)のように拡張しようとは思わないし、従属関係を受け入れようとも思わない。法と国家とが、ゲーテの精神世界にあって、自立した自然科学的思考よりははるかに早くから浮上していたとすればなおさらである(5)。

ヴィンケルマンやハッケルトの伝記のための諸作品が本論稿の企図にとってはなんの寄与もしないのに対して、とりわけベンヴェヌート・チェリーニの自伝や、ディドロの『ラモーの甥』やヴォルテールの『マホメット』および『タンクレ』の翻訳は、異国の精神的遺産として排除しなければならない。たとえ最初に挙げた翻訳が、法的に興味深いものであったとしてもである。低地ドイツ語で書かれた叙事詩『ライネケ狐』のゲーテによる翻案にみられる何重もの法的連関を論ずるのも、やはりここは適当な場所でない。諸々の原本と比較することなしにはありえないが、これらは研究し尽くされているからである。[6]

2. 叙事詩的作品および演劇的作品から成る残りの著作群にも、他のまったく重要度の高い著作と比べて少なからぬ法的な示唆が見出される。したがって、それらが詳説を必要としないということさえ些末なことである。これに属するのは、以下のものだ。ライプツィヒ時代の二つの成果である、牧人詩『恋人の気分』（一七六七年）と、喜劇『共犯者たち』である[7]（一七六九年完成）。後者の外見は、まったくもって多少とも有罪くさいのだが、まさに憂慮すべき風習という情景を眼前に提示する。[8] それから文学的諷刺『神々、英雄、ヴィーラント』（一七七四年出版）と、[9] 同じくフランクフルトでの弁護士時代に属し、自然療法狂いに対する諷刺である『サテュロス、あるいは神のごとき森の悪魔』がある。[10] さらに歌芝居《ジングシュピール》の『エルヴィンとエルミーレ』と『ヴィラ・ベラのクラウディーネ』であるが、両方とものちに（ローマ、一七八七年）改訂されている。[11] ワイマール時代に属するのは、演劇《シャウシュピール》の『兄弟姉妹』[12]と『リラ』[13]、演劇的気紛れ『感傷の勝利』[14]、シェーンバルト劇の最終版である『プルンダースヴァイレルンの歳の市祭り』[15]、歌芝居『ジェリーとベーテリー』[16]、アリストファネスの『鳥』の改訂版[17]、歌芝居『女漁師』[18]、歌芝居『冗談、策略、復讐』[19]、断章『魔笛第二部』[20]、そして喜劇『賭』[21]である。ゲーテの叙事的な文学作品で散文で書かれているもののうち、有名な『短編小説』[22]は、法的に重要なものを何も提供しない。断章『メガプラツォンの息子たちの旅』[23]に関しては、パピマーネン島によって熱狂的な教皇支持者たるイタリアが、モナルコマーネン島によって熱狂的な国王支持者のフランスが意味されている。(24) モナルコマーネン島を三つの部分、つまり王宮のある領域と、貴族が住む豊穣な沿岸地域と、農民が耕作する平野部とに引き裂いた天変地異の光景において、フランス革命が描かれている。時代熱または新聞熱が風刺的な一撃となって、これがメガプラツォンの息子たちに瞬く間に襲いかかる。

### 3　政治的態度

素材の境界設定のために必要なこうした前置きに続き、ゲーテの基本的な政治的態度について、なおいくつかの言葉を述べることが肝要である。ところで、ゲーテおよびドイツの本質全般にとって完全に異質であるような国家形態のために、彼を必要とするような試みに欠けることはなかった。彼が繰り返した要請が、真の秩序や君主をも義務づける良き統治に向けられていたように、彼は賤しい群衆による革命的暴動への明確な敵対者であり、同様にして無責任で暴力的で恣意的な絶対主義への明確な敵対者であった。神聖ローマ帝国の重大な欠陥について盲目であったわけではないものの、この帝国への彼の依存は、フランクフルトの子供時代に向けた、つまり昔の帝国的栄光の証言に向けた、純粋に感傷的なものではなかった。地上の威厳は天上のそれに屈しなければならないという、皇帝戴冠祝祭についての叙述を締め括る思想の中には、古い帝国の精神的・倫理的な内容への告白がみられる。教養と気風《エートス》でもって国民国家を貫くこと、そしてそれを高めること、これがドイツの一領邦国家の官吏たるゲーテの目標であった。したがって彼は、ただちに群衆の暴動という重大な危険に気づき、ナポレオンに対する個人的な感嘆は別にして、ゲーテの帝国構想においては革命のこうした後裔にはけっして追随しなかった。ゲーテの念頭に浮かんだのは、平和と正義の帝国なのである。また彼が義務感を抱いたのは、民族の精神的・倫理的な高まりのための不断の働きであった。現代においては、国民の政治的な統合についての、有能または無能な告知者に欠けることはない。だが、ゲーテの偉大な遺志こそが、ドイツ民族の精神的・倫理的な統合の綱領なのである。

**原注**

（1）Ernst Rudolf Huber, Goethe und der Staat, Straßburg, 1944. 同書は、このような配列を選んだ。〔以下 Huber〕

（2）そのような著作が欠落していることは、本研究の文献一覧からも明らかである。Vgl. Dichterjuristen, Bd.1, S.386ff.

（3）とりあえずの概観として、Müller, Recht und Staat in unserer Dichtung, S.50f. 詩歌「発見」（これは森で発見して自分の庭に移植した草花の寓話を詠っている。ちょうどゲーテがクリスティアーネ・ヴルピウスを人生の伴侶にしたように）のフランツ・ゲシュニッツァーによる法的分析にも、注意が喚起される。Vgl. Feldpostbriefen für Studenten der Rechts-, Staats- und Wirtschaftswissenschaften, hrsg. v. der Rechts- und Staatswissenschaftlichen Fakultät der（früheren）deutschen Karls-Universität Prag, Nr.11, 1943, S.2ff.「瀟洒な家の庭」における移植の法的結末については、ゲシュニッツァーはそれ以上追求しなかったが、もちろん今では次の疑問が重要である。その際、ゲーテは公爵から贈られた園亭を想定したのか、それとも公爵が一七八一年に使用させ一八〇六年になってようやく所有権を譲渡した町中の家を想定したのか、という疑問である（Vgl. Bielschowsky, Bd.1, S.298, 310）。園亭がクリスティアーネとの最初の幸福の場所であった（Witkop, S.210）ことは知られているので、詩歌「発見」もこのことを意味していると理解できる。

（4）Fischler, S.42.

（5）Wilhelm Herrschel, Goethes Farbenlehre und die Rechtswissenschaft, Studienbetreuung der Kriegsteilnehmer der Luther-Universität Halle-Wittenberg, Rechts- und Staatswissenschaftliche Fakultät, Feldpostbrief, Nr.2, Halle, Dezember,1943, S.17ff. 本論文は、概念的分析と直観的な外見との総合のみが適切な全体像に至るように、ゲーテの『色彩論』の手本になっており、またそこから法学にとっての諸帰結を導き出している。ただしこれらの諸帰結は、ゲーテの当該の作品にあって直接的に予め意味づけられたものとしては見出されない。

（6）ハインリヒ・フォン・グリヒェツァーレによる上部ドイツの『ラインハルト狐』（Reinhard Fuchs）につき、Vgl. Fehr, Recht in der Dichtung, S.92ff.『ラインケ狐』（Reinke de Voß）につき、Johann Karl Heinrich Dreyer, Abhandlung von dem Nutzen des trefflichen Gedichts Reinke de Voß in Erklärung der Teutschen Rechtsaltertümer, Dreyers Nebenstunden, Bd.1, Bützow-Wismar, 1768. すでにドライヤーより前にイネッキウスが、ゲルマン法の歩みの叙述のために動物譚を引き合いに出していた。Vgl. Landsberg, III-1, Text, S.190. Heineccius, Elementa juris Germanici, Halle, 1735/36.

（7）Werke, Bd.2, S.439ff., 457ff.

（8）とりわけ第九場の終結部に注目されたい。そこではアルツェストがゼラーを絞首台をもって脅すのだが、ゼラーは姦通罪でもって対抗する。Werke, Bd.2, S.486.

（9）Ebda., S.691ff.

（10）Ebda., S.679ff.

（11）『エルヴィンとエルミーレ』の二つの版。Werke, Bd.2, S.700ff. u. 1209ff. 『クラウディーネ』の二つの版。Ebda., S.768ff., u. 1231ff.

（12）Ebda., S.837ff.

（13）Ebda., S.853ff. あまり目立たない戯曲ではあるが、その中に不可解な詩節がみられる。

卑劣な考え
不安な揺らぎ、
女のような躊躇い、
心配そうな嘆き
悲惨を変えず、
お前を自由にもしない。

あらゆる力を
抵抗のために維持し、
けっして屈せず、
力強く示し、
貧しき人々を呼ぶ
神々のもとに。

（14）Ebda., S.875ff.

（15）Ebda., S.910ff. 第一稿は、S.650ff. これに加えて、詩歌「プルンダースヴァイレルンの最新版」がある。S.1030ff.

（16）Ebda., S.954ff.
（17）Ebda., S.972ff.
（18）Ebda., S.993ff.
（19）Ebda., S.1042ff.（欺された詐欺師の主題）
（20）Ebda., S.1480ff.
（21）Ebda., S.1789ff. ――法的意味での賭、すなわち、契約の両当事者が、一方は正当または不当だと証明する場合、主張の強化のために互いに給付を約束するといった契約類型が果たして存在するか、という考えだと推測できる（Vgl., Dichterjuristen, Bd.1, S.358ff.）。この小品においては、移り気な性質によって婚約時代に何度も不機嫌にさせられてきた花婿と花嫁の傾向が、両人が二つの隣り合う部屋に閉じ込められることによって試される。二つの部屋を唯一つなぐものとして格子窓があるが、どちら側からでも開けられる幕でもって覆われている。こうして、二人のうちどちらが別離に耐えられずにその幕を最初に開けるかが、「今や賭となった」。最終的な結末のきっかけは両人の意志にかかっているという状況と同様に、知りうる給付義務の欠如も法的意味での賭を排除するのである。
（22）Werke, Bd.1, S.1126ff.
（23）Ebda., S.1147ff.
（24）Georg Müller, S.52. ミュラーは名前と事物の矛盾や君主の擁立についても指摘している。

## 二　疾風怒濤時代の作品

### 1　疾風怒濤の風潮

主として我が国の文学の今日でも非常に価値の高い財産に属する三つの業績において、ゲーテは、基本的にフランクフルトでの弁護士時代に重なる疾風怒濤期の風潮を保っている。すなわち、『ゲッツ』と、後年になって完結したにも拘わらずここに属する『エグモント』と、『ヴェルテル』のうちにである。『ゲッツ』と『エグモント』から始めるが、両者は格別な意味で国民演劇と呼ばれる。ただし両者は、その政治的構想において、両者の場合には国民性なる基本的な力がゲルマンの抵抗権に支えられることによって、国家という政治的組織形態に結びつけられつつ、革命的な対立へと陥ったのである。[1]

『ゲッツ』の素材[2]をゲーテが引き出したのは、ピュッターの立場の他にメーザーの論文「強者の権利について」（一七七〇年）に刺激されたからだ。メーザーは、ゲルマン的な共同体的自由という彼の基本理念から、その見解によれば男らしく実直な尊敬すべき自力救済《フェーデ》の時代を照らし出す輝きを再び広げようとしていた。[3] すなわち、ゲーテは、シュヴァーベンの騎士ゴットフリート・フォン・ベルリヒンゲンの自伝から素材を引き出したのである。[4] とりわけ、最初の版たる『鉄の手のゴットフリート・フォン・ベルリヒンゲン物語』、いわゆる「原ゲッツ」[5]（一七七一年）は、アルプレヒト・フォン・ハラーの国家小説『ウゾング』から題辞《モットー》を付しているのだが、[6] そこには明らかに対話形式のゲッツ物語がみられるけれども、演劇的な技巧によって、互いに離れている出来事の連続が、ヴァイスリンゲンやアーデルハイトなる人物の発見によって燃え上がった心を奪う演劇的な生命が吹き込まれている。当時のゲーテが燃えたのは、勇敢、独立、正直、善意であり、大胆で自由な一貫した生活こそが、ここで称賛されている。こうした基本的風潮は、個別的には顕著な相違にも拘わらず、一七七三年に出版された改訂版の『鉄の手のゲッツ・フォン・ベルリヒンゲン――演劇――』[7]にも留められている。これを本論稿では底本とするが、というのも、それは戯曲としては未完成だけれども、文学としては不滅の美しさを保っているからである。五つの幕にみるさらに後年の脚色は、[8] 重要な場面の省略とその短縮とによって、作品の輝くような若々しい力を相当にぼやけさせてしまった。

この素材の性質のうちに基礎づけられているのは、ゲーテが『ゲッツ』においてなによりも法の語り部として、つまり十六世紀における法文化の本質的部分の輝かしい享受者として実証されたことである。以下のように述べることができる。すなわち、彼はこの点では、のちの文学においてもっと良いものを成し遂げたわけではないし、『詩と真実』の傑出したわずかな部分（戴冠祝祭および帝室裁判所の歴史についての叙述）のみが、『ゲッツ』の生彩力に到達しているのである。『ゲッツ』を支配するような国民的な法意識は、一目瞭然であり、帝国の官吏法とみごとに対照をなしており、同様に、ドイツの諸領邦におけるローマ法および教会法、そしてランゴバルト封建法の継受によって有力なものになった異国の学識法とも対照をなしている。この学識法への紛れもない反感とともに、『ゲッツ』の第一幕では、バンベルク司教およびフルダ修道院長にしてイタリアの諸大学で教育を受けた法学博士オレアリウスと、宮廷道化師リーベトラウト・シュラークリヒターとの有名な対話が、継受によって生み出された状況に対してなされている。なおオレアリウスについてだが、歴としたフランクフルトの家名エルマンをイタリア風にする必要があったものと思われる。オレアリウスは、ローマ法大全（Corpus iuris）およびその註解[9]をあらゆる書物の中の書物として称賛する。それはすべての法的事案を予定しており、あらゆる無秩序、あらゆる不正、あらゆる不和へのその適用に相応しい、というのだ。彼は、ボローニアで法の勉学に勤しんだ貴族や市民階層出身のドイツ人学生の熱心さを称賛し、皇帝が彼らに枢要な地位を委ねることを信じていた。もちろん彼は、悲嘆とともに次のことを推定せざるをえなかった。すなわち、フランクフルトのような帝国都市でさえ、依然として古い法やその伝統的な裁判制度に固執し、学識ある法律家を忌み嫌っていたのである。フランクフルトの法史の経過を想起するならば、ゲーテは、『ゲッツ』の筋立ては一五二四／二五年頃に集中しているので、効果的な対照を断念せねばならなかったろう。コーイングが教示するところによれば、帝国都市フランクフルトは、すでに十四世紀の初頭以来、大きな名声を得た法律家を雇っていた[10]。また弁護士の法学博士アダム・シェーンヴェッターは、一五〇九年のフランクフルト改革の創始者であるが、フランクフルトにおける外国法の中心的推進者の一人であり、その結果、この意義深い作品は、ドイツの継受的立法の最も早期の重要な記念碑の一つとして示されることができた(11)。対話の最後に、バンベルクの司教は次の言葉を投げかける。「皇帝は、差しあたり帝国を安泰にし、私闘《フェーデ》を廃止し、裁判の信用を確立する以上の関心をもっておりません(12)」。ゲーテはこの点で、騎士のフランツ・フォン・ゼッキンゲン、ゼルビッツ、ゲッツ・フォン・ベルリヒンゲンを、自力救済権《フェーデ》のとりわけ危険な信奉者と呼んだ。こうすることによって、『ゲッツ』の支配的な法的主題たる、騎士の自力救済権と皇帝の国土平和権との対立が、構想されたのである。国土の平和の発展に対するゲーテの持続的な関心は――帝室裁判所の設立理由についての談話が想起される(13)――、『ゲッツ』に向けたこうした最初の取り組みに端を発したのだ。もちろん裁判制度が肝心なのであって、その秩序は帝国国土の平和を実現するための第一の前提であるのだが、第二幕の終結場面が眼前にみせるように、まだ非常に不完全なものであった。領地の一部をめぐる八年間の訴訟は、非常に多額の賄賂の出費なしには済まなかったが、その場面の花嫁の父と花婿とは何物をも獲得することができなかったので、ついに平和的な和解に合意する(14)。そうするうちに、ゲッツに魅了されたヴァイスリンゲンは、古い交友が良好であった時間に帰りながらも、バンベルクの司教による打開策を称賛した。ヴァイスリンゲンが愛したアーデルハイトは、ヴァイスリンゲンにゲッツが誓った誓約の失効を証明して(15)、再びベルリヒンゲンの敵の陣営に完全に引き入れられ、帝国議会において皇帝をしてジッキンゲンやゼルビッツやベルリヒンゲン対策を促す。ゲッツは帝国追放になる。彼に好意的な皇帝の意図は、こうであった。すなわちゲッツは、彼の城で用いている古い自力救済《ウァフェーデ》を宣誓し約束したとすべきだ、というものである。皇帝軍にヤクストハウゼン城が包囲される中、ゲッツは自身の領地で皇帝と自由に対して万歳（Vivat）を唱えたあと、その政治的綱領を開陳した。これはけっして帝国や平和に敵対すべく表されたものではなかったが、もとより帝国が救済しえない自力救済の権利を主張するものであった(16)。続く第四幕では、帝国都市ハイルブロンの評議会を前にしたゲッツをみることができる。評議会は、皇帝の指示に基づいて騎士から古い自力救済権を剥奪しなければならないのだが、皇帝の意図は著しく先鋭化した。今や古い自力救済権の基礎づけにおいては形式的には反乱が語られることになったので、ゲッツは誓約を果たすことを拒絶した。ジッキンゲンからは都合の良いときに釈放されて、ベルリヒンゲンは、自発的にかつ騎士としての名誉にかけて、彼の城のテルミナイに戻るべく義務づけられた[17]。すると農民戦争の勃発が、彼を再び政治の混乱に引き込んだ。四週間だけ権利と自由のために闘う農民たちの指導者になってほしいという要求から、彼は逃れることはできないと考えた。というのも、紀律を重んじる強力な指導には不当な干渉が避けられないように思えたからである。しかしながら彼は、反乱を起こしている農民の群れに紀律を守らせることをむなしく望んで、こうして運動の崩壊が彼の運命を定めたのである。たしかにヴァイスリンゲンは、彼の妻アーデルハイトの召使いであり愛人であるフランツによって彼女の教唆に基づき毒を盛られながら、ゲッツに下された死刑宣告を破棄したのだが[18]、勇敢な騎士がいつまでも固執した自由の夢は、この地上では実現できなかったのである。戯曲の英雄にとって、死は真の解放者にみえる。一方で、姦通者であり夫に対する毒殺の教唆者であるアーデルハイトは、聖なる秘密裁判《フェーメ》という復讐の手に委ねられた[19]。ゲーテはこのような人民の秘密刑事裁判を、不充分なそして緩慢に進む国家の裁判に対峙させることも弁えており、前者を神秘的なものへの戦慄で覆った。こうして、このような筋を『ハイルブロンのケートヒェン』で展開したクライストとともに、聖なる秘密裁判のよく知られてはいるが史実ではない表象に少なからず貢献した。それは文学の枠組みにおける基礎的で法史学的な準備作業を踏まえて、ようやくインマーマンの『上級審』において史実に忠実な具象のために場所を開くことになる[20]。

ここでその意義に即して示した『ゲッツ』の本質的に法的な筋立ての他に、なお法史的な個別問題が存在する。たとえば、神の銭《プフエニヒ》としての婚礼の接吻《キス》の詩的な姿とか[21]、ベルリヒンゲンの小姓ゲオルクが首に掛けてもらった、バンベルクへの道中を守護するためのお守り札についての言及、がみられる。[22]

悲劇『エ、グ、モ、ン、ト』は、基本的な部分が一七七五年に作られ——『詩と真実』の最後は、ワイマールに旅立つに際してての気分をエグモントの言葉によって書き直している。「君々！　もう行くな！」——、一七八二年に一応の結末をつけたうえで、一七八七年にローマにおいて、戯曲の精神とは一見異質の環境の中で、すでに進んでいた全集の差し迫った印刷に付されたのだが、構想としては完成した。[23]『ゲッツ』と『エグモント』が国民演劇として対になっていることを、ゲーテ自身は『詩と真実』の第十九章の末尾で次のように述べている。「『ゲッツ』には、優れた人物が登場するが、彼は無政府時代には善意の力がなんらかの意味をもつという妄想を抱いて没落した。『エグモント』では、しっかりと基礎づけられた状況が存在したけれども、それも厳しく打算的な圧政を前にしては持ちこたえることができなかった」[24]。したがって、たとえゲッツとエグモントの合言葉が自由であるとしても、もちろん重要な区別が仄めかされている。ゲッツは、新しいものを生み出すと信じているが、保守的なエグモントは既存のものの維持のために闘う。『ゲッツ』では民衆法と国家組織との対立が激しく勃発するが、『エグモント』ではそれは抑えられている。それが抑えつけられえたのは、十六世紀初めの緩やかに結合したドイツ帝国に対して、フェリペ二世のスペイン統一国家は十全に発展した近代国家であって、高度の政治的気風の担い手ともみられたからである。ゲーテは、こうした気風を公女とマキアヴェルとの会話において（第一幕）、さらにはアルバ公爵とエグモントの有名な問答において（第四幕）、語らせるに充分なほど正しかった。エグモントの人物像について、ゲーテは感嘆すべき性格描写として全面に光を浴びせているのだが、もちろんエグモントは、南ネーデルラントの保守的な国制原則の代表であっただけでなく、快活に自信をもって高度の悲劇的な末路を引き寄せる、詩人ゲーテの意味での悪霊的な人物の権化でもあった。[25]

以下では、この戯曲の法的および政治的な姿を考えてみたい！　そのみごとに描かれた主たる姿は、演劇的な構成に対するあらゆる批判をひれ伏させるものだ。それが如何に民衆の心に映ったかを、詩人〔ゲーテ〕は有名な民衆の場で眼前に示してくれる。[26]第一幕を開く射撃祭において、司教座の増加（余談ながら歴史的に立証されている）に対する、また改革的な努力への抑圧に対する、民衆の政治的苦情の若干が表明されていた。しかしながら、全体としてはすべての市民が、安全と安寧、秩序と自由、という綱領に同調していたことが知られる。これに続く公女と秘書官マキアヴェルの会話は、パルマのマルガレッテが民衆の正当で誠実な友人であることを明らかにする。非常に決定的な点において、つまり改革の抑圧という問題において、彼女はフェリペ二世の指示に従って強権的であり続けねばならないと信じている。たとえ、マキアヴェルがこの問題における柔軟性を、拡大する暴動を防止する唯一の手段として進言してもそうなのである。実際にも、第二幕を導入する民衆の場は、市民層をすでに大きな興奮の中で描いている。明確に二つの方向が現れるのだが、一つは、秩序と安寧を進言するツィンマーマンの方向であり、他の一つは、領邦の古い法や特権や自由に関する学識をひけらかす煽動者ヴァンゼンが掻き立てた気分である。登場したエグモントは、民衆を安心させることを知っていた。彼が自分の領地においても庶民の困窮に対して、正当かつ応分にそして理解をもって決定することを弁えていた様子を、次の場で眼前に示す。そこでは秘書官が、彼の統治からもたらされた一連の司法的および行政的な事案を提示するのである。友人オラーニエンの警告を無視して、エグモントはブリュッセルに滞在していた。エグモントは公女を信頼していたが、それは彼女が協力者のアルバ公爵によってすでに権力を奪われたことを予想もしなかったからだ。彼は、金羊毛勲章の保有者としての特権を信頼していたのだが、それによれば騎士団の団長および所属騎士の総会によってのみ裁かれることができる。[27]第四幕初めの民衆の場は、アルバによって採られた抑圧策という印象のもとにあり、その際ヴァンゼンは新たな方策の結果を明敏に感じ取っていた。戯曲の山場は、アルバ公爵と相談のために呼ばれたと信じているエグモントとの、すでに言及した会話であるが、[28]彼の運命は、観客が知っているように、すでに決定された事態であった。領邦の伝統的な国制、およびこの秩序における貴族の地位についてのエグモントのみごとな擁護に、アルバは、近代の絶対主義的国家の権力と威信を伴った行動主義的な支配心情を、以下の言葉で思想的に高めながら、対立させた。「自由だと！　美しい言葉だ。誰が正しく理解して……。最も自由な者の自由とは何だ？　法をおこなうことだ！」。排他的支配に由来するこうした新しい法は、しかしながら、エグモントが最後に大仰に表明したように、民族性の破滅である。というのも、そうした法は、団体に由来する個々の伝統的な権利や自由を民族から奪うからだけでなく、民族の力や気質や意識を全体として弱めていって、最終的にはまったく破壊してしまうからである。エグモントは、観客の感情についての会話では勝利者になっている。しかしアルバ公爵は、彼の没落を決定した。そして民衆に愛するものの救済を呼びかけるクレールヒェンの試みは、彼女が市民たちに向かって、エグモントの首とともに民衆の問題はなくなると明らかにしたにも拘わらず、無駄になったのである。とはいえ、――ベートーヴェンの同質の『エグモント序曲』があるが、これがなければ、今日ではこの戯曲の様式に適った上演はもはや考えられなかっただろうし、同様にして、それは歓喜とともに詩人〔ゲーテ〕自身からも解放することになったのである。エグモントの生き方は、故国の古き良き法のために闘った英雄のそれである。

## 2　若きヴェルテルの悩み

疾風怒濤の風潮内容については、若きゲーテによって、能動的な性質の英雄的反抗だけでなく、受動的な性質の厭世的葛藤も利用されていた。自伝的な部分から知ることができるのは、如何なる根本的な体験が、一七七四年に公刊された長編小説『若きヴェルテルの悩み』に刺激を与えたかということである。[29] さらに、そのように成功した作品への攻撃が生じなかったわけではない、ことも知られている。[30]

本論稿の観点から『ヴェルテル』に接近する試みは、一見したところ大いなる冒瀆にみえるかもしれない。しかしながら、彼は詩人法律家の研究における中心的な観点をもたらすことになり、フランクフルトの弁護士時代およびヴェツラーでの研修生時代の詩人法律家ゲーテを動かした問題が、再び作品の側から言語化されるのである。ヴェルテルは本質からすれば詩人つまり芸術家であるが、彼にとっての大きな問題は、果たしてその詩的生活と実生活を調和させることができるか、であった。「職業生活」のための彼の素質は、公務で成功する経歴のために充分な能力を与えるものであったようだ。大臣の率直な同情であるが、大臣はヴェルテルに公使館での職を受けるようにと忠告し、のちにはヴェルテルに対して直接に提示して外交使節への要請を表明した軽い指示を私的書簡で完全に薄めたのであって、それは悪い意味での贔屓とは何の関係もなく、若き国家官吏が気づいた大きな能力を正しい進路に向けさせることを目指したものであった[31]。今度はヴェルテルは、その直接の上司が度量の狭い小人物であるという災厄に遭った。彼は、秘書官の起案に細々と添削を施すことを好み[32]、彼のもとでは多分あまり神経質でない者も苦労したらしい。「C伯爵」の敬意に満ちた信頼で埋め合わせながらも……、ヴェルテルは厄介な職務環境にも慣れねばならなかった。もしも実生活一般において、有能な地方官であるロッテの父親や、ロッテの婚約者であり公職での秩序と勤勉において並ぶ者のないアルベルトにみられるような、何かがヴェルテルの模範になったとすれば、貴族の排他的な態度は、ヴェルテルを、つまり市民的な人間を、むしろ優れた業績に向けて刺激したことであろう。ところが初期の手紙の一つは、ヴェルテルが恋愛や芸術が公務とは両立できないものとみていたことを示唆している[33]。また活動性は、一般的には生活価値があるとしても、彼にはきわめて疑わしいものであった[34]。病んだ自尊心は、最終的には彼に罷免を申し出させた。男性的で生産的な活動性の欠如、つまりはロッテへの情熱的な恋愛の絶望性と、病んだ名誉心——ナポレオンがゲーテとのエアフルト対談の際に強調した動機である——とは、ヴェルテルを最終的には自殺に立ち向かわせることになった。ヴェルテルはすでに法的秩序の必要性についての感覚を失っていたようで、絶望的に愛したものの他の誰にもなびかなかった婦人を殴殺した当の下男の処罰を免れさせようとの試みが暴露されたのだが、これに対して地方官とアルベルトは、法律の名において抗議せねばならなかった。フリードリヒ・ヘッベルは、一八三八年十二月の日記に正当にもこう記している。すなわちヴェルテルは、ロッテを失ったからではなく、自分自身を失ったから自殺しなかったのだ、と。[35]アイヒェンドルフは、彼自身が詩的生活と実生活の対立という問題をめぐって男らしく苦闘しており、『ヴェルテル』の中に当時の害悪が詰め込まれているのをみて、病的になりすぎた非秩序的な感情生活と現実との闘争に倣いつつ、明瞭な芸術家的慎重さをもって、外面的な結果に至るまで貫徹した。ヴェルテルが求めたのは、まるで病んだ子供を抱えているような彼の小さな心臓に、恋愛や結婚や業務が順応すべきだとか、世の成り行きや最終的には神御自身が順応すべきだということ、まさにそれ以上でもそれ以下でもなかった、というのである。[36]その際、アイヒェンドルフが実生活についての明確な言及を忘れなかったことに、注意を払いたい。

## 3　非疾風怒濤的な諸作品

ゲーテの疾風怒濤時代においては、まことに対立的なものも場所を占めていたことを認めなければならない。生活を見下す軟弱で厭世的であったヴェルテルにあからさまに対立するのは、『プロメテウス』に登場する、生活を享受し運命に鍛えられ人生に打ち勝った人々である。これは一七七三年の断篇であるが、その完成に至るまでは――おそらく象徴的な結末のみが残っていた――、当時のゲーテは正当な手掛かりを見出していなかった。[37]プロメテウスが創造者に反抗して、ミネルヴァの協力のもと、被創造者たる人間たちに生命を吹き込んだあと、彼は人間たちに山小屋を建てる労働を教え、彼らの生活秩序の基礎を整えた。捕獲した二頭の山羊のうち一頭を力尽くで他人に奪われて訴え出た者に向かって、プロメテウスは、共同体の枠組みの中で、必然的に生じる所有の秩序であることを指摘する。

彼を放っておけ!
彼の手が皆に抗うならば、
皆の手は彼に抗うことだろう。[38]

『ヴェルテル』とほぼ同時期のものと思われるのは、悲劇『クラヴィーゴ』であるが、これはそのまとまりと高貴な言語にみられる一篇の傑作であり、レッシングの『エミーリア・ガロッティ』に対する完全な相対物である。それは、若き詩人ゲーテが、メルクの厳しい批判にも拘わらず、自分の名前で世に出した最初の作品であった。[39]当時すでに『ヴェルテル』の陰に置かれていたが、『クラヴィーゴ』は疾風怒濤の風潮の中で、一部ではまさにゲーテ自身のごみとみなされていた。その際、それはゲーテの深層の表現というよりは、むしろ技術的な見本であると解されていたのである。この戯曲が描いているのは、マドリッドのフランツォーゼ・ボーマルシェがスペインの王室公文書管理人クラヴィーゴに対して、恥辱と損害のゆえに報復した様子である。それは、ボーマルシェの妹マリーエとその一族に、婚約のいわれのない解消によって与えたものであった。ボーマルシェが用いた手段、とりわけクラヴィーゴにとってはあまり名誉ではない説明の文書を強要したことは、[40]法的には非難の余地がないとはいえない。だが周知のように、姦通や患った女性の体面に由来する復讐に当たって、したがってスペイン人がいう名誉の復讐(venganza de honor)に当たって、自力救済が延々と執拗に繰り返されたのであった。ボーマルシェが独断的な仕方で妹のために正義を強要しようと望んだことにより、彼は自分自身が大きな危険を放出した。直接的な脅迫が止んだあと、ゲーテが友人メルクの本質的な性質を良くも悪くも写したクラヴィーゴの友人カルロスは、クラヴィーゴに対するきわめて強い影響力を再び獲得して、後者の名前において今度はカルロスがボーマルシェに対する刑事訴訟を提起した。この訴訟は、ボーマルシェ自身にとってだけでなく、マドリッドに住むその親族にとても危険なものになりえた。[41]だがなおカルロスの駆け引きが成功する前に、マリーエが死に、ボーマルシェは決闘で殺されたクラヴィーゴを彼女の死に臨んで送ったのであった。

ボーマルシェが『クラヴィーゴ』の中で、妹や一族の名誉といったものを法として守らねばならないと信じたとすれば、また自力救済の道を進んだとすれば、戯曲『シュテラ』にあっては、[42]棄てた妻と棄てた愛人との二人の女性に挟まれた優柔不断な男フェルナンドには、その態度についての法的なもしくは道徳的な正当性が欠けていた。一七七六年に出版された『シュテラ』には、「恋する人たちのための芝居」という注目すべき副題が付いているのだが、この傑作の技術的な完璧さも、戯曲が成り立っている地下の世界の脆弱性について、またゲーテが試みた解決策の問題性について、裏切ることもないし裏切るつもりもないものであった。ということは、多くの解決策について語らねばならないことになる。元の版において、ゲーテは、チェチーリエとシュテラとフェルナンドを一つの結婚に向けて三人を集めた。枢密顧問官ゲーテは、『親和力』にみられる厳格で一夫一婦制的な婚姻観に親しんでおり、彼にとってこの結末は芸術的にも耐えられなかったようで、一八〇五年には悲劇的な結末を書いている。そこで、フェルナンドは自殺し、シュテラは毒を飲み、チェチーリエは嘆きの未亡人として残された。[43]

『シュテラ』――文学的な成功は途方もないもので、一週間のうちに四回の増刷がおこなわれた――の道徳に対する、一部は遠慮深い、一部は分裂した反響について知りたければ、ホウベンの詳細な叙述の中で指摘されている。ここから確認できるのは、マイニンゲンの宮廷道化師プフランガーが、すでに一七七六年の四月に『シュテラ』の第六幕を公表したということだ。これはゲーテが秘かに書いたとする本物の結末部にみせかけたもので、そこでは、フェルナンドはその二人の妻との初夜のあと重婚者として逮捕され、晒し者にされ、鉄鎖に繋がれたうえで、終身懲役刑に処せられる(44)。実をいえば、こうした「法学的」結末は、ゲーテが試みた解決策に比べて、とうてい感動を引き出すことはできない。

**原注**

（1）Huber, S.4ff.

（2）Vgl. Bielschowsky, Bd.1, S.172ff.; Witkop, S.75ff. 入手できなかったが、Heinrich Meyer-Benfey, Goethes Götz von Berlichingen, 1927. 法的側面については、Georg Müller, S.46.; Fehr, S.422.; Huber, S.4f.

（3）Vgl. Klassen, S.380ff.

（4）重要な、この伝記に書かれている経緯についての法的分析について、Rudolf Stammler, Gottfried von Berlichingen in Fehde und vor Gericht, Deutsches Rechtsleben, Bd.1, S.51ff. その際、シュタムラーの形式的な法的概念に素材が従属するという煩わしい関係は、法史学者にとってはいずれにせよ明白な要求をもたらす。すなわち、そうした経緯は当時の法文化の観点から評価されねばならない、という要求である。シュタムラー（S.59）が神の平和を時代的に領邦の平和と並行して検討しながら、その一方で神の平和と休戦（pax et treuga Dei）が領邦の平和運動のきわめて重要な出発点としているのは、明らかに誤りである。

（5）Werke, Bd.2, S.489ff.

（6）「不幸が見えた。民族の心が誹謗された。そして誰もが気高い希望をもちえない」。――ハラーの国家小説につき、Vgl. Fehr, S.393ff.

（7）Werke, Bd.2, S.574ff.

（8）Ebda., S.620ff.

（9）教会法における研究に際して、市民法大全に繰り返し対峙しなければならなかったバンベルク司教に、ユスティニアヌスの名前が用いられなかったのは、詩人ゲーテの失策である。

（10）Helmut Coing, Die Rezeption des Römischen Rechts in Frankfurt am Main, Frankfurt, 1939, S.152ff.

(11) Coing, S.163ff. 一五〇九年のフランクフルト改革から周到に準備された選集として、Quellen zur neueren Privatrechtsgeschichte Deutschlands, hrsrg. v. Wolfgang Kunkel, Hans Thieme, Franz Beyerle, Bd.I-1 (Stadtrechtsreformationen), bearbeitet von Kunkel, Weimar, 1936, S.221ff. Vgl. Einleitung, ebda., S.XXIVf.

(12) Werke, Bd.2, S.591.

(13) Dichterjuristen, Bd.1, S.223f.

(14) Werke, Bd.2, S.608f. この戯曲の歴史的背景としての一五二四／二五年という年代から始めるならば、ゲーテが帝室裁判所の所在地をシュパイヤーとしたのは、ここには一五二七年になって移転したので正しくない。法史学者にとっては、領地をめぐる法的紛争に際して、果たして控訴審の手数料が請求されたかが問題として残る。控訴審の手数料は、一五二一年に初めて五〇グルデンと規定され、漸次的に四〇〇グルデンまで引き上げられた。これにつき、Vgl., C. von Schwerin, Grundzüge der deutschen Rechtsgeschichte, 2. Aufl., Berlin, 1941, S.303, Note 16. 専門的論文に関しては、Ottò Opet, Die Einführung der summa appellabilis in den reichskammergerichtlichen Prozeß, in: Festschrift für Max Pappenheim, Breslau, 1931, S.1ff.

(15) Werke, Bd.2, S.603（第二幕、アーデルハイトの部屋の場）. アーデルハイトは論証する。ヴァイスリンゲンの誓約は、ゲッツがヴァイスリンゲンを逮捕したことで帝国追放に処せられたので失効した、と。逮捕によって迫られた誓約は、ウーラントの戯曲『バイエルンのルートヴィヒ』で大きな役割を演じているのだが、それはここではついでに触れられているだけである。

(16) Werke, Bd.2, S.609ff., 612, 624f.（第三幕）.

(17) Ebda., S.626ff., 631（第四幕）.

(18) Ebda., S.637ff., 641, 643f., 645（第五幕）.

(19) Ebda., S.646（第五幕、暗く狭い地下室の場）.

(20) Vgl., Dichterjuristen, Bd.2 (Immermann).

(21) Werke, Bd.2, S.592（第一幕、ヤクストハウゼン、マリア、ヴァイスリンゲンの場）.

(22) Ebda., S.601（第二幕、シュペッサルトの場）.

(23) Werke, Bd.2, .139ff. Vgl., Bielschowsky, Bd.1, S.235, 329ff.; Witkop, S.143ff. 法的内容につき、Georg Müller, S.48f.; Huber, S.4ff.

(24) Werke, Bd.3, S.534.

(25)『エグモント』の中で解放された、悪霊的なものの経験を具体的な仕方で表現することは、ゲーテ自身にとっても難しかった。ビールショフスキーは、正当にもそのことを強調している。Bielschowsky, Bd.1, S.329f. ゲーテは『詩と真実』第二十章でそれについて述べているのだが（Werke, Bd.3, S.538）、ほとんど口ごもっている。

(26) 本論稿での論評は戯曲の進行に従っているので、頁数の表記は省略した。
(27) Werke, Bd.2, S.1170（第三幕、クレールヒェンの住居の場）.
(28) Ebda., S.1180ff.（第四幕、クレンブルクの宮殿の場）.
(29) Werke, Bd.1, S.731ff. Vgl., Bielschowsky, Bd.1, S.185ff.; Witkop, S.96ff.
(30) Vgl., Dichterjuristen, Bd.1, S.226f. ――さらなる反ヴェルテル派として、補足的にアドルフ・フリードリヒ・ラインハルト（Adolf Friedrich Reinhard, 1724-1783 最初メッケンブルクの国家官吏。一七七三～一七八〇年、ビュツォウ大学法学教授）が挙げられよう。彼は、ドイツ文学の他の大物（レッシング、ヘルダー、ヴィーラント、クロプシュトック）を攻撃することによっても、不名誉な名前を物にした。ラインハルトにつき、Vgl., Landsberg, Bd.III-1, Text, S.287f.; Noten, S.194.
(31) Briefe vom 22. August 1771 und 17. Februar 1772, in: Werke, Bd.1, S.764, 773f.
(32) Brief vom 22. Dezember 1771, in: ebda., S.770.
(33) Brief vom 26. Mai 1771, in: ebda., S.737.
(34) Brief vom 24. Dezember 1771, in: ebda., S.771.
(35) Friedrich Hebbel, Tagebücher, Historisch-kritische Ausgabe, in 4 Bänden von Richard Maria Werner, Berlin-Steglitz, o. J., Bd.1, S.302.
(36) Eichendorff, Geschichte der poetischen Literatur Deutschlands, S.244f.
(37) Werke, Bd.2, S.669ff. Vgl., Bielschowsky, Bd.1, S.250ff.; Witkop, S.93ff.
(38) Werke, Bd.2, S.675f. ヴィトコプによれば、人間の不平等の起源および根拠についてのルソーの対話がきっかけとなった。Witkop, S.94.
(39) Werke, Bd.2, S.728ff. Vgl., Bielschowsky, Bd.1, S.238ff.; Witkop, S.123ff.
(40) Werke, Bd.2, S.737ff.（第二幕）.
(41) Werke, Bd.2, S.753, 757f.（第四幕）.
(42) Ebda., S.804ff.（悲劇的な結末）. Vgl., Bielschowsky, Bd.1, S.242ff.; Witkop, S.134ff.
(43) Houben, S.50ff., bes. 56f.
(44) Houben, S.58.

## 三　古典主義的創作期の作品

### 1　古典的様式へ

革命的な風潮、つまりはゲーテの疾風怒濤時代における創作の一般的な特徴は、振り返ってみれば、まことに様々な仕方で顕著になった。通例の訴訟手続の過程で法を発見したいという望みが断たれて、ゲッツとクラヴィーゴは、各々の権利のための闘争において自力救済の道を選んだ。エグモントは、個人的な軽率さにも拘わらず公的性格の事柄においてはゲッツよりはるかに保守的であったが、勇敢で忠実な態度によって、彼の祖国の尊敬すべき法状態への敬意を敵から奪い取れるものと信じていた。受動的な、ヴェルテル的な気高い抗議が、世の中の仕組み全体に対して、ひいては国家に対してなされたとしても、それは『シュテラ』におけるフェルナンド流の弱い抗議であって、法的制度としての婚姻に対してなされたにすぎないことが分る。だが、行動主義者プロメテウスが、神々の世界と対立して人間の世界を作り上げるのもみられる。このためには原初的な法秩序の基礎づけをおこなわないでは済まないのだが。

既述の初期の文学作品と古典的様式の頂点（『イフィゲーニエ』『タッソー』『庶出の娘』『ヘルマンとドロテーア』『親和力』）との境界線は、時としてあまりにも厳しく引かれてきた。しかしながら、ここには越えることのできない断崖が口を開けているわけではない。『エグモント』はイタリアで元々の構想に忠実に仕上げられ、『タッソー』をゲーテ自身は高められた『ヴェルテル』と呼んだが[1]、それらは依然としてヘルダーの影響が著しいままであった[2]。けれども、ゲーテの文学は、この三つの音調から成る純粋な人間性という属音《ドミナント》を意識して受け入れたかぎりで、より豊かなものになった。個人と様々な共同体との対立には、疾風怒濤文学の葛藤の大部分が閉じ込められている。今やゲーテはそれについて、人道主義の王国を、つまりは共同体と個々人から成る生活に向かって完全な尊厳と厳粛とが流れ出すような、純粋な人間性の王国を提示するのである。

人間性・共同性・個人性といった価値序列の立脚点から、共同性の価値のみならず人間性の価値をも内含する習俗と法の秩序に対する抗議が、まことに誠実になされる。『タッソー』は、そのような失策をきちんと償わねばならない。『シュテラ』のだらしない道徳との考えうるかぎり最も鋭い対立の中で、『親和力』は結婚の神聖性と非解消性を宣言する。『イフィゲーニエ』と、他の表現によれば『エルペノール』断篇とは、次の支配的な思想のもとにある。

すべての人間的な欠陥を
純粋な人間性が償う。[3]

フランス革命への芸術上の取り組みというゲーテの高く聳える試みとなった『ヘルマンとドロテーア』、並びに三部作『庶出の娘』の唯一完成した第一部とは、公的生活における革命的な事態に直面してさえ、高貴な人間性なる高みにおいて解決策を模索している。最後に挙げる作品を革命文学の仲間に配分するとすれば、差しあたり『タッソー』および『親和力』を越えて『イフィゲーニエ』および断篇『エルペノール』ないし『パンドラ』へと至る思想的な航跡が上昇してくるように思える。

## 2 タッソー

演劇《シャウシュピール》『トルクヴァート・タッソー』は、[4] やはりゲーテの古典主義的な生産期の範囲に属し、しかも詩人法律家としてのゲーテとの特別な関係を有している。それは、素材と作品の成立史とを一瞥すれば明らかになることだ。[5] イタリアの詩人トルクヴァート・タッソー（Torquato Tasso, 1544-1595）は、同じく詩人の才能に恵まれた地方官の息子であるが、父親は宗教裁判に抵抗して亡命を余儀なくされ、息子は父親によって法律家になるべく一五六〇年にパドゥア大学に送られた。タッソーは法学の勉学に没頭し、その熱心さは、すでに若くして博士号を取得するほどであった。しかし力強く現れた詩人の才能は、間もなく法律学を見捨てさせ、重要な才能試験のあと彼をフェララの侯爵アルフォンス二世の宮廷に導いた。そこで彼は、その名声を永く基礎づけることになる叙事詩作品『解放されたイェルサレム』（Gerusalemme liberata）を完成させたのである。しかしながら、この偉大な詩人は、内面的には不安定で、きわめて神経過敏な病理学的性質をもった人物であった。このことが、最終的にはフェララの宮廷との完全な決裂へと導くことになった。精神的な陰鬱の中で、高名な詩人タッソーは最後の数十年を過ごした。ハインゼのタッソー伝（雑誌『イリス』一七七四年）はゲーテに対してその戯曲への格別に重要な刺激を媒介したのだが、その中にゲーテは、彼自身の経歴との関連を意識しないはずもなく、タッソーの父親の以下の言葉を読んだのであった。すなわち、この言葉によって父親は息子に対して、詩歌のために法律学を放棄することのないように警告し、こう威嚇しつつ予言したのである。「お前が儂に従わないならば、お前はただ援助される身になるしかない。この世はお前にとって孤児院となるのだ。妬む人々はお前の名声について、すべての友人たちの人生を奪って得たものだとの、烙印を押すことだろう」と。[6]ゲーテが一七八〇年にタッソー劇の草稿――『イフィゲーニエ』の第一稿と荘重な散文に似ている――を書いたとき、ハインゼによるこうした言葉は、ゲーテ自身にとってもすでに実生活に向けてなされた解読の強化たりえた。しかし得られた高みにあっても、ゲーテは、法律職と詩人的天職との新たな緊張関係から免れていたわけではなかった。そしてこの緊張関係において、イタリア旅行への内面的な必要性が知られることになったのである。[7]今や『ヴェルテル』をフランクフルトの弁護士時代における、とりわけ詩人法律家問題の詩人的理解として解釈するのが正当化されるように、最終的には一七八八／八九年に完成した『タッソー』を、ある意味で高められた『ヴェルテル』として受け止めることができる。ある意味でというのは、この問題が、ワイマール時代が設定したのと同様に、新たな段階で再編成されたということである。これに関してヴィトコプが強調するのは、ヴェルテルは最終的にはあらゆる芸術家的な天分において、まるで素人《ディレッタント》であるかのように現れるが、これに対してタッソーは、高度の玄人芸術家であることを全面的に意識している。あたかも、ワイマールの大臣時代のゲーテが、そのような天職のもつ生得の危険――ヘルダーリン、クライスト、グラッベ、レーナウが想起される[8]――を、はっきりと充分に意識していたように。詩人法律家ゲーテが最終的には自身の生き方の中で見出した問題の解決策を、一義的で説得力のあるものでありたいと望むならば、戯曲の中に求めても無駄である。まさにイタリアから戻ったゲーテにも、『タッソー』の結末に当たって、解決策はまったく思い浮かばなかったのである。さらにいうならば、タッソーの運勢はフェララから立ち去ったあとに陰鬱になるのだが、この歴史的事実としてのタッソーを一瞥することによって、ゲーテは自分と一緒だと感じたのである。『タッソー』解説者にみられる結末についての対立的な評価は、再度この問題に立ち戻ることになる。

戯曲『トルクヴァート・タッソー』は、最初に一八〇七年にワイマールで上演されたものの[9]、効果的な脚本ではなかったのだが、世界文学の最も高貴で繊細な演劇的作品の一つであり、その内容からしても法的な考察に利用することができる[10]。演劇の筋は、タッソーとフェララ公アルフォンス二世の妹である公女レオノーレ・フォン・エスターのあいだの引力と、タッソーと公爵の秘書官アントニオ・モンテカティーノのあいだの斥力とに依拠している。栄光の桂冠詩人は、解放されたイェルサレムについての力強い叙事詩を敬愛する君主たる後援者に贈呈したところであったが、外交的に成功した使命を果たしてローマから戻ってきたアントニオが、無礼にも詩人に対立する。友情のためのそして実生活に入るためのタッソーの要請について、最も高貴な意図が誤認されるはずがないにも拘わらずである。

アントニオはタッソーの成功について功績に値しない偶然的幸運ならともかく、功績に気づこうとはしなかったのだが、[11]このアントニオの拒絶という辛辣な冷淡さによって刺激されつつ、タッソーは、アントニオを決闘に引き込んで勇者とみられることに夢中になる。城内平和の重大な違反であるが、その立会人はその共犯者となる公爵自身がなるというのだ。武器を取り出すことさえ公爵の宮殿の平和領域内では禁じられていたので、当該の行為に関わったタッソーは、追放か禁錮の重罰が適用されることになる。[12]その刑罰を、公爵が慈悲をもって誓約のうえでの拘留に、しかもタッソー自身の部屋で実行可能なようにして変更するのでないかぎり、そうなるのである。公爵の裁判官としての判定に詩人が服する中で、[13]可能なかぎり最小限度に慈悲深い軽減があったにも拘わらず、それでもタッソーが如何にして刑罰を名誉刑とみなしたかが明確になる。タッソーが去った直後に、罰しすぎたのではなかったかという疑念が公爵にもたらされた。すなわち、タッソーは世慣れたアントニオに非難が向けられるようにしたのかもしれない、アントニオこそ自分の責任を負うべき者であったのかもしれない、タッソーとの和解をただちに進めて彼に自由を返すことをタッソーは公爵に課したのかもしれない、といった疑念である。[14]公爵による軽減された判決に当初タッソーが謙虚に服したのは、彼に対しては宮廷が意識的に不法をおこなうという、そのあいだの幻想からもたらされたものだ。このような想像を公女が追い払うのに成功し、その際に深い理解と心からの同情を伴う言葉が下されたとき、この突然の気分の変化の中で、タッソーは公女を自分の身に引き寄せるべく行動に走る。すなわち、良き習俗に対する重大な違反である。公女は彼を拒み、そこへやって来た公爵は、アントニオに対して、詩人を逮捕するべく指示を与える。撥ね付けられた愛と病んだ名誉との感情は――『ヴェルテル』の二つの主題《モティーフ》と並行していることに注意せよ！――、公爵への謀反というタッソーのかつての妄想を頂点にまで高める。ところがアントニオは、タッソーの妄信を得ることに成功したので、宮廷からの一時的な退去という以前からあれこれ語っていた計画が貫徹されることが今や確定したとはいえ、タッソーは最初にアントニオに縋りつこうとしたようにみえる。

　こうして船人は最後には
　そこで難破した、その岩壁にしがみつこうとするものだ。

とりわけビールショフスキーに依拠して[15]、アントニオのあまり分かりやすくない態度に次の意図が認められるとするならば、それは奇妙な結末のことである。すなわち、アントニオ自身は危険に晒されることのない手段によって、詩人をフェララの宮廷から去らせようと意図するのだが、その結末は詩人の意図を明確にすることがなく、それもまた全体の印象を著しく阻害している[16]。このことによって、本論稿も大いに論じられてきた『タッソー』の結末問題に当面することになる。この問題は、思うに、一部はイタリアにおけるタッソーの精神状態と関連しているが、一部は結末をつけるべきゲーテがワイマールに戻ったことによる[17]。タッソーは、法と習俗の命令に抵触した。なお彼は、公女とその兄の君主の清澄で純粋な人間性に到達することはできなかった。タッソーの守護神は、彼を人間の血脈に規定したのではあったが。アントニオとの関係は第五幕の最後に述べられているが、最も手近な助力の理解としてのみ考えることができる。タッソーは、神が語るべく与えた芸術家としても、課題を提示している。たとえば彼は、法や習俗と合致することや、全般的な完成に達することに苦悩しているのである[18]。詩人ゲーテが予感させるのは、タッソーがこの目標に、芸術家気質の生得の危険の結果として到達しえないことである。ゲーテは一七八八年には「ワイマールによる抗いがたい追放」のうちにあったので、果たして彼の問題は解決されるのか、如何にして解決されるのかについて、自身知るよしもなかったのである。

## 3　親和力

「何人もこの長編小説を見誤ることはない」――一八〇九年の日誌には『親和力』につきそう記されている。[19]――「幸福に閉じ籠もることを憚る深い情熱的な痛手、治癒することを恐れる心情」と。[20] 実際、本質的には一八〇八／〇九年に成立した『親和力』は、ミンナ・ヘルツリープに対する芸術家的愛情を詩人として形成してきた告白であるが、その愛情に四十歳も若い少女が崇拝をもって応えて、ゲーテの諦念を越えたのであった。ある「理念」にしたがって書かれた[21]彼のおそらく唯一の命題作品は、芸術作品の最も高貴な長所を付与されながら、結婚という対立圏を見つめてきた。標題は、周知のように自然法則的な事象と関連している。すなわち、化学的に合成された肉体は、他の肉体が供給されるべく規定し新たに親近関係がもたれた要素に統合するために、以前の結合を評価に供するのである。[22] 今やこの問題につき城でのエドゥアルトとシャルロッテの対話が、社会的生活にみられる類似《パラレル》現象に移行したように、この長編小説の筋は、エドゥアルトとオティリーのあいだの自然的で圧倒的な引力と、シャルロッテと大尉のあいだの抑制された引力とに存在する。この二組の親和力が、当初の結合たるエドゥアルトとシャルロッテの夫婦関係を解消すべく迫り、その際に、二人の夫が伝統的な夫婦関係に押さえ込まれながら、かつて夫婦関係の精神に対して事実上の罪を犯したことが考慮されるのである。自然的な諸力の作用を畏怖するゲーテは、婚姻関係に反する親和力に自由な道を開いたのか、それとも、彼はそれを法や習俗の命令に服させたのだろうか？　みられるように、非常に決定的な問いであり、その解答に即して倫理的領域の自律性についてのゲーテの見解が知られるのである。今やまったく明らかなことだが、夫婦関係は一般に五年間で終えるが、少なくとも一方が三回目に結婚した夫婦関係は解消できないものとみなすという、伯爵の軽薄な提案は、[23] 完全に逸脱した時代精神の極端な錯誤として理解されるにすぎない。これに反して、『親和力』において万人が仰ぎみる頂点は、結婚への賛歌が指し示すのだが、この賛歌の告知者にはミットラーがなる。それは古い宗教的なものだが、法学でも基本的には教えられている。今では大農場主が、常に情熱をもって法的および人間的な衝突の仲裁者や調停者として活躍するところであるのだが[24]。エドゥアルトの家ですでに言及した紛糾が生じる前に、ミットラーはそこで次のように告知する。「結婚と、あらゆる文化の発端であり頂上です。……それは解消できないものなのです。というのも、それは多くの幸福をもたらし、これに対して、あらゆる個別的は不幸はまったく物の数に入らなくなるからなのです。……別れることには、充分な根拠などありません。人間的な状態は、苦しみにつけ喜びにつけ高く設定されているので、一組の夫婦が互いに責任ありとする事柄を計算することなどまったくできるものではありません。それは、永遠性によってのみ決済できる、無限の責任なのです[25]」。やがて言及された引力が作用したとき、自覚的なシャルロッテは即座に結婚の超人格的な形成に戻る。だがエドゥアルトとオティリーという無自覚的な本性の二人は、むしろ自我に囚われており、オティリーなどは運命的に自然人なのであって、この二人はその愛によって厳しい対立から免れる。エドゥアルトは、子供の誕生や離婚の著しく困難であることの指摘によっても、シャルロッテと別れてオティリーと結婚することを貫徹するという計画を思い留まることができない。オティリーは、最終的には身を引いて、この仕方で結婚の存続を救うのだが、もとより長くはもたなかった。エドゥアルトが間もなく彼女のあとを追って死んだからである。結婚の神聖性の原理は、多くの結婚小説のように移り気な相互需要に対してだけでなく、強く自然な引力そのものに対しても救済されたのである。現実の人間性に関与するためには、結婚しようとするすべての人々は結婚の神聖性の原理を公然と支持しなければならない。人間性という価値の観点から、『親和力』は書かれた。したがって、果たして共同体や教会や国家の法が――ゲーテの時代には婚姻法はなおも広範に教会の裁判所に委ねられていた――、重苦しい夫婦の絆を解消する[26]可能性を開くかということは、詩人ゲーテにとっては些細なことに思えた。また少なくともミットラーの言葉が示すように、詩人は夫たちの感情にゆとりを与えるつもりなのであった。人間性という法的価値に沿った結婚の秩序づけは、共同体の法的価値を超越し、まさに個人的価値さえも超越するのだが、このことこそが、結婚の恩寵（favor matrimonii）が今日の文学の中に見出した、最高の賛美の意味なのである[27]。十九世紀における『親和力』の非常に矛盾する諸評価についての、マルティン・ゾンマーフェルトによる示唆に富む研究は[28]、ゲーテの長編小説が、ここで核心をなす芸術家的意図からは、けっして解釈されてこなかったことを今や示している。『親和力』には、まさしく勝手気ままなことの賛美を発見したがるようなものは欠けていなかった。けれどもまさに本気の評価者たちは、詩人ゲーテが結婚の神聖性というその理念をゴルゴタにまで導いたことを知っている。それは、結婚の神聖性のために復活の朝を用意しておくためであった。

## 4　イフィゲーニエとエルペノール

ゲーテはもっと豊かな文学作品を創ったが『イフィゲーニエ』以上に調和的で純粋な文学作品はない[29]。これは長い成立史をもっている。公務の中で締め括った一七七九年の最初の散文版が宮廷で発表されたあと、ゲーテは一七八一年に自由な抑揚格《ヤンブス》形式での改訂に取り組んだ。最終的な姿は、イタリアでの一七八六年の作品に見出される。一七八七年に公表されたが、この版はようやく一八〇二年になってワイマールで初演された[30]。エウリピデスの同様の主題の戯曲との、しばしばおこなわれる比較は、実際には二千年の発展を反映している。ギリシアの詩人にあって、罪と罰が神々によって科される運命にみえるとすれば、外面的な行為に乏しいゲーテの演劇《シャウシュピール》においては、万事は魂の深みのうちに置かれている。天罰や運命や混乱や救済が、魂の深みからもたらされるのだが、『イフィゲーニエ』は、純粋な人間性によって外面的および内面的な経過の充満を抑えている[31]。ここでは最終版に従いたい。

暗い宿命によって追放されたアトロイス一族の子孫であり、生贄と定められたイフィゲーニエは、女神ディアナによってタウリス国に流され、そこで女神の女神官として奉仕している。厳しい外国人法は、古い伝統に従って、タウリスに漂着したすべての異邦人を女神の生贄に定めているのだが、その法を慣行から廃することにイフィゲーニエは成功する。イフィゲーニエに好意的なトーアス王が、彼女の言い分を傾聴したからである。しかしながら、彼の息子の死によって警告されたように感じ、またイフィゲーニエへの求婚も拒まれて、トーアスは女神官に対して古い習わしを完全に厳格に実行することを命じる。[32] 二人の異邦人が選び出され、長いあいだなかったあとの最初の生贄として女神に献げられることになった。イフィゲーニエはこのような人身御供に反対していたが、異邦人の中に、自分の弟オレストとその誠実な友ピュラデスを認めたとき、きわめて困難な苦境に陥る。彼らは、母殺しのゆえにオレストに懸かった天罰から、贖罪として科されたディアナ像のタウリスからデルフォイへの奪取によって放免されるべくやって来たのである。イフィゲーニエは、弟のオレストを生まれながらの天罰としての狂気の桎梏から解放すべく神々に祈願するのだが、彼女は王の使者アルカスによりあらためて生贄を急ぐことを促される。一方でオレストとピュラデスは、姉と一緒に逃亡する準備をする。[33] 魂を欠点のない純粋性において守りたいイフィゲーニエにとって、自分の偽装により逃亡計画を支援することがきわめて困難になるとすれば、この逃亡からは、予想どおり、総じてゲーテの意味での解決策はなんら生じない。逃亡計画がすでに露見して挫折したことを知らずに、イフィゲーニエは、王の前に呼び出されたとき、異邦人の生贄という古い法に異邦人は神聖であるというさらに古い法を提示する。[34] こうして人間性という必然的な立脚点が指摘されるとすれば、歴史家は外国人法の、とりわけ漂着物法の認識可能な始原を考慮しつつ、イフィゲーニエのこうした解釈をいかがわしいとして対立することになる。[35] そのあいだにオレストとピュラデスは取り押さえられていたが、トーアスの前に連行されたオレストは、タウリス人と決闘してタウリスの厳しい外国人法が存続すべきか否かについての神判を仰ぐよう申し出る。自身の内面的な不安をこうした仕方で神々の託宣によって終わらせることを王は厭わなかったが、しかしイフィゲーニエは、決闘を防止して平和の雰囲気を創ることを弁えており、こうして、デルフォイの神託は、神の妹神たるディアナの像の返還ではなく、オレストの姉の帰国を意味していることを明らかにする。高貴な客人法の精神の中で、戯曲は終わる。

『イフィゲーニエ』に精神的に最も近い縁戚関係にあるのは、『エルペノール』の断篇である。荘重な散文によるその最初の版は、ゲーテにより一七八一年に着手され、一七八三年に再び取りかかられたが、自由な韻律《リズム》での第二版は、おそらくはリーマーの改訂（一八〇六年）に負っている(36)。

女王アンティオペのもとでは、何年か前に何者かが夫を殴殺して未成年の息子を誘拐していた。彼女は、自分の義兄である権力欲の強いリュクス王がこの犯行の首謀者であることも、彼がアンティオペから誘拐した息子を自身の死んだ子供とすり替えたことも知らない。アンティオペは、リュクス王の宮廷を訪れた際に、彼の息子エルペノールに惹かれ自分の息子ではないかと感じて、彼女の領地の譲渡には反対しながらも、エルペノールを青年に成長するまで自分のもとで育てる同意を得る。このエルペノールがリュクスのもとに戻るところから、戯曲は始まる。英雄のように体も心も完璧な青年に育てられた王の息子から、アンティオペは、復讐の考えに満たされながら家の祭壇の下で、アンティオペの夫の死とその子供の誘拐に復讐するという宣誓を聞く。このことが、彼を父殺しと苛酷な狼狽に押しやることになる。しかし、彼の高貴で敬虔で王者のような青年らしさ、つまり彼の純粋な人間性は、血讐や憎悪や権力渇望の呪いをその一族から受けるべく、また故国に新たな輝きと祝福をもたらすべく予め規定されていた(37)。こうしてエルペノールは、ワイマールの若き後継者にとって有効な模範とされた。この後継者の誕生を、この演劇は華やかに祝うべく規定されていたのである。

『エルペノール』の中に、『イフィゲーニエ』との男性的な類似性《パラレル》をみつけることは難しくない。この断篇の継続が繰り返しになることを、おそらくゲーテは感じていたので、彼はこの戯曲を未完のままに放っておいた。
　ここでは簡単に論じてきた古典主義的な最高峰から現れる精神を心に刻みつけて、人間性・共同性・個人性といった価値の新たな階層に入り込まねばならない。それは、一七八九年から一八一五年までの四半世紀が、つまりはフランス革命とナポレオンの時代が、如何にして詩人ゲーテに影響したかを把握するためである。興奮した大衆が中休みしたとき、断頭台《ギロチン》が多数の犠牲を要求したとき、途方もない衝撃力をもった革命的な貧者たちが全ヨーロッパを覆う戦争を支持したとき、すべての平和的な生活が、すべての文化が問題になっていると見えたとき、純粋な人間性たるワイマールの精神は、浮き世離れした幻想だったのだろうか？

**原注**

（1）Witkop, S.217.
（2）Vgl. Huber, S.6.
（3）一八二七年にゲーテから俳優のクリューガーに宛てたもので、『イフィゲーニエ』の見本刷りの中に書かれている。Bielschowsky, Bd.1, S.433.
（4）Werke, Bd.2, S.1278ff. Vgl. Bielschowsky, Bd.1, S.448ff.; Witkop, S.216ff.
（5）『タッソー』と自身の生き方との関連について、ゲーテは一八二七年五月六日のエッカーマンとの対話（Gespr., Bd.3, S.393f.）において、以下のように明確に表明している。「私はタッソーの生き方と、私自身の生き方とをもっていた。そして、二人の気むずかしい人物を各々の独自性と混ぜ合わせることで、タッソーの姿が私に見えてきた。私はこれに散文的な対照としてアントニオを対置したのだが、これについても手本がないわけではない。さらに宮廷や生活や恋愛の関係は、いうなればフェララもワイマールも同じだし、まさに私の叙述についてはこう言えるのである。すなわち、それは私の骨の中の骨、肉の中の肉、であると」。
（6）詳細は、Witkop, S.218.
（7）Vgl. Dichterjuristen, Bd.1, S.246f.

（8）Witkop, S.217, 223.

（9）欄外には、ゲーテによる一八二七年の奇妙な告白が書き留められている。すなわち、私は『タッソー』を印刷に回して以後は一度も通読せず、せいぜいのところ舞台から不完全ながらも聞き知っただけだ、と（Bielschowsky, Bd.1, S.487）。自身の作品に対する非常に強い距離の取り方の証ではあるが、それは他のところでも、たとえば一八三一年二月十七日のエッカーマンとの対話においても示されている（Gespr. Bd.4, S.328）。ここでゲーテが語るには、彼は手に入れた一枚の反古を、暫く経ってからようやく、自分の作品の一部だと気づいたというのである。

（10）詳細な分析との指摘につき、Bielschowsky, Bd.1, S.453ff.

（11）幸福の女神の盲目に関するアントニオの言及に対して、タッソーは的確にも次の言葉で応答している（Werke, Bd.2, S.1306）。

　正義の女神も目隠しをしており、
　すべての欺瞞に目を閉ざす。

（12）第二幕第四場（Werke, Bd.2, S.1310）で言及された、城内平和違反に対する死刑は、たとえば平和領域内での殺害といった、まったく重大な事例に対してのみ問題になる。――『タッソー』第二幕第三場および第四場でおこなわれた事象の法的分析について、Vgl. Fehr, S.425ff.

（13）タッソーは正当にも、公爵の判決を当初は最終的判定と理解した（Werke, Bd.2, S.1310）。第二幕第四場の終結部では、あたかも彼はなお裁判を待つかのように、それに反対している。

（14）Werke, Bd.2, S.1312f.（第二幕第五場）.

（15）Bielschowsky, Bd.1, S.477.

（16）Bielschowsky, Bd.1, S.488.

（17）Ebda, S.484ff.

（18）こうした要請が存在するのだが、これをフーバーは（S.7）、『タッソー』におけるおそらく極度に古典主義的な達成として強調する。すなわち、自由と法律の総合《ジンテーゼ》である。

（19）Werke, Bd.1, S.958ff. 他の版の利用者にとっての安心のために、引用には部や章の記述を括弧の中に添えておく。Vgl. Bielschowsky, Bd.2, S.257ff.; Witkop, S.318ff.

（20）Werke, Bd.3, S.1414.

（21）Vgl. Grete Schaeder, Die Idee der Wahlverwandtschaften, in: Viermonatsschrift Goethe, Bd.6, 1941, S.182ff.

（22）Werke, Bd.1, S.977ff.（第一部第四章）.

(23) Werke, Bd.1, S.1003（第一幕第十章）.

(24) ミットラーの性格につき、ebda., S.966f.（第一部第二章）。

(25) Ebda., S.1001（第一部第九章）.

(26) 実際ゲーテは、離婚の容易さに関する欠点を、当時の福音教会の法に即して見出している。離婚の容易さについては、とりわけ多くのロマン主義者が広範に利用したところである。Vgl. Zeitler, Goethe-Handbuch, Bd.3, S.511ff., bes. 512 (Wahlverwandtschaften).

(27) こうした基本思想の他に、別の法的な個別問題が副次的な意味づけを必要とした。第二部第一章（Werke, Bd.1, S.1038）で語られるのは、シャルロッテによる村の小さな墓地の新たな指示——墓所を整地して教会の壁際に墓石を置く——は、ある家族に寄付を取り消させるということになった。この寄付は、墓地での先祖代々の墓所に関して、その家族が教会に申し出たものであった。シャルロッテのもとに派遣された若い弁護士は、寄付がまさに先祖代々の墓所の維持のためのものと考え、その改造は無効とすることが妥当だとした。実際には、ここでシャルロッテは、たとえ教会が寄進教会であろうとも、彼女には権限がなく指示もできない法に干渉したのである。彼女が取り消された寄進に代えて教会になした補償も、先祖代々の墓所への干渉を帳消しにするものではない。ここでもゲーテは、問題をただちに純粋人的なるものの領域に持ち上げてしまっている。

(28) Martin Sommerfeld, Goethes Wahlverwandtschaften im 19. Jahrhundert, in: Jahrbuch des Freien Deutschen Hochstifts 1926, S.203ff.

(29) Werke, Bd.2, S.924ff.（散文版）, S.1085ff.（最終版）. Vgl. Bielschowsky, Bd.1, S.418ff.; Witkop, S.182ff.

(30) レッシングの『ナータン』（一七七九年）およびシラーの『ドン・カルロス』（一七八七年）とは、それぞれ『イフィゲーニエ』の二つの重要な版の完成年に合致している、前二者の公刊に関して、ヴィトコプ（S.183）は、ドイツ古典主義にみられる共通の世界観の表明につき、明らかな合致について論じることを正当化している。

(31) Bielschowsky, Bd.1, S.420ff.; Witkop, S.185f.

(32) 『イフィゲーニエ』第一幕第三場（Werke, Bd.1, bes. S.1090 u. 1096）。イフィゲーニエによってなされた外国人法の停止が、果して君主法と対立する神官法に起因するものかについては、ゲオルク・ミュラー（S.46）とは異なって、私には疑わしく思える。イフィゲーニエは神官法ではなく、人間性という高次の法的価値を引き合いに出している。

(33) Werke, Bd.2, S.1116（第四幕第二場）.

(34) Ebda., S.1125（第五幕第三場）.

(35) もちろん正当にも、すでにインド＝ゲルマンの古事には、法の外国人排斥の立場の他に、いわゆる「客人待遇」、つまり外国人の不可侵性およびその神々の守護への委任という観念が確認される。Vgl. Friedrich Rauers, Kulturgeschichte der Gaststätte, 2 Bde., Berlin, 1941.

(36) 二つの版は、Werke, Bd.2, S.1008ff. u. 1706ff. Vgl. Bielschowsky, Bd.1, S.418 u. 518.; Witkop, S.186f.

(37) ビールショフスキー (Bd.1, S.518) は、和解的な結末の文学的可能性を疑っている。たとえば事実として、「演劇《シャウシュピール》」という副題は、第二版では「悲劇」に変えられているからだ。

## 四　フランス革命およびナポレオン時代におけるゲーテの文学

フランス革命およびナポレオンに対するゲーテの一般的な態度が、その継承者にも制圧者にも、知られているとしても[1]、何が彼の文学を大衆なり権力なりの惹起された魔力へと導いたのかを、ここで説明することが順当である。無責任な煽動者たちが興奮させた大衆運動や、その内政的な恣意性や、最後にその外政的および軍事的な破綻の目撃者であった旧世代よりも、おそらくは今日の世代のほうが以下のことを理解することができる。すなわち、一七九〇年から一八一五年までのゲーテは、強い努力と高い精神力で獲得した世界像の破綻を心配していたが[2]、諸々の出来事からの距離が短いためにこれらを文学的に熟成させることはできないと思っていた、ということである。彼自身の革命的な文学の時代は過ぎ去ったが、高貴な自由の英雄であったゲッツやエグモントの姿さえ、革命詩人たちの合唱に加わることがなくなったというのは、当然ながら疑わしい。しかしながら、貴族的な風潮に満たされて、彼は疾風怒濤をはるかに飛び越え、高貴な人間性の王国をその文学の精神的に同質な空間として発見していたのである。

ゲーテがもっと若くて少々政治的な現実主義者であったとすれば、多くの正しいことを表明した一七九一年の人権、宣言（Déclaration des droits de l'homme et du citoyen）は彼に衝撃を与えたことだろう。だが、彼はあらゆる観念形態《イデオロギー》の仮借ない批判者であって、彼が見たり体験したこと——フランス戦役は悪くない実地教育であった——に依拠して、運動の現実の精神はその結果において認識しなければならないということに固執していた。だが、諸々の印象が大量に降りかかる嵐に満ちた時代には、優れた精神や性格にとってさえ諸々の局面の充実を文学的に成し遂げることは困難であるが、こうした気の滅入るような体験が、ゲーテによって貯め込まれることもなかった。ほとんど三十年以上に及んだ、革命時代の体験内容に文学的に迫る試みは、たしかに内的な関連およびゲーテの教養との関連を有する組曲をなしているが(3)、現実に克服したり解放する作品は不足している。

## 1　革命文学

まずはゲーテの革命文学について概観してみたい。

1. ミュレンジーフェンが正当にも悟ったように、ゲーテの生まれながらの快活な気質には、フランスで始まった途方もない世界運動からまずは陽気な側面を取り出そうとすることが対応している。しかしながら、こうした類いの文学にゲーテの作品に特徴的な告白的性質が欠けていたことには、充分に意義深いものがある。(4)『ライネケ狐』の高地ドイツ語への改訂はこの関連で着手されたのだが、これについてはすでに必要なことは論じた。(5)そのうえで、ここでは喜劇『大コフタ』と散文『市民将軍』を取りあげる。

首飾り《ネックレス》事件と国際的詐欺師カグリオストロとは緩やかに結びついていたが、その印象のもとにゲーテはすでにイタリアで喜劇的なオペラ『神秘的な人々』を創っていた。この台本《リブレット》は一七九一年に完成し、さらに同じ年の十二月に上演された散文による喜劇『大コフタ』のもととなった。(6) 作品の筋——四人の大胆な詐欺師が四幕を成功に次ぐ成功で突進するが、最終的には気骨のある騎士によって正体を暴かれる——は、道徳的かつ政治的な世界は地下の通路と暗渠によって営まれるというゲーテの確信に基づくもので、同時代の観衆には長く拒絶されてきた相当に不器用な陰謀策で済ませている。首飾り事件がその後の出来事の悪しき前兆と解されていることを、ゲーテは正当に予感していたものの、しかしながら『大コフタ』においては革命はほとんど認識しえないほどの遠くにある。

出来事の焦点からはるかに離れたドイツの小さな村における、革命の最後で危険のない小波を、一七九三年の四月に三日間で書かれた道化芝居『市民将軍』は眼前に提示する。(7) この道化芝居は、『大コフタ』よりも舞台上で成功したという得な役割でもって確実なものになる。落ちぶれたバルビエ・シュナップスは、たまたま彼の所有物になった市民将軍たるフランス軍の制服で着飾り、彼がジャコバン派の政府委員から村を革命化するとの指示を受けたと、お人好しの小作人メルテンに思い込ませようとする。シュナップスは食料品の蓄えをがつがつ食べながら、メルテンのために革命の社会的原理を講釈する。しかしながら、畑仕事から戻ってきたメルテンの娘と義理の息子は、べらべら喋っているシュナップスにまったく感銘を受けない。殴り合いが起き、この調査のために間もなく村の裁判官が現れる。彼は関係者全員を嫌疑のかかった煽動者として逮捕し、彼らを見せしめにしようとする。(8) だが、理性的で貴族的な領主は裁判官を制して、そのような些細なことで処罰すべきでないとし、時宜を得ない命令や時宜を得ない刑罰はかえって悪を惹起するという。何人も澄みきった空を喜ぶべきで、そのあいだに他の地域を荒廃させる政治的雹害も彼方に行ってしまうというのだ。(9) 過ぎ去ってしまえば、けっして脅威に妨げられることのない田園生活が残る、というわけである。

2．ゲーテは単なる予感に留まることなく、こうした認識から、長編小説断篇『メガプラツォンの息子たちの旅』——これについてはすでに必要なことを述べた[10]——や、政治的戯曲『煽動された人々』や、悲劇『オーバーキルヒの少女』においては、時代悪という深刻な診断の試みが生じた。

『煽動された人々』[11]は、一七九三年の秋かこれに続く冬に成立したが、その際は第三幕と第四幕は単なる草案に留まっており、革命運動の基礎に、つまりは存続する不法に関わっている。ある小さな伯爵領には三つの村が属していたが、そこでは領主の支配——未成年の息子の後見人を務める伯爵夫人によって代行されている——と農民たちとのあいだに良き相互了解があって、とりわけ街道の維持のために農民には定められた賦役や奉仕を負担する義務があるかということについて、四十年このかた曖昧にされてきた。法的問題についての訴訟は帝室裁判所に持ち出されるのだが、成功する見込みはない。他方、若き伯爵の祖父が背後でこの問題に関して和解契約を締結したことを農民たちは知っている。和解契約の原本はみつからないが、しかしその内容は証拠能力のない写しから明らかである[12]。地方官は周知の和解契約の原本を隠していたのに、彼が伯爵領の法の忠実な護持者という外観を装って、領主の要求の非妥協的な主張をおこなっているあいだに、伯爵夫人は、訴訟の可能なかぎり早い終結について法的後援者に相談し、堅い決意をもって戻ってきたパリ旅行の影響のもと、法の外観さえなければ疑わしい請求をも押し通した[13]。農民の代理人は、妥当性への渇望に満ちた外科医のブレーメが引き受けるのだが、彼は「市民将軍」のシュナップスとは異なって、軽蔑に値する人物などではなく、むしろプロイセンの大王の崇拝者にして次世代の皇帝ヨゼフ二世の崇拝者でもある。自由主義に感激するあまり、伯爵夫人に罷免された若き伯爵の家庭教師の賛同を受けて、ブレーメは農民たちがその権利を実力で手に入れるように説得する。ちょうど良いときに地方官は正体を暴かれ、和解原本の引き渡しを強いられる。その結果、古い平和な秩序の回復に至る道が開かれる。

『煽動された人々』では、時代の困難な諸問題の重要性を担うための比喩が小さすぎるとするならば、『オーバーキルヒの少女』は、詩人ゲーテが一七九五年に仕上げた二つの場面を膨らませることを決意したとき、その筋によってフランスに属するエルザスを越えて事物の核心にいっそう接近したといえよう[14]。マリーエはオーバーキルヒの素直で美しい少女であるが、暫く以前からシュトラースブルクのある貴族の家に仕えている。その家からは、伯爵夫人とその甥カール男爵のみが、革命の嵐を前にしても退去しないでいる。カール男爵は、マリーエを自分の妻にと望んでいた。彼女はその美しさでもって新たな権力者たちの関心を惹き、シュトラースブルクの大聖堂での新たな儀式の厳粛な導入に際して、「理性の花嫁」を演じるべく選び出される。彼女の主家を救うために、マリーエは厄介な役割を嫌々ながら引き受ける。だが、あまりにも無理な要求が添えられたので、彼女は強いられた涜神に抵抗し、そのゆえに身を投げて、結末にみられるとおり、伯爵家をも破滅させてしまう。

ここで、フランス革命の核心部たる神信仰の否定を捕らえようとするゲーテの意図に関しては、『ドイツ避難民閑談集』（一七九五年頃）が[15]、たしかにその枠組みの中で時事との結びつきを示している。すなわち、革命の嵐を前にライン河の左岸から右岸に避難してきた人々の仲間内での政治的対話の立会人となれるのである。しかしながら、無邪気な社交における永遠の政治的長話は不吉なものとなるので[16]、最終的には家の主人である男爵夫人は、すべての政治的対話を禁じる。会合の参加者たちは、様々な出来事を物語ることによってそれらを談話の素材に提供する。こうして、政治からの逃避が、仲間内の決まりとなるのである。ゲーテ自身がこの『ドイツ避難民閑談集』によって追求した、意図のように！　そのように画された枠組みの中に、詩人ゲーテは一連の物語を挿入するのだが、こうした物語も部分的には法的な関心をまったく欠いているわけではない[17]。彼は、有名な「メルヒェン」によって、それらの物語に栄冠を授けた。それは、ビールショフスキーの解釈によれば[18]、象徴的な政治的勧告として理解することができる。

3．けれども、時代の戦慄から目を逸らしてこれを戸外に追い出すような試みも——直接には、一三四八年のペスト年に登場したボッカチオの『デカメロン』を想起するならば——、自身の世界観が崩壊する不安を追い払うことはできなかった。ゲーテは、文学的サンキュロット主義の傲慢に抗して同盟者の出現を期待したのだが、それについては尊敬に値するとはいえ唯一の人物しか見出せなかった。シラーである。『諷刺短詩』なる共同の作品は、嘲笑中毒ではなく、粗雑なものに対する闘いへの倫理的義務づけという感情から発している。永遠の拒絶という苦痛と乏しい満足感とは他の人々に委ねて、ゲーテはやがて積極的な方向に転じ、これによりフランス革命への態度表明の第三段階が示されることになった。革命的な世界改良なる妄想に、彼は、ドイツの市民家庭やドイツの都市の安定した秩序並びにドイツ統合の希望を、叙事詩『ヘ、ル、マ、ン、と、ド、ロ、ー、テ、ア、』（一七九七年完成）において防壁として対置する。これは根源から成長した、ほとんど超人格的な明るさと美しさから成る作品である。[19] 周知のようにその逸話は、一七三二年に福音派の信仰のゆえにザルツブルクから追放された難民たちの物語から題材を得ている。[20] それは難なく独特の時代に導くことにより、こうして時代像が成立するのだが、この中には同時に世界像も現れていた。

難民たちが生じた地域の住民は、当初は自由と平等の知らせを信頼して待望する心でもって受け入れ、自由の樹を植えたのだが、彼らは間もなく、新たな内政的理念が濫用され外政的拡張の出発点を形成する、ということを認識せねばならなかった。ドローテアのかつての花婿も、かつての革命的熱狂の犠牲者となっていた。けっして理解できなくはない時代精神へのそのような適応に、詩人ゲーテは永続性の原理を、揺れ動く時代における唯一の救済として対置する。その意味に固執する者だけが、真の共同体の伝統的な秩序を忠実に維持する者だけが、将来にとって決定的たりうるのだ。ドイツ人の課題は、運動を広めることではなく持続そのものなのであり、肝要なのは、生死における闘いを維持することなのである。[21] こうしてゲーテは、『ヘルマンとドローテア』における「メルヒェン」という象徴的にくるまれた忠告に、もはや誤解されることのない公然たる忠告を従わせるのである。

## 2　ナポレオン

フランス革命に対するゲーテの一貫した拒絶、もとよりその思想的所産および内政的・外政的実践は、ナポレオンという運動の相続人が、詩人〔ゲーテ〕の確信によれば克服者が登場したとき、決定的な検証に曝された。秩序の人として、ゲーテは、フランスの混沌とした状態の克服者、つまり偉大なる総司令官にして政治家に強く惹かれるのを感じた。この人物の中に、彼は第一級の文化の担い手をさえ見出したのである。注目すべきことに、ゲーテは、ナポレオンの出世、そして彼のヨーロッパ覇権の頂点、さらには彼の没落について、それぞれ作品をもって同伴している。すなわち、一七九九年から一八〇三年に創られた『隠し娘』、一八〇七年に完成した『パンドラ』、そして一八一五年に上演された祝祭劇『エピメニデスの目覚め』である。

1．その際、『隠し娘』三部作のうち完成した第一部だけが[22]、ただちに認められるように、革命の克服を文学的に形成するというゲーテの見やすい意図においてナポレオンとの関係を有している。論争の余地のない古典主義的な高み——冷静さを語ることはあるまい——、この作品の高みは、高値で獲得されたものだ。この作品には、生活上の温かい様子や、豊かで心を捕らえる行為が欠けている[23]。続篇の構想は、ゲーテがその芸術家的な意図の完成を思い描いたように、ただ遠くから予感させるにすぎない。果たしてその意図はそのような路線上で実現しえたのだろうか？　それにも拘わらず、『隠し娘』は詩人法律家ゲーテの全作品の中で最も忘れがたい戯曲に属するのである。象徴的な出来事の中に、君主制的に営まれ、貴族制的に築かれた国家制度の瓦解の始まりが眼前に現れ、その完全な解体が準備される。オイゲーニエは、ドローテアあるいはオーバーキルヒの少女のように、高貴な純潔性の肉体化である。言及された類似形態とは対立するが、オイゲーニエは、最も貴族的な血脈から、すなわち公爵と侯爵夫人との関係から生まれた。その誕生という汚点によって、彼女は、民衆と貴族の間に、そしてもっぱら最も厳しい生活課題の前に置かれたのである。公爵はオイゲーニエの母親の死後、オイゲーニエの認知は間もなくなされるとの約束を国王より得たのだが、公爵の嫡出の息子は自分の権力の行方を心配するあまりそれを阻止して、広い世界で働く素質をもった異母妹を排除すべく国王の命令を実現させる。この命令によれば、オイゲーニエが市民的な事柄に手を差し伸べその貴族的な生活圏から最終的に離脱することを決意しない場合には、彼女は海外の国に追放されるのであった。オイゲーニエの異母兄自身はまったく姿を現さないのだが、彼はその意図を貫徹するために、もっぱら父親の秘書官を用いている。この野心的な廷臣は、人間の尊厳や法について充分に評価することなく[24]オイゲーニエの追放を迷うことなく進めて、彼女の教育女官や在俗司祭を道具として利用する。在俗司祭は、陰謀家たちの計画に不承不承に従っただけなのだが、貴族制の党派的企みを予感し、秘書官に対してその最終的な帰結としての祖国と王座の没落を予言する。その際には、貴族もまた零落するというのだ[25]。在俗司祭は秘書官の指示に従って、オイゲーニエは不運にも馬の転倒によって犠牲になった、と公爵を信じ込ませねばならなかったのだが、公爵に対する救済行為への呼びかけも[26]まったき悲しみに陥った父親の傍らで消えていく。

そのあいだに、国王の命令書をもった教育女官に伴われて、オイゲーニエは港に到着する。間もなくここから、海を越えて旅立たねばならないのである。教育女官は、オイゲーニエが待ち受けた運命に直面して責任感および共感がないわけではなかったので、判事に打ち明けた。彼は判事補としての以前の仕事を踏まえて、今度は裁判官としての名声を受けることになる。判事は、国王の命令書には一瞥もせずに、ここには法ではなく戦慄すべき権力が述べられている、と表明する。もちろん彼が弁えているように、大きな悪に対する多くの不安や恐怖は、統治者たちに「有益ならば不正な行為」を強要する。[27] このことが示唆するのは、国王はおそらく貴族の謀反に対する恐怖によって、オイゲーニエの異母兄の願望に応じるべく促されたということである。教育女官にとっては、判事をもオイゲーニエの市民的結婚のための助言者として獲得することが重要であったが、これ自体はオイゲーニエの運命全体の転換を、この司法の代表者に期待するものであった。判事ならば、「法的経験という広い範囲において」、オイゲーニエに有利に目を配ることができるからである。今度は判事が教育女官の手にある命令書に言及したとき、これは彼の司法的な申請を不可能にするものであったので、オイゲーニエは失望を隠すことができなかった。

法律や秩序とは何んでしょう？　それは
罪のない子供の日々を守れないのでしょうか？
一体、空虚な誇りをもって
法によって権力を抑制すると自賛する貴方たちは、何者なのでしょうか？

これに対して判事は答えた。

限定された管轄区内で私たちが処理するのは、
法律的には厳しいけれども、中流の
生活において繰り返し揺れ動く問題なのです。

上流の見当もつかない領域で
権力的に、奇妙にも行きつ戻りつ蠢くものは、
勧告も判決も無視して生きたり死んだりする問題です、
これは別の尺度、別の数字にしたがって
おそらくは見積もられ、私たちには謎のままであるのです。(28)

裁判官の任務の限界である悲劇については、この思想豊かな箇所以上に、詩人ゲーテによって深く捉えられることはほとんどない。裁判官は、高度の政策やその効果について決定の再審査を拒絶する。規範や規則が受け止めるのは、異常な事象ではなく繰り返し生じる事象なのだが、こうしたものに裁判官は関わってきたのである。このことはここでは「中流の生活」として充分にも的確に表現されているが、しかしそれは純然たる事実の次元でもないし、法的管理《コントロール》の及ばない政治的決定の次元でもない。なるほど、優れた判事にとっては、正義の観点からしても、オイゲーニエに加えられた不正の判断に対する批判基準が欠けているわけではないだろう。教育女官との対話の中で、如何に彼がこうした無法状態について考えるか、また何処でこの無法状態が国家理性として偽装されているかを、彼は充分に明確に表現していたからである。裁判官と呼ばれることに、彼は甘んじなければならない。ともかく判事は、オイゲーニエを追放の前に救うという唯一のことをなしているのである。彼は彼女に手を差し伸べるのだが、如何に彼が彼女の特別な価値を尊重しているかを表現していないわけではない。もっとも、一連の失望のあとになって初めて、オイゲーニエはようやく判事をも危険に陥らせる高潔な提案を受け入れる。一時的にではあるが、彼女はその希望をさらなる助力者に託するのである。オイゲーニエが、その運命やそこでの教育女官の役割について、高級行政官たる

知事におこなった仄めかしは、彼に用心を促さねばならなかった。知事は、オイゲーニエを翌日まで待ってほしいと宥めるために日々の職務を口実にした。ましてや教育女官が国王の命令書をみせたとき、知事はあまり同情的でない言葉とともに引き下がってしまった[29]。なおもオイゲーニエは、救いを教会に期待する。港の女子修道院の院長は、修道院への受け入れを許すことを厭わないと表明する。だが教育女官が文書をみせると、またもや完全な拒絶につながってしまう。女子修道院長も、支配的な上司の手に従うことが、義務づけられていると感じたのである[30]。聖職者たる女子修道院長でさえ、世俗的権力に対する配慮を、悩める者を助ける宗教的義務を超えて設定しているとするオイゲーニエの憤激は理解できる。オイゲーニエは、その運命を確定する紙片を見ることを求めて、ようやく次のことを理解することを学ぶ。すなわち、国王が法も審判もなしに課した追放令によれば、この国に属するすべての世俗および教会の裁判所は、彼女を見捨てることになるのである[31]。こうして再び、出国か市民との結婚かという二者択一の前に立たされて、オイゲーニエは、その登場が彼女のまったき信頼を生じさせるものであったので、畏敬すべき修道士に助言を求める。彼は愛なく結ばれた偽装結婚を思い止まらせる。一方で、彼にとっては、身分の釣り合わない結婚なる観点はまったく些細なものに思えた。また彼は、オイゲーニエに対して異国で働くことについて励ます。それは、彼女自身が在俗の童貞として悲惨な暮らしを知るに応じて、いっそう救いをもたらすに違いないからである。祖国について修道士は、予感的な心情でもって激しい動揺を予言する。それは故国でのあらゆる将来的活動を不可能にし、むしろ危険にするというのだ。だが、まさにこうした予言的な言葉が、オイゲーニエにおいて、祖国の危険に満ちた時間から逃れないで、父祖たちに相応しい態度を示す決意に火をつける[32]。こうして父祖たちの努力について称揚しながら、今や彼女は偉大なる祖国の任務のために待機すべく、判事の手助けを受け入れてこの優れた男との結婚を承諾する。もとよりこの結婚は、純粋に友情的な関係に限定されたものに留まるはずである[33]。

筋の続きへの関心からすれば不満だろうが、この三部作の第二篇と第三篇の構想には、本研究の範囲では判事の試み、つまり彼と結婚したオイゲーニエへの真の愛を認めさせようとする試みは――考える詩人ゲーテはこの問題をおろそかにできなかった――、政治的な展開についての仄めかしに比べるならば、ほとんど惹きつけるものがない。その仄めかしの中には、フーバー[34]の的確な観察によれば、大衆の反乱という社会学的な法則が、その個々の段階に応じて実例をもって確認されている。三部作の導入部は君主制を眼前にもたらしたが、それについての三部作の図式にみられるゲーテの表現たる「本来の最高権威者抜きの絶対的専制政治」は、正当にも的確なものとは響かない――君主は貴族によって仄めかされる逆流にも拘わらず、実際には国王の輝かしさを享受している――。だとするならば、無秩序な専制政治は、貴族的な素性をもった多数の権力保持者の後継者であることになる。この市民的な要素が彼らの党派的目標の貫徹に用いられるからだけでなく、上層階級の節度のなさが常に下層階級を欲望へと促して、しかも正当化するように思えるので、今や下からの発酵作用が生じるのである。最終段階について、ゲーテはこう書き直した。「最終形式の解かれた束縛。大衆は絶対的であり、迷う人々を追い払い、抵抗する人々を打倒し、高いものを格下げし、低いものを再び格下げするために格上げする」[35]。専制政治と同様に、寡頭制と党派制と大衆独裁制とは、新たな権力者に従う者同士の相互対立を伴いつつ、悪霊的に結びつけている。このことを、簡潔な草案は素描の衝撃的な明確さによって暴露される。残念ながら、詩人ゲーテが、試練を経たオイゲーニエを、つまり彼の高次の要求のまったき具現を、大衆の反乱の敵対者として、それどころか克服者として、いつ如何にして設定しようと考えたかは、まったく不明のままである。その高次の要求とは、こうだ。

感覚にしたがって生きる、それは下品だ、

高貴な人は秩序と法令を得ようと努める。

オイゲーニエがそれに相応しいのは、まさにそうした結婚により、堕落した貴族階級の生活圏から解放されて、民衆の生活圏に組み入れられたからである。しかも彼女は、健全な民衆圏の信頼に支えられつつ、その生得の統治者的美徳のおかげで、民衆指導の目標と方法においては、政治的な成り上がり者たちなら容易に陥ってしまう危険を避けることを弁えている。その際、彼女は、自身の窮地と諦念の中で純化された、祖国の使命への信念に支えられている。

ここでは、オイゲーニエとナポレオンを繋ぐ、ある種の線が通じていないか、との想念が浮上してくる。民衆としてのナポレオンからすれば、君主制的および貴族制的な伝統にも多くの意味が付着していたが、革命的無秩序《カオス》の克服者としてのナポレオンからすれば、まさに彼は『隠し娘』が書かれた数年間に登場したといえるからである。いずれにせよゲーテは、大衆時代の破滅的状況《カタストローフ》への深遠な洞察にも拘わらず、無政府状態にすら抵抗しうる健全な生活力への信念を保持していたのである。

2．ゲーテにとって強く印象に残ったのは、ナポレオンが一八〇六年の秋に、数十年前まではあらゆる戦場で勝利を収めてきたプロイセンの軍事力を、ただ一度の進撃で壊滅させたことであった。ザクセン＝ワイマールにとっても危険なこの状況において危険を防ぎ、嵐のような時代に何よりも国民の文化的価値を守りとおすべく、如何に詩人ゲーテが彼なりに貢献したかはよく知られている。軍事的かつ政治的な崩壊の中で、自分の人格はナポレオンによっても、全ドイツ民族の最善の価値の守護神として尊敬されうると、ゲーテが根拠もなしに信じていたわけではない。とはいえゲーテは、行為する人間と思索する人間の対立についての切迫した思想の強襲に、つまりそのように激動する時代における学問と芸術の運命をめぐる懸念に、煩わされずにいたわけでもない。こうした問題からの文学的な解放ないし救出を意味するのが、一八〇七／〇八年に創られた祝祭劇『パンドラ』で、またしても断篇に留まったが、その人格的かつ時代制約的な関係は、寓意的な構成によって過度に婉曲なものになっている[36]。

プロメテウスとエピメテウスの背後には、ナポレオンとゲーテの強い影が予感されるのだが、前二者は後二者の人間性の半面ずつを具現化している。一方は行為と意志の人物であり、彼は勤勉な仲間とともに、道具を製作し武器を鍛造し自然を征服して、戦争の準備をする。他方は魂の人物であり、理想に感激する夢想家かつ思案する人なのである。パンドラは天上の娘であるが、美の象徴としてかつて兄弟のもとに現れ、プロメテウスに拒絶された。プロメテウスの活動および目的に規定された世界には、彼女は居場所をもたなかったからである。しかしながら、彼女はエピメテウスに愛をもって迎えられる。エピメテウスは美的なものの観想に満足しており、責任を感じることも神的美を人間に開示することもない。パンドラはエピメテウスのもとを去ったが、その後、彼女は彼のために二人の娘を産んだ。他人のために愛情に満ちた世話をするエピメレイアと、希望としてのエルポーレである。労働と現実に結びつけられたプロメテウスと思い悩み受動的なエピメテウスとの対立を越えて生きるためには、彼らの子供たちにおける高度の統一が必要だ。行動力はあるが暴力的ともいえるプロメテウスの息子フィレロスは、エピメレイアへの愛の中にいた。夜の訪問の際に、フィレロスは羊飼いを贔屓された恋敵だと信じて彼を殴り殺し、その怒りの爆発から逃げ出したエピメレイアさえも負傷させる。父親のプロメテウスは、こうした暴力行為のゆえに、断固としてフィレロスを連れて裁判所に赴き、プロメテウスが自分自身を罰することでフィレロスを贖うことを要求する。息子は、父親の「堅苦しい合法性」に腹を立てながらも、服従して岩壁から身を投げる。すなわち、暴力犯の廉で海中に投じられる――断篇『プロメテウス』にみられるように、巨神族が創った国はすでに原始的な法秩序を示している――、つまり満ち潮の中に投じられるのである。[37] エピメレイアは不倫の疑惑を晴らしたものの、彼女も自己を犠牲にして愛人に続くことになる。彼女は、殴り殺された羊飼いの友人たちが、仲間の死に復讐するために燃やした家の炎の中に死を求めるのである。[38] 愛する娘を救うべく、エピメテウスは無気力から脱する。だが彼が来るのは遅すぎた。プロメテウスの戦士たちに助けられて、火事と羊飼いたちの反乱は間もなく収束する。フィレロスとエピメレイアが愛による死から新たな生に蘇ることにより、人間の対立を和解させるべく、つまり活動的生活と詩想的生活を互いに調和させるべく任じられた新しい若者が生まれる。ここで再び、ゲーテの全作品の通奏低音および固執低音（basso continuo ed ostinato）をはっきりと聴くことになる。「思索と行為、行為と思索、これこそがあらゆる英知の総体なのだ。……新しく生まれたすべての者に、人間悟性の守護霊が秘かに囁くのだが、思索を行為によって行為を思索によって検証することを原則とする者は、誤ることはありえないし、誤るとしてもただちに正しい道に連れ戻されるであろう[39]」。

3．しかしながら、行為と思索の必然的総合という前述の命題と並んで、称賛すべき大きな人物からの抜粋の中には、別の命題も存在していた。「行為する者は常に無責任だ。誰もが、考察する者として良心をもたない」という命題である。[40]『パンドラ』の完成の時期になおあまり現れなかったこと、つまりナポレオンの権力意志の貪欲さは、彼が創った秩序の破滅への萌芽をもたらすものだが、――幸運に恵まれた数少ない政治家のみが、その結果という正当な高みにおいて自ずから阻まれるべき偉大さを充分にもつように――このことは、以後の数年間に明らかに影響を及ぼしたものの、ゲーテからナポレオンの最終勝利についての確信を奪うものではなかった。最終的には勇敢なコルシカ人の帝国主義は、目標の際限のなさにおいて、またこれにより呼びかけられた抑圧された諸民族の解放意志において破綻を来した。そのときゲーテは、一八一四年にイフラントに要請されて、プロイセン国王のベルリン凱旋のための祝祭劇を書くことになっていた。すなわち、『エピメニデスの目覚め』[41]にみられる後悔の告白をおこなうためには不足はなかったのである。その告白とは、聖なる自由のために闘う諸民族の巨大な力を見誤ったというものであるのだが。このようにエピメニデスにおいてゲーテは自分自身を表現しているのだが、エピメニデスはこの決定的な転換期を寝て過ごし、これによって大きな経験をみずから奪ってしまったのである。

けれども私は寝ていた時が恥ずかしい、
お前たちとともに苦しんだほうが、得だった。
というのも、お前たちが感じた痛みからすれば、
お前たちは、私より偉大でさえあるからだ。

しかしながら、エピメニデスには、その文化的意欲の純粋性を守り、それを手本として他の意欲から誠実に守った、という功績がある。[42]さてゲーテであるが、美徳の欠点（défauts de ses vertus）への告白によって後悔者にして功績者という奇妙な二重性を説明すること、つまり同時に告発人と弁護人であること以上に困難な課題に取り組むことはほとんどなかった。その際、彼には芸術家的な繊細な心遣いが吹き込まれていたようだ。彼は単に自由の歌手たちの調子に合わせることはできない。彼らは同時に自由の敵手たちでもあったからである。したがって彼は、その祝祭劇から直接の衝撃力を奪った。全体として寓意に基づくこの作品は、効果を発揮させるために、あらゆる演出技術の駆使を必要とした。長い逡巡の末、一八一五年三月三十日にベルリンで初演が実現したときにも、反応はまことに冷ややかなものだったが、若干の詩行のみが――詩人ゲーテの学識と意図に反して――ナポレオンのエルバ島からの帰還を

意味するとされたので、現実的なものとして噂に上った。[43]「貴方も私と同じですか？」(I wie meenen Sie des?)、ベルリンっ子の冗談は『エピメニデス』をそう片づけた。この深遠な作品は、高度にすぎたのである。

すでに前口上は、重要な主題たる権力の魔力を仄めかしている。

平和は意欲では準備できない。
すべてを意欲する者は、なによりも強者たらんと意欲する。
彼は勝ちながら、他人に争うことを教えるが、
熟考しては敵を用心させてしまうからだ。
そうして力と策が四方に生まれて、
世間は妖怪によって満ち足りて静かになるが、
その誕生により数え切れない災厄が
最後の審判の日のように刻々と迫ってくる。[44]

さて、賢者たるエピメニデスが眠っているあいだに、戦争・策略・抑圧の各魔神たちは忙しなく動き回りながら舞台に上る。戦争の魔神には、ナポレオンの歴史的な偉大さも表象されている。

最も奇跡的な行為に儂は喜んで身を献げる。
なぜなら危険も死も恐れぬ者こそ、

地上の王、霊たちの王であるからだ。
何かが対立し威嚇しようと、
彼が結局は主人なのだ。
反抗などありえぬ！　抵抗などありえぬ！
儂は困難など知らぬから、
あれこれ国々がおののいても、
それこそ儂の喜びの時だ。
王国が次々と崩壊しようと、
儂のみは独り立ち自由に動く……
そして儂が最悪の事態に陥ったとしても、
そこから儂の勇敢さが始まるのだ。——
戦慄が地上に溢れ、
儂はそこに新しい生成を呼びかける。[45]

策略の魔神は、両義的な遊びを好む。平和な状態とは、武器の沈黙それ自体に反感を持つわけではないけれども、しかしそれらは抑圧の意味で用いられる。[46] 魔神たちのもとには奇妙な仕方で法律家が現れるのだが、彼は戦争の魔神を非難したり反論したりしながら、海水と血液で地上を溢れさせ、他方では控え目に信頼を得ようと思い込んでいる。しかも、次のこと以上の良い綱領を有してもいないのである。

永遠の破壊であれ、
永遠の再建であるにせよ[47]。

その際、ゲーテが誰について考えていたかは、知ることができない。王家の三姉妹としての信念・希望・愛情は、自由と平和という慈悲深い守護神に支えられながら、否定的権力に立ち向かい、最終的にはこれを有為転変の闘争によって打ち負かす。守護神たちは、こう告げる。

でも、奈落から不遜にも這い上ってきた者は、
鉄のごとき運命によって
地上の半分を征服しえたが、
奈落に戻って行かざるをえない[48]。

こうして、自由の呼びかけが魔法を破る。目覚めたエピメニデスは、暫く時代の全体を離れて眺望することによって、諸々の民族が兄弟的に結集した反乱の立会人となる。その結末を、合唱隊の誇らしげな歌詞が告げている。

こうして我々一同は
異国の桎梏から解き放れた。
今や我々はまたしてもドイツ人となり、

今や我々は再び偉大になった。
こうして我々は過去も現在も
最も高貴なる種族なのだ、
愚直な感覚と純粋な気息によって
そして行為において正義なり。(49)

ドイツ民族の高貴な民族性や、正義や、ゲーテがとくに強調する文化的な意欲に向かうこうした告白において、国民の精神的統一という包括的な遺志が、彼の権利および義務となったのである。

**原注**

（1）Dichterjuristen, Bd.1, S.253ff.
（2）Vgl., Müllensiefen, S.86.
（3）Müllensiefen, S.81.
（4）Bielschowsky, Bd.2, S.187.
（5）S.265 u. 302.
（6）Werke, Bd.2, S.1353ff. Vgl., Bielschowsky, Bd.2, S.44ff.; Witkop, S.235f.
（7）Werke, Bd.2, S.1416ff. Vgl., Bielschowsky, Bd.2, S.46f.; Witkop, S.241f.
（8）Werke, Bd.2, S.1420ff., bes. 1432（第六場、第九場）, 1437ff.（第十二場）.
（9）Ebda., S.1440ff.（第十四場）.
（10）Ebda., S.265 u. bes. 303f.

(11) Werke, Bd.2, S.1445ff. Vgl., Bielschowsky, Bd.2, S.47ff.; Witkop, S.45f.

(12) 法律家にとっては奇妙なことだが、和解契約は訴訟を排除すべきものであるにも拘わらず、訴訟はなおも遂行される。ゲーテはこの状況を用いているのであって別のものを用いているわけではないので、彼がここで強く行き詰まってしまったことは明白である。

(13) ゲーテが伯爵夫人の口を借りてどの程度自身の心情を語ったのかは、ずっとあとになって一八二四年一月四日のエッカーマンとの対話が示している。Gespr., Bd.3, S.60f.

(14) Werke, Bd.2, S.1501ff. Vgl., Bielschowsky, Bd.2, S.49ff.; Witkop, S.246. 成立時期に関しては、ヴィトコプに従う。ビールショフスキーはもっと早い時期を想定している。ゲーテは、戯曲の題材を、一七九三年にエルザスで現実に起きた出来事から得ていた。

(15) Werke, Bd.1, S.862ff. Vgl., Bielschowsky, Bd.2, S.50ff.; Witkop, S.258.

(16) 貴族のジャコバン派たるカール男爵と厳格で保守的な宮廷顧問官の対立（bes. S.863 u. 865）は、宮廷顧問官が辞官を促したようにみえるほどに鋭いものであった。

(17) Werke, Bd.1, S.890ff. ルネサンス短編小説の様式による、若い商人の妻と若い法学徒との愛の物語。S.904ff. フェルディナントは、所有や権利についての詭弁的な考察なしに、浪費家の父親の金銭を自分の物にしたわけではない。だが彼は、自身の幸運な事業によってそうした状態になるや、悪事の認識に基づいてそれを返却した。—— Vgl., Zeitler, Goethe-Handbuch, S.156（Prokuratornovelle）u. 457ff.（Unterhaltungen deutscher Ausgewanderten）. そこでは、上述の短編小説にみられる犯罪学的な動機について、詳細な解説が見出せる。

(18) Bielschowsky, Bd.2, S.51ff.

(19) Werke, Bd.1, S.669ff. Vgl., Bielschowsky, Bd.2, S.184ff.; Witkop, S.283ff.; Georg Müller, S.49f.; Huber, S.16.; Max Morris, Hermann und Dorothea und Das Fähnlein der sieben Aufrechten, in: Goethestudien, Bd.2, 2. Aufl., 1902, S.118ff.

(20) リリー・シェーネマンの運命は、告白文学への回帰を立証する。Vgl., Bielschowsky, Bd.2, S.188ff.

(21)『ヘルマンとドローテア』における法的な個別問題は、副次的な意味を有している。文句の付けようのない立会人たる資格ある証人（testes classici）として、牧師と薬剤師が登場することによってヘルマンが妻に選んだドローテアに関し、個別的な問題が取り込まれている（Werke, Bd.1, S.689. ポリヒュムニアの歌）。たとえば、雇用契約の締結時の手打ち、父と母の指輪を用いた婚約（ebda., S.708 u. 711. ウラニアの歌）。

(22) Werke, Bd.3, S.1513ff. Vgl., Bielschowsky, Bd.2, S.54ff.; Witkop, S.247ff. 法的分析について、Müller, S.47f.; Huber, S.10ff. ——入手できなかったが、Melitta Gerhard, Goethes Erlebnis der französischen Revolution im Spiegel der Natürlichen Tochter, in: Deutsche

Vierteljahrsschrift für Literaturwissenschaft und Geistesgeschichte, Bd.1, 1923.
(23) Müllensiefen, S.89.
(24) 「そして我々の利益こそが、我々の最高の法なのです」。秘書官は、法を一時的な利益の道具に貶めつつ、そう語る。Werke, Bd.2, S.1532
(25) Ebda., S.1541
(26) Ebda., S.1550
(27) Ebda., S.1552f.
(28) Ebda., S.1557
(29) Ebda., S.15666ff.
(30) Ebda., S.1569f.（第五幕第四場）. したがっておそらく、オイゲーニエは修道院に受け入れられないはずである。――形式的な受け入れはともかく、純然たる避難所については語られていない。――したがって教会は、この問題を教会の利益のために利用することができないのである。
(31) Ebda., S.1570ff.（第五幕第五場、第六場）.
(32) Ebda., S.1672ff.（第五幕第七場、第八場）.
(33) Ebda., S.1577（第五幕第九場）.
(34) Huber, S.14f.
(35) Werke, Bd.2, S.1579.
(36) Werke, Bd.2, S.1746ff. Vgl., Bielschowsky, Bd.2, S.296ff.; Witkop, S.309ff.
(37) Werke, Bd.2, S.1756ff.
(38) Ebda., S.1765f.
(39) 『ヴィルヘルム・マイスターの遍歴時代』第二巻第九章。Werke, Bd.1, S.1738.
(40) 『箴言と省察』。Werke, Bd.5, S.781.
(41) Werke, Bd.2, S.1814ff. Vgl., Bielschowsky, Bd.2, S.339.; Müllensiefen, S.104ff. Witkop, S.352ff. には、アルントとシェリングがゲーテ全体の充分な理解を示したことについての、非常に価値の高い証言が含まれている。
(42) Werke, Bd.2, S.1837（第二幕第九場）.
(43) 詳細は、Houben, S.138ff.

(44) Werke, Bd.2, S.1815.
(45) Ebda., S.1819（第一幕第四場）.
(46) これにつき、第一幕第八場（S.1821）における貴婦人の言葉、および第一幕第十一場（S.1824）における策略の魔神を参照。
(47) Ebda., S.1821f.（第一幕第七場、第八場）
(48) Ebda., S.1832（第二幕第四場）.
(49) Ebda., S.1839（第二幕第十場）.

## 五　『ヴィルヘルム・マイスター』、ゲーテの国家小説

### 1　成立史

『ファウスト』の成立史と同様に、『ヴィルヘルム・マイスター』の成立史もほとんど二世代以上に及んでいる。[1] 周知のように、ゲーテはすでに一七七六年にフランクフルトからもってきたある長編小説の作成に取り組んでいたが、彼はこれを一七八六年にイタリアに携えていき、一七九四年になって再び継続した。「原マイスター」の主人公たる、詩人と俳優と演出家を一身に兼ねた人物は、十八世紀の四十年代以降の劇場史の中に組み込まれている。彼は、国民劇場に対するドイツ国民の憧憬を実現すべく、作家ゲーテによって呼び寄せられたのであり、だからこそ、『ヴィルヘルム・マイスターの演劇仕事』なる標題は、内容を非常によく示していたのであった。[2] 一七九四年以降、詩人ゲーテは完全な改訂と再編の作業に従事した。芸術家小説から、より大きな目的をもった教養小説が生じることになる。ゲーテの「愛すべき演劇的な似姿」は、「原マイスター」が一七八二年のフォン・シュタイン夫人宛の手紙に書いたように、彼の人間的な似姿や反似姿に変化するはずである。[3]

『ヴィルヘルム・マイスター』の作劇術において処世術への通路として現れる長編小説の再構成は、『ヴィルヘルム・マイスターの修業時代』という標題のもと、一七九五／九六年に全四巻で公刊された。詳細な青年時代の物語は消し去られ、――ヴィルヘルムがその愛人マリアンネに語って聞かせる残りの部分で、詩人は恋人を眠りにつかせる――。人間についての叙述は、造形的な具体性と外面的な真実性へと推進され、――『修業時代』には絶対的に善い人間も絶対的に悪い人間も登場しない――。だがそれはそうとして、改訂は多くの飛躍と起伏を残しているものの、それは当時において作品の好意的な受け入れを阻害したわけではなく、包括的な長編小説におけるこうした真実の小宇宙の楽しみを今日においても曇らせるほどのものではない。

芸術上の暴力的行為を抜きにして、ゲーテが『修業時代』の最終章で続篇のための道を拓くことを自制したわけではない。続篇はすでに一七九六年には視野に入れていたが、ようやく一八〇七年になって、若干の挿入されるべき短編小説の仕上げが進行し始めた。『親和力』も、当初はこうした枠組みへの挿入が想定されていたのである、その比重や分量を考慮に入れて断念された計画ではあったのだが。一八二一年の五月には、『ヴィルヘルム・マイスターの遍歴時代』の初版が出版された。しかしながら、まさに新たな世紀の二十年代になって、フーリエ、サン＝シモン、ロバート・オーウェン、シスモンディ、ベンサムの社会科学的著作や社会綱領が蓄積され[4]、それらが詩人ゲーテに徹底的な書き直しを迫った。これは一八二九年に全集（最終版）の第二十一巻と第二十二巻において公表された。『遍歴時代』の中では、ヴィルヘルム・マイスターは中庸であることを止めている。この作品は、非常に緩やかな構成をもっており、その主要な筋は数多くの散りばめられた短編小説によって中断されるので、もはや一つのまとまりや、一つの意味から成り立ってはいないのである。

詩人法律家ゲーテについての研究にとって、無関心たりえないことだが、『ファウスト』と『ヴィルヘルム・マイスター』とは、文芸学によって正当にもゲーテの天才を総括する最高峰として評価されており、同時に彼の法・国家の思想の最深の表明を含んでいる。『ヴィルヘルム・マイスター』は、全体的な進行において、他ならぬ人間の道を指し示す。これは、個別存在から連帯を経て国家という社会的および政治的な共同体へと至るものである。[5]こうして必然的に、まさに不可避的に今日的なものとして、この道そのものが現れてくる。その比喩性が存在し続けるわけだが、それというのも、外的な状況ではなく、まさにヴィルヘルム・マイスターという人格性の最終的展開への要求が、――ためになる回り道がないではないものの――この道を導くからである。

以下の頁からは、ゲーテ伝で利用できるような内容説明や文学的分析を期待することはできない。本論稿が企図する視点のもとで重要なのは、本質的なものを際立たせること、それとともに詩人法律家ゲーテに特有な個別進行に留意することである。

## 2　修業時代

『修業時代』は、ヴィルヘルム・マイスターを後期市民社会および資本主義社会の若葉として認識させ、彼の近未来の運命を、彷徨う演劇社会と硬直化する貴族社会とに対する二重の関係の中に持ち込ませる。意味や深遠な意義がないわけではない。劇場やそこで演じる人々は、全体として世間の映しそのものだが、[6]『修業時代』に登場する貴族は、ヴィルヘルムが友人ヴェルナーに宛てた手紙の観念的な叙述によれば、[7]もっぱらその人格性によって生きているにすぎないし、そのような見解に基づいて、生きるために生産したり所有したりせねばならない市民階級も、なにか価値の少ないものとみなされている。全的に生きる人格性への発展は、市民に対しても開かれてはならないのだろうか？ヴィルヘルム・マイスターの友人ヴェルナーは、複式簿記を人間精神の美しい発見と称賛し、行き届いたすべての家長に託されるに値するものとしたが、[8] このヴェルナーに対して、マイスターは趣向も内面的使命もない商人であって、彼にとっては商売上の年度末決算の貸借対照表ならぬ人生の貸借対照表こそが重要なのである。とはいえ、義務の秘かな達成感はあるけれども内面的な労働の喜びがないところで商取引に携わって以来、これを利益決済に書き込むことを、彼は断念せねばならないと信じてもいる。自分も痛みを伴う強ばった諦めとともに、彼は自身の詩作を火に献げて、真の詩人はこうして芸術の宝を純粋なままに守り正当に増やすことができると思い込むのだが、それは彼が外面的にも邪魔されない平穏さの中で漫然と過ごしているからである。[9] 文学的創作と、詩人が明らかに批判する市民的使命との関係についての、一種の見解といえよう。彼が父親の指示にしたがってその死後にヴェルナー＝マイスター商会の共同経営者として企てた商用旅行は、告訴による自身の利益の追求においてだけでなく、彼の親切のおかげでまったく別種の事例においてさえ、彼を繰り返し法と裁判に関係させるのである。[10] 恋人同士の俳優のメリーナとその愛人であるが、彼女は頑固な両親の意に反して彼についてきたので、司法圏の境界において、所轄する故郷の裁判権の古い形式的な仕方で[11]引き渡されることになり、ヴィルヘルムはその様子の立会人になる。尋問する地方官による形式的で不公正な処置に、彼は人間性の観点を対置することもできたのだが、最終的には娘の両親の仲介になんとか頼ることができた。[12] ヴィルヘルムが俳優組合に入会し、そのうえ演出家のメリーナに提供した貸付金により、ヴィルヘルムの商売上の利益も俳優組合に結びついたあとで、一座を暫くのあいだ訪問客の接待のために募集した伯爵の城域において、いわゆる小人物に対する闇討ちがおこなわれる。この闇討ちは、伯爵の訪問客の一人である男爵への諷刺詩の作者として自身を呪うに充分なほど、馬鹿げたものであった。伯爵は、この治安攪乱に腹を立て、ただちに一人の少年が捕まえられる。彼に対して、この闇討ちへの関与について嫌疑が挙げられる。伯爵は、この種のすべての関与を否定する少年を、いずれにせよ浮浪者として鞭打ちに処するつもりであって、そのために裁判権者としての伯爵が好んだ厳粛さによって、ヴィルヘルムが来合わせて少年を処刑から救い出したときには、すべての準備がすでに整っていたのである。[13]

演劇仲間の芸術的な水準を上げる手段として、そこでは共和的な体制が応用される。選挙による座長《ディレクター》の職は、輪番で引き受けるべきであり、小さな評議会が座長を支援すべきなのである。[14]

『修業時代』の第一巻から第五巻まではマイスターを劇場および貴族との二重の関係において描いており、竪琴《ハープ》弾きとミニョンとともに、マイスターには不可解な姿を与えて、これによって古典主義的な長編小説はロマン主義的な長編小説への橋を架ける。こうして「美しき魂の告白」（第四巻）が、一見して異物のように現れる。だがそれは、ゲーテ自身が表明したように、行きつ戻りつの意味を有している。[15]このことは、当時の包括的な教養小説においては、いかなる場合でも宗教的な要素が疎かにされていなかったという理由からだけではない。『ヴィルヘルム・マイスター』では、神に結ばれた敬虔主義者――周知のように、スザンネ・フォン・クレッテンベルクがこうした高貴な人物像の模範として用いられた――の告白が、都合の良いときに提示される。ヴィルヘルム・マイスターは、日々のパンのためのあらゆる心配から免れ、最善の仕方でもって無為で芸術好みの観想に埋没したのだが、彼が生産的な詩作を断念し演劇界全体の脆弱性を認識するのに応じて、そうした最善の仕方も彼にとってはいっそう危険なものになる。『マイスター』に集められた豊富な教養資本が利用可能であるならば、マイスターは目的意識をもった実利的な活動に向けて教育されねばならない。これにとっては、「美しき魂」という宗教的で美学的な人間性は、考えてみれば相応しくないように思える。だがそうした人間性の友人たちにとって、たとえば、フランクフルトの法律家オーレンシュラーガーと官吏にして法学識者のカール・フリードリヒ・モーザーが原型となった、有能な官吏ナルツィスとフィロー[16]にとって、そうだとしても、周知のように、彼らは告白の中では副次的人物に留まっている。これに反して、伯父の人物像は「美しき魂」にとってはいっそう重要なものである。伯父の所有地で、その甥たちも、姪たちつまり早世した妹の娘たちも、成長したのだからである。この伯父の心情には何かがあるのだが、それはビールショフスキーの的確な観察によれば、[17]告白への批判的な補足のようにして活動する何かなのである。優れた人物の声を聞いてみよう。「人間の最も偉大な功績は、彼が状況を可能なかぎり多く規定し、そしてそこから可能なかぎり少なく規定される場合に、充分なものとなる。……決断と結論とは」――首尾一貫性のことだろう――、「私の考えによれば、人間において最も尊敬に値するものである」[18]。ヴィルヘルムに明かされた原稿のこうした言葉は、いつでも偶然の状況に身を任せていた彼に対して、如何に働きかけたことだろうか！　実際、第七巻以降では、彷徨う個人的存在から社会的結合に向かう、それも自由においてではなく行為において生の意味を見出そうとする、彼の意図が認識されるのである。すでに長いあいだ、例の結社が、尊敬すべきだが間違いもする人々の正しい指導が目標にしてきた秘密の結びつきが、ヴィルヘルム・マイスターの進路を世話してきた。そして彼は、修業証書を受け取ることによって、会員として受け入れられるに値すべく登場するのである。結社の会員のうちロタ－リオこそは、ちなみに弟のフリードリヒとともに「美しき魂」の甥であるが、その所有地という限定された職場における日々の義務遂行によって模範的な人物である。この所有地の管理を、彼はアメリカから帰って、「ここにアメリカがあるか、どこにもないか」という意識で引き継いだ。ロタ－リオは、『修業時代』の社会政治的な計画の告知者である。その貴族的所有は当時の原則によれば非課税だったのだが、こうした特権は、彼には合法に設定された抵当権のようなものにみえている。すべての市民が国家に土地税を納める方法を彼は導き出す。国家がそのために虚構となった封土の桎梏を放棄する場合であるけれども、封土は完全私有地化され、封建法的な継承の条件から、とりわけ同身分間の結婚の要求から解放されることになる、というのである。自由な選択にしたがって結婚相手を市民階級からも求められるという可能性が貴族にも開かれるならば、国家はそれほど頻繁に適切な頭脳と人手に困ることはないだろう。この大らかな見解との有効な対照において、ロターリオと商売上のつながりがあり、友人ヴィルヘルム・マイスターのために所有地を取得している商人のヴェルナーは、次のことに気づいている。すなわち、彼は使用料や賃貸料や通関料を、従来もっぱら慣習に基づいて支払ってきたのであって、一度も国家のことなど考えたこともないと。[19] だがロターリオは、貴族的所有と国家との外面的な関係のみの改革が必要だとみているわけではない。彼にとっては、農民解放の精神において考えられた、後継者たちとの関係の基本的な改造も意味がある。「私の領地の経営に際して、多くの部分で農民の仕事を無くすわけにはいかないことや、一定の権利を強力かつ厳格に維持しなければならないことを、私は明らかに見通しています。だが私は、別の権限が私に有益であっても、まったく不可欠というわけではないことも知っています。その結果、私は農民の何らかの幸福を喜ぶこともできるのです。欠けているものを失うことなどはないのですから。私は財産を父親よりもうまく活用できるのでしょうか？　私の収入をもっと増やすことはできないのでしょうか？　この増大する利益を、私がもっぱら享受すべきなのでしょうか？　私とともにまた私のために働く者のために広げられた知識を、前に進む時代を提供する利益を、私は彼の側において喜んではならないのでしょうか？」[20]。ロターリオが封土の完全私有地化を強行できなくとも、彼の手にはこの第二の計画を実施することが残り、彼はただちに適当な法的効力をもった証明への指示を与えることになる。[21]

活動的人間の手本たるロターリオによってヴィルヘルムは教導されたが、ヴィルヘルムに委ねられたのは、如何にして女性がその行動によって生活圏を充実させるかを知ることであった。[22] テレーゼは、これまで運命からあまり友好的には扱われてこなかったが、[23] 農園の模範的な経営や、家事の入念な処理だけに満足せず、さらに子供たちを教育のために引き受けて、所有者が病気になった隣りの大農園の管理の傍ら彼らを監督していた。テレーゼの人格はマイスターを惹きつけ、彼は彼女に手を貸そうとする。このことは拙速になされたけれども、彼に託された二人の子供の教育への懸念から聞き届けられる。二人の子供とは、ミニョンおよび、死んだ女優のマリアンネとの関係による彼の息子フェリックスのことである。マイスターはナタリーエを妻にした。彼女は、「美しき魂」の姪でありロタ一リオの妹であるが、その才能に恵まれた性質は、「美しき魂」およびテレーゼの一面性を克服していた。彼女には、ローマの勇士にとって高貴なものであった人間性の原型がみられる。彼自身の性質からその力の調和的な形成へと抵抗しがたく押しやられつつ[24]、定まらぬ憧憬の中でヴィルヘルムはその勇士に憧がれた。

その頃マイスターは俳優の仲間入りを決めており、自身のために幻想的でロマン主義的な衣装を考案していた。彼が結社と接触して以来、勇士のために今度はそれを市民的な衣服と交換させたことは、詩人ゲーテによる細やかな展開である。マイスターは、一七九六年七月八日付の手紙でシラーが『修業時代』を総括したように、「空虚で不定な理想から一定の実生活に入ったけれども、その際もその理想化する力を失ったわけではない」のである[25]。しかしながら、調和的で成熟かつ円熟した人格へのこうした発展は、『修業時代』では彼を模範的にみせているものの、まさに一面的で、この一面性において危険を伴わないではおかない精神および魂の崇拝に対応していた。これはいずれにせよ十八世紀後期において磨き上げられたものであるが、そこでは政治と経済は、宿命的な要求を未だ認めさせてはいなかったのである。長編小説の創作を今後とも継続したいという、すでに一七九六年に確定した意図は、さらにゲーテをして、ヴィルヘルム・マイスターを実利的な職業に委ねること、したがって実利的活動の分かりやすい必要性を現実に移すことを妨げさせた。農園所有者たるヴィルヘルムが何処で修業時代を終えるか、これこそが自由で偉大な人格性による活動なのであり、これはかつてゲーテが貴族のもとで感嘆したところのものであった。

## 3　遍歴時代

ゲーテが『遍歴時代』の最終版を書いたとき——この最終版のみに関して言及する——、世界は根本的に変化していた[26]。解放戦争という運命的な時代にあっては、国家の意味があらためて生きてきた。新たな顔をもった国家世界が、ウィーン会議以後に始まったのである。個々人と社会との関係における、それに条件づけられた再評価は、経済的な大変動によってさらに強化された。農業の時代は、技術や機械や工業の時代に譲歩し始めたのである。これと手に手を取って、国民の社会構成における大変革が予測不可能な規模でやって来た。ゲーテはこうした将来を、感嘆すべき自由や、予知的な責任をもって待ち受けた。まさに『遍歴時代』が如何にして新時代の教育本になったかは、組み込まれた短編小説群を無視しうる読者にとっても明らかであるし——もちろん、それらは直接的な人間性に満ちた模範的例示であり、文学の宝石であるので[27]、けっしてなしで済ますわけにはいかないのだが——、まったくもって主たる筋の進行にのみ関わっている。個々人がもはや美的に完成した私的存在をもっては正当化されないこと、その価値は社会の中の役割位置に即して試験されること——詩人ゲーテによれば、各人は彼らから成る機関を作り司るのであって、各々の位置こそが各人の人間性を認めると考える——、自己放棄や自己主張を含むこうした基本思想が、詩人は三つの大いに異なった段階において現実化するのをみている[28]。

１．第一の段階たる家父長制的な関係は、聖ヨーゼフ二世の物語によって示される[29]。手工業者のヨーゼフは、——『遍歴時代』の大筋においては、手工業者は農民でも頭脳労働者でもなくて、十九世紀の新たな労働界の代表であるのだが——、人里離れた山岳地方でなおも維持されている閉鎖的な家や村の経済の枠組みでは、山岳民にとっての家父とされている。小さな共同体のために教会や修道院の廃墟が、ヨーゼフによって居住地に整備されまさに恰好の背景となっているのだが、こうした小さな共同体の秩序は、家族構成員相互の自然的で生来の愛情と、家父長の指導のもとへの自発的な服従とに依存している。

2．第二の段階たる啓蒙化された家父長制的絶対主義を、大土地所有――ここではなお農業国家が優勢である――の枠組みで代表するのは『遍歴時代』にみられる伯父であるが、社会的に条件づけられた彼の生活圏においては、『修業時代』にみられる優先的に美的に規定された伯父とはきわめて対照的に特徴づけられている。アメリカに移住した植民者の子孫は、ベッカリーアやフィランジェリの人道的な原則が幅広い影響を展開した時代に一人前になった――ゲーテはナポリの友人を忘れていなかった[30]――。この伯父は、その全所有地とすべての強い労働力をもって、多くの人々の共通の利益に奉仕した。彼らに対して伯父は生活の可能性を用意しただけでなく、収益への関与さえも提供したのだが、その結果、彼らは地主のあらゆる人間的厚意に際して露骨に依存し続けた。こうして、役に立たないか、いい加減な小作人は、厳しく追い出されることになる[31]。適切な箇所で提示される金言的知があるが、これを告げる原則には、伯父の公益観の影響がみられる。すなわち、「有用なものから真なるものを経て美しいものへ！」とか、「罪なき者には解放と補償を、唆された者には同情を、罪ある者には罰を伴う正義を！」とか、「私有にして共有」いった金言的知である[32]。第一の金言は、まずは生活という現実の必要性が視野に入れられねばならないのであって、次に真や美の崇拝へと上昇しうる――それらは『修業時代』におけるヴィルヘルムによる、文学への排他的な帰依についての吐露とは対立する！――ということを強調している。第二の金言は、ベッカリーアによって導入された刑法改革の精神からもっぱら語られている。そして、とりわけ奇妙に提示された金言「私有にして共有」は一種の妥協なのであって、そこから引き出されるように、伯父からすれば、所有なる明確な概念を進行中の社会的な特定の使途と調和させることは可能と思われたということである。[33]「所有と財産を貧しき者たちに与えるとは、どういう意味だろうか？彼らのために管理人として振る舞うほうが、もっと称賛すべきことだ。……資本には何人も触れるべきではないし、利益は――資本収益のことと思われる――いずれにせよ世の成り行きの中で万人のものとなるのだ」[34]。似かよった社会政策的気分にも拘わらず、『修業時代』にみられるロタ―リオのやり方との相違は判然としている。ロタ―リオは後継者たちに対して、たとえば一八一一年のプロイセンの農奴解放の仕方にしたがって、農地一般における彼の所有権を放棄する。『遍歴時代』の伯父は、権利上は（quoad ius）その所有に固執するが、実行上は（quoad exercitium）共通利用の精神をもった単なる管理者とみられるにすぎない。なおも言及するならば、伯父の全支配区域には信教の自由が支配しており、個々の教区は――区域が広いので多くの集落が含まれる――自治権を有している。[35]

3. 詩人ゲーテは、『遍歴時代』第三巻において、農業経済と工業経済が補完し合う国家という民主主義的な国制へと向かう以前に、あたかも「美しき魂の告白」に連れ添うようにして、魂の王国たる敬虔の王国へと、要するに伯父の姪であるマカーリエのもとへと導いていく。マカーリエは、高められたナターリエであり、「美しき魂」に対する強められた鏡像であるが、もはやその内面的生活の敬虔な調和でもって満足することはなく、彼女はその高次の天分を人間の幸福のために用いる。なお、彼女の内面的な生活は、太陽系という大宇宙との奇妙な関連において存在する――その結果、ここでは高次の意味で世俗的敬虔が語られることになる――。そのうえ『遍歴時代』の宗教性は社会的力点《アクセント》を取得しており、もとよりこのことは、キリスト教会の強力な社会活動を勘案すればなんの新奇性にもなっていないのだが、敬虔な魂というゲーテの主観主義的な宗教性にとっては際立っているとせねばなるまい。マカーリエの王国において、ヴィルヘルム・マイスターは、「偉大な思考と純粋な心胸、これこそ神に願うべきもの」という支配的な箴言から身をふりほどく[36]。息子のフェリックスが教育のための学区に委ねられているあいだに、マイスターは基礎的な職業教育の最終時期を迎える。彼は専門的な仕方で、外科学を学んでいる[37]。ところで彼は、いつでも出来事の中心点であるよりは純然たる媒介者であり、いつでも個々人の位置に即した主体として以上に共同体に立ち入っている。

4．第二段階において、つまり伯父の所有地で学んだ支配的な法的・経済的な国制を越えて、新しい時代の仲間団体的に自由な法的・経済的な国制への進展が迫ってきたのは、その先駆者としてレナルドが任命されたときであった。とはいえ詩人ゲーテは、社会の新秩序が必然かつ有意味なものとして現れるべきならば、古い状態の危険化や大変動を眼前にもたらさねばならないと感じてもいた[38]。機械の革命的な力が明白になって、詩人もスイスのアルプス渓谷の紡績家内労働（撚糸作りや機織り）の経済秩序を叙述するのだが、それは紡糸機や織機の凱旋行進によって、その経済的および社会的な基礎の全体を失ったように思える。それ以上に危険にさらされるのは土着性であって、家庭的敬虔もその有益な倫理的影響とともに危険にさらされる。こうした強力な大変動を、あらたな生活様式でもって乗り越えられないまでも受け止めることができるのだろうか？　ゲーテは生涯にわたって土着的な人間であり続けたが、「遍歴する思想！」なる言葉を、痛みなしに書きつけたことはなかった。その中には、いずれにせよ諦念を含んだ新世紀の外的・内的な遍歴が予示されていた。また諦念を求めるのは、体系的な分業であることが少なくない。すなわち、『修業時代』の調和的・全面的な教養理念と鋭く対立するものとして叙述される、一面性のことである。遍歴同盟は、その成員が自由意志でこの新しい生活様式を秩序づけているのだが、このことによってまさに次の主張を掲げうる諦念者の同盟となる。すなわち、ここで有効な仲間団体的な万人の公共心は、社会的かつ法的な国制においても表現されるという主張だが、これについてはなお述べることになる。若者たちを始めから新世界の市民に育てあげること、このために学区が役立つのだが、そこではよく考えられた計画にしたがって――スイスにあるペスタロッツィ派のフェレンベルクの教育施設が詩人の目に留まっている――、人道主義的な教育理念が社会的な理念に代わって登場する。[39]こうした教育の独特の進行は、農業経済による必要な牽引や、実践的な職業教育と理論的な教育の統合や、畏敬という宗教的な原価値の覚醒の中に存在する。

5．新時代の正当に理解された要求として様々な形姿の余地を残すのは、一部は旧世界でエートラントを開拓した知事オドアルドの内地入植計画であり[40]、他の一部は前面に出てきたレナルドの大規模な外地入植事業である。「同盟」は新しい国家制度をアメリカに創建することを決定したが、そのためにロターリオとレナルドの当地の所有地が最善の基礎を提供する。周知のように、農業関係の入植者たちはそこで適応したのに加え、レナルドは百人ほどの手工業者を集め、故郷で予め考えられた計画にしたがって新世界の市民へと準備させる。こうした手工業者たちが形成する共同体は、「絆」という名前をもつが、そこではレナルドは同輩中の首席（primus inter pares）であるだけで、労働者こそ本体であり社会的には完全に独立している。もちろんその場合には、あらゆる自由にも拘わらず模範的な規律が支配している。すでに新しい憲法の大綱も起草されていたのだが、もちろん新しい憲法は当初の路線を含むだけであり、補充が必要なものと考えられている。[41]勇気ある政府は「国家の最大の必要」であるが、それは首都に固定されるのではなく、中世の支配者のやり方にしたがって国土を巡回することになる。国民軍は、外敵に対する防衛のためにのみ動員される。権力分立については、述べられていない。人は司法なしに暮らすことを望んで、秩序違反の抑圧や犯罪行為の予測を警察に独占させる。これらすべては、「何人も他人にとって不快であってはならない。不快が指摘された者は処分される」という一般条項によって覆われているのだ。警察権力は、八時間ごとに交替する三人の警察署長の、それぞれの管轄区において管理される。その結果、毎晩いつでも一人の警察署長とは連絡ができることになる。彼らは、すべての成人に対して認められている警告の権限をもっており、さらに警察規定違反の状態への説諭・譴責・排除の権限をもっている。(42)警察署長たちにとって、秩序罰はもはや充分なものとは思えないので、それは刑事罰を応用しなければならない――ここでは様々な期間の自由刑や、(43)その後の罰金刑までもが予定されている――。さらに陪審員団の評決が求められるのだが、その際、疑わしい場合は、議長を務める警察署長の票ではなく籤引きでもって決定される。一般的に、多数決に対しては懐疑的に扱われるのである。こうして司法と警察の分離は理論的に忌避されたうえで、この夢想《ユートピア》的な理念国家においてさえ、警察機関と刑事裁判機関との様々な組み合わせ並びに予防的な権限によって広範に現実化されている。立法は、あまりに厳格な法令もすぐに鈍いものになり実務に応じて緩く操作されてしまうという経験から出発して、穏健な法令でもって始めて、必要に応じてしだいに厳しいものにしていく。

新しい国家の基礎づけとして、さらに以下のものが現れる。すなわち、キリスト教と重要な基本思想を共有する世俗的敬虔であり、キリスト教から離れた恣意的なものの中での中庸に、つまり必然的なものの中での勤勉に依拠する倫理《エートス》であるのだが、それは社会に奉仕する無条件の社会的義務であり、神の至高の賜物としての時代への高次の敬意である。すべてが、ゲーテの言葉の意味でのものだ。

我が相続分はすばらしく、広範で幅広い！
時代は我が所有物、我が土地は時代なり。(44)

断片的な素描では正しく表現されないもの、けれども「遍歴同盟」の基本思想から首尾一貫して生じるもの、それはこの公共組織の民主主義的な憲法であり、差し当たって政府当局の自由な選挙によって保障されるのだが、それは、政府当局の担い手として、ロターリオやレナルドやその他の「同盟」の指導的な構成員が人格性や業績によって推薦されたときなのである。けれども長いあいだには、政府の形成や活動に対する国民の影響についての基本原則は、なくても困らなくなる。

いずれにせよ、国家という確固たる形式における理想的な国民共同体の姿が示すのは、第三の段階と、ゲーテが『ヴィルヘルム・マイスター』を人格性のみを評価する教育理念の個別化から導いて行こうという地点なのである。マイスターもまた、彼の仲間とともに諦念者の一人として新世界に移住する。「諦念者」とは、まさに『遍歴時代』の意味深長な副題を指し示しており、実際にも労働と諦念という大きな主題に献げられた。勇士たちによるマイスターの時代の効用を記録することを、ゲーテは断念した。たとえ、八十歳の人物が偉大なる長編小説作品の終結部に、「続く」という奇妙な言葉を添えたにしてもである。詩人ゲーテの要請とされるのは、その後に生じた政治的・経済的・社会的な諸問題を、労働と諦念という同じ精神において正当化することである。

**原注**

（1）Werke, Bd.1, S.1159ff.（修業時代）u. S.1565ff.（遍歴時代）. Vgl., Bielschowsky, Bd.2, S.128ff., 513ff.; Witkop, S.265ff., 405ff. 法的および国家的な内容について、Vgl., Gustav Radbruch, Wilhelm Meisters sozialpolitische Sendung, in: Logos, Bd.8, 1919, S.152ff.; Werner Wittich, Der soziale Gehalt von Goethes Roman: Wilhelm Meisters Lehrjahre, Erinnerungsgabe für Max Weber, 1923, S.279ff.; Georg Müller, S.52f.; Fehr, S.427（貴族問題のみ）.; Huber, S.16ff.

(2) 遺憾ながら入手できなかったが、Vgl., Bernhard Seuffert, Goethes Theaterroman（Urmeister）, Graz, 1924. 内容の概観につき、Witkop, S.1266ff.

(3) したがって、Bielschowsky, Bd.2, S.132 は、「原マイスター」からの離反について、マイスターの俳優稼業に即した自身の政治的活動を、ゲーテが誤りと認識したということと関連づけているが、それこそ誤っているように思える。—— Vgl., Melitta Gerhard, Der deutsche Entwicklungsroman bis zu Goethes "Meister", Halle, 1926.

(4) 詳細は、Bielschowsky, Bd.2, S.515.

(5) Huber, S.16.

(6) これに関して、ヴィルヘルムとヤルノーの会話がある（第七巻第三章）。Werke, Bd.1, S.1445f.

(7) Ebda., S.1348（第五巻第三章）.『修業時代』における貴族問題につき、Vgl., Fehr, S.427f.『修業時代』における商人の描写については、インマーマンの『模倣者《エピゴーネン》』およびフライタークの『当為と所有』にみられる。Vgl., Vogt-Koch, Bd.3, S.360.

(8) Ebda., S.1178（第一巻第十章）.

(9) Ebda., S.1207f.（第二巻第二章）.

(10) Ebda., S.1213（第二巻第三章）.

(11) 法の形式性に対するゲーテの常に注意深い関心は、俳優ゼルロの教育についての報告に当たって、のちの箇所で再び表明される（S.1333. 第四巻第十八章）。ゼルロが語るには、彼の父親は子役の稽古に際してはいつも彼を殴って、子供の注意を呼び覚ませ続けたものだが、それは昔の人が一定の場所における境界で子供を殴って、境界侵犯の記憶を確実なものにしたのと似ているというのだ。

(12) Ebda., S.1185ff.（第一巻第十三章）.

(13) Ebda., S.1276ff.（第三巻第九章）.

(14) Ebda., S.1297（第四巻第二章）.

(15) Bielschowsky, Bd.2, S.154ff.; Witkop, S.274ff. Vgl., Hans Schmeer, Der Begriff der schönen Seele besonders bei Wieland und in der deutschen Literatur des 18. Jahrhunderts, Berlin, 1926.

(16) 両者の性格描写につき、Werke, Bd.1, S.1398 u. 1416（第六巻）. Vgl., Dichterjuristen, Bd.1, S.181.

(17) Bielschowsky, Bd.2, S.159.

(18) Werke, Bd.1, S.1426f.（第六巻）.

(19) Ebda., S.1495（第八巻第二章）.

（20）Ebda., S.1443（第七巻第三章）.
（21）Ebda., S.1444（第七巻第三章）.
（22）女性の家政と男性の政治的活動とのあいだでロターリオが試みる比較は、もっぱら女性の家事処理権のためになされている（ebda., S.1458. 第七巻第六章）。
（23）テレーゼにとってあまりに不利益な、両親間の相互の遺言書は、親の死後、生き残った自堕落な母親の恣意に娘を委ねることになる。Vgl. S.1457（第七巻第六章）. 遺言書では明らかに、夫婦は互いに相続人に指定され、生き残った者の遺産はその者の死後に初めて子供に遺贈されるべしとされている。事情によっては相続除斥にも相当する遺言書を法的手段で異議を申し立てよとの友人の忠告に、娘は敬虔さゆえに従おうとしない。
（24）Werke, Bd.1, S.1348（第五巻第三章）.
（25）Vgl. Witkop, S.279.
（26）Witkop, S.409.
（27）詳細は以下のとおり。フランス語からの翻訳である「流浪する狂女」（Werke, Bd.1, S.1595ff.）。「裏切者は誰だ?」（S.1618ff.）。「栗色の少女」（S.1648ff.）。「五十歳の男」（S.1674ff.）――『親和力』と悲劇的にではなく一対をなす――。「新メルジーネ」（S.1781ff.）。「裏切者は誰だ?」においては、ルチドールの前に有能で熱心な若き法律家が登場する。彼にはその天職がまさに喜びとなっているのだが、一方もとは彼のものであったユーリエは、表明された判決につき正義ではありえないとする男と結婚することに恐怖を感じる（S.1621, 1631, 1636）。ルチドールはユーリエの妹ルチンデを愛していたので、ユーリエは上級地方官夫人であり続けた。
（28）こうした諸段階につき、Vgl. Bielschowsky, Bd.2, S.536.; Witkop, S.410ff.
（29）Werke, Bd.1, S.1569ff.（第一巻第二章）.
（30）Ebda., S.1606（第一巻第六章）. ――ゲーテとフィランジェリの出会いにつき、Vgl., Dichterjuristen, Bd.1, S.249.
（31）このことによって、伯父の甥であるレオナルドが、小作人の娘ナホディーネつまり「栗色の少女」の要請に導かれて、まさしく苛酷になされた同種の農地奪取を再度おこなったことが知られる（S.1611 u. 1650. 第一巻第六章、第十一章）。
（32）Ebda., S.1592, 1605, 1607（第一巻第四章、第六章）.
（33）Vgl. Erich Molitor, Zweckbindungen des Eigentums, in: Alfred Schultze-Festschrift, Weimar, 1934, S.33ff.
（34）Werke, Bd.1, S.1607（第一巻第六章）.
（35）Werke, Bd.1, S.1607（第一巻第七章）.
（36）Ebda., S.1641（第一巻第十章）.

（37）解剖学的な研究に必要な材料を確保するために、マイスターの勉学地では非常に厳しい法令が公布された。これによれば、犯罪者の死体だけでなく、自殺者や浮浪者等の死体も解剖学のために供されねばならなかった。これに対しては、民衆の経験感情が抵抗した。他方で、墓地からの死体窃盗の必要も横行したという（ebda., S.1760f. 第三巻第三章）。
（38）Vgl. Witkop, S.414ff.
（39）詳細は、Vgl. Witkop, S.2417ff.
（40）Werke, Bd.1, S.1817ff.（第三巻第十二章）.
（41）Ebda, S.1814ff.（第三巻第十一章）.
（42）排除という国家市民からの除去ではない措置が、明らかにこの箇所で考えられている。
（43）市民社会からの隔離が、語られるにほかならない。
（44）『詩集』。Werke, Bd.1, S.392.

## 六　ゲーテの『ファウスト』における法と国家

### 1　成立史

ゲーテの畢生の大作《ライフワーク》たる『ファウスト』文学は(1)、周知のような注目すべき先駆形態と、まったく単純ならぬ成立史を有している。巫術師のヨハン（あるいはゲオルク）・ファウスト（おそらく一四八〇～一五四〇年）の歴史的な形姿はただちに伝説上の脚色を招いたが、そこにみられる、彼と悪魔との契約や、学識および生活面での渇望や、地獄行きは、十六世紀の基本設定に対応していた。このファウスト伝説が、一五八七年以降のものと証明でき、また常に新しい版と改訂とを重ねてきたファウスト民衆本(2)ならびに、イングランドの劇作家クリストファー・マーロウ（一五六三～一五九三年）による『ファウストゥス博士の生と死の悲劇的物語』（Tragical history of the life and death of Doctor Faustus)（一五八八年初演）にとっての基本となっている。なお、マーロウは、シェイクスピアの重要な先駆者であるが、素材に対する悲劇的で堂々たる基本設定をすでに包摂している。[3] イングランドの役者たちによってドイツに伝えられて、無作法者の場面が増やされ、ファウスト劇は大衆の舞台で最も好まれる芝居の一つになったし、人形劇場もこのありがたい芝居を奪い合った。

1. ファウスト本やファウスト劇によって、「原《ウア》ファウスト」への刺激がフランクフルトの弁護士ゲーテにおいて生まれた。[4] すなわち、嬰児殺しのスザンナ・マルガレーテ・ブラントの事件である。彼女は二十五歳の下女で、屈辱的なことに愛人に捨てられ、誕生直後の子供を殺して、一七七二年一月十四日にフランクフルトのハウプトヴァッヘ前の広場で斬首刑に処されたのだが、その事件がグレートヒェン悲劇の造形のための契機になったのである。[5] 一七七三年から一七七五年にかけて創られた「原ファウスト」には、みごとに包摂された中世的な背景が、その語り口において荒々しく奔放に、前代未聞の造形的な具体性と完結性を与えている。「原ファウスト」は、愛の世界を、その全的な豊かさと広さにおいて、全的な壮麗さにおいて、しかし全的な悲劇性において、自己告白として描いている。

2. 一七八八年から一七九〇年にかけての改訂の結果として、一七九〇年の最初の全集の第七巻に『ファウスト、断篇』という標題のもとに公表されたのは、[6] 現存するものを部分的に精製して固定したもので、増訂のついでに削除もおこなっており、その結果、大聖堂の場で『断篇』を締め括っているため、続篇のすべてを欠落させている。

3. 一七九〇年の『断篇』ですでに仄めかされていた、恋愛劇から人間劇への、つまり教育劇および救済劇への大幅な転換は、一七九七年以降に現れた『ファウスト　悲劇』においておこなわれた。[7] これについては一八〇八年に、「献詞」と、「劇場での前口上」および「天上の序曲」とでもって始まる第一部が登場した。すでに世紀の変わり目から予定されていた第二部での続篇を、ゲーテは新しい世紀においても繰り返し手がけており、何度も弱気にならないでもなかったものの、それは一八二五年に彼の最も大事な主要事業となって、一八三一年の七月についに完結するに至った。ゲーテが第二部の個々の部分をあらかじめ公表していたので、彼は今度は全体の草稿を封印したのだが、彼の死に先立つ十週間のあいだに、義理の娘に読んで聞かせるために、それを筐底から救い出した。『ファウスト』第二部は、ゲーテの死後の一八三二年にようやく出版された。

『ファウスト』第一部は一八〇八年の最終版においても、前段階の飛翔力を残していたけれども、『ファウスト』第二部においては、詩人ゲーテにとって演劇的な直接性よりも詩想的な展開のほうが重要であった。彼は果てしなく多くのことをこじつけ、その老人の様式は作品を厄介な読み物にしてしまった。こうして『ファウスト』第二部は、読まれるよりは称えられるほうが多い文学作品に属することとなった。

文学者たちの勤勉な総体的研究は、『ファウスト』についての最終的には二百以上の相当な数の補筆（Paralipomena）を見つけ出し、概観的に整理してきたのだが、それらは時には有益なものたりうる。[8]

全体は、アイヒェンドルフの今日でも妥当する名言「我が文学の最も偉大なる詩文」にしたがっているし、そうあり続けている。というのも、ゲーテは近代文化のあらゆる高みと深さを不滅のものとして、「新時代の真の悲劇」を叙述したからである。[9] もちろんそこには業績の最上級の承認のみでなく、同時にその最も厳しい批判も存在する。『ファウスト』にみられる法的要素の分析は、『ファウスト』で告知された自己救済が、自然法的観点からみて如何に問題であるかを示すことになるだろう。

## ２　法的基軸

一般的に認められることだが、ファウスト悲劇は、もう一つの偉大な芸術作品であるリヒャルト・ヴァーグナーの『ニーベルンゲンの指輪』に似て[10]、法的基軸の回りを巡っている。これは、暫定的にいうならば、「天上の序曲」における主キリストとメフィストのあいだのいわゆる賭けの中に、また地上におけるファウストとメフィストのあいだに締結された悪魔の契約の中に見出される。悪魔の契約については、ファウストが第二部の最後できっかけとなる言葉を語ったようにみえるときに立ち返って言及される。よく論じられてきた重要な問題は[11]、専門用語による前提を必要とする。ドイツの古法では、賭事や賭事契約の概念は、近代法典にみられる売買契約や貸借契約等の類いの具体的な契約類型以上のものを包摂している。物権法の関連では、もともと賭物（wadia）とは、設定された、つまり債務者によって質権者に引き渡された質物である。そこから一本の線が債務法上の賭事契約に繋がるのだが、ここでは同様の結びつきが賭物（wadia）の譲渡によって、たいていは小さな棒の譲渡によって、根拠づけられている。今や賭事契約は、法形成的な誓約一般を広く意味しているのである[12]。しかしながらこの広い意味においても、「賭事」（Wette）という言葉はゲーテの時代にはもはや用いられなくなっていた。にも拘わらず、彼がその言葉を二つの箇所で用いたということは、ファウスト伝説に由来する悪魔の契約について、根底において効果的な観念と関連させたということなのだろう。近代法の言語慣用で「賭事」として表現される契約類型とは、契約の両当事者が主張の強化のために、各々の主張が正当または不当であることを証明する場合に備えて、相互に履行を約束し合うというものである[13]。したがって本質的には、主張と主張とが対立していること、一方の主張が正当で他方の主張が不当だと証明されねばならないが、これは両当事者の好むところではないこと、そして最終的には、敗者によって勝者に負わされる履行は、主張の正当性または不当性についての確定ののちに初めてなされるということである。

1．この概念をもって「序曲」に現れるいわゆる主とメフィストの賭けに立ち入るならば[14]、これは広くて古い意味においてでもなく、過剰に近代法的な言語慣用においてでもなく、賭事とみなされるということが明らかになる。さらに、「外見上の賭事」なる表現[15]を避けることも好ましいだろう。メフィストは、こう思い上がっている。高望みをして常に満足することのないファウスト博士（彼を主は今まさに僕と呼んだ）を少しずつ私の道に誘うお許しを得られるならば、主よ、彼は貴方の従者であることを忘れることでしょうと。これに対して主はいう。

彼が地上で生きるかぎり、
汝にそれを禁じないかぎり、
人間は迷うものだ、彼が努力するかぎりは。

主が履行を約束したかについては、なんら語られていない。単に許容がなされただけで、それもあくまでファウストの自然死に至るまでの時間に限定されているのである[16]。さらには、メフィストの思い上がった主張に関しても、客観的になんの疑いも示されない。神は試みの行く末をあらかじめ知っているので、悪魔に向かってこういう。

そうして、汝が告白すれば、恥をかくことになる。

善良な人間なら、暗い衝動の中にあっても、
正しい道をよく知っているものだ。

結局のところ、主とメフィストの関係にあっては、契約当事者間の真の相違が欠けている。ゲーテによる汎神論的に包括的な神性は、ファウストのみならず、大宇宙《マクロコスモス》の作用力としてのメフィストをも包み込んでいる。[17]こうして次のことが生じる。すなわち、メフィストが賭事契約として理解しているのは、実際には一面的で時代的に制約された許容であって、[18]哲学的に顧みるならば、ファウストは絶対的に規定されたわけではなく、むしろファウストが自由な意志を有しているからこそメフィストが誘惑できる、という許容にすぎないのである。

このような冷静な考察は、望ましいことだが、この力強い序幕のみごとな感銘力に関して「天上の序曲」から何物をも奪うことはないだろう。この出来事が時代を超えた規模で生じるとしても、悪魔の契約についての法的な議論は、地上の中世的な文化的・法的世界に留意しなければならないのである。

研究者として満足できず、知の限界のゆえばかりでなく研究一般の意味にさえ疑念をもち、その教育活動にも失望し、世界の秘密を把握する徒労にも苦しめられ、地霊からも退けられて、最終的にファウストはメフィストと契約を結ぶ。[19]この契約には、ファウスト伝説における悪魔の契約という有利な動機が、出発点として明示的に用いられた。オットー・プニオヴェールは、この悪魔の契約の成り立ちをファウスト文学のあらゆる段階を貫いて追求した。こうして、ゲーテが、キリスト教的なあるいはキリスト教的と推測された構成要素を排除あるいは改釈する努力の中で、動機の真の衝撃力を剥奪したことを、プニオヴェールは確認することができたのである。その際、中世的な観念世界の完結性のみが打ち砕かれるのではなく、『ファウスト』第二部の終結場面との矛盾も認識可能となる。この終結場面では、

古い動機が芸術的な必然性でもって法を要求するのであるが。

メフィストとの法的関係の可能性についての思想は、よく準備されている。ファウストは、地獄もその法をもっていることを見出した。地獄の法律の内容はこうである。すなわち、悪魔と亡霊は、いつでも入ったのと同じ仕方で部屋を出て行かねばならない、というものだ。だから、入り口に描かれた五角形の星形が、悪魔にとっての障害となる。このいわば「地獄の法」に嫌気がさしたかのようにして、メフィストは悲劇の進展の中で似たような法原則を暴露する。悪魔は、流血裁判に干渉することはできない。これは中世的な観念によれば、神の名においておこなわれるからだ[20]。処女グレートヒェンのようなまったく罪のない子供に対しては、悪魔はなんの力ももたないし[21]、独自の地獄に住まう古典古代の異教の民に対しても同様である[22]。したがって、それ自体みごとな観念がみられる。すなわち、あらゆる正と善の否定たる地獄さえ、一定の法的秩序に服するのである。こうしてファウストは、あえて契約忠誠を頼りにするのである。

プニオヴェールが正当にも強調したように、ファウストとメフィストの契約に際しては、二つの、まったく同一ではないものの関連した取り決めが問題になる。まさにファウストの外出ぎらいの打ち切りが生気を刺激したこと、メフィストがずっとファウストに仕えることを申し出て、誠実な従者としてファウストを生の美しさと愉しみへと導き、博士の欲望を踏まえて二面性のある契約義務を次のように表現したことも、納得できるのである。

我はここに汝の僕となり、
汝の目くばせに躊躇することはない。
我々が向こうで再会したときには、

汝は我に同じことをおこなわねばならない。

こうして、我は汝が為すことを為す（facio, ut facias）なる方式にしたがった契約が成立し、これによって両当事者は互いに僕となる義務を負うことになるのだが、その際ファウストの契約義務は、その自然的な死を受けて発効するので、このことが彼岸について瞬時も気にかけたことのなかったファウストにとって、この契約の成立を容易にしたのであった。相手方の死亡時点、そのゆえに僕の義務についての決定権を、メフィストはこの取り決めによっては獲得していない。如何なる人間もみたことのないような事物をファウストに与えようとの、悪魔の大言壮語的な保証は、博士に以下のことを痛切に気づかせることになる。すなわち、約束された官能的幸福も彼の至高の憧憬の達成を意味するものではなかったのに、その守護霊に駆り立てられて、しかも軽率にも、ファウストはメフィストに対して追加的な取り決めへの道を開く。

私が寝椅子の上に身を横たえて安らぐならば、
それはただちに私の周りでおこなわれよう！
君は私にへつらって私を欺して、
私は自分に甘んじる、
君は私を快楽によって裏切るが、
それが私にとって最後の日となる！
私は賭けを申し出る[23]！

メフィストは喜びのあまり「手を打とう！」（Toppl）なる言葉で承諾するのだが、「打って打って」（Schlag auf Schlag）という言葉のもとに、契約の両当事者によって、古いが明快な契約の象徴としての手打ち（Handschlag）がなされる。ファウストはもちろん今度は慎重だが、契約時点を厳密に書き直すためにも、「手打ち」にはなお時間がかかるからなのである。[24]

私はぎりぎりまで語るとしよう。
だから留まれ！　お前はあまりに美しい！
そうして君は私を鎖につなぐことができる、
そうして私は喜んで死んでいこう！
そうして弔いの鐘が鳴り響いて、
そうして君は自分の僕を解放するのだ、
時計は残り、針は動くことができるが、
私にとっての時間は過ぎ去ることだろう！

詩人ゲーテがここでファウストに語らせたのは、なんら偶然ではない。すなわち、第一の取り決めの文言をメフィストに口にさせたわけだが、彼は「哀れな悪魔」として、そうした意気盛んな思想をまったく考えることができないのである。しかしながら、そこで彼が何を得たかは誤解の余地がない。ともかく、ファウストの自然的な死よりも前に、すなわち事物の通常の流れによって彼に与えられるであろう年数の終了後に、ファウストはメフィストの虜になるという可能性が存在するのである。

この可能性としての早目の時点は、ファウストの死をも特徴づけるだろう。「そうして弔いの鐘が鳴り響いて」という言葉は、将来的な高次の成就という気分から発したものであって、むしろ非自然的な死につながる凄惨を隠すことを意識している。悲惨なこととは、ファウスト自身も意識しているのだが、没落のことであって、これに続くのは、永遠の奉仕としての悪魔への隷従化なのである。

古い法用語における上述した広義の「賭事」、つまり法形成的な誓約が存在するということについては、ここではなんの疑いもありえない。だが、この取り決めにみられる不確実性の契機《モーメント》は、「手打ち」によって強化された取り決めに、近代法の意味における「賭事」という刻印を押すことができるだろうか？㉕　何よりも問うべきは、余すところのない幸福の時点をめぐる可能性または不可能性についての一般的には矛盾する主張が、果たして相互に対立しているのかということである。メフィストがこうした可能性を計算に入れたばかりでなく、それを確実なものとして期待したことも確認できる。この明示されないが、契約内容によれば明らかなメフィストの主張に、ファウストは、ともかく第一の取り決めに拘束されつつ、真の賭事の場合には、この時点で彼が生きているかぎりけっして開始することはないとする反論を対置しなければならない。しかしながら、ファウストの行為全体が、反対のことを示しているのである。より広範な取り決めに向かう彼の提案が意味しうるものは、これを計算に入れないまでも、ともかくそれは、彼が時点に関して「だから留まれ、お前はあまりに美しい」と語ることを可能にするものなのである。換言するならば、メフィストとファウストとは、根本的に相容れない主張によって対立するわけではないのだ。しかしながら、さらに「賭事」に属するのは、敗者による履行は主張の正当性または不当性が確定されたのちに初めて満期となる、ということである。けれども、詩人ゲーテは、どこに敗れたファウストの履行が存在すべきかについてまったく曖昧にしておく。他方でメフィストは、第二の取り決めによってもなんらかの新たな契約義務を引き出しているわけではない。その奉仕義務についても、余すところのない幸福の時点をファウストにおいてできるだけ早く引き起こすべく、努めることだけでメフィストは我慢しているのである。したがって、メフィスト流の特殊な賭事履行の到来を期待しても無駄である。賭事履行は、ファウストが敗れたことが確認された時点で満期となるからだ。したがって法学的に厳密にあろうとするならば、ファウストとメフィストの取り決めの際にも、「賭事」という名称を断念するのが最もよいことになる。

本論稿の解釈は、差し当たり別々のものと考えられる取り決めの中に、統合的な契約作業が認められるとの確信へと導かれる。のちの修正は当初の取り決めを前提とするもので、それ自体のためにだけ存在するわけではない。メフィストは、――これが内容のすべてなのだが――ただちに此岸で就くべき奉仕を約束する。ファウストも彼岸での奉仕を約束するものの[26]、その期日については、つまり彼が始める期日については確実であるけれども――ファウストもいずれは死なねばならないのだから――、しかしながら何日に始めるかは不確実である（terminus certus quod, incertus quando)。ファウストの義務の開始期日に関するこの不確実性は、自然的な死の場合も強制的な死の場合も同様である。強制的な死をもたらすという開始の取り決めの変更も、悪魔の権利なのである。詩人ゲーテは「手打ち」をこうした変更の強化としてのみ叙述するので、ファウストが――彼だけがであってメフィストもではない――血で署名した証書の対象とは最終的に何なのかという問いが浮上することになろう。本論稿の見解からすれば、この問いに対しては、全体としての契約作業が証書の内容へと格上げされた、と答えられねばならない。ついでながら「生または死のために」という文書上の確認によるメフィストの望みは、ドイツ法的に考えるファウストと形式主義的なメフィスト――ゆえに博士は彼を小人物だという――との注目すべき対照性を引き出す。ファウストは人間の言葉や契約誠実を大事にし、契約的文書に対しては庶民の素朴で根の深い反感を抱いている。これに対して、悪魔はある外見（Schein）に依拠している。証書は、古典古代の遺産としてゲルマン的な法生活にも浸透したが、もちろんそこでは大規模な深化を経験していた。こうして詩人は、法史的な経過に対する繊細な感情と、ファウスト伝説によって予示され血で署名されたファウストの債務証書（Schuldschein）とによって、深い背景を提示したのである。

それだけになおさら、ゲーテは、ファウスト伝説の悪魔の契約の内容的な核心部分たる魂の証書を、法的明確さのみならず芸術的衝撃力にとっても不利なように抑制した。キリスト教的な要素に対する、より適切にいえば、ゲーテがそうみなすものに対する怨念《ルサンチマン》が効果的だと、プニオヴェールも考える。その際、ゲーテには二重の災厄が生じた。なによりも、魔女信仰および魔女裁判の物語に関わる文学によって明らかになったように、後期中世の神学は、人間と悪魔の盟約の可能性についての理論を、統一的にではないにせよ広範に肯定していた。[27] こうした悪魔《トイフェル》の盟約の最高峰である、悪魔《サタン》に対する魂の形式ばった証書も、一部は異教的な一部はキリスト教的な起源の民間信仰に適切に覆われた『ファウスト』第一部の中世的な環境に、悪くなく適合していたといえる。『ファウスト』第二部の最終場面は、魂の抵当設定について、繰り返せばファウストの不死の部分たるその魂についても、救済の対象として語ることを躊躇していないので、『ファウスト』第一部のここで論じられた悪魔の契約の箇所に矛盾なく付け加えられるものではない。さらなる災厄は、ゲーテがその多様な趣向によっても何も得られなかったということにある。というのも、同様に論じられた契約内容に関する首尾一貫した検討に際して、悪魔に対する魂の形式ばった証書に結びつけられたのとは別の無矛盾性に至ることはなかったからである。

その際なによりも適切なことは、たとえば「魔女の金槌」の意味での悪魔との盟約、あるいはファウスト伝説の意味での魂の売却は、道徳神学や教会法による評価の基礎になっており、魂の事象の具象的な表出以外のものではない。

重い罪の乱発に対して慎重な神学でさえ、あらゆる良き物の施主たる神——これは仮定的に可能なこととして受け取られる——ではなく悪魔の贈り物として現世の富を受領することを、重い罪とみなし、神と人の絆を断ち人から神の子であることの権利を奪う罪とみなしている。人が死後に悪魔に奉仕するべく義務づけられているとするならば、そのことは正しいと評価されねばならない。神による明確な利用は、魂の形式ばった証書にも見られないようだ。それに移行すべき中世の教会法が、悪魔の盟約を、すなわち悪魔ととりわけ他人を傷つけうる超人間的な力の承認との結合を現実のものと考えるかぎり、そこには異端の特例が認められる。この特例は、大破門は教皇の詳細な見解によってのみ特別に救済される（excommunicatio major latae sententiae papae speciali modo reservata）として威嚇され[28]、教会裁判での確定のあとに、国家異端法の規範による処罰を目的として、世俗的権力への外的対応へと繋がることになる。前述の破門は、ファウストにとっては形式的手続の対象でなかったのでここでは関心を寄せるだけだが、重大な破門宣告を、つまり教会のすべての会員的権利からの排除、とりわけ秘跡からの排除を意味する。破門は事実上、法形式的な判決や布告より前に開始され、この最も厳しい破門宣告は特に教皇に留保された。当時の教会法が、異教と背教の区別という高度に概念的な見解において、神とキリスト教信仰の総合的な否定を含む悪魔の盟約を背教よりはましなものとして示したならば、その法的効果はそれ以上に高まることはなかっただろう[29]。ところが異教と、それ自体重大な背教とは、それらの中世的教会法の法的効果において本質的には同等に扱われた[30]。背教とは、後期中世の教会法における不完全な言語用法にしたがえば異教のことであって、それは悪魔《トイフェル》を奉仕のために呼び寄せることにも、死後に悪魔《サタン》に奉仕させる約束にも見出された。この約束は、彼岸での幸福な光景（visio beatifica）に対するファウストの断念をまったく明白に表現するものであった。学識ある博士ファウストが神学と同時に法学をも、したがって中世的方式にならってローマ法と教会法《カノン》の両法を学んだことは無駄ではなかった。彼は如何に自身が教会法に取り巻かれているかを知っており、だからこそ、ミサへの出席や告解の秘跡の受容や聖体の拝領を取りやめるのである。敬虔なグレートヒェンは、その純潔な感情において、恋人の美しい汎神論的な言葉にも拘わらず、そして彼の寛容への告白にも拘わらず、そこからこう感じ取る。

　でも貴方はキリスト教徒ではありません。

彼女は未熟さと愛情のため、ファウストのまったく内面的な不幸に気づくことができないので、交際の禁止には従わない。このことは、異教徒に対しては十六世紀以降のドイツでは一般的に緩和され始めていた。[31] これに反して『ファウスト』第二部の第四幕に登場する炯眼の大司教は、皇帝とメフィストの盟約のゆえだけでなく、評判の悪いファウストと海岸地帯との封土授与契約のゆえにも皇帝を諫める。[32] 大司教はメフィストを嘘つき侯爵と見破ったからだし、封土授与契約を強請の試みの出発点と受けとったからである。大司教は、この海岸地帯で皇帝が教会に充分な十分の一税と地代を保証しない場合には、ファウストに対する破門をもって威嚇する。ここでゲーテは、教会の強欲に関する露骨な描写への傾向に走りすぎた。破門は、周知のように、ずっと以前からファウストに向けられていた。形式的な告知はもはや必要でなく、もったいぶった意義を有したにすぎないということだ。

　前記の解説では、中世の精神世界の立場で考えるならば、ファウストとメフィストの契約を可能なものと考えただけでなく、法的に重要なものとも考えた。なぜなら、ランツベルクとともに、ここでは過度に法的に振る舞う必要はないという見解に与するからである。とはいえ、そうした契約一般を無効にする完全な首尾一貫性が求められるということも、無視するわけにはいかない。というのも、その契約はその内容にしたがえば反倫理的であるのだし、ファウストは自由裁量権のまったく及ばない財産である魂の救済を勝手に放棄してしまうからである。これにつきランツベルクは、ライザーの『ローマ巡礼者の歴史』に基づいて報告しているのだが、彼らは聖なる都から戻ってきて、そこで得た教皇による赦免状を賭金として使うのだという。確信的なプロテスタントのライザーのみるところ、それは適切なことであった。彼らはそのような罪の赦しなど信じておらず、そうした賭事によって彼らの軽視を表明しようとしたにすぎず、もちろんこれによって賭金の価値が喪失するわけでもないからである。だが、赦免状という聖なる財産が本当に彼らを赦すものと考えたとしても、賭事契約は無効だったのである。[33]

2. 悪魔の契約の結末について、つまりファウストの死とその救済についての検討を、悲劇の思想的な構成に続いて本章の最後にまわすのは正しい。ここではさらに法的に注目すべき事柄の充実に向かうが、ゲオルク・ミュラーやルドルフ・ブルーメの著作の方式にみられるような専門論文への拡張は断念することを弁えたい。それよりも、ファウストが哲学や神学や医学の勉強と並んで法学の勉強をも修了していた事実をなによりも想起したい。とはいえ、彼の研究方針は、まさに法学部で修士号および博士号を取得するという想定を正当化するものではないのだが。[34] 机上の知識をめぐるファウストの不満の中で、ヴァーグナーに反対してファウストは歴史学に関してとくに厳しく非難する。「実用本位の教訓を伴う大活劇やドタバタ時代劇[35]」においても、政治的な歴史のみならず国法と帝国史の結合を考えることができるだろう。たとえば、ゲーテはその結合をライプツィヒでの宮廷顧問官ベーメの講義で聴いていたし、シュトラースブルクでは、ゲーテによって利用されなかったものの、偉大なシェープフリンとその後継者コッホがそれを奨励していた。

ヴァーグナーとの会話に続く復活祭の夜の独白から、次の文章が俚諺になった。

君が祖先から相続したものは、
自分のものにする（besitzen）べく得たものだ。[36]

この俚諺は、あまりにも意味のない関連を、今やほとんど打ち壊しそうに感じられる。ところでこうした思想は、何よりも父親が遺した自然科学的＝錬金術的な器具類についてのファウストの洞察から生じた。この器具類は、伝統的な長老会の重みをもって、なんらかの仕方で彼自身の研究方針を規定したものの、使われることなく今や埃まみれになっていた。これに対して、本論稿の企図にとって意義深いのは、上述の文章が重要なローマ＝普通法的相続法の原則を表現しているということだ。すなわち、ドイツ法によれば被相続人の死亡とともに遺産に対する支配権《ゲヴェーレ》が、この線を追求し続ける市民法典の法によれば遺産に対する所有権および占有権が、容易に相続人に移転する。これに反して普通法は、被相続人の死亡とともに開始される受遺権者への遺産の帰属（delatio hereditat）と、明示的または黙示的な意思表示を前提とする形式的な遺産取得とを区別する。[37]遺産取得意思（hereditatis aditio）を表示して初めて、相続人は遺産についての処分権を実行しうる状態に置かれるのだが、もとよりこのことは占有者の権能というよりは、すでに処分権の中に含まれている。その結果、「占有する」（besitzen）という言葉は、ここでは狭い法技術的な意味で受けとめてはならないのである。

加えて有名になったのは、学生の場面における法学の批判である。どの学部に進むべきか決められない若い学生が、ファウストを訪ねてきた。ファウストは、教授職についてのメフィストの厳しい批判の影響のもとで勉学上の助言をおこなう気分ではなかったので、これを新たに道連れになったメフィストに任せるのだが、彼はファウストの衣服をまとってその役目を充分に良く果たす。「先生」は学生に対し、論理学科（collegium logicum）を手始めに形而上学の講義を聴くよう勧めたあとで、彼は学部を選ぶように促す。そこで学生は、こう告白する。

　僕には法学は向いていないと思います。

これに「先生」が応える。

君の言い分はあながち無理とはいえない、
いかにこの学問が大事かを、私は知っているから。
法律や権利が受け継がれて
いかに永遠の病が進むことか、
それらは世代から世代に引き継がれ
土地から土地にじわりと移動する。
理性は無意味に、恩恵は災厄になる。
君は後裔であることを悲しめ！
我々とともに生まれた法など、
そんなものなど残念ながら！　問題にもならない(38)。

このメフィストの言葉を不当として、それを悪魔の嘲笑と捉えることもできよう。メフィストが全体として常に悪を望み善を除く魔物であることは別としても、まさにこの場面での、法学に対する前述の手痛い批判や神学に対するさらに厳しい批判は、そのあとの医学についての恥知らずな言葉とは、次の論評によっても明らかにかけ離れたものとなっている。

今や私は退屈な口調の代わりに、
再び正しい悪魔を演じなければならない。[39]

厳密にいえば、法学には対象たる法とその展開以上には当てはまらないものの、そうした言葉の根底にみられるのは炯眼ともいえる。この認識は、ゲーテのシュトラースブルク命題や類似の表明との関連を顧慮しつつ、詩人独自の見解の一部として受けとめることができる。実定的法秩序の惰性力については、その内容は書かれた法律あるいは書かれざる慣習法たる法源から読みとられるのだが、メフィストは、現行秩序の有益な保障ではなく有害なことを、つまり近代の政治的・経済的・社会的な諸関係に対して必然的に時代遅れであることを認識している。厳密にいえば、「土地から土地にじわりと移動する」法律が存在するのではなく生活関係が変化するのであって、長く引きずってきた法律を考慮するならば[40]、かつて意味のあったものが無意味となり、かつて良かったものが重い負担となるのである。いずれにせよ、優れた法実践や法理論ならば、対応する解釈によって規範の意味変遷を顧慮することが充分にできるはずである。だがメフィストの眼差しは一面では文字によって拘束されるので、個別立法の機敏で柔軟な操作への要求を、サヴィニーとともに本論稿の立場から読みとることができる。[41] もちろん結局は、これらのすべての手段は、「我々とともに生まれた」法であることを公言する勇気をもたなければ機能しなくなる。過去の自然法に敵対的な世紀においては、前掲の数行から自然法への憧憬を排除しようと様々に試みられてきた。しかしながら、一八〇〇年頃の法文化の歴史的状態から解しうる本論稿での思想先導の価値を些かの公平さをもって認める者にとっては、あらゆる真の法文化の偉大な根源的真理としての自然法が呼び寄せられることは疑いえないところである。メフィストがそのこととの関連をうまく熟慮できなかった、ということに接近してみたい。とはいえ、地上的な社会生活におけるすべての悪魔的な言動には、まさに自然法のような宣言された対立者が存在しない。だがメフィストはそれ以上に目を向けることはしない。そうでなくとも医学に傾いている未熟な学生に、思考の筋道をもって法学部への強い嫌悪を植え付けたことで充分なのである。

3．地獄さえも法をもっているという卓越した思想が存在するところでは、悪魔の盟約のおかげで普通の生活の多くの障害を克服したファウスト博士も、法秩序という魔力から免れることはできない。彼の関心とは、この悲劇の第二部で政治において役割を果たそうと決意するに至るまで、政治を遠ざけておくことなのである。こうして、ブランダーの次の叫びが現れた。

汚らわしい歌だ！　ペッ！　政治的な歌だ！
嫌な歌だ……

『ファウスト』第一部におけるアウエルバッハの地下酒場の場面を越え出る意義についての歌である。実際、「メフィストの蚤の歌」というあらゆる情実人事に対する強力な一撃と[42]、ブロッケン山上での将軍や大臣や成金の惨めな怨念《ルサンチマン》とは、(43) 完全に欄外に置かれているのだ。

『ファウスト』第一部に強い効果をもたらすのは、衝撃的な「グレートヒェンの悲劇」であるが、これは若きゲーテをめぐる法的生活の諸事実や諸問題から成長してきただけでなく、強力に中世法の世界に嵌め込まれたものでもある。ゲオルク・ミュラー(44)とともにいうならば、グレートヒェンの悲劇の頂点および転換点は、刑法的な意味を有している。

ファウストをマルテ・シュヴェルトラインに引き合わせて、その場面でグレートヒェンとの出会いを設定するために、メフィストはパドゥアで死んだシュヴェルトラインの物語を案出した。この死をメフィストとその友人が進んで証言するというのである。というのは、こうだ。

……二人の目撃者の口をつうじて
至る所で本当のことを知らせる。

ファウストは、シュヴェルトラインの運命についてはまったく知らなかったので、いかにも真面目で法律通らしく、最高の証人（testis classicus）として彼に与えられた役割を拒絶する。たとえファウストがメフィストの詭弁を完全に見破ったとしても、ファウストはグレートヒェンへの恋情の中で、望まれた虚偽の証言をおこなうことを渋々ながらも実行したことであろう。ファウストはメフィストに向かって、こう述べる。

君が正しいのも、ひとえに私がなさねばならないからだ(45)。

ファウストが見て取ったグレートヒェンとの内面的な結びつきの障害は、彼女の母親である。ファウストが贈った小瓶の数滴が母親を深い眠りに落とす。母親の寝酒が有害なものではないかと、グレートヒェンが問いただしたとき、ファウストは、おそらく疚しさとともに彼女を落ち着かせた(46)。こうして、グレートヒェンの母親の死の責任を、ファウストは自身で負うことになる。ファウストがグレートヒェンを誘惑し(47)妊娠させたあと、善良な少女は段階的に未婚の母の不名誉を体験することになる。彼女の状態が秘密にされるあいだに、まずは口さがない連中による間接的な中傷裁判が始まる。同じように誘惑されたベルベルヒェンに関する、泉のほとりでのグレートヒェンとリースヒェンの会話において、グレートヒェンの眼前に現れるのは、罪人の肌着姿で教会による贖罪を待っている情景、そして婚礼の当日に花冠が頭上から引き剥がされ扉の前に切り藁が撒き散らかされる情景である(48)。教会による懲罰や民俗的な慣習裁判は、純真な娘にとっては充分に苛酷なものである。彼女の状態が噂になったあとで、グレートヒェンの兄で兵士のヴァレンティンが、一族の名誉の報復者として登場する。メフィストが防御をファウストが攻撃を担当するという不公平な決闘において、ヴァレンティンはファウストから致命傷を受けるが、彼は余力のかぎり妹を呪う(49)。そのような不誠実な決闘の中での殺害は、悪意ある殺人も同然と評価されるはずだから、ファウストは市域つまり「都市の平和」の領域から逃亡するあらゆる理由をもつことになる。メフィストは流血裁判には対抗できないので、なおさらそうである。恋人との距離は、面目を失わされたグレートヒェンの絶望を、今やその恥辱が周知となったのできわめて深いものにした。人々が行為と言葉でもって彼女を裁く恥辱の法廷に、「揺れる聖堂」の場では、良心の呵責たる神の法廷への畏怖が(50)現れる。ファウストは、その責任を忘れるほど、良心がないわけではない。「ヴァルプルギスの夜」の魔女の集会の最中に、古物売りの魔女によって真正の犯罪道具——毒殺用杯、陰謀決闘用の剣、殺人用短剣——が競りにかけるべく用意される中で、純真なグレートヒェンの幻影がファウストの眼前に現れる。彼は彼女の運命を予感する。すなわち、投獄され、斬首によって間もなく死ぬのだ[51]。彼はようやくのこと、充分に遅いし間もなく証明されるように遅きに失したのだが、救助を決意するに至る。その間にグレートヒェンは、絶望の中で生まれたばかりの子を水に漬けて殺してしまう。メフィストは、二人に罪を被せるのだが、ヴァレンティンの殺害のためにファウストの身に迫った流血裁判と、グレートヒェンに対してすでに始まった流血法廷とのゆえに、外部からの支援にのみ制約されている。とはいえ、今やファウストは最も外面的なことをあえておこなう。すなわち、グレートヒェンの地下牢に侵入して、彼女に逃亡するよう説得するのである。だが不幸なグレートヒェンにおいては、最後の時間の恐ろしい体験によって、哀れな頭は狂い感覚は千々に乱れて、一つのことだけが意識の混濁の中で彼女を引き留めている――ビールショフスキーのように[52]狂気についてはは語りたくないけれども――。償わねばならないという信念がみられるのだ。したがって彼女は、たとえ執行の手続があらゆる恐ろしい細部にわたってなされようとも、自分に下される世俗的裁判所の審判に服する準備をする[53]。その手続は、死刑執行の鐘が鳴り響き、再度判決文を読みあげたあとに司法杖が折られ、裁判官が着席し、首切り刀が光る、といったように進められるのである。けれども彼女は、精神的なものによって最終的な進行に至るまで準備されて処刑場に導かれる以上、神の審判に耐え抜くであろうことが分かっている。こうして彼女は裁かれ、天上の声が知らされたかのようにして救われることであろう。

## 3　博士の成長

ファウストにとって、こうした時間は必要で有益な衝撃的な体験を意味している。官能的快楽の世界による、アウエルバッハの地下酒場での飲み仲間による、魔女たちの魔法による[54]、愛の喜びと愛の苦しみによるファウストの道行きは、彼が悪魔の契約の締結の際にすでに予感していたことであり、享楽は低俗にするということを確認したにすぎない。ファウストはさらに、メフィストの手引きによる道程を回想した際に、重い責任に巻き込まれて異質の運命に犯罪的に介入させられたことを認めざるをえなかった。あらゆる試練の中で最も有害なもの、つまり良くも悪くも何千もの運命が掛かっている魔力を、メフィストはなお保持している。今や『ファウスト』第二部四幕の有名な導入の場では、ファウスト博士のさらなる成長にとっては、貰った力も安っぽい名声も大したことではないことが明確になる。

私が得るのは支配力、所有力だ！
行為がすべてで、名声など何もならない(55)。

したがってこの場面では、行為への、つまり他の人々のための創造的な活動への転回がみられるのだが、これは第二部の導入についての多くのファウスト解釈からは取り残されている。その際、誤認されてはならないのだが、いずれにせよこの導入は、享楽の回避と、個人的運命という小さな世界から高次の政治の世界への移行とを意味しているのである。『ファウスト』第一部にみられる政治の排除に反して、『ファウスト』第二部の第一幕・第四幕・第五幕は、大幅に政治的な出来事で満たされており、大きな幕間劇たるヘーレナ劇、つまり力と美の神秘的な結合（第二幕および第三幕）でさえ政治的な事象から疎遠ではない。

1．衰退した国家があり、第一幕ではその宮廷に、「ファウストゥス」博士が例によってメフィストを伴い、帝国の危機に直面しても時代遅れの豪華な祝祭の演出者として登場する。枢密院において首相は、正義を最高の君主の使命として大いに称賛する。しかしながら、帝国におけるその保証人たちをめぐっても、国内の平和をめぐっても、裁判制度をめぐっても、状況は芳しくない。熱っぽい興奮が国中を荒れ狂い、不法が法のふりをする。兵部卿や大蔵卿や宮内卿の報告にも、財政難は共通の様相をみせている。傭兵部隊はもはや給料が払われないので、自分の国で窃盗や掠奪によって埋め合わせている。帝国の豊かな財産は浪費され、これによって派閥形成が強力に促進される。帝国の国有地からの農産物の収益は、宮廷の需要にはもはや充分ではなく出費は部分的には借り入れによって賄われている。こうした没落の情景に、メフィストは枢密顧問官の一員となって好都合な展望を提示する。彼は大蔵卿に重要な財源を指摘し、[56] 享楽好きで無責任な皇帝が廷臣とともに謝肉祭の仮装行列に夢中になっているあいだに、悪魔は紙幣という救済の手段を思いついた。紙幣の保証は、なんと帝国の領地に埋められた財宝の中にあるというのだ。[57] 皇帝自身は謝肉祭騒ぎの最中に紙幣の導入を命じる財務法に署名するのだが、もちろん祭りの翌朝にはそのことをもう覚えていない。ここでは恥ずべき詐欺《ぺてん》は通用しないのではという当初心に浮かんだ躊躇も、紙幣によって公的な財政危機が取り除かれるだけでなく国民も幸福に陶酔している様子をみたあとでは、すぐに抑えつけられることになる。[58] 紙幣は間近に忍び寄る無秩序をなんとか押しとどめるが、その危機を除去することなくむしろ拡大させるので――紙幣を詩人ゲーテは見せかけの大衆的幸福の象徴と考えている――、その製造にファウストはせめて立会人として反対するだけである。祝祭幹事としての彼の任務は、古代およびその調和的世界観の守護神に扮することをヘーレナに頼む可能性に気づくことであった。すべては彼の個性から生じたのだが、最も危険な試みが彼に近づく。その試みとは、まさに最高の達成の瞬間へと導くものなのに、[59] このことを古代にはまったく疎遠なメフィストは理解していない。

2. このことこそが、『ファウスト』第二部の第三幕および第三幕でのヘ、ー、レ、ナ、幕、間、劇、（Helena-Intermezzo）なる迷宮《ラビュリントス》によって導かれる通路なのである。『ファウスト』第一部の悲劇と第二部の第一幕とが、後期中世の背景や皇帝マクシミリアン一世の時代——したがって歴史上のファウストの時代——を一般的に維持しているのに対して、ここでは演劇的にはけっして弁明できない仕方で、時間および空間のあらゆる限界が超えられている。そしてゲーテ自身が表明したところによれば、この芝居は、「トロイの没落からミソロンギの占領（一八二六年）に至るまでのまる三千年間に及ぶ」[60]。光を放つホムンクルスに導かれて、ファウストはメフィストとともに「古典的なヴァルプルギスの夜」を彷徨う[61]。最後にファウストは、ゲルマン人の家臣たちの忠誠によって、スパルタの北方に強大な帝国を建設する[62]。そのあいだに、ヘーレナは夫のメネラウスによってスパルタに送られていた。彼女は王妃なり領主夫人として送られたと信じているが、醜い管理人夫人フォルキアス——他ならぬメフィストが彼女の仮装をしていた——の口から、それは犠牲として斬首されるためであり、侍女たちは絞首されると聞いて驚愕する。魔法——メフィストによるものかファウストによるものかは分からないが——のおかげで、中世風の宮廷が王妃と侍女たちを保護することを引き受ける一方、ファウストとその軍勢は、ヘーレナを救出するだけでなく、スパルタの王座と支配を彼女に利用すべく申し入れるために迫ってくる[63]。迫りつつあるメネラウスの軍勢は、間もなく大勝利を実証する機会を提供する。とはいえ、この桃源郷のような帝国も、そこでファウスト的な葛藤が解消してすべてが調和すると、長持ちしなくなる[64]。領主夫妻の子供オイフォリオンは、その中でファウスト的＝ゲルマン的力と古代の美とが総合的に結合しているのだが、とてつもない荒々しさによって、たちまち両親を不安にさせる。あたかも荒々しさの犠牲を、彼が没落のために献げるかのようであったからだ。ヘーレナはファウストのもとを去る。古代の試みは、ゲーテ自身がイタリアやその古典主義的な創作時代の経験について乗り越えねばならなかったように、克服されたのである。

3．メフィストが、博士ファウストになお申し出なければならないこととは何だろうか？　それは貰った力と安っぽい名声であるのだが、これによってファウストが誘惑されたわけではない。ファウストの本性から、最後の目標が溢れ出る。

……この地上の圏域には
なおも偉業の余地がある。
驚嘆すべきことを上手く成就すべく、
私は思い切った努力へと向かう力を感じる。(65)

海という制御しきれない要素の無目的な力にファウストは抗い、海から新たな土地を干拓しこの土地に入植しようとする。

そのあいだに、第一幕の帝国は無秩序に衰弱し、市民戦争が勃発した。ある党派は、平和と正義（Pax et iustitia）の綱領――シュタウフェン朝皇帝たちのかつての統治原理が、メフィストをまさに平和の司祭のように思わせる――のもとに、対立皇帝を宣言した。厳しい最終戦争において、メフィストの魔術は敗けかけた皇帝が勝利するのを助ける。皇帝はこれを称賛して、海岸部と海を干拓した土地を封土としてファウストに与える。ゲーテが予定していた封土授与の場面は書かれなかったが、再び強固になった帝国に新たな憲法が平和と秩序を保障する様子には立ち会うことになる。この憲法によって、一三五六年の「黄金文書」のいくぶん古代化されたようにみえる原型が、荘重な文書でもって確認されている。(66)五人の最高級官僚たる元帥・侍従・内膳正・給仕・聖職者の大宰相の肩書きを担う者たちは、最高の特権としての国王選出という排他的権限や領邦高権という包括的な権限を付与され[67]、他方では、各々の領地の不可分と長子相続を貫徹するべく義務づけられている。すでに示唆しておいたように、大宰相は、悪魔による皇帝の支援に関する、また悪魔との関係におけるファウストの役割に関する知識を、皇帝による国土授与や[68]、大聖堂の建立や、戦利品からの金銭授与や、そして様々な特権による教会への保証を促すために利用する。ここでゲーテが再び開陳する法史的な学識は、憲法の新設がけっして幸福ではないと思われることを克服しているわけではない

4．第五幕の冒頭では、百歳ほどになったファウスト——封土授与から何十年も経っている——が、有力な海浜侯爵になっている。彼は大規模な入植事業を成し遂げただけでなく[69]、商業と交通を活性化し、さらに新たな改善を試み続ける。ファウストの円熟した人間性には相応しくないのだが、彼はつまらない理由から思いつきで、老夫婦のフィレモンとバウキスに強制的移住の命令を与える。その理由とは、フィレモンの小屋の場所に展望塔を建てたかったのと、さらに小屋の傍らに建てられた小さな礼拝堂からの鐘の音が彼には煩わしいというものであった。

力をもつからこそ、法をもつのだ[70]。

こうしたメフィストの悪魔的な格率が、実り豊かな大地に降り注ぐ。それぞれの故郷に固執する老人連中の頑固さが、「深くひどい苦悩に」陥らせるとファウストが説明するとき、これを正当化するのは悪しき弁明である。老ファウストを、再び魔力が覆い包んだ。移住命令の無謀な実施に際して、フィレモンとバウキスと彼らの客である旅人とが殺されたことにファウストは直接に責任がないとしても、彼自身は罪を負おうと感じつつ、荒廃した場所をメフィ

ストやその助力者に委ねることで、今度は少し寂しくなる。これまで求めてきたものが、不正は我慢される必要があったと思わせたからである。

こうして、灰色の影の四姉妹に関する感覚にしたがえば、「憂愁」だけでなく「罪責」もまた、ファウストの宮殿への夜の入り口を見出すことになったにちがいない。彼は「憂愁」を振り払うことができ、彼女の息によって失明した者によって、新しく大きな計画が始められる。すなわち、彼の領地の中の沼地の除去であるが、これによって数百万人分の土地が創られることになったのである。すでに彼の眼前には、いずれこの事業の成果となる事柄が現れている。

それは最終の知恵だ。
奉仕するのは、生としての自由のみだ、
自由を日ごとに知恵が獲得するのだ。
こうして過ごし、危険に取り巻かれてはいるが、
ここには子供と壮年と老人という、役立つ世代がいる。
そのような群れを私は見て、
自由な土地に自由な国民がいるのを。
一見して私は言う。
留まれ、お前はあまりに美しい！
私の地上の日々は

永遠にと堕ちていくわけではない。——
そのような高次の幸福の予感の中で
私は今や至高の瞬間を享受するのだ。

取り消されるのは悲観主義であって、これはかつて悪魔との契約の際に支配的であったものだ。共通の幸福のための闘争と行為において、生の意味について肯定的に語ることを彼は学んだのである。

ファウストが死に瀕したとき[71]、メフィストは証文の血で書かれた権原をファウストにただちに示すことができた。しかしながら、まだ肉体の中で躊躇している魂に対する要求を寸分の狂いもなく有効にするのは、以前に比べて容易ではない。メフィストが地獄からの援軍を動員しているあいだに、天使の合唱団もやって来て、ファウストの不滅のものを出迎えようとする。地獄の魔物たちとの闘いに優勢な中で、天使たちのうちでも最も美しい者たちがメフィストの中の好色な情欲を呼び覚ます。これに伴って哀れな悪魔は莫大な浪費を破廉恥にもおこなうことで、正しい瞬間を逸してしまい、天使たちはファウストの魂を天界に持ち去る。強力なファウスト文学は、道化芝居のように欺かれた悪魔の姿でもって終わるわけにはいかないので、ゲーテは、この演劇を神秘劇に、つまり批判されることの多いファウストの「カトリック的終結」にまで膨らませた。天の元后たるマリアの従者の中に救済されたグレートヒェンが現れ、ファウストに救いの確信をもたらすのである。

## 4　法的諸問題

ビールショフスキーにしたがえば[72]、ゲーテは、ミケランジェロ様式での偉大なる審判の場面において、摂政たるキリストあるいは主自身によるファウストの救済を、法のあらゆる形式でもって宣言させることを検討していたらしい。残念ながら、彼がこうした意図を実現することはなかった。したがって、「序曲」および「悪魔の契約」に結びつけられる法的諸問題は――これらは多かれ少なかれ悲劇の括弧でくるまれた部分として語られがちであり――、今日までなお終わることのない論争に委ねられている。

まずもって、ファウストがメフィストと締結した契約に基づいて、法的状態を視野に入れてみよう。「悪魔の契約」の場とファウストの最期の言葉を含む「宮殿の大きな前庭」の場とにおける表現方法の意図された調和は、(73)言葉の配列において次のことを推定させる。すなわち、ファウストは、彼岸での服従義務の開始時期を示す決定的なきっかけの言葉を実際に語った、という推定である。しかしながら、なお重要な制約が付け加えられる。ファウストが今や至高の瞬間を享受すると表明したとしても、彼が生活基盤を創ってやった自由な土地の自由な国民を知ることができたときに感じるであろう、高次の幸福の予感はそれでも存在するのである。ファウストの最期の言葉のこうした多義性の中に、(74)メフィストと、ファウストの――自身の行為を忘れた――天界での代理人とは、彼らの主張の理由づけとなる手掛かりと対策を見出すことになる。メフィストは、すでに形式主義者として知られているが、言葉の解釈に依拠しており、ファウストがその血で署名した証書をいつも携えつつ、近ごろ伝わってきた慣習や古い法も当てにはならないと嘆いている。そしてメフィストの失敗のあとで、彼は契約違反についてこう述べる。

高い魂、これが私に担保に出された、
奴らはこれを私からちゃっかり取り上げてしまった。
誰に私は訴えたらいいのか？

誰が私のものになった権利を生み出したというのか[75]？

メフィストが、その好色性のゆえにファウストの魂を奪取するための絶好の瞬間を逸してしまったことを認めるとしても、――メフィストがその要求の行使によって、この瞬間に結びついていた除斥期間は何処で取り決められたのだろうか？　ファウスト文学の品位に矛盾するようにも思えるのは、権利喪失を単純にメフィストの好色性に対する罰として捉えることである[76]。高次の必然性ではなく、偶然がファウストの救済を決めたかのようなのだ。

おそらくは別の観点が、真の法原則の発見へと導く。既得権としての証書に固執し法制度一般において文言を信じて主張するメフィストの姿は、たとえばシェイクスピアの『ヴェニスの商人』に登場するシャイロックを想起させる。彼の中には、非常に悲劇的な姿が見出されるのではあるが[77]。古く原初的で形式主義的な法文化の呪縛の中で、ある瞬間にその主張の行使によって突出する者は、その瞬間には新しく精神化された法文化が、法律や契約内容の解釈に際して概念や状況において高次の観点を有効にしているわけだが、その者も、その既得権（ius quaesitum）においては侮辱されたと自覚することがある。彼が客観的には、新しい法の精神のもとで同様に権利を有しなくなるとしてもそうである。そしてこのことは時間層の問題であるだけでなく、ある意味では各々の法文化の内部で、法的形式主義と法的心霊主義とが常に闘争状態にあるということなのだ。というのも、自然法的な諸要求は不完全な実定法に対して、いつも影響を及ぼしているからである。メフィストは内面的な法に負けるのだが、彼はひたすら文言を信用するあまり、ファウストの契約解釈の高次の意味が理解できなかったからである。ファウストはメフィストに対して、法の領域の中でこう反論することができただろう。「お前は概念的な精神と同じだが、私と同じではない！」と。さて『ヴェニスの商人』のシャイロックは、公式の裁判において、いわゆる彼自身の武器たる極端に形式主義的な契約解釈でもって、ポーシャに打ち負かされる。これに反して本事例では、係争物たるファウストの魂の事実上の占有によって、天国が介入するのである。メフィストが嘆くように、彼にはその主張を裁判上で有効なものにする機会がまったくない。相手側の法的立脚点は、占取のために登場した天使たちによって、あまり、一般的に示唆されているのみなのである。

お前のものでないものは、
遠慮せねばならない。

だがこの事例では、法に基づくにしても、創られた資産の力によって損なわれた理由づけが設定されている。「同等の倫理違反の場合には占有者の物件が優先する」(In pari turpitudine melior est causa possidentis.) という原則は、不当利得の理論に際してはたしかに役割を果たすものの、それ以上の意義を有しているわけではない。ファウストと悪魔との契約は、宗教的に規定された中世的法秩序の最高の原理に抵触する。ファウストは、悪魔の仲間に加わり魂の救いを賭けた以上、その最高の原理に違反したのだ。だがメフィストにしても、博士を穏やかな道に導くならという主の許しにも拘わらず、ファウストの際限のない多くの約束を受け入れる権限などなかったのである。今や文学の意味でも、契約を非倫理的で無効なものと説明することはない[78]。だからこそ、契約関係の締結の危機を勘案して、「同等の倫理違反の場合には占有者の物件が優先する」という原則を援用することができるのである。そして天界の諸力――このような非人格的で、大方は一致して叩かれそうな表現法も許されよう――が、ファウスト自身がもはや活動できなくなったあとに、予定された代理人となっている。メフィストの権利喪失が納得できるように根拠づけられ、彼が欺かれた悪魔なる気の毒な偶然によって負けたとするならば、あらゆる法的な議論は、此岸および彼岸の地平での各々の相互干渉に当たって、その限界を見出すことを見誤るわけにはいかない。

そのような考察方法では、ほとんど一般的に受容されているファウストの自力救済も無用なものになる。実をいうと、それはずっと以前から問題視されてきた。ファウストは、シュヴェルトラインの件における虚偽の証言のような小さな事柄はまったく別として、重大な責任を負うことになった。ファウストはグレートヒェンを誘惑して、彼女が最も必要とし、彼の存在が彼女の絶望的行為を防ぎえたそのときに、彼女を寄る辺のない状態のまま不幸に委ねたのである。彼は、彼女の母親と兄の死に責任がある。高度の政策をつうじてのファウストのやり方において、彼はその影響力を無気力な皇帝に進言したり諌止したりするために用いるのではなく、メフィストが進行させた不吉に満ちた結末をその成り行きに任せてしまった。さらに彼の公益活動の頂点でも、社会の大方の利益に依拠しない専制君主の気分に彼は夢中になり、老夫婦のフィレモンとバウキスを強引に移住させるという、ひどい結果をもたらした移住を指図することに夢中になったのである。

概してファウストの成長過程の諸局面の中では、知識への意志がなおも最高のものであって、享楽への意志よりも高く、もとより権力への意志よりも高かったと思われる。他人のための高次の努力および最後の活動という功績を貶めることがなければ、ファウストにまつわる時効になった責任や生々しい責任のゆえにこせこせと裁判所に出かけていくことがなければ、此岸での自力救済は怪しげな福音であり続ける。ファウストは、呪詛したり責任を取ったりしながら経歴を重ねる人々の原型であり、そうあり続ける。「行為する者は、常に非良心的である」のだ。ビールショフスキーもまったく正当に表明するように[79]、ファウストの自力救済のための充分な倫理的動機づけが欠けているのである。以上で採られた立脚点からすれば、こうした自力救済も必要とはされないだろう。救済の事業は、ファウスト自身がおこなうのではなく、ファウストに対する主の慈悲なのである[80]。

こうして、天上の序曲と悲劇の終結部との関連に、より広い法的な括弧を付して特別に検討することになる。主の許しによってメフィストは博士ファウストを誘惑することができたのだが、それはファウストの死によって当初からの予定どおりに終了し、主のもとで正義だけでなく慈悲も働くことになる。ここで再び残念に思えるのは、ゲーテが世俗の裁判官の臨席のもとに計画していた裁判集会を断念したので、その結果、主が終結部にまったく登場しないことである。人類の偉大なる弁護士（magna advocate generis humani）たる天の元后マリアは、中世から直接に人類の代理人として事態を把握して、[81] ここでも主の代行者として、つまり神の慈悲的要求の告知者として受け入れられる。

ここに記された見解を承認することもしないこともできるが、何人も見誤りようがないのは、まさに現代文学の中の最も偉大な文学に法的な括弧を付して格別に関連づけているのであって、このことが如何に意味深いかということなのである。

### 5　人間社会の典型的な発展段階

法的および政治的な洞察の詳細に関して、これまで語れなかったなお多くのことを有力な文学から引き出そうとするならば、少なくとも次のような成果に言及しなければならない。すなわち、ゲオルク・ミュラーのおかげなのだが、[82]『ファウスト』第二部の中に人間社会の典型的な発展段階を見出したという成果である。もちろんそうした叙述は散在しており、詩人ゲーテが予め考えた計画を、『遍歴時代』のやり方に応じて受け入れるわけにはいかないほど、一部は断片的なものでもある。

1．ピグミー族という小人民族[83]においては、さほど原初的ではない国家的課題を伴った遊牧民の原国家が認められる。すなわち、外敵に対する、つまりピグミー族が殺した青鷺たちの近い親類として復讐するイビュクスの黒鶴たちに対する防衛のことである。さらに、秘かに反乱を企てながら隷属する蟻たちとダクチュール族に対する、支配の維持のことである。

2．戦時忠誠に基づく支配秩序は、以下の叙述に認められる。すなわち、ヘーレナは戦争国家であるスパルタの王宮の前でそれを構想するのだが、この国家に命じたのはかつて彼女の夫であったメネラウスであった。同様にそれは、ファウストによるアルカディアでの国家建設にも認められる。(84)

3．古代の遺産の強力な管理者として形成されるのは、ファウストの国家を囲んでペロポネソス半島に形成されるゲルマン的な封建諸国家の連合である。(85) アカイアはゴート族に、エリスはフランク族に、メッセネはザクセン族に、アルゴリスは海洋部族のノルマン族に、そしてペロポネソス半島の鍵であるコリントは、ここでは支族と考えられているゲルマン諸族に分配される。

4．後期中世のドイツ帝国は、大して強力でもなく将来性もあまりない政治体として、『ファウスト』第二部の第一幕と第四幕に登場する。

5．絶対主義的な単一国家を、宮廷の仮装舞踏会の場面で少なくとも寓意として認めたと、ミュラーは信じている。人々の雑踏に超然とする象の姿は、絶対主義国家という強大な超人格の象徴だというのである。知性によって指導さ

れ、勝利によって戴冠して、絶対主義国家は、恐怖と希望を鎖に繋いでこちらにやって来る。(86)

6. ファウスト自身の海岸国家は、当初の封建的結合を超えてすでに完全な国土高権へと進展しており、世襲国家の姿で現れている。

7. ファウストの最期の眼差しは、最終的には自由な国土と自由な国民から成る国民国家に向けられている。

**原注**

（1）Vgl. Bielschowsky, Bd.2, S.569ff.; Witkop, S.423ff.（同書S.488には、重要な文献についての一覧もみられる）。『ファウスト』の注釈書については、以下のものが入手できる。Hjalmar Hjorth Boyesen, Ein Kommentar zu Goethes Faust, deutsche Bearbeitung von Otfried Mylius, Leipzig, o. J.; Goethes Faust, hrsg. v. G. Witkowski, Bd.2, 9. Aufl., Leiden, 1942; Ernst Beutler, Faust und Urfaust, Leipzig, 1939; Reinhard Buchwald, Führer durch Goethes Faust（Kröners Taschenausgaben 183）, Leipzig, 1942. ——法的分析については、Georg Müller, Das Recht in Goethes Faust, Berlin, 1912; Rudolf Blume, Das Recht in Goethes Faust, 1912; Georg Müller, Recht und Staat in unserer Dichtung, S.53ff.; Fehr, S.422f.; Huber, S.20ff. ——特殊問題については、Wilhelm Hertz, Faust und Friedrich der Große, in: Euphorion, Bd.24,1922, S.357ff.; James Simon, Faust in der Musik, 2. Aufl., Berlin-Leipzig, 1906.

（2）ヨハネス・ファウスト博士の物語について、Die deutsche Volksbücher, hrsg. v. Richard Benz, Jena, 1924（一五八七年のシュピーシュ版と、その後の諸版からの様々な展開を紹介する）。Vgl., Herbert Nimtz, Hochschulen und Hochschüler in der sagenhaften Überlieferung Deutschlands, in: Niederdeutsche Zeitschrift für Volkskunde, Bd.17, 1933, S.16ff., bes. 31f.

（3）Doktor Faustus, Trägodie von Christopher Marlow, aus dem Englischen übersetzt von Wilhelm Müller, mit einer Vorrede von Achim von Arnim, hrsg. v. B. Badt, in: Pandora, Bd.2, München, 1911.

（4）Werke, Bd.2, S.7ff.; Witkowski, Bd.1, S.889ff. —— Vgl., Bielschowsky, Bd.2, S.571ff. 428ff.; Heinrich Spieß, Neue Beobachtungen und Gedanken über die Entstehungsgeschichte des Urfaust und des Fragments, in: JbGG, Bd.21, 1935, S.63ff.（結果は S.107 の一覧表にまとめられている）.

（5）Ernst Bautler, Der Frankfurter Faust, in: Jahrbuch des Freien Deutschen Hochstifts 1936/40, S.594ff. 嬰児殺しの題材は疾風怒濤派一般が扱っているように、周知のものである。J. M. Ramecker, Der Kindsmordt in der Literatur der Sturm-und Drangperiode, Rotterdam, 1927. この研究は、残念ながら入手できなかった。だがこの題材は、巨匠が発掘した当時の刑法的諸問題にも属しており、これにはすでにゲーテの第五十五命題が導いてくれる。Lucht, S.39, Note 39 を引用するならば、ダルベルクとミヒャエリスによれば、この問題について論文募集がおこなわれ、これには少なくとも四百名以上の応募者が参加したという。

（6）Werke, Bd.2, S.49ff.; Witkowski, Bd.1, S.439ff. Vgl., Bielschowsky, Bd.2, S.580f., 595ff.; Witkop, S.435ff.

（7）Werke, Bd.2, S.99ff.; Witkowski, Bd.1, S.1ff.（同書によればここでは詩節が数えられている）. Vgl., Bielschowsky, Bd.2, S.582ff.; Witkop, S.439ff.

（8）Werke, Bd.2, S.377ff.; Witkowski, Bd.1, S.509ff.

（9）Eichendorff, Geschichte der poetischen Literatur Deutschlands, S.300.

（10）Vgl., Georg Müller, Das Recht bei Richard Wagner, Berlin, 1914, S.15ff.

（11）Vgl., Zeitler, Goethe-Handbuch, Bd.3, S.156ff.（Prolog im Himmel）, S.484ff.（Vertragsszene）, S.560ff.（Wetten im Faust）. Fausts Pakt mit Mephistopheles in juristischer Beleuchtung, in: GJb., Bd.24, 1903, S.113ff. 同論文において、エルンスト・ランツベルクとヨーゼフ・コーラーによる二つの興味深い所見が披露されている。Vgl., Otto Pniower, Der Teufelpakt in Goethes Faust, in: JbGG., Bd.7, 1920, S.96ff.; A. R. Hohlfeld, Pact and wager in Goethes Faust, in: Modern Philology, Bd.18, 1921, S.513ff.; Heinrich Rickert, Die Wetten in Goethes Faust, in: Logos 1921.; Ders., Fausts Tod und Verklärung, in: Deutsche Vierteljahrsschrift für Literaturwissenschaft und Geistesgeschichte, Bd.3, 1925.; Georg Müller, Recht und Staat, S.53f.; Fehr, S.422ff. ——いかなる観点でこの問題を扱うかを、法的考察方法が——私は法的考察方法しか語れないけれども——批判されるならば、私には説明することができない。

（12）Rudolf Hübner, Grundzüge des deutschen Privatrechts, 4. Aufl., Leipzig-Erlangen, 1922, S.367, 432, 486ff., bes. 490f.; Hans Planitz, Grundzüge des deutschen Privatrechts, 2. Aufl., Berlin, 1931, S.76, 91. 賭事契約の債務法的性質に関しては、ヒューブナーに反してプラニッツに賛同したい。Vgl. Windscheid-Kipp, Lehrbuch des Pandektenrechts, Bd.2,9. Aufl., Frankfurt, 1906, S.856, Note 2a.

（13）Vgl., Windscheid-Kipp, S.854ff.; Hübner, S.550f.; Planitz, S.116f.

(14) Werke, d.2, S.106.
(15) Müller, S.53.
(16) とくに、Fehr, S.423.
(17) ゲーテの思想世界に由来する正当な解釈について、Vgl. Witkop, S.445.
(18) 同様に好ましい結論を伴うものとして、Vgl. Zeitler, Goethe-Handbuch, Bd.3, S.156ff.（Prolog im Himmel).
(19) Werke, Bd.2, S.135ff.（いわゆる契約の場）.「契約の場」の項目（Zeitler, Goethe-Handbuch, Bd.3, S.484）に関する次の言及は、重要に思える。すなわち、この場面は、統一的には生まれていないし、一連の矛盾や起伏が指摘されている。というのも、多様な層において、ゲーテの古い意図と新しい意図が互いに衝突しているからである。
(20) Pniower, S.98.; Witkowski, Bd.2, S.265. それゆえに、メフィストはヴァレンティンの殺害後にこう述べる（詩行3714f.; Werke, Bd.2, S.184)。

　私は優れて警察とともに弁えている、
　流血裁判とやむなく折り合っていることを。

(21) Werke, Bd.2, S.158（詩行2625).
(22) Ebda., S.242（『ファウスト』第二部第一幕、暗い歩廊の場。詩行6209f.).
(23) Ebda., S.137.
(24) ファウストがその契約条件を果たすまで手打ちを継続させることが、芝居の上でも正しいということは、メフィストの次の言葉から生じている。「よく考えなさい、我々はそれを忘れることはないのだから」。
(25) 専門用語上の問題を持ち出すことなしに、現実の賭事について論じたものとして、Vgl. Georg Müller, S.54.; Fehr, S.423.
(26) 『ファウスト』（詩行1710f.)。

　どこに留まろうと、私は従者です、
　聞きたいのは、貴方の従者か誰かの従者かということです。

(27) Hinschius, Das Kirchenrecht der Katholiken und Protestanten, Bd.6-1, Berlin, 1897, S.399.
(28) Hinschius, Kirchenrecht, Bd.5-2, Berlin, 1895, S.686f.
(29) 「異教」のもとに、古い教会法は、教会によって確立された信仰箇条に異議を唱える理論に、受洗者が意識的に外的な行為でもって固執することと理解している。「背教」とは、全体としてのキリスト教の真実を、良心に基づいて外的に認識しうるように否定することである。Hinschius, Bd.5-2, S.679 u. 686.

（30）Hinschius, ebda., S.686f.
（31）詳細は、Vgl., Hinschius, ebda., S.685f.
（32）Werke, Bd.2, S.350f.（詩行 11035ff.）.
（33）Leyser, Geschichte von den Rompilgern, in: GJb, Bd.24, 1903, S.119f.
（34）議論の場面の『断篇』（補筆 11 および 12。Werke, Bd.2, S.379）も、この方針における手がかりを与えるものではない。
（35）Werke, Bd.2, S.112f.（詩行 583f.）.
（36）Ebda., S.115（詩行 682f.）.
（37）Windscheid-Kipp, Lehrbuch der Pandekten, 9. Aufl., Bd.3, Frankfurt, 1906, S.194.
（38）Ebda., S.142f.（詩行 1970ff.）. すべては『ファウスト断篇』（S.58）に一致するが、これに対して『原ファウスト』にはこの箇所は見当たらない。Hans Fehr, Die Dichtung im Recht, Bern, 1931, S.122. は、「我々とともに生まれた法」という言い回しが、すでに一六二一年の「エッティンゲン地方裁判所規則」の中に見出される、ということに注目させる。Vgl. Zeitler, Goethe-Handbuch, Bd.3, S.303f.（Schülerszene）.; Wilhelm Hertz, Vom Rechte, das mit uns geboren ist, in: Zeitschrift für Rechtsphilosophie, Bd.1, 1913, S.95ff.
（39）Witkowski, Bd.2, S.229.
（40）したがって、検討されている例の二行は矛盾を含んでいる。
（41）Vgl. Dichterjuristen, Bd.1, S.271.
（42）ついでに言及されているのだが、詩人法律家E・T・A・ホフマンの短編小説『ツィノーバー』は、部分的に「蚤の歌」の基本思想の幅広い荒っぽい小説的解説のように鳴り響くということらしい。
（43）Werke, Bd.2, S.148 u. 192.
（44）Müller, Recht und Staat, S.54.
（45）Werke, Bd.2, S.167ff.「隣りの女の家、表通り」の場。
（46）Ebda., S.179.「マルテの庭」の場。
（47）誘惑の手配に当たっては、メフィストがグレートヒェンの小部屋にこっそり持ち込んだ装身具の入った小箱が一定の役割を果たしている。グレートヒェンは、母親が貸した金の質草ではないかと考える（Werke, Bd.2, S.161f.「夜」の場）。
（48）Ebda., S.180f.「泉のほとり」の場。
（49）Ebda., S.182ff.「夜。グレートヒェンの家の前の通り」の場。

(50) ゲーテが感じたところによれば、古い聖歌「神の怒り、神の臟腑」(dies irae, dies illa) によって呼び覚まされる最後の審判の幻影の傍らでは、世界法廷のパロディーは芸術的には不可能だったようだ。このパロディーは、世俗的裁判官としての悪魔を中心に、右側の男性陣と左側の女性陣とから成るもので、これに関しては補筆四十五 (Werke, Bd.2, S.384) が『断篇』を提供している。Vgl. Bielschowsky, Bd.2, S.617.

(51) Werke, Bd.2, S.193, 195. 「ヴァルプルギスの夜」の場。

(52) Bielschowsky, Bd.2, S.620.

(53) 嬰児殺害だけが判決の対象であるようにみえる。母親殺しのゆえの嫌疑は、グレートヒェンには明らかにかかっていない。

(54) ついでながら、法民俗学の観点から指摘されるのは、「魔女の厨」の場 (Werke, Bd.2, S.153) で暗示されている泥棒強制の手段としての「篩」である。

(55) Werke, Bd.2, S.332 (詩行 10187f.).

(56) Werke, Bd.2, S.210ff.「皇帝の居城。玉座の広間」の場。ゲーテによるこの場面の最初の朗読につき、一八二七年十月一日のエッカーマンの報告 (Gespr., Bd.3, S.460) を参照。

(57) Werke, Bd.2, S.237ff.「遊園」の場。——一八二九年十二月二十七日にゲーテがエッカーマンにこの場面を読んで聞かせたあとになって、ゲーテの息子アウグストが踏み込んで、プロイセンの保護預かり証のことを話題にしたのは偶然である。Gespr., Bd.4, S.184f.

(58) Werke, Bd.2, S.240.

(59) Witkop, S.458.

(60) Witkop, S.459. 周知のように、ゲーテが精神的に同質だと是認したバイロン卿は、一八二四年四月十九日のミソロンギでのギリシアの解放戦争を支援して、あまりにも早いとゲーテが嘆いた死に襲われたのだが、『オイフォリオン』の原型を提供した。Vgl. Bielschowsky, Bd.2, S.585ff.; Alois Brandl, Goethes Verhältnis zu Byron, in: GJb., Bd.20, 1899, S.3ff. ファウストとヘーレナとの息子オイフォリオンへの追悼の歌は、とりわけ注目すべき次の言葉を伴っている (Werke, Bd.2, S.326. 詩行 9925ff.)。

君は厳しく仲違いした
慣習とも、法令とも。
だがついには至高の志が
純粋な勇気に重みを与えた。

この追悼の歌が示唆するのは、ゲーテがバイロンの中にファウストの再来を見出したことで、このことをゲーテは一八二七年七月五日のエッカーマンとの対話 (Gespr., Bd.3, S.406ff.) で充分に明らかにしている。

（61）『ファウスト』第二部の五つの幕の中で最も不思議なこの幕について、Vgl., Bielschowsky, Bd.2, S.651f. —— Werke, Bd.2, S.259（詩行6962f.）には、メフィストの嘲笑的な言葉がみられる。
連中は、いわば自由な権利のために闘うと言う。
厳密に吟味すれば、奴隷と奴隷の闘いなのだが。

（62）Werke, Bd.2, S.305. 将軍たちに対するファウストの言葉。Ebda, S.316.
ゲルマン人よ！　汝はコリントの入江を
防壁と防御をもって守るのだ。
百の峡谷をもつアカイアの防衛は
ゴート人の抵抗に委ねよう、
エーリスに向けてフランケン軍を移動させよ、
メッセネはザクセンの受け持ちだ、
ノルマン人は海上を掃討して
そうしてアルゴーリスの地を大きく築くのだ。
ゲーテは、十字軍の遠征から生じた諸国家について、バルカン半島でのゲルマンの諸部族の支配下に置こうと思い描いたのだろうか？

（63）ヘーレナの最初の統治行為は、塔の番人リンケウスに関する寛大な裁判である。Werke, Bd.2, S.310.

（64）Witkop, S.459f.

（65）Werke, Bd.2, S.332（詩行 10181ff.）.

（66）Ebda, S.347ff.

（67）皇帝は、式辞の中で（Werke, Bd.2, S.349. 詩行 10945ff.）以下の権限を列挙する。
裁判官として、貴公らは最終判決を下すのだ、
上訴は貴公らの至高の地位からして有効ではない。
さらに租税、金納と物納、借地と通行と関税、
採掘・製塩・鋳造の特権も貴公らに属すべし。
余の謝意が完全に有効に験されるがゆえに、
余は貴公らを定位に次ぐ至高の地位に高めた。

詳細（叙述に必要なかぎりでの）については、次のように考えられる。すなわち、裁判高権と、非上訴特権（privilegium de non appellando）つまり選帝侯の領主裁判に抗しての帝国への司法継続の禁止。租税に関する財務高権。――物納とは、中世における多様な領地税。――関税と封土高権と、通行税つまり通過者に対して相当の通行税を課す特権。最後に、選帝侯に対する違法行為が尊厳犯罪として処罰される際の根拠規定があるが、このことが選帝侯たちを陛下の位にまで高めたのである。Vgl. Georg Müller, Recht und Staat, S.30ff.

（68）中世の授与証書における核心的文言の詳細については、以下の数行（Werke, Bd.2, S.350. 詩行 10993ff.）が想起される。

　あの広い連丘を……
　敬虔に教えられつつ、教会の聖なる事業のために。
　それが広がるかぎり、山と深い森とともに、
　緑なす肥沃な牧草地が連なる、台地とともに、
　魚類の豊富な澄んだ湖と、無数の小川とを、
　それが、せかせかと蛇行しながら、谷に落ちていくように、
　その広い谷の全域を、草地や耕地や窪地とともに……

『ファウスト』全般におけるこの箇所と教会の役割について、Vgl. Georg Müller, Recht und Staat, S.58f.

（69）バウキスは、旅人に海の悪霊に対する人身御供について伝えているが、彼らは古い民俗信仰にしたがって堤防や橋に組み込まれて、これを堅牢なものにしなければならなかったという。Werke, Bd.2, S.353.

（70）Ebda., S.355. メフィストは、ナボトス・ヴァインベルクの物語が繰り返されると喜びを表す。

（71）Witkowski, Bd.2, S.115. が正当に強調するように、ファウストの満足の叫びは、偶然にも老人の最期と同時に起きている。事態が理解されないままに、メフィストは、ファウストの寿命を縮める権利を――これに関しては本論稿の悪魔の契約についての解説が前述した――すでに行使してしまっていた。

（72）Bielschowsky, Bd.2, S.666.

（73）『ファウスト』第一部

　私はその瞬間に向かって言うだろう。
　留まれ！　お前はあまりに美しい……
　時計が止まり、針が落ちる。

『ファウスト』第二部

ファウスト：その瞬間に向かって私は言うことができる。
留まれ！　お前はあまりに美しいと。
メフィスト：時計が静かに止まる。
合唱：針が落ちる。

(74) この多義性のおかげで、ランツベルクやコーラーのような経験豊かな法学者たちもまったく異なった結論に到達することになる。ランツベルク（GJb, Bd.24, S.118）は、ファウストがその賭事に法律的な意味では負けたことを確認している。なぜなら、彼が感じた満足の種類が重要なのではないからであって、高次の文学的に超越的な意味においてのみ、彼は賭事に勝ったのだというのである。これに反してコーラー（S.128f.）は、契約条件の履行にはファウストの側に不確かな停止状態が属している、という見解を強調しつつ代弁する。これについてはなんともいえないし、したがってファウストの魂に対するメフィストの権利についてもいいようがない。

(75) ゲーテがここでは「悪魔の契約」の場面の様々な意図に反して、魂の担保設定に関して明快に述べていることが注目されよう。法技術的な意味での担保設定が提示されているわけではないのだが。満期担保についても、債権者たるメフィストが、すでにファウストの存命期間に担保物件に対する占有権を有していたとの前提があるが、疑いなくこのことは受け入れられない。注目すべきなのは、物権法的で抵当権的な要素が、周知のように、賭事（wadia）なる言葉の最も古い用法に固有のもので（Dichterjuristen, Bd.1, S.359）、専門用語としてなお影響を残していることである。

(76) Fehr, S.424. もちろん、メフィストの視角に限定してのことだが、次のように述べている。「悪魔の目でみるならば、ファウストは賭事に勝ったから浄福を得たわけではない。メフィストが感覚的な誘惑に抵抗しえず、まさに欺かれたからこそなのだ」。

(77) ここは、シャイロック問題の詳細に立ち入る場所ではない。重要な文献のみを挙げておく。Rudolf von Ihering, Der Kampf ums Recht, 20. Aufl., 1921.; Josef Kohler, Schakespeare vor dem Forum der Jurisprudenz, 2. Aufl., Berlin-Grunewald, 1919.; Theodor Niemeyer, Der Rechtsspruch gegen Shylock im Kaufmann von Venedig, München-Leipzig, 1912.

(78) Vgl. Dichterjuristen, Bd.1, S.367.

(79) Bielschowsky, Bd.2, S.666f.

(80) Vgl. Witkowski, Bd.2, S.116. ゲーテが人文的・汎神論的な立脚点からファウストの自力救済を完全に明白なものにしていたとしたら、彼はたしかに「カトリック的結末」を断念したことにはなっただろう。

(81) 祈祷文「元后憐れみの母」（Salve Regina）では、マリアは、我らのために執り成す方（Eia ergo adovocata nostra）と祈られている。いわゆる悪魔裁判あるいはベリアル裁判（Dichterjuristen, Bd.1, S.207, Note 39）では、天国と地獄の訴訟における人類の代理人の役割は、まったく当然のごとくマリアに与えられている。
(82) Georg Müller, S.60ff.
(83) Werke, Bd.2, S.247ff.（詩行 7606ff.）. 古い「ヴァルプルギスの夜」である「ペネイオス川の上流にて」の場。
(84) Ebda., S.295ff. u. 305f.（第三幕）.
(85) Vgl. Dichterjuristen, Bd.1, S.375, Note 62（ebda., S.316）.
(86) Ebda., S.224ff.（第一幕）.——こうして全体主義的な政治体制の不断に試みられる手法は、一部は威嚇によって、一部は魅惑によって、自由の中ではけっして獲得しえなかった忠誠を自らのもとに引き寄せることになるのである。

＊　　＊

結論を述べよう。ゲーテは､自身の未熟な望みに立ち塞がった法律家への使命に関して､父親に感謝する理由をもっていた。ゲーテの気質にとって、大学での修学時代や、フランクフルトの法律事務所での見習い時代や、ワイマールの官僚としての修業時代が、如何に有意義であったかを知ることができた。明晰さと秩序への意志とは、真の法律家の感覚であるが、これは生活現象の様々な局面を正当に評価する。公共心、正義への意志、責任意識、決断力、そしてとりわけ弛まぬ努力、これらすべての法律家としての美徳が、彼の人格たる芸術作品に入り込み、さらに活動する人格に基づいて、法律家としての美徳は今日もなお確信しつつ語りかけるのである。

ゲーテが法の形成者としてザクセン＝ワイマールのために創ったものが過去に属するとしても、法の語り手としてのその功績があるいは小さな圏域でのみ理解されるのだとしても、いずれにせよ法信奉者たるゲーテに感謝する機会を得ることにはなる。ゲーテの法論は、彼がけっして理論的な体系として提示したわけではないものの、彼の作品が言葉と行為において脈々と伝えており、社会と個人の各々の法的価値の不毛な対立を超越する。まさにゲーテは、人間性という法的価値を——人類および人間存在として受け止められる価値を——確信的に告知してくれたのである。それはおそらく、いかなる時代にもまして、現代にとってこそ必要な福音であった。

# 第二章　フリードリヒ・カール・フォン・サヴィニーとクレメンス・ブレンターノ

## はじめに

大型本《フォリオ》にぐるりと囲まれて
座っているのは誇らしげなヤコポーネ。
依頼人たちから高く尊敬されているのは
若き、賢き博士なり。

彼は法律に厳格に
学位論文を書いたが、
これは彼を高い尊敬へと導き、
良き財産をもたらした。

彼がし忘れたことを知ろうとしたのは、

他の多くの教授たちだが、
学生たちを引き込んで
しばしば苦境から助けられた。

この澄んだ詩歌は、詩人のクレメンス・ブレンターノによる『薔薇の物語《ロザリオ ロマンツェ》』に由来する。これは、ブレンターノによって残念ながら完成されなかった連作物語詩の中でも、最も天才的な作品とすることができるだろう。ボローニアの大学の法学教授ヤコポーネに敬意を表して歌われ語られたものであるが、偉大な法学者フリードリヒ・カール・フォン・サヴィニーを信奉したものとも考えられる。サヴィニーはブレンターノの友人かつ義弟であるけれども、ブレンターノはサヴィニーのもとに、内的および外的な生活の必要に応じて、しばしば助言や援助や避難所を見出してきた。ここでブレンターノが文学的自由さでもってヤコポーネにあてがった学位請求論文「遺産占有について」(De bonorum possessione) により、疑いなく彼は、サヴィニーの著名な書物『占有権論』(ギーセン、一八〇三年) を仄めかしている。この書物は、二十四歳のこの男を、たちまち当時の法学の最前列に押し出したのであった。その際、ブレンターノの間違いについては大目にみなければならない。遺産占有とはローマの相続法の特殊な制度で、これは法務官によってなされる相続財産の占有の指示であるのだが、これに対してサヴィニーは、一八〇三年の著作においては一般的な物権法的占有理論を問題にしたのである。ブレンターノのこの間違いは、同時代の人々において、引用した詩節への信奉感覚をなんら損なうものではなかった——内輪の集まりでサヴィニーは義兄〔クレメンス〕に説明して、この説明なしでもそれに関する文書的証明は伝えられていると語った——。このことを認めることができるならば、いずれにせよ以下の事実に直面することになる。すなわち、詩人つまりクレメンス・ブレンターノの原像は、ドイツ文学の重要な著作においてドイツの法学者たちの原像のために、みごとで立派な信奉を献げたという事実である。こうした信奉は、ドイツの法学者たちに対しては、それ以前も以後もドイツ文学の空間から与えられることはなかったし与えられないであろう。そして、この詩人が中世最盛期のボローニアの生き生きした姿でもって、彼の大学や教授たちや学生たちによって、また『薔薇の物語』が描くジェレメイ家とランベルタッツィ家の貴族どうしの抗争によって、サヴィニーの最重要な研究関心、北イタリアにおける法学の歴史に直接に関連するとき、その信奉はいっそう繊細な印象を与えることになる。

ブレンターノのサヴィニーに対する信奉を彼らの精神史的な関連の中に組み込むねらいは、次の広く知られた土台の上で実現される。すなわち、シュトルの浩瀚なサヴィニー研究が、サヴィニー家の文庫（もともとはハーナウ近郊のトラーゲス農場にあったが、今はベルリンの国立図書館にある）[1]から発掘されたブレンターノ派《サークル》の書簡集の公刊による重要かつ必要な補完物を見出して以来、したがって、サヴィニーの多数の書簡に対応する書簡が初めて公開されて以来の土台の上で実現されるのである[2]。今やサヴィニーをめぐる精神史的な空間を徹底的に研究することが可能になったけれども、そうした研究は、知りうるかぎり、しばしば納得できる成果をもって論議されてこなかった問題から、つまり歴史法学派の基本的見解はロマン主義に依拠するものだという問題から最初にというわけではなく、伝記的な事柄や人間的な事柄から始められたのである。おそらくその際には、ロマン主義と歴史法学派の繋がりの問題も少なからず取り残されている。けれどもまさに、あらゆる色彩で描かれたドイツ・ロマン主義の基本資産を眼前にすると、如何なる人物がサヴィニーをロマン主義一般の思想的所産へと案内することができたのかと、具体的に問うことが目的に合わないわけではないように思える。そのような研究は、それが新たな資料に基づき魅力的な人間的・性格的な諸問題を顧慮するならば、サヴィニーの環境はすでに充分すぎるほどに照らし出されている、などとは反論しえないものとなるであろう。[3]

法学者のサヴィニーが本研究の中心に位置づけられるようにみえるとしても、法史学的な研究は正しく理解された意味で精神史的に直結する最善の手段であるので、個別的専門課目の傲慢さという非難が生じることなしにそうであるのだろう。[4] どこかでそうであるならば、サヴィニーと不安定なブレンターノとの、さらにははるかに安定したアヒム・フォン・アルニムとの関係には、「逃走現象中に停止する極」の表象が当てはまる。もっとも、みごとな極の停止が、まさに生き生きとした現象の逃走中の不安定によって、その完全な感銘力を獲得することが忘れられなければであるのだが。

したがって、本研究の第一部は、簡潔に要約するならば、サヴィニーの生涯と著作をいわば枠組みとして輪郭を描き、その範囲を確定することになる。幼くして独りぼっちになった孤児のサヴィニーは、数多くの多面的に関連づけられたブレンターノとの関係によって、この範囲の中に組み込まれるのである。第二部は、客観的な収穫において最も豊かなサヴィニー＝クレメンス・ブレンターノ関係を取り上げて、二人の人物をその最初の出会いから互いに語ったり与えたりした事柄や、ブレンターノの文学がサヴィニーの姿を不滅なものとして、つまりのちの疎遠だけでなく二人の存在をはるかに長持ちするものとして残した様子を叙述する。その際に明らかにされるのは、サヴィニーのランツフート大学時代に、ある問題点において最も価値の高いものと、法律家と詩人を結びつけたものとが如何にして一致するかである。さらなる研究において心をそそるのは、「移り気なベッティーナ」でさえもが如何にして偉大なるサヴィニーに敬服したか、そしてクレメンスによってサヴィニーの妻にと目されていたベッティーナが、数十年にわたって如何にしてこの義兄を畏敬の愛を込めて仰ぎみていたかを、明らかにすることであるだろう。一八三七年のグリム兄弟の行動に対するサヴィニーの慎重な見解表明が、そうした緊密な関係の一定の冷却へのきっかけになるまで、それは続いた。さらに――次の章においては――、少なくともアヒム・フォン・アルニムが全体像を現す別途の展開が検討される。アルニムは、ベッティーナとの結婚前から長きにわたってサヴィニーの視野に入っており、彼自身のかつての法学修業のおかげで、義兄サヴィニーの法学上の功績にクレメンスやベッティーナより以前から親しんでいたのである。

**原注**

（1）長いあいだ非公開であった文庫は、一九三七年に歿した枢密顧問官ヴィルヘルム・シェルベルクの仲介によってサヴィニー家からベルリンの国立図書館に委ねられた。
（2）Vgl. Otto Mallon, Brentano-Bibliographie, Berlin, 1926. 同書は、今やシュトルの著作や、ヴィルヘルム・シェルベルクおよびフリードリヒ・フックスによって入手された書簡集が利用した資源をまったく想定していなかった。
（3）Hans Thieme, Der junge Savigny, in: Deutsche Rechtswisswnschaft, Bd.7, 1942, S.53ff., bes. 54.
（4）法史で精神史も！という呼びかけは、最初にハンス・フェーアが挙げた。正しい意味でこの計画を実現する可能性については、Vgl. Karl Siegfried Bader, Mehr Geistesgeschichte, in: Historisches Jahrbuch, Bd.62, 1942/43, S.1ff.［Neudruck, in: Histor. Jahrb., Bd.62/69, 1949, S.89ff. ――編者ザイフェルト補注］

## 第一節　サヴィニー

### 一　生涯、著作、人物

研究のためのしっかりした枠組みを獲得するために、ほんの要約的な仕方においてではあるが、サヴィニーの生涯、著作、人物の輪郭を描いておきたい。

一七七九年二月二十一日にフランクフルトで生まれたフリードリヒ・カール・フォン・サヴィニーは、ロートリンゲンの、要するにドイツ人の出自と心情を常に強調する帝国騎士層の家系の末裔であり、この家系はすでに先祖の世代において有能な役人や法律家を輩出していた。彼は一七九一年に父親を失い、翌年には母親を失った。少なくとも十一人の兄弟姉妹も、すでに両親より前に死亡していた。まったくの孤児になった少年は、父親の親友であった帝室裁判所参事フォン・ノイラートのヴェツラーの家で育てられ、そこですでに初等の法学教育を受けた。十六歳でサヴィニーはマールブルク大学に入学し[1]、そこでロマニストのヴァイスを師匠としたのだが、彼については生涯にわたって最高の畏敬をもって語られている[2]。優れた才能と病弱をも克服する鉄のような研究意欲――ブレンターノ兄妹はのちに彼のことをからかいながらも感嘆のあまり「研究機械」と呼んでいる――とは、イェーナ、ワイマール、ライプツィヒ、ドレスデンへの研究旅行（一七九九／一八〇〇年）で視野を広げたあとに、二十一歳のサヴィニーをして、刑法の学位請求論文「犯罪の観念的競合について」(De delictorum concurso formali)（マールブルク、一八〇〇年）による学位取得を認めさせるほどのものであった[3]。この学生はコンスタンティン・フォン・ノイラート、レオンハルトとフリードリヒのクロイツァー兄弟、それに神学者のバンクとの交友関係をもっており[4]、ザクセンへの研究旅行も交際範囲を大きく広げていたので――イェーナでサヴィニーは初めてクレメンス・ブレンターノに会った――、学位取得の直後に大成功のうちに開始された講義が、若きヤーコプとヴィルヘルムのグリム兄弟だけと生涯に及ぶ交流の基礎を築いたわけではなかったのである。(5) グリム兄弟は、サヴィニーのもとでロマン主義的な講義を聴いた。彼は刑法を一度しか講義しておらず、グリムの筆記録には別の講義である「法律学方法論」（一八〇二年）が伝えられている。(6)

一八〇三年にギーセンで、序文で言及した『占有権論』が出版された。のちにブルンスが、同書を「暗夜の流星」になぞらえたように、(7) 疑いなくまったく傑出した業績であるが、言語的形姿の優美さによっても魅力的であり、これはそれまでの法律学的文献においてはあり得ないとされてきたほどのものであった。この書物は若き私講師サヴィニーの評判をそれだけで基礎づけ、彼は一八〇三年五月に員外教授に任じられた。ハイデルベルクおよびグライフスヴァルトへの招聘を、彼は断った。そのうえ彼は、一八〇三／〇四年の冬学期の終わりにマールブルクでの講義の仕事をすべて取りやめた。すでに稀なひたむきさをもったこの二十五歳の男には、その全生涯をかけた学問的計画が確定していた。「法学のカント」になることを、彼は考えたのである。一八〇四年四月十七日にサヴィニーがクニグンデ・ブレンターノと結婚したあと、彼は四年（一八〇四～一八〇八年）をかけた長い研究旅行に出発した。この研究旅行で彼は、中部・西部・南部ドイツ、オーストリア、イタリア、フランスにある二十六の図書館を訪れて、(8) 一八一五年から公刊され、今日でもサヴィニーの論敵にすら感銘を与える著作、『中世ローマ法史』のための包括的な資料を入手した。

光り輝く諸条件と結びついた、正教授かつ宮廷顧問官としてのランツフート大学への招聘を受諾する（一八〇八年）ことで、この遍歴時代は終わった。サヴィニーは、ランツフートで、偉大な刑法学者で立法者であるアンゼルム・フォイエルバッハには、もはや会うことはなかった。フォイエルバッハは、天才性においてサヴィニーに近い、当時としては唯一のドイツの法学者であった。サヴィニーは、今日でもなお昔の姿で維持されている、フォイエルバッハが借りていた同じ家に住んだのである。[9] 学生たちから敬愛されながらも、ランツフートの大学には、サヴィニーは一年半（一八〇八～一八一〇年）しか勤務しなかった。[10] 一八一〇年に、国家が物理的な諸力の面で失ったものを精神的な力で代替すべく、ベルリン大学が創立されたとき、[11] 彼はこの大事業を約束した場所への招聘に応じた。そしてこの進展に結びつけられた期待は、欺かれることがなかった。新設大学の当初の数年は解放戦争の兆しの中にあって――一八一二年四月からおそらく一八一三年十月十八日まで、サヴィニーは学長職に就いていたが――、彼はその後、指導的な大学教師として（一八一〇～一八四二年）、また先駆的な研究者として、新設大学の安定や評判のために決定的な貢献をすることができた。そのあいだ、彼に名誉職とか勲章とかがたっぷりと与えられたことは、いうまでもない。[12]

　ここは、ベルリン時代の学問および法政策の収穫について語る場所である。その意義は、今日に至るまであらゆる感動的な法政策的計画が、否認するにせよ同調するにせよ、サヴィニーおよび歴史法学派に対する立場を明らかにするよう促すという事実から生じる。こうした論争に、サヴィニーの『中世ローマ法史』は影響されない。同書は、ローマ帝国（Imperium Romanum）よりはるかに長生きしたローマ法の継続性を、西欧において、中世盛期の北イタリアの諸大学で新しく基礎づけられた法学の成果として、高度の迫真性によってみごとに叙述した傑作であるからだ。[13] サヴィニーが築いた有力な基礎の上に、ドイツおよびイタリアの研究によって促進された中世研究は今日もなお留まっている。すなわち、中世法学の始動および展開の理論であるが、それはサヴィニーによって註釈学派の向こう側の日陰に追いやられた後期註釈学派の業績を、サヴィニーがおこなったよりもっと肯定的に評価した場合でさえもそうなのである。[14]

これに反して、サヴィニーの最も有名な論文である『立法および法学に対する現代の使命について』（ハイデルベルク、一八一四年）は、ティボーの『ドイツ一般市民法〔典〕の必然性について』（ハイデルベルク、一八一四年）との論争から生じたものであるが、当時から今日に至るまで諸見解の嵐の中にある。なにぶん最新の研究は、サヴィニーとは正反対に、繰り返しますます自然法を正当に取り扱っているからである[15]。サヴィニーの『使命』は、周知のように二つの目的を追求していた。当時の彼は、基本的には翻訳に頼るものとして、大法典の能力を否認していた。そのための諸前提が、一般的にはまだ与えられていないというのである。こうして『使命』は、もとより当時の専門家たちを驚かせることはなかったものの、要約としてはとりわけ重要な歴史法学派の綱領論文となる。そこには歴史法学派の核心部分たる独特の法成立論が含まれており、これは民族精神から発生した法に対して、法律に優先する位置を割り当てるものである。サヴィニーは概して、民族を国家に優先して見ている[16]。ティボーとサヴィニーは、ここでは――もちろん非常に上品な仕方で――対立しているものの、彼らの人格的な意義は高く評価されている。したがって、有意義だと思われるのは、ドイツの法的統合を立法と法学のいずれに基づいて達成しようとするかであって、両論文の基本思想における他の対立点、たとえばプロイセン国法やフランス民法典（Code civil）へのまったく異なった立場も、それらの論文が今日もなお関心事であることからすれば、些末なものとすべきなのである[17]。もっとも、ティーメが非常に鋭く際立った形で述べたように[18]、実際には法における究極の二元性に関連しているのではあるが。学問としての法は、歴史的な研究あるいは――当時の用語によれば――経験的な研究に義務づけられており、これがサヴィニーの立場である。あるいは、世界観としての法は哲学的に基礎づけられたもので、将来の法律的活動に義務づけられており、自然法の立場である。これらは二つの極であって、一八一四年の意義深い時点において、それ以前にはけっしてなかったほどに明確に定式化された。こうした緊張に深入りしつつ、ティボーもサヴィニーも非常に極端な立場を採ったとはいえ、それは、他の極との緊張関係を忘れたり、それぞれの真の法学者的感覚を否認するわけではないのである。ゆえに、ティボーがその方針を非歴史的なものと呼ぶことに抗議したとき、彼は正しい。ゆえに、サヴィニーのもとで自然法という法学的な遺産の一部を認識できると信じる人々も正しいのである[19]。当時にあっても、総じて折衷的な立場を取る人々が欠けていたわけではないが——キールの教授ニコラウス・ファルクがこで挙げられよう[20]——、総じて十九世紀のドイツのゲルマン学に固有の法的な世界像の多面性は、いずれかの意味での一面性から彼らを守ったといえよう。

こうした広く扱われている事柄に言及せねばならないのは、当時の法学が精神史となっていたからだけでなく[21]、本研究の具体的な連関のゆえもあって、まさにブレンターノが、おそらく問題の射程距離を測ることなしに、サヴィニーの立場を非常に決定的な仕方で『薔薇の物語』において自分のものとして、この見解を強い文学的な力でもって構成したからでもある。これに対しては、他方でアルニムが当時すでに懸念を表明していた[22]。

一八四〇／四一年に六十歳のサヴィニーは、『現代ローマ法体系』の初めの五巻を刊行した。これには一八四九年までにさらに三巻が——このうち第八巻は近代の国際私法の全理論を基礎づけている[23]——、そして一八五一／五三年には債務法総論の二巻が続いた。この著作の双肩には、意識しようとしまいと、十九世紀の法学の良質の部分が掛かっている。

この未完成品《トルソー》に留まった試みは、普通法の学問的体系によってドイツの法的統一を記録し、あるいは少なくとも準備するものであるが、一部はサヴィニーの大臣時代（一八四二〜一八四九年）に属している。これに関しては、伝記的な糸を再び紡ぎながら簡略に報告しなければならない。すでに以前から立法的課題に織り込まれていたのだが、サヴィニーは一八四二年に教職に別れを告げたあと[24]、彼を高く評価する国王フリードリヒ・ヴィルヘルム四世による新設の立法省の長としての招聘に応じて、そこで一八四八年の革命の年まで活動した[25]。これによって歴史法学派の創立者サヴィニーは、立法作業の必然性を排除したわけではないことを表明する。こうして「立法の王国のファビウス・クンクタトール」（シュテルツェル）、もしくは「大臣よりも教師に向いた人物」（グリム）も、大きな成果には関与できなかったのだが[26]、先見の明がある一八四二年の報告書や、サヴィニーが成し遂げた個別立法としての功績は、今日では以前よりもはるかに肯定的に評価されているのである[27]。

占有についての著作からなんと五十年後の一八五三年に、債務法の第二の巻をもって、サヴィニーの執筆活動は終了した。彼の精神は、身体の老化にも拘わらず、一八六一年十月二十五日に八十二歳という恵まれた年齢で永遠に目を閉じるまで活動的であり続けた。

サヴィニーの指示するものは、文献史以上に成功したシュトルの著作から引用すれば、何よりも次のことに存在する。すなわち、サヴィニーは歴史法学派の領袖として以上に、輪郭が描かれた法的見解を大いに妥当なものにしたが、今や――ドイツの精神史におけるまたとない事象であるが――、法学の方針は、文献学、歴史叙述、国民経済学、芸術・音楽学のための方向づけともなった[28]。さらにサヴィニーは――そしてこのことをドイツ人として誇りに思うべきなのだが――、以前は他の国民に――イタリア人、フランス人、オランダ人に――頼っていたヨーロッパの法学における優越的地位を、長きにわたってドイツ国民にもたらしたのである[29]。

多くの事柄において、財産面での独立において、経歴の成功した上昇において、幸福の子であったサヴィニーは、その指示するものを、外面的な幸福状況や無類の天分だけでなくその個人的性格にも負っている。この個人的性格こそ、しばしば老化したゲーテと比較するきっかけを与えてきた。サヴィニーは、確固たる内面的内実の典型に属する[30]。節度、敬虔と畏敬[31]、秩序つまり厳格に対する彼の感覚、彼の精励[32]、壮年および老年を完成させるのに必要な彼の目的執着、二十五歳の男が学問上の計画として自身に設定していたこと、[33] 貴族的伝統だけでは説明できない彼の保守主義、[34] これらは、内面的な落ち着きと自信に加えて、[35] あらゆる外面的なことを処理する力を与えられた人間の遺伝的特質なのである。ブレンターノ兄妹をめぐって形成された、永続的に変化する精神的な関心・影響・緊張・情熱の渦の中にまさにこの人物が入り込めたこと、[36] 彼がこの一族から妻を受け入れたこと、流動的な内面的内実の典型たるクレメンス・ブレンターノおよびベッティーナ・ブレンターノとの交友関係に彼が入ることができたこと、これらは運命のまったく独特の摂理なのである。

ようやく最近になって、研究は性格的な矛盾という魅力的な姿に注意を向けるのだが、[37] それは学問的な考察が、思想的なものを性格的なものに対して過度に照らし出す危険に容易に陥ることでもある。

**原注**

（1）一七九六／九七年の冬学期のみ、サヴィニーはゲッティンゲン大学に移った。

（2）学生サヴィニーと教授ヴァイスの肖像画につき、Vgl. Adolf Stoll, Friedrich Karl von Savigny, Bd.3（Ministerzeit und letzte Lebensjahre 1842-1861）, Berlin, 1939, S.272, 次葉。〔以下 Stoll と略記〕

（3）この学位請求論文は、もちろん一八〇〇年のマールブルク印刷本としての完全な形で、Savigny, Vermischte Schriften, Bd.4, Berlin, 1850, S.74ff. に収録されている。Vgl. Stoll, Bd.1（Der junge Savigny）, Berlin, 1927, S.170.

（4）一七九九年に、のちの不幸な運命によって有名になったカロリーネ・フォン・ギュンデローデはサヴィニーと知り合い、彼への熱烈な愛情を抱いた。サヴィニーのギュンデローデ宛の手紙は、言外に距離を保ったものだが、一八〇二年から一八〇四年に、したがって彼のグンダ・ブレンターノへの愛情がすでに確かな将来計画に注いでいた時期に出されている。Vgl. Ludwig Geiger, Karoline von Günderode und ihre Freunde, Stuttgart, 1895, S.11ff. 同書 S.16ff. には、サヴィニーの手紙が掲載されている。Richard Wilhelm, Die Günderode, Dichtung und Schicksal, Frankfurt, 1938, S.21 ff.; Rudolf Haller, Die Romantik in der Umkehr, Die

Anfänge der jüngeren Romantik, 1800-1808, Bonn, 1941, S.47.〔以下 Haller〕

（5）Rudolf Hübner, Jakob Grimm und das deutsche Recht, Göttingen, 1895; Ernst Heymann, Über Jakob Grimms Heimat（SA. aus den Sitzungsberichten der Berliner Akademie）, Berlin, 1935（さらなる文献が記載されている）.

（6）この講義の内容につき、Vgl., Hans Thieme, Der junge Savigny, in: Deutsche Rechtswissenschaft, Bd.7, 1942, S.57f.

（7）Stoll, Bd.1, S.71f.; S. Schultzenstein, F. K. von Savigny（Meister des Rechts, Bd.4）, Berlin, 1930, S.14f.

（8）訪問したことが証明できる図書館の数につき、Vgl., Stoll, Bd.1, S.197.

（9）写真につき、Vgl., Stoll, Bd.1, S.354, 次葉。一九〇八年の記念銘板の除幕式につき、Stoll, Bd.3, S.294.

（10）詳細は、Eugen Wohlhaupter, Dichterjuristen, Bd.1, Tübingen, 1953, S.40ff.〔以下 Dichterjuristen〕

（11）Schultzenstein, S.19.

（12）最も重要な証言の一つのみを選び出すならば、サヴィニーはハインリヒ・フォン・ジーベルによって（Vgl., Alfred Manigk, Savigny und die Kritik der Rezeption, in: Zeitschrift der Savigny-Stiftung für Rechtsgeschichte, Romanistische Abteilung, Bd.61, 1941, S.223〔以下 ZRG〕）、十九世紀の最も完璧な大学教師と呼ばれた。サヴィニーを、……「上品ぶって粋がっている―甘ったれたパンデクテンの吟遊詩人」と茶化したのは、ハインリヒ・ハイネのほうの問題であった。

（13）Erik Wolf, Große Rechtsdenker der deutschen Geistesgeschichte, 1. Aufl., Tübingen, 1939, S.388.

（14）もちろん個別的には、三世代にわたる研究活動は、サヴィニーの非常に多くの設定を大なり小なり補完したり修正した。新しく重要な出版物を選び出すならば、Vgl., Erich Genzmer, Die justinianische Kodifikation und die Glossatoren, in: Atti Bologna, Bd.1, Pavia, 1934, S.347ff.; Woldemer Engelmann, Die Wiedergeburt der Rechtskultur in Italien, Leipzig, 1938. 他方でサヴィニーの炯眼は感嘆すべきもので、彼はカタロニアの博学者にして詩人のラモン・ルル――長いあいだカタロニアの故郷でルル・ルネッサンスの先頭に立っていた――のような法学の門外漢にさえ、然るべき位置を与えた。Vgl., Wohlhaupter, Ramon Lull, ein Vorläufer der Postglossaren?, in: Atti Bologna, Bd.1, Pavia, 1934, S.493ff. ――ミュンヘンにあるルル手稿の充実した蒐集《コレクション》について、サヴィニーは一八〇六年十月二十六日付のヤーコプ・グリム宛の手紙の中でとくに意見を記している。Stoll, Bd.1, S.291（Brief 140）.

（15）基本的なものとして、Hans Thieme, Die Zeit des späten Naturrechts, in: ZRG, Germanistische Abteilung, Bd.61, 1936, S.202ff.; Franz Beyerle, Der andere Zugang zum Naturrecht, in: Deutsche Rechtswissenschaft, Bd.4, 1939, S.1ff.

（16）Wolf, S.375ff., 380ff.; Manigk, a. a. O., S.219; Thieme, Der junge Savigny, S.58ff.

（17）サヴィニーの反法典化の立脚点と古代ローマの法学者たちの基本的見解との一致の強調に関して、Vgl., Fritz Schulz, Prinzipien des römischen Rechts, München, 1934, S.9. 市民法典《コード・シヴィル》に対するサヴィニーの批判について、Vgl., Hermann Conrad, Der Code civil und die historische Rechtsschule in Deutschland, in: Deutschland-Frankreich, Bd.2, 1943, Heft 5, S.54ff., bes. 62f.

(18) Der junge Savigny, S.54.

(19) Wolf, S.373.; Thieme, S.69.

(20) Wohlhaupter, Nikolaus Falck u. d. hist. Rechtsschule, in: Historisches Jahrbuch, Bd.69, 1939, S.388ff. この論文の中心に置かれている、「ニコラウス・ファルクの立法および法学についての一般的考察」（一八一六年）につき、Vgl., Friedrich Hoffmann, Gestaltung und Haltung der alten "Kieler Blätter", in: Kieler Blätter, Bd.5, 1942, S.228ff., bes. 237f.

(21) Thieme, a. a. O., S.53.

(22) Reinhold Steig, Achim von Arnim über Savignys Buch von Beruf, in: ZRG, Germ. Abt., Bd.13, 1892, S.228ff.; Hans Thieme, Die preußische Kodifikation, in: ZRG, Germ. Abt., Bd.57, 1937, S.355ff., bes. 407ff. 詳細は、Dichterjuristen, Bd.1, Kapitel über Savigny und Achim von Arnim.

(23) これについては、文献一覧〔翻訳外〕に挙げたマックス・グツヴィラーとホルスト・ミュラーの諸論文がある。

(24) 学生に対するサヴィニーの最終講義につき、Vgl., Stoll, Bd.3, S.288.

(25) この時代の基礎として、Vgl., Adolf Stölzel, Brandenburg-Preußens Rechtsverwaltung und Rechtsverfassung, Bd.2, Berlin,1888, S.527ff.; Stoll, Bd.3, S.1ff., 55ff.

(26) Wolf, S.391.

(27) ところで、ファレントラップが、レオポルト・ランケの「政治談義」はランケとサヴィニーの対話に由来すると推測したことが正しければ、ランケの名人芸と並んでサヴィニーの政治的洞察の深さにも感嘆せねばならないだろう。Vgl., Stoll, Bd.2（Professorenjahre in Berlin 1810-1842), Berlin, 1929, S.365, Note 1.

(28) Thieme, Der junge Savigny, S.53.

(29) Paul Koschaker, Die Krise des römischen Rechts und die romanistische Rechtswissenschaft, München-Berlin, 1938, S.20.

(30) プファーラーの感覚につき、Vgl., Gerhard Pfahler, Warum Erziehung trotz Vererbung?, Leipzig-Berlin, 1935, S.56ff.,69ff. ――一八〇四年二月八日付のギュンデローデ宛の手紙の中で、サヴィニーは当時二十五歳と書いている。「柔らかすぎず、悲しすぎず、憧れすぎず――生の喜びと温かさが、明らかに確かに充分なものとなる」。 Ludwig Geiger, Karoline von Günderode und ihre Freunde, Stuttgart, 1895, S.27f.

(31) Wolf, S.365.

（32）正当にもシュルツェンシュタインは、そのサヴィニー本に関して、フォンターネの次の言葉を据えている。「天賦の才、これを有さなかった者は、――子供の才能、玩具、まずは誠実が人間を作り、――まずは努力が天才を作る」彼の省庁のもとでおこなわれたプロイセン的な離婚法の改革の叙述の中で、サヴィニーはまさに独特の文章を書き記した。「すべての誠実で率直な努力は、生命の萌芽を内包している。その発展と成果は、目的とされた結果からは独立しており、おそらくは他の時代や他の状況において外面的に可視的なものとなる。こうした自信がなければ、最も純粋で最も高貴な努力も、直近の目的に立ち塞がる多くの障害を考察することでしばしば麻痺することだろう」（再収録は、Savigny, Vermischte Schriften, Bd.5, Berlin, 1850, S.223）。

（33）Thieme, S.56.

（34）Thieme, S.55.

（35）サヴィニーにおけるこうした諸特性が、如何にして寂静主義に達しえたかについて、Vgl. Thieme, S.61.

（36）Thieme, S.56.; Wilhelm Schellberg u. Friedrich Fuchs, Das unsterbliche Leben, Unbekannte Briefe von Clemens Brentano, Jena, 1940, Einleitung, S.13ff.〔以下 Schellberg-Fuchs〕

（37）Thieme, a. a. O., S.60f. が強く指摘しているのは、かつてヴォルフが繊細に述べたように、サヴィニー自身において確立した性格は、文学的ロマン派の面々との接触によって成熟したということである。

## 二　サヴィニーとブレンターノ家の関係概観

今や、サヴィニーに本質的なものを認識するときだ。それには、ブ、レ、ン、タ、ー、ノ、家、について知ることが重要である。サヴィニーが関係したブレンターノ家は、分家して北イタリアからドイツに移住してきた商人一族ブレンターノ家のトレメッツォ家系に属していた（1）。幸運の女神にとりわけ贔屓にされたフランクフルトの大商人ペーター・アントン・ブレンターノ（一七三五～一七九七年）は、三度も結婚した（2）。一七六三年に結ばれたパウラ・ヴァルプルガ・ブレンターノ＝グノッソ（一七四四〜一七七〇年）との結婚から、クレメンスとベッティーナの以下の異母兄姉が生まれた。

アントン（一七六三〜一八三三年）

フランツ（一七六五〜一八四四年）　フランクフルトの商館での父親の後継者。ゲーテとの往復書簡で知られるアントニー・フォン・ビルケンシュトックと結婚。[3]

ペーター（一七六八〜一七八八年）

ドミニクス（一七六九〜一八二五年）　法学博士。

パウラ（一七七〇〜一八〇五年）　一八〇〇年にヴィルヘルム・フォン・ヴァスマーと結婚。

もう一人の娘マリア・ヨーゼファは、一七七〇年に三歳で死んだ。

母親を失った五人の子供に母親を与えるためだけでなく、ドイツとの関係を安定させるためもあって、トリーアの選帝侯クレメンス・ヴェンツェスラウスから枢密顧問官の称号を授与されて[4]フランクフルトでその代官となっていたペーター・アントン・ブレンターノは、一七七四年にマクシミリアーネ・フォン・ラローシュと結婚した。彼女は、当時エーレンブライトシュタイン在住のトリーア選帝侯国の政府首相ゲオルク・ミヒャエル・ラローシュ――彼はフリードリヒ・シュタディオン伯爵の未婚の息子であった[5]――と、その妻でアウグスブルクの都市貴族一族に出自をもつ旧姓グーターマンたるゾフィーとの娘であった。[6]ゾフィー・グーターマン（一七三一年生まれ）は、少女期にヴィーラントと婚約していたが、彼に疎んじられたので、自発的に婚約を解消して、[7]ラローシュと結婚することを決意した。彼は当時はマインツ選帝侯国の政治の事実上の指導者となっていたフリードリヒ・シュタディオン伯爵のもとで、秘書官として機密部署の異例の地位を占めていた。遺産を譲渡され野心をもち巧みに、才気煥発なシュタディオンの宮廷生活によって精神的関心事に常に注意を向けさせられながら、ゾフィー・ラローシュは一七七一年に長編小説『フォン・シュテルンハイム嬢の物語』で女流作家として頭角を現した[8]。こうしてこの結婚から一七五六年に生まれたのがマクセ〔マクシミリアーネ〕であるのだが、エーレンブライトシュタインのラローシュ家に快く迎えられた客であった若きゲーテは、彼女に熱心に求婚した[9]。だがゾフィー・ラローシュは、ゲーテがマクセの手になんの希望も与えられないことを彼に納得させたらしい。ラローシュ家では結婚とは政治的な行動であったので、政治的背景を伴った別の婚約計画が破綻したあとでは、トリーア選帝侯国の代官にして枢密顧問官のペーター・アントン・ブレンターノの求婚はちょうど好都合であった。一七七四年に、結婚は成立した。マクシミリアーネはその夫に十二人の子供を贈ったが、そのうちの四人はまったく幼くして死んだ。八人の子供は、両親より長生きした。


ゲオルク（一七七五〜一八五一年）　異母兄フランツに商売面で協力した[10]。

ゾフィー（一七七六〜一八〇〇年）「愛らしい娘」。老ヴィーラントに求婚された[11]。

クレメンス（一七七八〜一八四二年）

クニグンデ（グンダ）（一七七九〜一八六三年）　サヴィニーの妻。

クリスティアン（一七八四〜一八五一年）　クレメンスと同様に不安定な短気者。遅くなってエミーリエ・ゲンガーと結婚（一八三五年）してから落ち着いた。彼は、著名な哲学者のフランツ・ブレンターノと、これに劣らず有名な国民経済学者のルーヨ・ブレンターノの父親である[12]。

ベッティーナ（一七八五〜一八五九年）　一八一一年にアヒム・フォン・アルニムの妻となる。

ルドヴィカ、愛称ルル（一七八七〜一八五四年）　一八〇五年にジェローム王の金主カール・ヨルディスと結婚。離婚後、リヒャルト・ペーター・ロージエ・デス・ボルデスと再婚。

メリーネ（一七八八〜一八六一年）　一八一〇年にフランクフルトの市長ゲオルク・フリードリヒ・フォン・グアイタと結婚。

マクシミリアーネの死後（一七九三年）、ブレンターノ一族の本家はザントガッセの「金頭館」に移ったが、[13] 十二人の子供も欠けることがなかった。ついでながらペーター・アントン・ブレンターノはもう一度結婚したが、それもフリーデリケ・フォン・ロッテンホーフとであった。この結婚から生まれた二人の息子のうち、長男は何日後かに死に、一七九七年に生まれた次男アウグストは一八一三年のユーターボークの戦いで死んだ。一七九七年、ペーター・アントン・ブレンターノは、およそ一二〇、〇〇〇グルデンの資産を遺して歿した。[14] 彼の未亡人は、フォン・シュタイン・アウフ・アルテンシュタイン男爵と結婚した。

若く兄弟のないサヴィニーが世紀の変わり目ころにブレンターノ家と、つまり精神的に最も重要なフランクフルトのゲーテ家のすぐ隣の家と、クレメンスをつうじて親しくなったとき、サヴィニーは最も高度に多様な性質を揃えた子供たちで一杯なのを見出しただけでなく、ヴィーラント、ゲーテ、ヤコービ、メルク等との精神的で芸術的な関係に加えられた。マクセの子供たちは、ラローシュ家を受け継いでいた。祖母のゾフィーは、近郊のオッフェンバッハにある「蟋蟀《コオロギ》の小屋」で「ドイツの娘たちの家庭教師」として文筆活動をしており、孫娘たちに、彼女たちが理解を示すかぎりでだが、その回想を過度に伝えることを好んだからである。

いずれにせよ、サヴィニー、アントニー・フォン・ビルケンシュトック、アヒム・フォン・アルニムは、シェルベルクとフックスの著書が[15]ある美的な比喩を用いて述べたように、「ブレンターノ家の堂々たる未知の果樹園の中の最も高貴な異国の旅人」であった。

今や「金頭館」の子供たちの一人クレメンス・ブレンターノは、前期イェーナ・ロマン派を克服し、後期ハイデルベルク・ロマン派の一人として何よりもドイツの過去の民族的評価への道を見出そうとしたので、サヴィニーもロマン派の魔圏に入り込んだ。だがサヴィニーは、これによって魔法をかけられることはなかった。完成と達成において整えられた彼の古典主義的な精神および性格は[16]ここで刺激を受けたとはいえ、「青い花」を探すといった憧憬は他の人々に委ねた。サヴィニーにとっては憧憬は達成より大きなものではなかったし、彼の場合そのような刺激は学問的な活動力に変わった。ヤーコプ・グリムの場合も同様であったのだが。[17]サヴィニーにとって刺激となったのは民族性や国民感情といった価値であり、民族的文化の静かに作用する諸力、つまり彼が思想の織物に、のちには歴史法学派の綱領に織り込んだ諸々の糸であった――だがそれらは、指導的な推進力《インパルス》とはならなかった。まさに異質な思想に関するサヴィニーの方法の本性が、なんらかの仕方で萌芽的にそれらに込められた事柄のみを拾い上げるのだが、このことについて明らかにしてみよう。[18]したがって、サヴィニーには独自のロマン主義的な生活感情は――これはクレメンス・ブレンターノの場合には高められた形で知られるのだが――異質のものであった、という確認から出発することは正しい。[19]それはともかく、学生時代のサヴィニーが雑誌『アテネーウム』一七九八年号および一七九九年号に収載のフリードリヒ・シュレーゲルの論文から、したがって前期イェーナ・ロマン派の理念から感銘を受けたこと、[20]また十年後のサヴィニーが、クレメンス・ブレンターノ、アヒム・フォン・アルニム、フリードリヒ・クロイツァー、ヨーゼフ・ゲレスとの関係によって、後期ハイデルベルク・ロマン派の側からとりわけ民族精神論への刺激を受けたことを具体的に知ることとしよう。[21]それゆえに、ロマン派のサヴィニーに対する影響という、今日でも議論されている問題については、思うに、本当のことが語られることになる。[22]

**原注**

(1) やはり商業上の居住地をフランクフルトに所有した、ブレンターノ一門の他の家系クリマローリ家、トッキア家、グノッソ家について、および一般にイタリアの行商人一族のうちで公認の商人に上昇することについて、Vgl. Werner Milch, Sophie Laroche, die Großmutter der Brentanos, Frankfurt, 1935, S.131ff. Vgl. Peter Anton Brentano, Schattenzug der Ahnen der Dichtergeschwister Clemens und Bettina Brentano, 1940.

(2) 概観的一覧につき、Vgl. Schellberg-Fuchs, S.518. ペーター・アントン・ブレンターノの子供たちについての優れた性格描写につき、ebda., Einleitung, S.9ff.

(3) Vgl. Rudolf Jung, Goethes Briefwechsel mit Antonia Brentano, Weimar, 1896.

(4) Milch, S.130.

(5) Milch, S.36ff.

(6) 彼女の家柄と少女期につき、Vgl., Milch, S.11ff.

(7) この婚約の経緯につき、Vgl., Milch, S.25ff.

(8) クーノー・リターホーフによる版。Deutsche Literaturdenkmale des 18. und 19. Jhs., 3. Folge, Bd.18, 1907. Vgl. Milch, S.77ff.

(9) マクセにつき、Vgl. Milch, S.119ff. マクセとゲーテの関係につき、ebda., S.126f., 140ff.

(10) Milch, S.135.

(11) Milch, S.228ff.

(12) Vgl., Ewald Reinhard, Die Brentanos in Aschaffenburg, Aschaffenburg, 1928, bes. S.36ff., u. 55ff.; Oskar Kraus, Franz Brentano, 1919.; Lujo Brentano, Mein Leben im Kampf um die soziale Entwickelung Deutschlands, 1931.

(13) 「金頭館」の写真につき、Vgl., Milch, S.193 前葉。Stoll, Bd.1, S.196 次葉。

(14) Milch, S.135.

(15) Schellberg-Fuchs, S.16.

(16) ゲーテとシラーという文学的大御所についての折々に提示された比較は、十九世紀初期の偉大なる法学者であるサヴィニーとフォイエルバッハの場合と同様に、生産的ではないと思うので、ここではこれ以上検討しない。

(17) Vgl. Rudolf Haller, Die Romantik in der Umkehr, Die Anfänge der jüngeren Romantik, 1800-1808, Bonn, 1941, S.34.; Ernst Heymann, Über Jakob Grimms Heimat, Sonderausgabe aus den Sitzungsberichten der Berliner Akademie, Berlin, 1935, S.10.

(18) とりわけランツベルクによるサヴィニーの法理論の三群への分解を、つまり歴史主義的・経験主義的群（ピュッター、フーゴー）、革命的群（ヘルダー）、ロマン主義的群を叙述するといった（Ernst Landsberg, Geschichte der deutschen Rechtswissenschaft, Bd.III-2, Text, München-Berlin, 1910, S.207ff.）、影響力を細分化する思考に対し正当にも警告を発するものとして、Vgl. Franz Zwilgmeyer, Die Rechtslehre Savignys, Leipzig, 1929, S.44.

(19) Wolf, S.367.; Thieme, S.56.

(20) 詳細な証明につき、Vgl. Zwilgmeyer, S.44.

(21) Thieme, S.60f.

(22) この方向は、詳細になされたわけではないが、コシャカーの見解がある。Vgl. Paul Koschaker, Die Krise des römischen Rechts und die romanistische Rechtswissenschaft, München-Berlin, 1938, S.20f. これに反してマニック（Manigk, S.220ff.）はそのような影響一般を否認し、すべてを進化論に還元しようとする。とりわけ強く主張するものとして、Philipp Funk, Der geistesgeschichtliche Ort F. K. von Savignys, in: Historisches Jahrbuch, Bd.50, 1930, S.189ff.〔以下 Funk〕

## 第二節　サヴィニーとクレメンス・ブレンターノ

### 一　人的関係

#### 1　ブレンターノの少年時代および学生時代、サヴィニーとの交友の始まり（一七九九〜一八〇一年）

二十一歳の男と半年若いサヴィニーとの最初の出会い（一七九九年）に至るまでのブレンターノの少年時代は[1]、父親の商館という派手な外面的な暮らし向きにも拘わらず、あまり良い星の下にあったわけではなかった。ペーター・アントン・ブレンターノとマクシミリアーネ・フォン・ラローシュの結婚による子供たちのうち、クレメンス・ヴェンツェスラウス・マリア・ブレンターノは、一七七八年九月九日にエーレンブライトシュタインで生まれたのだが、彼から三番目、グンダ（一七八〇年生まれ）とクリスティアン（一七八四年生まれ）を挟んだ七歳年下にベッティーナ（一七八五年生まれ）がいる。(2) クレメンスが敬愛した母親が一七九三年に死んだとき、彼について中途半端な教育上の一連の実験が試みられた。繊細かつ神経過敏な少年に重い損失を引き起こさないでは済まないとの、最善の意向に沿うものであったことは確かである。このためには、五年にわたって中断されることのない厳格で母親抜きの教育が必要だったのだが、それは自身が不幸な結婚で苦しんだ厳しい叔母のルイーゼ・メーンのもとでおこなわれ（一七八四～一七八九年）、長姉ゾフィーとの悲しみの共同体によってなんとか我慢させられたものの、その後の数年間は（一七九一～一七九三年）マンハイムにあるヴィンターヴェルバー校長の私立学校および寄宿舎で引き継がれた。(3) ヴィンターヴェルバーは、豊富な学識と善良な教育意図にも拘わらず、難しい少年の扱いにおいてなんら適切な手段を示しえなかったことは明白である。(4) ボンでの比較的に楽しい高等中学校時代（一七九三／九四年）も、不安定な政治状況のために予定より早く中断したので、中途半端な教育を引き起こした欠損をもはや埋め合わせることはできなかった。ただ父親だけが、彼は息子のことをペーター・アントン・ブレンターノとしてしか知らなかったので、息子を商人階層に供しようとの考えに思い至った。父親の営業所での、およびランゲンザルツァの大商人ポレックスのもとでの見習い期間は、それが如何にクレメンスには向いていないかをたちまち証明したので、父親の死（一七九七年）の直前の一七九六年、彼には大学での勉学への道が開かれた。だが大学も、クレメンスを将来の生活目標の明確な表象には結びつけなかった。マグデブルク近郊のシェーネベックに住む、叔父の鉱山監督局事務官カール・フォン・

ラローシュのもとでの準備期間が示すように、ブレンターノは鉱業における将来の職のために準備しなければならなかった。[5] 一七九七年五月十九日に、彼はハレ大学の官房学の学生として入学手続をして、[6] 物理学、化学、数学にも取り組む。この取り組みに関して、その職業計画に相応しいものであったかについては後述する。[7] だが青年らしく美しくて気儘な学生は、ついに手に入れた自由の感情の中で生の喜びの酒杯を飲み干し、早くも一年後には大学も学部も移ってしまう。すなわち、一七九八年六月五日には、彼がイェーナ大学の医学生として入学手続をするのが見出されるのである。[8] 今や精神的にそそられるイェーナ・ロマン派の圏域への通路を見出し、すでに長編小説『ゴドヴィ』を書き始めていた彼にとって、[9] もとより総じて専門的勉学など重要ではなかったのである。彼は「人間」になりたかった。[10] また兄のフランツは父親の資産の管理者であり、すでに何度も経済的苦境に際して援助してきたのだが、このフランツに対してクレメンスは、「哲学者であって、教育を受けた愛すべき人間である」ことなしに、医者になることは不可能な旨を明らかにしようと試みた。[11] 彼が手紙に書くところによれば、頭や魂や心における空白のみが埋められるのだから、大きな空白を伴う自分の能力を感受しても、なんら問題はないというのである。[12] そしてすでに彼の真剣な恋物語《ロマンス》の一つ、八歳年上のゾフィー・メローへの恋愛が始まっていた。彼女は、多くの賛美者に囲まれた、シラーの称賛のもとで作家としても活動していた、イェーナ大学の法学教授フリードリヒ・エルンスト・カール・メローの妻であった。[13] つまり、彼の魂という不安定の海を荒れた疾風へと駆り立てて、のちの結婚がそのためのまったく安全な港となるような関係が始まったのである。だが疾風だけでなく付随する安定の象徴をも、運命はクレメンス・ブレンターノに与えたのであった。まさにこのイェーナ時代に、サヴィニーとの交友が始まった。サヴィニーは、中部ドイツへの研究旅行の途上、ワイマール近郊のヴィーラントの農場オスマンシュタットに儀礼訪問したのだが（一七九九年七月二十九日）、そこでブレンターノの祖母ゾフィー・フォン・ラローシュと孫娘のゾフィーに会い、彼女からイェーナのクレメンスを紹介されたのである。[14] 生粋のフランクフルト人としてのサヴィニーが、ブレンターノ一族についてまったく知らなかったわけはなく、すでに一七九三年に、彼と幼友達のコンスタンティン・フォン・ノイラートとは、ブレンターノ家の正餐《ディナー》の折に両ゾフィーの隣席となっていた。けれども、サヴィニーはクレメンスをまだ個人的には知らなかったのである。[15]

彼らの最初の出会いは、一七九九年の七月末か八月初めだったはずだが[16]、それはロマン派の時代の運命的な出会いの一つで、両人において強烈な共感を喚起した。[17] 不可解ながらもこうした異質な性質のあいだの交友は、すでに当時においては様々に現れていた。[18] クレメンスは、当時はメローと別れてアルテンブルクのミンナ・ライヒェンバッハに傾いていたようだが、一八〇〇年の六月から七月にかけてライプツィヒで熱心に研究していたサヴィニーのもとを訪れた。[19] サヴィニーの側では、クレメンスによってイェーナの刺激的な精神性の真っ只中に導き入れられながら、そこで再び入学手続を試みようと思うほど、町と大学に惹きつけられるのを自覚した。[20] ともかく、彼は帰路の途上でイェーナに長く留まった。ロマン派との最初の持続的な接触だったが、もちろん魔法をかけられることはなかった。[21] 二人の友人は空間的には離れていたので、思想の交換は手紙で続けられ、二人の往復書簡は、今や本研究の全体にわたって、この最も重要な交友関係の最も啓発的で最も美しい遺産であり続けている。これらの手紙全般に関しては、シュトルが[22]サヴィニー書簡集の編集について措定した、『アリステイア』への序言からのゲーテの言葉が妥当する。すなわち、「手紙は、それが存在の直接性を保存するがゆえに、多くの価値がある」。サヴィニーは、芸術と書簡の時代において、たとえ突出した手紙の書き手ではなかったとしても、熱心な手紙の書き手ではあった。[23] こうして、無条件に究極の事物に迫るブレンターノの天賦の才は、往復書簡にまたとない注解を刻印したのである。[24] サヴィニーは、かつてそのことについて共通の友人バンクに対してこう表現した。「そのような手紙についていえば、多くの人々についてと同様に、私はそれらが嫌いだ。なぜなら私がそれらを愛することを、それらは妨げるからだ[25]」と。そもそも一八〇〇年六月末にアルテンブルクから出された最初に入手した手紙において、ブレンターノは友人サヴィニーに非常に多くのものを求めている。「僕について、また僕ができることを、手紙に書いてください[26]」。一八〇〇年七月にライプツィヒから出されたサヴィニーの返信は[27]、物分かりよくかつ率直にブレンターノに対応し、「背理《パラドックス》」および彼の精神的傲慢に対して警告している。一八〇〇年七月に出された依然としてアルテンブルクに留まっていたブレンターノの礼状は[28]、彼の本質の深淵を覗かせる。

どのようにして僕は冷たくなるべきなのか、どのようにして僕はある要素を見出すべきなのか。この要素の中で、僕はまったくの無意識において[29]全力を尽くして、ちょうど同質の自然におけるように平穏に振る舞えるのです。どのようにして僕は世界の永遠の孤独に住むべきなのか、どのようにして僕は僅かなものを残しておくべきなのか……、こうしたことに関して僕がいつも信じているのは、それらはあり続けるためにやっては来ても、いつもその歴史や僅かな時代とともに過ぎ去ってしまうということなのです。……手紙を書いてください、大切なサヴィニーさん。というのも、僕はまさに不幸で、貴方を言葉で表現できないほどに愛しているからなのです。貴方は僕を元気づけて、僕のすべてであることができます。貴方は慈善をおこなうことで、僕の哀れな内面を引き受け、僕を立ち直らせられるのです。

ミンナ・ライヒェンバッハの拒絶に失望し、ゾフィー・メローにも表面上は最終的に別れを告げられて、ブレンターノは一八〇〇年八月にサヴィニーと一緒に故郷への帰路に旅立った。フランクフルトの「金頭館」を訪問した際、サヴィニーはのちの妻クニグンデ（グンダ）・ブレンターノと最初に知り合った。[30] 彼は次いでマールブルクに戻り、博士号取得の準備をした。クレメンスのお気に入りの姉ゾフィーが一八〇〇年九月十九日にオスマンシュタットのヴィーラントの農場で急死したとき、サヴィニーは真っ先に、死亡通知に応えて友人クレメンス宛てに手紙を書いた。[31] 絶望的に陽気な返信の中で、クレメンスは友人サヴィニーに妹のベッティーナを心に留めるよう頼んでいる。「知ることを学んでください。愛するようになってください。貴方は彼女にこそ相応しく、彼女も貴方に相応しいのです」――クレメンスがある種の執拗さをもってさらに数年にわたって追求した話題である。[32] 才気に溢れて愛らしく、しばしばまるで子供のようなベッティーナは、サヴィニーにはグンダよりも尊敬に値するように思えた。グンダについては、サヴィニーは必ずしも積極的な評価をしてたわけではないのである。総じて、今やベッティーナは、クレメンスがそのときまで「好ましき[33]」ゾフィーと結んでいた姉弟同盟において、しだいに亡き姉の代わりを務めることになる。ゲッティンゲン大学私講師。一八〇三年以降、生まれ故郷のブラウンシュヴァイクで解剖学・外科学の臨床教授この年、医学者であり哲学者であり詩人でもあるアウグスト・ヴィンケルマン（一七八〇～一八〇六年。ゲッティンゲン大学私講師。一八〇三年以降、生まれ故郷のブラウンシュヴァイクで解剖学・外科学の臨床教授）も、クレメンス・ブレンターノと親密になったけれども、この交友にはたびたび危機的な状況がみられた。「このヴィンケルマンは、クレメンスにとって、彼がなすあらゆる友情に溢れた行為に接しても……ますます精神的不安に陥る。ヴィンケルマンはクレメンスの左側にある。クレメンスはサヴィニーを精神的安定として右側に置くことを心得ていたが、このことだけが辛うじて良き慰めとなる[34]」。クレメンスは多くの失望のあとで、如何にこの良き精神的安定を必要としたことだろう！[35] 一八〇〇年十月末までにフランクフルトから発信された手紙は、次のように述べている。

残念なことに、貴方からの手紙は見出せませんでした。時として、貴方は哀れな若者に飽きてしまったのではないか、と思うほどでした。彼は貴方のあとを追いかけて物乞いをし、貴方は彼に足りないものを下さいます。とはいえ、法律学全体が貴方のあとを追いかけることは不可能です。……それでも貴方自身の孤独な生活は、貴方を追いかけてくるのです……[36]。

だがこの法律学への羨望にも拘わらず、如何にブレンターノが明瞭に[37]、彼が結びつけられた社会と彼の個人主義の対立を如何に予感しつつ書き換えたことであろうか。

僕たちは非常に異なった考えをもっています。貴方のいう学問への帰依、つまりあらゆる事物、あらゆる防御策、スペインの干し草掛け、土蛇籠、そして人民に抗する市民の計器類への関心、こうしたものを貴方は法律学と呼んで、これこそ高い高い関心だと信じているようですが、これは私には理解できないところです。……僕はそのすべてを感じることはありませんが、深いところで、足の下でそれを感じることはあります。貴方は地の下で森全体をその根っ子に絡めているのですが、それは芸術的な織物細工で、あらゆるものが互いに成長してもけっして樹木になることはなく、嵐が荒れ狂い火事になったときには、いつも森だけが分裂させられるのです。おお、僕は自分の根っ子において、そのような地下の織工たちが僕の隣にいることを感じています。彼らが僕を織り込むことのないよう、僕には多くのやるべきことがあります。

サヴィニーはこの手紙を一八〇〇年十月二十九日に受け取ったのだが、それは博士号取得の二日前で、ブレンターノに宛てて手紙を書いていたときであった[38]。クレメンスは、冬学期に向けて大学に行くことを決心できず、一八〇〇

／〇一年の冬は一部はフランクフルトで、一部はマールブルクのサヴィニーのもとで過ごした。このマールブルク滞在を準備したのは、一八〇一年一月のクレメンスの手紙だが、彼は友人サヴィニーの閉鎖性や頑固さについて、[39]「彼を非常に愛する哀れな若者に対する」多くの非難に続けて、最後に次の言葉で怒りを爆発させている。「おお、その目的だけに従って生きて、あらゆるみじめな外面性を放棄することは美しい。そうした外面性は、人間を空虚な活動にこそ連れ込むものだから」[40]。妹グンダとの当時としては珍しく元気のいい往復書簡は、[41]クレメンスは一八〇一年の一月末から三月までマールブルクに留まったことを認識させる。当時の彼が、すでに法学に心服する考えを述べていたかは分からない。いずれにせよ、クレメンスを冷静にさせることを、サヴィニーは弁えていた。サヴィニーは、クレメンスが最初に読むべき十三冊のラテン語の大型本を手渡して、さらにそれについて彼と話そうとしたのである[42]——冗談ではあるが、しかし正当である！　クレメンスがこの勉強に踏み切ることができたとしたら、幸福にすることは真面目で一義的に整えられた作業であることが彼にもみえてきただろうし、無職であることの悲惨さからも免れていたことであろう。

一八〇一年の夏学期、ブレンターノは友人のヴィンケルマンが私講師として活動しているゲッティンゲンに移り、五月二十一日に哲学生としてそこで入学手続をおこなった。だがブレンターノは、ヴィンケルマンに関しては、おそらくは誠実でしばしば寡黙であったり無愛想であったりするサヴィニーとのある種の対立の中に現われていたものを、認めることはなかった。「彼（ヴィンケルマン）は僕には大きすぎることも小さすぎることもありませんが、彼は誰と何をしたいのかが分からないのです」[43]。こうしてブレンターノは、その手紙の中で再びサヴィニーに逃避したのだが、もちろんサヴィニーにはメロー教授とその妻の離婚もただちに伝えられていたし、[44]他方で妹のグンダはその内心の困惑とともにサヴィニーに心を寄せていた。すなわち彼女も、落ち着きのないブレンターノほどではないものの、激情的な時間と無気力な時間のあいだの不均衡のゆえに[45]拠り所を必要としていたのであり、このことを彼女自身も感じたのは、一八〇一年六月のクレメンス宛の手紙においてサヴィニーに関してこう述べたときであった。「私に良い感銘を与えてくれそうな、如何なる男性も私は知りません。私は喜んで、兄弟の誰でもあの方のために差し出します。あの方は、まさに私に欠けている落ち着きと確実さとをもっています」[46]。

サヴィニーのほうでも、マールブルクからゲッティンゲンにいる哲学生ブレンターノに宛てて何度も手紙を書いて、この生まれながらの喜劇『ポンセ・デ・レオン』に関心を示した[47]。サヴィニーに妹を受け入れてほしいという友人の望みに対して、彼は冗談としてかわそうと思ったけれども、重要なのは、果たして受け入れられるものか、それはともかくとしても、果たして彼にとってグンダは妹というより繊細で優美な女友達にみえるだろうか、ということであったようだ[48]。彼は彼女への贈り物として、フォルスターが訳したインドの作家カーリダーサの演劇《シャウシュピール》『シャクンタラー』を送った[49]。

クレメンスには知られていなかったはずだが、内輪の仕方という地ならしでもって、サヴィニーとグンダのあいだの、のちにはアルニムとベッティーナのあいだの、明解で日常的な結婚の仲介がみられる。もとよりブレンターノは、尊敬に値する人どうしを結び付け、その最良の友人をブレンターノ一族の姻戚にすることを喜んだ。だがそのことは、彼をその苦境から救い出すことはできなかった。苦境は、一八〇一年七月のゲッティンゲン発の手紙に突如として浮かび上がった。サヴィニーも知っているヴィンケルマンとの、内輪の口論が問題となったのである[50]。「敬愛するサヴィニー様、僕の味方になり、僕のためにいわば世界との媒介者となってくれる人が、如何に僕には必要か、貴方はご存じでしょう」。だがヴィンケルマンは、こうした結びつきに関してブレンターノをまったく失望させたという。サヴィニーは、一八〇一年七月四日付の返信で宥めながらあいだに入って、クレメンスにはこう請け合う。すなわち、サヴィニーはクレメンスを非常に愛しており、常に――恣意からではなく内的必然から――彼に心から同情すると。[51] クレメンスにとって、ベッティーナ、グンダ、サヴィニー、そしてゲッティンゲンで友人になったアヒム・フォン・アルニムは、今や彼が頼りうると信じる人々となった。ブレンターノは真面目にもきちんとした経歴を求め、サヴィニーに対して、二年半で弁護士になるために充分な法律学を学ぶことができるかと問い合わせる。[52] そのうえ七月十一日付のサヴィニーの手紙を受け取ったとき、ブレンターノはサヴィニーに心からの感謝を感じるのだが、これに続けて冬学期にはマールブルクのサヴィニーのすぐ隣りですごしたいという頼み事を添える。[53] 一八〇一年の七月末と八月初めの簡単な手紙は、長編小説『ゴドヴィ』の完結について報告している。[54] その後ブレンターノは、マールブルクを経てフランクフルトに戻るのである。そこからも一八〇一年の八月、九月、十一月に多数の手紙が友人サヴィニーに届いており、[55] 彼ははグンダについての意見には揺らぎながらも、[56] ベッティーナについては「あるべき娘」と感嘆している。当時ベッティーナは、サヴィニーのために次のような美しい比喩をみつけていた。すなわち、「『ヴィルヘルム・マイスター』でいうならば、サヴィニーは総じて不変的なもの、つまり山・谷・川、海、青い空なのです」と。[57] ――それからサヴィニーの天賦の才をあらためて認めて、[58] 彼を「感嘆すべき安定」として称賛しつつも、[59] サヴィニーを「世俗への素晴らしく不器用な献身を伴うきわめて意味深い産物」だと軽く揶揄している。[60] このことはサヴィニーの手紙は、微笑ませたが、彼が自分の手紙の効果を熟考したときには、真面目に微笑ませることになったのである。[61]

一八〇一年十月、合流したサヴィニーとブレンターノは、一緒にライン河に旅行した。この直後の手紙は、互いに親称の「君」を用いているのだが、[62] これはときとして同じ手紙の中で、習い性であってけっして疎遠になったわけではないと考えられる「貴方」に、間もなく変わっている。

周知のように、今やクレメンス・ブレンターノは、当時二十三歳ながら、すでに大長編小説『ゴドヴィ』、文学的喜劇『グスタフ・ヴァーザ』（一八〇〇年）、喜劇『ポンセ・デ・レオン』（一八〇一年、出版一八〇四年）を書いており[63]、性格的な側面から、一度サヴィニーとの交友の意味やより深い意義を検討するには充分である。けれどもここで肝要なのは、ドイツ精神史上の二人の重要な人物である真の法律家と真の詩人の出会いだけではなく、同時に稀有な模範性を有する両極の性格的対立も開かれるということなのである[64]。サヴィニーという、秩序・尊厳・形式にとっての際立った意味を伴う確固とした内面の典型にとって、自動挿入された目標の頑固な追求者に対して[65]、ブレンターノにおいては、広範に彷徨う注意深さや僅かな惰性力を伴う流動する内面の典型が対立している。ブレンターノは、比類のない内面的な豊かさの傍らで、他人によって他人とともにしか生きられない人物であって、その内面的な不安定性や分裂性は、「野性化した長編小説」たる『ゴドヴィ』の中では、ほとんど揺らいだ率直さにおいて現れていた。このことを芸術家的人格の問題として、つまり生活と作品の一体化として理解するならば、この方法に障害が立ち塞がる以上、その一体性をめぐるブレンターノの巨大な努力がますます注目されなければならない。若きブレンターノが多くの点であまりにも良い状態に置かれていたようにみえるということは、平凡な人々にとっては突出してみえるかもしれない。それ以前に、ある悲運があった。他の人々が厳しく性格を鍛える仕事に依拠するもの、その存在の外面的な基礎、その成果の承認、これがブレンターノのもとに転がり込んでいた。父親の資産は、その死後に兄のフランツによって注意深く管理され、外面的生活の困窮を予測して彼のために蓄えられていたのだが、それが彼をして明確な職業目標への教育的強制を拒ませたのである。ブレンターノは彼の文学において創造的な充実という祝福を経験することがなく、彼を少しも完成させることのない過剰という呪い[66]に苦悩していた。それでも彼は、青年時代に充分に承認されていた[67]。だが概して、彼は詩人としても人間としても、一人の人間が万人に超越するようにしては、好まれたいとも愛されたいとも思わなかった[68]。けれども万人が彼を愛し、詩文学《ポエジー》や夢物語《ファンタジー》が支配する内面から外面への道を彼のために均してあげたかのようなのだ[69]。万人が彼のために、詩文学と現世との総合《ジンテーゼ》を樹立するのを助け[70]、万人が彼のために、サヴィニーはそう的確に書いたのだが、世界への仲介者であるかのようなのである[71]。彼が現世に対しては少なくとも自信がないと感じていたのは[72]、たとえ彼が市民的良心の一部を秘かに連れ回っていたとしてもだが、あるいはまさにそうであったからこそであった[73]。

友情と愛情はそのような仲介の可能性として、救済の可能性として現れる。そしてブレンターノにとってサヴィニーがそうであったように、自己形成的な人生行路に直面すると、ブレンターノが如何に多くの力を他の人々に与えたかが必ずや目につくことになる。彼の居所や滞在やそれに類した意見の選択においてだけでなく、取り返しがつかない転がり行く年月やその内容についての意見においても、である。サヴィニーがギュンデローデに宛てた手紙の中で適切にも定式化したように、あらゆる精神的支配、あらゆる精神的占有にあっては強者の法が妥当する。だが、各人はその排他的な占有においては、各人が他人から獲得しうるのとまさに同量のものを他人から得る、という法則から、ブレンターノは何も予感することはなかったのだろうか[74]? あるいはブレンターノは、強力でそれ自体で安定した人々を意識的に求めて、自身を彼らに同化しようとしたのだろうか? たとえば、サヴィニー、アルニム、ゲレス、グリム兄弟、のちには建築家のシンケルや歴史家のベーマー、といった人々であるが。その際、安定と仕事の環境は、無職の悲しみを年々辛く感じていた彼にとって[75]、時々並外れて何か魅力的なものや刺激的なものを有していた。こうした友情のいずれもまったく濁りのないままではないということは、友人たちを完全には奪いえないブレンターノ的な途方もなさの重みによって悲劇的に条件づけられているのだ[76]。彼との結婚も、ゾフィー・メローが証言しているように天国でもあり地獄でもあったが、その中でも後者のほうが支配的であった[77]。この最初の結婚がどうにかうまくいったのは、少なくとも年長であり厳しい運命の中で徐々に大人になった夫人の手柄ではない。ブレンターノがアウグステ・ブスマンのような精神病質者と一緒になったとき、結婚共同体の戯画はそれとは何と異ならざるをえなかったことだろう！　年老いたブレンターノが求婚したルイーゼ・ヘンゼルやエミーリエ・リンダーのような聡明な女性たちは、この男の高い価値をめぐるあらゆる知識の傍らで、まさに彼との親密な共同体が並外れて厄介であることを察知したはずである。[78]一つの共同体に委ねられるようなことはまずなかったので、彼は密なものにせよ緩やかなものにせよ保護された共同体を必要とした。だが若きブレンターノには共同体に対するこうした感覚が欠けていたので、すでに彼の口から聞いたように困難ではあるが、法および法学についてのサヴィニーの関心を理解すること、すなわち、まったく重要な関心事として認識し承認することに彼は嵌まることとなった。[79]森の地下茎の編み目にも似て、法的な共同体における多数の横の繋がりがすべてを繋ぎ合わせていることは、彼にはまったく望ましいとは思えなかった。彼はその中にある嵐や雨に共通の危険のみをみて、まさにそうした時間に確かめられる相互の援助や支援をみなかったようなのだ。認識に適うべく彼の前には最高の洞察が、このみごとに形成された思想として開けていた。すなわち、自由は法律の花、という思想である。[80]だが若きブレンターノには大きな共同体の優位に対する感情的な抵抗があったので深く正しい洞察を活動する生活に転換することに彼は成功しえないのである。個人的な悲しみに任せて、[81]ブレンターノは自身の運命を、とうてい同じ大きさではないものの、友人アルニムと同様に一八〇六～一八一三年の祖国の運命によって刻印させた。[82]しかも最終的にはブレンターノも、サヴィニーがランツフート時代にバンク宛の手紙の中ですべての人間の必要な目標として述べたこと、つまり「真の国家と真の教会」に入り込んでいくはずなのである。[83]こうして詩人ブレンターノには、ベンツによれば、イェーナ前期ロマン派の理屈っぽい精神性の真ん中で何よりも民族調が任されていたのだが[84]――ローレライの歌曲はすでに『ゴドヴィ』にみられる――、彼はアヒム・フォン・アルニムとともに『魔法の角笛』において、ドイツ民族のために独自に民族的財産を再発見した。とはいえ、国家的形態での祖国への道を不断に模索はするが、解放戦争の独自の歌い手に属することはなく、しかし友人のアルニムや中核的ドイツという考えをもったベッティーナという模範によって確実に影響されているのである[85]。それ以上に広く着目されるのは、彼のカトリック教会共同体への帰順である（一八一七年）。

それについてここで語らねばならないのは、この歩みがブレンターノの友人たち、とりわけサヴィニーとの関係において画期的であるからだ。たしかに最近では、ブレンターノによる広く美学的な観点――カトリック教会の象徴の喜び――によって条件づけられた無宗教的な過去との強力な訣別も救済に至るわけではなかったし、彼には救済もなく恩寵もないままだった、という見解が支持されている[86]。どの程度までそれについての判断が文学的であっても神学的ではないのかという疑問が投げられるので、その結果、神学的教養があるブレンターノの伝記作家たちには、その場合ある重要な言葉が与えられることになる。だがいずれにせよ、その問題の精神科学的な側面に限定するならば、詩人と人間とは老いたブレンターノにあっては分離しているように捉えられるだろう。詩人ブレンターノに関して、カール・ヴィエトールは、詩人の力は宗教的なものに真に転換する際に終わらざるをえない、という周知の見解をみごとに提示した[87]。すなわち、すでにその「文学的時代」において、たとえば『薔薇の物語』において、宗教的な調子を打ち出していた[88]。ブレンターノの叙情的な才能は、老年にあっても変わることなく実り豊かで光り輝いている、という先入観である[89]。したがってミッゲは、明示的にヴィエトールの成果を引き合いに出して、下放された老ブレンターノについてのその見解をもってまさに人間を意味することができたのである。しかしながらこうした考察方法は、アウグスティヌス的な回心[90]の仕方において正当化されるものではない。アウグスティヌス的な回心とは、まったく力ずくによってではなく、長いあいだ内面的に準備されてきたものだからであり、ブレンターノの場合もゆっくりと仕上げられながらなされてきたのである。ブレンターノという人間は、後退することがないわけではないが、サヴィニーが彼についてただちに注目したように、傲慢な背理《パラドックス》の道を謙虚に向かって、つまり多様性から一様性に向かって進むのである。内面的な経験は、初期の解放された天才においても容易に破滅的な性格を受け入れていたが、今や抑制された永遠性の亜種（sub specie aeternitatis）のようにみえる。(91) 真の生活内容が求められ、依然としてまったく非市民的な意味で見出された。ブレンターノの転向以降の、サヴィニーやアルニムとの従来の交友関係の冷却化は、一部は、サヴィニーとブレンターノが如何なる寛容さをもってしても、ブレンターノの根本的な宗教的転換をもはやまったく理解できなかったという点に理由があるとしても、他の一部は、今やブレンターノは安定性や明晰性を形而上的な根源から汲み取る人々を求めていたことによるのである。

ブレンターノの性格問題へのこうした注目とともに諸々の出来事に大きく先行しておきたかったのは、周知のように、ある人間の最新の事態から光は必然的にその従来の発展に降り注ぐからだけでなく、すでに基本的にはサヴィニーとブレンターノの共通の道程と分岐点とがみえているからでもあり、最終的にはすべてが、個人主義者のブレンターノにとってさらに道が共同体に向かっている様子を、必然的に示しているからである。

個別的には、国家や教会という共同体へのブレンターノの成長が個人的な展開を辿るとするならば、その際彼がいわば当時の内面的な法則に従ったということを看過することは許されない。ロマン派が求める新たなものとは、まさに美化された微光の中に現れる隠れた古きものであったことを、彼らの認識によれば初期ロマン派の登場により、転向としての民族的なものの価値への回帰は国家や教会の真の秩序への回帰となった。こうした超人格的な秩序への動向に、最終的にはブレンターノも従うのである。(92)

## 原注

（1）ドイツ文学全体に占めるブレンターノの立場については、一般的叙述が概説しているけれども、ここではそれに言及するにすぎない。Vgl. Vogt-Koch, Geschichte der deutschen Literatur, 5. Aufl., neu bearb. von Willi Koch, Bd.2, Leipzig, 1938, S.274ff.; Josef Nadler, Literaturgeschichte der deutschen Stämme und Landschaften, 2. Aufl., Bd.3, Regensburg, 1924, S.312ff., 414ff.; Ders., Literaturgeschichte des deutschen Volkes, Bd.2, Berlin, 1941, S.433ff.

（2）Reinhold Steig, Achim von Arnim und die ihm nahestanden, Bd.1（Achim von Arnim und Clemens Brentano）, Stuttgart,1894, S.11ff.; Max Morris, Clemens Brentanos Romanzen vom Rosenkranz, Bd.1, Berlin, 1903, S.IIIf.〔以下 Morris〕; Alois Stockmann, Die jüngere Romantik, München, 1923, S.41ff.〔以下 Stockmann〕; Milch, S.226f.; Schellberg-Fuchs, S.21f.; Haller, S.12ff.〔グンダの生年については、一七七九年と一七八〇年の両説がある〕

（3）クレメンスは、マンハイムでは父親の父親である商工業顧問官パウル・バルトロモイス・ブレンターノの家に最初に住まわせられた。ローレンツ・ブレンターノ（一八一三～一八九一年）は、このパウル・ブレンターノの息子であるが、弁護士であり、フランクフルト国民議会の議員として、また過激派ではなかったものの一八四九年のバーデン政府の執政官として、大きな政治的役割を果たした。彼はドイツを去って、アメリカに行かねばならなかった。Vgl. Adolf Weißler, Geschichte der Rechtsanwaltschaft, Leipzig, 1905, S.472, 489ff.

（4）一七九二年に発信された、強く愛国的な調子を伴った母親への手紙がある（Schellberg-Fuchs, S.29f.）。それはこう始まっている。「ドイツ人としてお母さんに手紙を書くのは、とても恥ずかしいです。どうしてかというと、ドイツ人はフランス人の進入を全然抑えないからです」。

（5）Vgl. Walther Migge, Studien zur Lebensgestalt Clemens Brentanos, Münchener phil. Diss., Berlin, 1940, S.22.〔以下 Migge〕

（6）Schellberg-Fuchs, S.86. ハレ時代の手紙につき、ebda., S.87ff.

（7）Ebda., S.91.

（8）Ebda., S.100.

（9）イェーナ・ロマン派の圏域におけるブレンターノとその優れた芸術性につき、Vgl. Stockmann, S.50f.; Richard Benz, Die deutsche Romantik, Geschichte einer geistigen Bewegung, Leipzig, 1937, S.159ff.

（10）Schellberg-Fuchs, S.100. 長編小説『ゴドヴィ』においては、自伝的に捉えられるべき告白を利用している。

（11）一七九八年十二月二十日付イェーナ発の、フランツ・ブレンターノ宛てのクレメンスの手紙。Schellberg-Fuchs, S.103.

（12）Ebda., S.103.

(13) ランツベルクはメローについて何も伝えていないので、彼は法学史においては意味を有さないようにみえる。
(14) Schellberg-Fuchs, S.121.; Stoll, Bd.1, S.114, Note 1.
(15) Schellberg-Fuchs, S.121.; Stoll, Bd.1, S.153f., Note 2.
(16) Haller, S.33, Note 67.
(17) サヴィニーがゾフィー・メローにも夢中になったというのは、単なる想像にすぎない。Stoll, Bd.1, S.121, Note 4.
(18) そのようにライプツィヒの書籍商ヴァイゲルはいう。Stoll, Bd.1, S.128, Note 5.
(19) Schellberg-Fuchs, S.142.
(20) 一八〇〇年四月二十六日付の両クロイツァー宛ての手紙。Stoll, Bd.1, S.153f.
(21) Stoll, Bd.1, S.168.
(22) Stoll, Bd.1, S.61.
(23) サヴィニーの手紙に対するブレンターノの愛すべき批評。Vgl., Dichterjuristen, Bd.1, S.24.
(24) ブレンターノの手紙では、人間的なものが非常に重要であった。シェルベルク＝フックスが入手した蒐集に基づくならば、ブレンターノの手紙には文学的な芸術作品性が認められる。彼は、折に触れて手紙の芸術に関して何事かを漏らしている。まさに受け取った手紙で実現できなかったことを、彼は返信の出発点にしているという。
(25) Schellberg-Fuchs, Einleitung, S.7.
(26) Ebda., S.143f.（Brief 46）.
(27) Stoll, Bd.1, S.165f.（Brief 55）.
(28) Schellberg-Fuchs, S.144ff.（Brief 47）, bes. 146.
(29) ブレンターノは、「自明」ということを考えている。
(30) Schellberg-Fuchs, S.150f.
(31) Ebda., S.151.
(32) Ebda., S.152（Brief 52）.; Vgl., S.158（Brief 53）.
(33) ゾフィーに関する優れた性格描写につき、Vgl., Schellberg-Fuchs, Einleitung, S.11ff.
(34) そのように適切に述べるものとして、Vgl., Schellberg-Fuchs, S.154.
(35) 二人の友人関係への格好の入門として、Vgl., Stoll, Bd.1, S.175f.
(36) Schellberg-Fuchs, S.156ff.（Brief 53）.

(37) まさしく鋭く深い思想家としてのブレンターノにつき、Vgl. Benz, S.171.

(38) Stoll, Bd.1, S.201f.（Brief 56）.

(39)「貴方は昔の著者の様々な出版物によってかぎりなく幸福なのに、不幸にも人間の最高の出版物を計画しているのです」。Schellberg-Fuchs, S.168.

(40) Ebda., S.167ff.（Brief 59）.

(41) Ebda., S.169ff.

(42) Stoll, Bd.1, S.176, Note 2. Vgl. Ernst Rudorff, Aus den Tagen der Romantik, Leipzig, 1938, S.17.

(43) 一八〇一年五月中旬のブレンターノよりサヴィニー宛の手紙。Schellberg-Fuchs, S.180ff.（Brief 67）.

(44) Ebda., S.183（Brief 68）.

(45) グンダの性格につき、ebda., S.13.

(46) Ebda., S.186.

(47) Stoll, Bd.1, S.205ff.（Briefe 61-64）.

(48) Stoll, Bd.1, S.206. ——ブレンターノは、一八〇一年六月二十二日付の手紙（Schellberg-Fuchs, S.197f.; Brief 75）において、妹にこうした発言を伝えることを怠ったわけではないようだ。

(49) Schellberg-Fuchs, S.200.

(50) Ebda., S.201ff. u. 208ff.（Briefe 78 u. 81）, bes. 202.

(51) Stoll, Bd.1, S.206f.（Brief 64）.

(52) Schellberg-Fuchs, S.212f.（Brief 82）.

(53) Ebda., S.214ff.（Brief 83）.

(54) Ebda., S.218 u. 222f.（Briefe 84 u. 89）. 書簡89は、『ゴドヴィ』に付された「故マリアの生活状態についての消息」に関してヴィンケルマンが書いたものであり、文学史的にみて重要である。

(55) Schellberg-Fuchs, S.224ff.（Briefe 91-95, 97, 98, 100）.

(56) Ebda., S.224.「彼女はすべての意志、すべての善をもっている」。他方S.223. では、「お天気屋」とも述べている。サヴィニーのブレンターノ宛の手紙に、グンダに向けたものが同封されていないとき、彼女は、「悪党、私には関係ないわ」といった（ebda., S.225）。このことをサヴィニーは面白おかしく話題にしている。Stoll, Bd.1, S.211（Brief 67. Schellberg-Fuchs, S.226. によれば、一八〇一年の部に収められている）.

（57）Ebda., S.227 u. 228.

（58）Ebda., S.232.

（59）Ebda., S.240.

（60）Ebda., S.232.

（61）一八〇一年九月三十日付の手紙。Stoll, Bd.1, S.208（Brief 65）. シュトルの疑問（S.208, Note 2）は、果たしてブレンターノはサヴィニーの落ち着いて教訓的な手紙の文体に苦情をいったかというものだが、これは言及されたブレンターノの手紙によって明らかにされる。

（62）一八〇一年十一月のクレメンスの手紙につき、Vgl. Schellberg-Fuchs, S.239f.（Brief 100）。一八〇二年四月九日付のサヴィニーの手紙につき、Vgl. Stoll, Bd.1, S.209（Brief 66）。

（63）初期の作品につき、Vgl. Stockmann, S.113ff.

（64）ブレンターノの性格的問題については最終的にはミッゲによるが、そこではすべての初期作品が利用されている。Vgl. Stoll, Bd.1, S.176f. Schellberg-Fuchs, Einleitung, S.5ff.

（65）Dichterjuristen, Bd.1, S.12. で言及されたことの他に、フリードリヒ・クロイツァーの言葉も参照。Vgl. Stoll, Bd.1, S.51ff.

（66）Migge, S.9.

（67）ゲーテが懸賞募集に送付されてきた喜劇『ポンセ・デ・レオン』を丁寧だが冷淡な言葉を付して送り返した（Stoll, Bd.1, S.204, Note.; Stockmann, S.119）ということは、まったく有益な冷却であった。

（68）そのために特徴的なのは、一八〇二年クリスマスのアヒム・フォン・アルニムからの手紙にみられる立場である（Vgl. Ernst Beutler, Briefe aus dem Brentanokreis, in: Jahrbuch des Freien Deutschen Hochstifts 1934/35, S.408）。「何かが君について僕を混乱させます。それは僕の才能についての君の過大な関心です。愛するアルニム、僕は君の全存在にしたがって君を愛しているのであって、それこそが君の才能なのです。でも僕の場合はそうではなく、僕は自分の才能以上に存在していると感じています。というのも、僕が自分の才能を顧慮しないのは、それが僕の内なる衝動にけっして充分ではないからなのです」。〔以下 Beutler〕

（69）Migge, S.9.

（70）Migge, S.21

（71）Dichterjuristen, Bd.1, S.23. Vgl. Migge, S.44.

（72）Migge, S.36.

（73）Migge, S.35.

（74）一八〇四年一月八日付のサヴィニーの手紙（Vgl., Geiger, S.24f.）は、法学的な占有理論の可愛らしい言い回しを含んでいる。
（75）Migge, S.45 u. 47.
（76）Migge, S.49.
（77）Stockmann, S.63.
（78）Vgl., Migge, S.54.
（79）Vgl., Dichterjuristen, Bd.1, S.21f.
（80）Brief an Bettina, Frühlingskranz（in: Bettina von Arnims Sämtliche Werke, hrsg. v. Waldemar Oehlke, Bd.1, Berlin, 1920）, S.374.
〔以下 Frühlingskranz〕
（81）ウーラントの詩歌「放浪」が想起されるように感じられるが、そこで詩人はドイツ旅行の途次、歌手の森でスカルドに出会う。

彼には注意する時間がなかった――民衆の痛みに、
彼は考慮することができただけだ――彼の大きな、破れた心よ。

Uhlands Werke in drei Teilen, hrsg. v. Adalbert Silbermann, Berlin-Leipzig, o. J.（Bongs Goldene Klassiker）, Bd.1, S.82.
（82）Stockmann, S.218ff.
（83）一八〇九年十月二十五日付の手紙。Stoll, Bd.1, S.388（Brief 197）. 信心深いプロテスタントのサヴィニーにおいては、真の教会において各宗派の狭苦しさが縁遠くなるということは、あまり留意される必要がない。
（84）Benz, S.166f.
（85）ブレンターノの祖国思想への発展につき、Vgl., Stockmann, S.155ff.
（86）ミッゲは最終章には、「下放された者」という特徴的な標題が付されている。Migge, S.56ff.
（87）Karl Viëtor, Der alte Brentano, in: Deutsche Vierteljahrsschrift für Literaturwissenschaft und Geistesgeschichte, Bd.2, 1924, S.556ff.
（88）若いブレンターノの手紙からも、一連の立場、つまり一定の宗教的な基本的気分についての、ときにはなんらかの教会的関心についての証言を、取り出すことができるだろう。
（89）Viëtor, S.575.
（90）Schellberg-Fuchs, Einleitung, S.6.
（91）「永遠性を信じる者は不滅性をもつ」と、クレメンスはかつてベッティーナ宛の手紙の中でいったことがある。Frülingskranz, S.183.
（92）Haller, S.1.

## 2　マールブルク時代からランツフート時代までのサヴィニーとブレンターノの交友の発展（一八〇一～一八〇八年）

大学修学の中断からランツフート時代までのブレンターノの年月（一八〇一～一八〇八年）を――外面的なものから始めるために――、何かの偶然のように思える滞在場所の落ち着かない変更、およびゾフィー・メロー、ベッティーナ、アルニム、サヴィニーといった愛する人々との関係――アウグステ・ブスマンとの結婚悲劇は完全に除外する――にすらみえる躊躇いとともに概観するならば、この年月には固有の内面的な律動《リズム》が欠けているかのようにさえ思えるだろう。(1) 一八〇一年秋におけるゲッティンゲンの哲学部生としてのクレメンス・ブレンターノは別にして、またイェーナへの復学にも拘わらず、彼の大学時代の終了について書き留めるべきことはない。友人のヴィンケルマンによって勧められた、『ニーベルンゲンの歌』についての学位請求論文で博士号を取得するという計画を、(2) クレメンスは採用しなかった。むしろ一八〇一～一八〇三年に続く年の基本動機《モチーフ》は、ゾフィー・メローをめぐる情熱的な努力であって――もとより別の恋愛経験を妨げるものではなかった――が、それは一八〇三年十一月二十九日にマールブルクでの婚姻締結に到達する。(3) 結婚の幸福は曇りのないものではなかったけれども、クレメンスは、妻の死（一八〇六年十月三十一日）を乗り越えることができないかのようにもみえた。いっそう奇妙なことに、彼は一八〇七年の夏には、十七歳になったばかりで精神錯乱に及ぶほど常軌を逸したアウグステ・ブスマンとお定まりの駆け落ちまでして、親族が強いるとの想念のもとに、一八〇七年八月二十一日にはフリッツラーの教会で彼女と結婚式を挙げたのである。(4)

クレメンス・ブレンターノにとっては、少なくとも、この「毒婦マルツィビレ」を片づけるためには適切であったのだが、婚姻締結の直後には離婚の計画が浮上している――結婚の縺れであるが、ここでサヴィニーは名実ともに彼に味方したに違いない――。感嘆すべきことに、ブレンターノの不幸や責任の真ん中には詩人の力があり続けた。

一八〇二年の晩夏には『遍歴学生の記録』[5]、一八〇二年の秋には歌芝居《ジングシュピール》『愉快な音楽隊』[6]が創られた。一八〇四年にはスペインとイタリアの短編小説が創られ、ゾフィー・ブレンターノによって編集されて、彼女の夫の作品の重要な一部となり[7]、すでに一八〇三年以降には、天才的な文学『薔薇の物語』の計画が浮上していた[8]。最終的には一八〇四～一八〇八年のブレンターノの力の大部分は、ロマン主義の中での転換を導き出した民衆歌謡集『少年の魔法の角笛』の蒐集と構成に当てられる。これは「当時の種子に満ちた果実」であった[9]。

言及されたブレンターノの運命は、必然的に法の世界との接触に向かった。

ブレンターノと既婚の教授夫人ゾフィー・メローとの結婚の第一の前提は、なによりもメローの結婚の解消であったが、この結婚は一八〇一年七月七日にワイマールの上級宗務局でヘルダーの司式のもとでおこなわれたものであった。結婚の解消は、双方の結婚当事者が各々の離婚意思を表明したあとで、領主の訓令に基づいて[10]訴訟なしに成立した。すでにそれ以前、一八〇一年六月二十八日に、夫妻はその人格法・財産法上の諸関係の構成について文書による契約を締結しており、そこには、母親のもとに留まっていた娘フルダの教育についての詳細な規定が含まれていた[11]。ゾフィー・メローは、一八〇三年十月十八日の手紙の中で再度この取り決めに言及している[12]。マールブルクでの婚姻予約公示のために必要な書類の入手に際しては、サヴィニーの援助が必要とされた[13]。マールブルクの福音派教会――ブレンターノがマールブルクでの婚姻締結を選んだのは、フランクフルトでは教会法上の難点が存在したからだ――における三回の婚姻予約公示のうちの一回は、彼自身が内面的な動揺とともに聞いた[14]。異議を伴わずになされる婚姻予約公示についての証書とは、いわゆる宣言証明書[15]、および洗礼証明書である。これらはブレンターノが呈示すべき証書であり、これによってマールブルク中央教会の哲学教授にして説教者のレオンハルト・クロイツァー[16]は結婚式を実施することができた。ここで、当時の婚姻法を一瞥しておきたい。すなわち、カトリック教徒としてのブレンターノが、離婚した福音派の妻ゾフィー・メローとの婚姻をフランクフルトで締結していたならば、当地ではトリエント公会議の婚姻法規定たる有名な躊躇規定（Decretum Tametsi）が布告されたものとみなされたので、[17] 彼はトリエント方式にしたがって、つまりカトリックの聖職者および二名の証人の面前で合意宣言をすべく義務づけられていたはずである。[18] だがカトリックの婚姻法に従って伴侶のメローを離別しても片づかない現在の夫婦の絆という障害（impedimentum ligaminis）が問題になりうるとしても、[19] もちろんその一方では、一八〇〇年頃の啓蒙的寛容の時代には異宗派間の婚姻障害（impedimentum mixtae religionis）を決定的に重視することなどはなくなっていた。[20] それに反して早期に改革されたマールブルクでは、躊躇規定が厳格に布告されていたようである。それでもブレンターノは、その婚姻締結の教会法上の非合法をのちには煩わしいと感じた。仕来りにしたがって有名な巡礼地のヴァルドゥリュン（フランケン）への旅を利用して、当時誤って広まっていたメロー教授の死の噂がある以上は、彼の結婚を教会法的にきちんと処理することにしたのである。[21] ところが、あらゆる細部が欠けていた。

フリッツラーでのブレンターノとアウグステ・ブスマンの結婚は、婚姻予告がフランクフルトでおこなわれたあとなので、カノン法の観点からは非の打ちどころのないものとなったが、心理学的理由から当初より破局に向かっていた。[22]

クレメンス・ブレンターノは、かつての法学修業に基づく市民宣誓をおこなうことによって、一八〇四年一月十九日、故郷の町フランクフルトの市民共同体に受け入れられた。[23] 一八〇四年一月二十日付の妻宛の報告の中で、[24] もちろん彼はそこで着用した赤い外套について、武器の携行とその手数料について、自嘲することを心得ている。

既述のブレンターノと法の世界との接触は、法的な規範および形式の共同体的意味についての洞察において、なんらかの進歩を証明するものではない。そして若干の意味とともに、一八〇一〜一八〇七年において、私講師サヴィニーとの関係が、つまり一八〇三年五月十三日以降は法学教授となったサヴィニーとの関係が、如何に進展したかという問題が生じてくる。以下の詳細については、様々な観察がいわば指導動機《ライトモチーフ》として設定されるだろう。何よりも、このような自己告白がある。「限りなく難しいのは、僕の友人であることです」[25]。またメローからクレメンスに向けた心理学的な言葉もある。「ああ、欠けているのは、貴方の気に入る、貴方から神のように崇められる法なのですわ！」。この手紙の続きには、なお次の文章が現れる。「貴方は保護とか作法とかに、何の意味も認めていません」[26]。ときには文献の中に、サヴィニーがブレンターノ兄妹を、とりわけクレメンスを、その生活様式全体によって無意識に傷つけたことが読み取れる[27]。しかしながらこれに続く手紙が示すのは、すでに性格的にみられたサヴィニーの内向性、一種の自己保身、独自の存在の堅持、法律的課題の保全――『占有権論』は一八〇三年に出版された――が、ブレンターノ兄妹の、とりわけクレメンスの、要求が多くて時間がかかり必ずしも気配りが利かない依存性に、向かい合っていたということである。

ところで、一八〇一年十二月と一八〇二年一月のイェーナ発の手紙においては――またしても当地ではゾフィー・メローが関心の的であった――遠方のサヴィニーに対する賛嘆の念が優っている。「この人たちすべてが」――フリードリヒ・シュレーゲルの仲間《サークル》のことと思われる――「サヴィニーに敵対する汚物なのです」と、ヴィンケルマン宛の手紙には書かれている[28]。そして、サヴィニー自身に宛てた一八〇一年十二月の手紙にはこうある。「ご存じのように、私は至る所で周りを試しておりますが、けれども貴方は真ん中におられます」。これに加えて、サヴィニーのまったく関知しない告白があるのだが、これはサヴィニーに対する見解と同様に彼を魅惑し解放するものであった[29]。

一八〇二年の一月から三月まで、クレメンス・ブレンターノは、サヴィニーによって家庭的な共同体に受け入れられてマールブルクに滞在した。クレメンスは、ベッティーナ宛の手紙でこうした集まりのための素晴らしい印象を記している。「冬はここでは悲しげです。サヴィニーはといえば、勉学に沈潜し、僕を絶望させる内向性という降り積もった雪の下で、彼の大きな未来の種子を冬籠もりさせています」[30]。そのような名言によって、当時サヴィニーがクレメンス・ブレンターノにつき題材にした、指導動機《ライトモチーフ》中の最も重要なものが駄目になった。変形《ヴァリエーション》を伴った題材ではあったのだが。これに関してはしばしば変容した形を見出すことであろうが、もちろんその際、諸々の変形は独特だが魅力的であり、題材に繰り返し新たな音色を加えようともするので、撥ねつける必要はないし経過の進展の中で少なくとも一つ二つの変形を引き合いに出してみるつもりである。実際、サヴィニーはブレンターノのために外面的にマールブルクで何度も訪れた隠れ家を用意したのみならず、それについて余計なこともいわずに、真の友達の仕方で理解しつつ、文学的評価のできる男として[31]詩人の大きさをも認識しながら、その内面的生活の縺れて暗い細道を彼について行ったのである[32]。

ブレンターノは、一八〇二年七月初めに、ライン河での若干の恋物語によって憂鬱な気分になり、手紙にこう書いている[33]。すなわち、「もはや本気で僕と関わり合う人間などいません。僕は無限なものと有限なもののあいだにいて、僕の魂のすべての門は開かれ、僕の心の屋根は崩れ落ちて、丸天井も吹き飛ばされています[34]」と。というのも、サヴィニーが返信の中で[35]、そのような自虐に対するまさに心の医者であることを明かしていたからである。彼は友人のために出来事に対して自然な進行に任せるよう忠告するが、成就できない要求はしない。このやり方で、彼は真の生きる喜びを多く手に入れたうえで、痛みを少なくしようとする。ブレンターノは、一八〇二年の夏と秋にも、熱心な手紙の書き手であり続けた[36]。十月には、友人たちがコブレンツに集合した[37]。ブレンターノは一八〇二年のクリスマスに、再びサヴィニーのもとで「死せる、無口の、真面目な聖所」に避難することを決めた。サヴィニーのもとでというのは、彼はブレンターノにとって「ひたすら重苦しい」からである[38]。けれども他方でブレンターノは、適切にも耳を傾けてくれるサヴィニーのところに行くことを喜んでいるのである。[39]
だが、ゾフィー・メローがフランスの格言「不在者は誤る」（Les absents ont tort.）を、機知に富んで逆転させることで正しく認識したり言語化したりしたように、出席者はブレンターノのもとではしばしば誤ったのである。[40]
一八〇三年二月か三月のグンダに宛てた意味深長な手紙において、[41]ブレンターノは友人サヴィニーに対して、直観の才能を、つまり「唯一なるもの・永遠なるもの・不変のものを入れ替えて認識する」天賦の才を求めている。こうした才能を、ブレンターノは先ずは詩人アルニムの中に見出す。「彼の直観の才能は、愛情だ」。次いで、秩序づける人たるサヴィニーの中に見出す。

サヴィニーは、すべてを批判をつうじておこなう。批判こそが彼の直観の才能であって、彼の愛情とは正義なのだ。……僕の家が焼けたとしたら、アルニムなら火に飛び込んで僕のところに来て、僕と僕の愛するものを力強く運び出すか、僕と一緒に焼死するだろう。でもサヴィニーの場合は、まったき平静と安楽のうちに四週間も前から消防ポンプを拵えておいて消火することだろう。アルニムは僕を救うが、サヴィニーは火を消す。アルニムを僕は愛して、僕のために生命を捧げる。サヴィニーには僕は感謝して、僕は彼に奉仕する。

二人の友人の比較について、ブレンターノはメロー宛の手紙の中でなおも深く立ち入っているのだが、それは彼が何よりも次のことに気づいていたからである。すなわち、ブレンターノはサヴィニー以上に、同じ釜の飯を食うためにそうする（苦労する）価値がある人物を知らないことに気づいたのである。しかしながら、このように述べられたことが、アルニムに向けられたものでないことは当然である。「というのも、彼は神であるからだ」。[42]

ブレンターノにとって重要な年であった一八〇三年のことであるが、クレメンスは春にはフランクフルトにおり[43]、夏にはイェーナにいてゾフィー・メローと仲直りしている[44]。これについて、サヴィニーは間もなく知らされた。クレメンスと離婚した教授夫人との結びつきに当初から大いに反対していたブレンターノ家とは異なって、サヴィニーは単に性急さを注意しただけだったし、そのうえ彼は、自身の農場トラーゲスで若干の時間を過ごすべく、招待状をメローに送ったので[45]、彼女はこれに個人的に謝意を表した[46]。またサヴィニーは、二人のために住居を手配したり[47]、結婚式の準備に際して進んで手助けした。これらすべてのことは、サヴィニーの内向性に対するクレメンスの苦情がバンクを介してサヴィニーの耳に入ったとしても、サヴィニーが適切な観点から処理したものであった[48]。こうした苦情が如何にみえたかは、ブレンターノがマールブルクから一八〇三年の八月と九月にメローに宛てた非常に特徴的な手紙から明らかになる。とはいえこれらの手紙を理解するためには、ゾフィー・メローと一緒の「夢想的・ロマン主義的な生活」のみが僕に落ち着きをもたらす、といった調子と気分的に合っていることに留意せねばならないのだが[49]。そのような気分からは、勤勉で無口なサヴィニーとの対照がとりわけ強く感じられる[50]。もちろんブレンターノは、この「驚嘆すべき、明晰な、非ロマン主義的存在」のすべての長所に異論を唱えるほど不公平であったことは一度もない[51]。この「神のごとき人物」は、メローにとっても「その生活の最も不思議な現象」であり[52]、サヴィニーをすべての人間が愛し、彼にはたいていの人々が喜んでその運命を委ね、また彼には何よりも婦人たちが子供のような尊敬をもって心服する、というのである[53]。しかしながら、彼は孤独を産み出し、この孤独は圧倒的に作用する[54]。話し好きでもなく、忍耐強く耳を傾けるものの、その際も彼は仕事を続けている。彼と同時代人との関係の全体は、教育的な性格をもっている[55]。彼は研究機械であり、熟練の織工もしくは職人に似ている。ただ残念なことに、彼（ブレンターノ）は彼〔サヴィニー〕の製品のどれも使うことができない[56]。こうした落ち着きはブレンターノには嫌で堪らないのだが、にも拘わらず彼は繰り返しサヴィニーを羨んでいる。[57]こうしたあまりに大きい卓越性も、彼に耐えられないものではない。こうしてサヴィニー問題は、無為なわけではないが時間を無駄遣いする詩人を特別に悩ませた。それはとりわけ、サヴィニーという明晰な存在が、詩人にとってはベッティーナの信頼とグンダの愛情に勝っていたからであり、[58]彼と恒常的な交友関係にある多くの人々を、クレメンスも好んでいたからである。[59]

実り豊かだが緊張に満ちた結びつきに関する似たような描写は、サヴィニーについての意見に基づいて、ブレンターノとベッティーナの同時期の往復書簡においてなされている。これは洞察のみが際立つような多くの大胆な表現によって繰り返し心をそそるもので、サヴィニーは他人がいないことに気づかないとか、ブレンターノ兄妹は、自分たちが満足する技術を先ずは学ばなければならない、といった表現がみられる。[60]

ハラーの的確な言葉によって、以下のように要約することもできるだろう。「ブレンターノはきわめて頻繁に、不安や焦りの中で、友人たちを性急にも愛する人として消費し尽くしてしまう。サヴィニーの冷静な性質は、彼を何度も絶望に追い込む。ブレンターノはまさに、不可解さにおいて彼に絶対的に対立する友人を必要としていた[61]」。

一八〇三年十一月二十九日におけるクレメンス・ブレンターノとゾフィー・メローの結婚と、約半年遅れの一八〇四年四月十七日におけるサヴィニーとグンダ・ブレンターノの婚姻締結とによって、二人の友人同士の関係は異なった様相を呈することになる。たしかに、ブレンターノが友人サヴィニーをこの結婚によって失うことは起きなかったのだが根拠のない危惧があり、これをブレンターノは――ほとんど理解できないことに――結婚式を前にした一八〇四年四月二日に、アルニムに宛てた手紙の中で表明しているのである。[62]だが、サヴィニーが遅かれ早かれ本格的な研究旅行に出発することは確定していたので、ブレンターノにとってはマールブルクに留まるなんの刺激もなくなった。[63]こうして彼も間もなく当地を去って、一八〇四年の晩夏にはハイデルベルクに移った。[64]いずれにせよ二人の関係は、今や充分に知られており性格的な相違によって条件づけられている対極的な緊張を失っている。もう一度だけ、ブレンターノは一八〇五年六月か七月にハイデルベルクから一通の手紙を出しているが、その中で、サヴィニーに彼の二番目の子供たる女児（一八〇五年五月十三日に生まれ、六月十七日に死んだ）[65]の死、を知らせたのだが――サヴィニーはこの少女の代父であった[66]――、またまさに不明瞭な仕方でもって、従来の意見の不一致につき、これは交友関係を壊すものではなかったと述べている。[67]これについてサヴィニーはパリから返信して、ブレンターノと悲しみを共にしたのだが、ともかく、サヴィニーが常にブレンターノの内面的で、残念ながら他の人々によっては補填しえない苦悩を、洗練された仕方で如何に承知していたかを、友人ブレンターノは認識しなければならなかった。ブレンターノは独りで誤解し、そのことを己の人格の安定化とともに認めることになるのである。ともかく一般的には事態についてくどくど述べ立てるのは良いことではあるまいが、ブレンターノは友人サヴィニーに対しては異なった仕方で、如何にブレンターノがサヴィニーを愛し敬っているかを示すことを望んでいるようなのだ。[68]

実際ブレンターノは、彼がサヴィニーに対していつも抱いているものを理解し始めていた。「考えてもみてください」、一八〇五年四月三十日付の手紙の終わりには、こう書かれている。「かつて貴方のもとで安心したり不安になった人、貴方が誰よりも敬い愛した人、貴方にはしばしば心の秘密を打ち明けた人の寛大さを[69]」。

依然として交友は、相変わらずの手紙による結びつきの中に留まっている。[70]その際、何よりもハイデルベルクへの招聘問題が重要である。サヴィニーは、一八〇三年に、再建途上にあるハイデルベルク大学への招聘を打診されたのだが[71]、ブレンターノは、大学の人事に対するサヴィニーの影響を利用したり、彼の友人の詩人ティークの招聘を世話したり[72]、他方では、某ハインリヒ・リンクなる不適切な人物の教会法学教授への招聘を妨害することに尽力した。[73]文学的・学問的な結びつきに関する相互の連絡という即物的な調子が、書物の調達についての要望と、なされた買い付けについての通知といったやり取りとして、当時の手紙から得ることができる。[74]サヴィニーは、パリでは古いフランスの叙事詩や民衆本の刊本を探し回っていたが、それはブレンターノが、『魔法の角笛』の研究に迫られて熱心な書物蒐集家になるべく入手したいと望んだものであった。その一方で、ブレンターノはサヴィニーの『ローマ法史』の学問的構想を、文献史や書誌学からみて重要なものに精通しているかのような別の視線でもって、ロマンス語による手稿や印刷物に言及することによって支援した。当時まさにこれらの資料は、世俗化に規定された数多くの修道院蔵書の散逸の結果、驚くべきまとまった数においてばかりでなく、著しい稀少性をもった単一本としても、市場に出回っていたのである。ブレンターノはその都度、彼が知ることになった手稿や書物のうちで入手したいものをサヴィニーに問い合わせることを常とした。[75]

最終的にこの交友は、各々の個人的な経験に関与することをけっして断念したわけではなかった。こうした関与は過度に感情の溢れた書簡体の時代にあっても充分に目立つものであり、総じてサヴィニーの問題ではなかったものの、それらの経験は穏やかでほとんど冷めた流儀で伝えられ、それらに対しては――感じ取れる関与に応じて――手紙の相手側は似たような穏やかな調子で共に喜んだり共に悲しんだりしながら立場を明らかにした。この数年あまりに多くの苦難がブレンターノに与えられた。三人の子供の死であるが、三番目の死は母親をも奪ったのである。その一方でサヴィニーは、パリで生まれた娘のベッティーナに喜んでいたのだが、さらにニュルンベルクで一八〇六年七月三十一日に生まれた男の子が数日後に死から救い出されるのを目の当たりにしていた。[76]

一八〇六年の十一月から一八〇七年の十二月まで、二人の交友の手紙がまったく保存されていないか、いずれにせよ書簡集から入手できないのは偶然であるだろう。だが往復書簡がまったく途切れていなかったとしても、とうてい手紙の集中に貢献できなかった理由は存在した。サヴィニーの側には、倦むことのない研究で充実したミュンヘン滞在（一八〇六年十月／十一月）とウィーン滞在（一八〇六年十二月から一八〇七年七月まで）があり[77]、ブレンターノの側には、まずもって妻ゾフィーの喪失についての打ちのめされた悲しみがあり、次いで彼がアウグステ・ブスマンとの恋愛と結婚とによって引き起こした、不適切な関係についての恥じらいがあったからである。

**原注**

（1）叙述の基礎となる出典は、「文献一覧」にみられる書誌的な記載にも拘わらず、おそらく紹介的な性格づけを必要とする。中心的に重要なのは、もちろんSchellberg-Fuchsである。サヴィニーの返信を提供するのはStollであるが、その日付については様々な事例において訂正することができよう。ブレンターノとアルニムの往復書簡を掲載するのはSteig, Bd.1であるが、もとよりこれはその原稿とともに部分的に流布している。クレメンスとベッティーナの往復書簡の文学的脚色を叙述するものとして、Clemens Brentanos Frühlingskranz, hrsg. v. W. Oelke, in: Band 1 von Bettina von Arnims Sämtlichen Werken, früher schon von Amelung, 2. Aufl., Leipzig, 1919. アーメルンクによる優れた批判的全集版には、クレメンス・ブレンターノとゾフィー・メローの往復書簡が収録されている。その都度に重要な補完的出典類は、当該の箇所で挙げられる。

（2）Schellberg-Fuchs, S.278.

（3）Stockmann, S.60ff.

（4）Stockmann, S.66ff.; Schellberg-Fuchs, S.366f. ここには、アウグステの仲介によるブレンターノとコジマ・ヴァーグナーの関係についても言及されている。

（5）この作品および版本の詳細につき、Stockmann, S.173ff.

（6）『愉快な音楽隊』は、最初デュッセルドルフの劇場のために作曲家ペーター・リッターにより曲を付けられ、のちの一八〇五年にE・Th・A・ホフマンによってワルシャワで上演された。Stockmann, S.118.

（7）Stockmann, S.120ff.

（8）Ebda., S.122.

（9）Haller, S.87.

（10）この証書につき、Vgl. Heinz Amelung, Briefwechsel zwischen Clemens Brentano und Sophie Mereau, 2. Aufl., Potsdam,1939, im

Anhang, S.421f. ——領主の訓令による離婚につき、Vgl. Richter-Dove-Kahl, Lehrbuch des katholischen und evangelischen Kirchenrechts, 8. Aufl., Leipzig, 1886, S.1179 u. 1182f.

(11) この契約につき、Vgl., Adelheid Hang, Sophie Mereau in ihrer Beziehung zur Romantik, Frankfurter phil. Diss., München,1934, S.29ff.

(12) Amelung, a. a. O., S.272.

(13) 一八〇三年六月十二日付のサヴィニーからクレメンス宛の手紙。Stoll, Bd.1, S.219（Brief 75）.

(14) 一八〇三年十一月六日および十三日付のメロー宛の手紙。Amelung, S.310.

(15) ラテン語の証書は、Adelheid Hang, S.39f. が多くの読み間違いとともに掲げられたが、彼女が誤って想定したように、婚約者同士の結婚通知ではなくまさに宣言証明書なのである。

(16) レオンハルト・クロイツァーは、ハイデルベルク大学教授フリードリヒ・クロイツァーの従兄弟で、サヴィニーの友人でもあった。

(17) Emil Friedberg, Lehrbuch des katholischen und evangelischen Kirchenrechts, 5. Aufl., Leipzig, 1903, S.449, Note 42.〔以下 Friedberg〕

(18) Bernhard Hübler, Eheschließung und gemischte Ehe in Preußen nach Recht und Brauch der Katholiken, Berlin, 1883, S.3ff., bes. 14ff., 24ff.

(19) Friedberg, S.407.

(20) Friedberg, S.427. そのような異宗婚のための婚姻締結方式につき、Vgl., Hübler, S.24ff.

(21) Amelung, S.31.

(22) 三つの秘跡（回心・聖餐・結婚）という不本意な拝受に直面した彼の精神状態につき、一八〇七年十月十九日付アルニム宛の手紙にみられるブレンターノの記述を参照。Vgl., Steig, Bd.1, S.222ff., bes. 223f.

(23) Schellberg-Fuchs, S.320.

(24) Amelung, S.317ff., bes. 318f.

(25) 一八〇三年春のグンダ宛クレメンスの手紙。Schellberg-Fuchs, S.295（Brief 129）.

(26) 一八〇三年九月十三日付ワイマール発の手紙。Amelung, S.194.

(27) この主張の頼みの綱となるのは、一八〇四年六月二日付のクレメンス・ブレンターノからギュンデローデ宛の以前から知られている手紙であるだろう(Geiger, S.99)。そこにはこう書かれている。「サヴィニーはずっと前から僕を意識的に傷つけてきました」。

(28) Schellberg-Fuchs, S.243（Brief 102）. この手紙の箇所は、たまたま間違えて再現されていることに気づくだろう。実際には、「この人たちすべてが、サヴィニーとフェアメーレンに敵対する汚物なのです」と書かれている。とはいえ、当該の手紙においてフェアメーレン（Vermehren, 1774-1803. イェーナ大学私講師、詩人）は、ろくでなしのならず者として、サヴィニーから引き離されている。

(29) 一八〇一年十二月十四日および二十五日付の手紙。Schellberg-Fuchs, S.250（Briefe 104, 105）.

(30) Frühlingskranz, S.104. Vgl. Schellberg-Fuchs, S.253.

(31) 一八〇二年十二月八日および十二日付の手紙（Stoll, Bd.1, S.212f., Briefe 69, 70）は、ゲーテについての評価を伴っているように思える。「我々がもたらすのは」、シラーの『トゥーランドット』やとりわけノヴァーリスの『ハインリヒ・フォン・オフターリンゲン』〔青い花〕であるが、その際サヴィニーは、その積極的な評価によって、アルニムやブレンターノの見解に対立した。Vgl. Schellberg-Fuchs, S.278.

(32) 往復書簡の内実を余すところなく論じ尽くすことの不可能性を勘案しても、公表された手紙と返信とを対照させることができる。この場合、書簡番号には、Schellberg-Fuchs と Stoll による頁数を省いても充分であるだろう。

| ブレンターノ | サヴィニー |
| --- | --- |
| ミュンスター（ブッツバッハ）発一八〇二年四月二日 Schellberg-Fuchs, Nr. 107 | |
| フランクフルト発一八〇二年四月六日 A. a. O., Nr. 109 | |
| フランクフルト発一八〇二年四月十五日頃 A. a. O., Nr. 110 | マールブルク発一八〇二年四月十八日 Stoll, Bd.1, Nr. 68 |
| ビンゲン発一八〇二年六月九日 A. a. O., Nr. 111 | |
| コブレンツ発一八〇二年六月二十二日 A. a. O., Nr. 112 | |

(33) Vgl. Lujo Brentano, Clemens Brentanos Liebesleben, Frankfurt, 1921, S.28ff. 様々な訂正的見解につき、Schellberg-Fuchs, S.264, 270f.

(34) 一八〇二年七月一日付の手紙。Schellberg-Fuchs, S.265（Brief 113）.

(35) 一八〇二年夏の手紙。発信年を誤ったものとして、Vgl. Stoll, Bd.1, 220（Brief 77）.

(36) ブレンターノによる一八〇二年の七月末 (Schellberg-Fuchs, Nr.114-116)、および十月十二日、十一月七日、十二月一日と十五日付の手紙 (ebda., Nr. 118-121) には、サヴィニーによる一八〇二年十月 (Stoll, Bd.1, S.205, Nr. 61. 発信年月は誤り)、および一八〇二年十二月十二日と二十二日付 (Nr. 70 u. 71) の、少なくて短い手紙が対応している。
(37) Schellberg-Fuchs, S.274.
(38) ブレンターノからアルニム宛の手紙。Vgl. Beutler, in: Jahrbuch des Freien Deutschen Hochstifts 1934/35, S.411.
(39) ベッティーナ宛の手紙より。Vgl. Schellberg-Fuchs, S.283.
(40) ゾフィー・メローは、サヴィニーのことを何度もブレンターノの批判から擁護した。彼女の死後ようやく二年経ってから、クレメンスはあらたまった時間を選んで、ゾフィーの旅日記からの一頁を友人サヴィニーに送った。その中には、こう書いてあった。「私は静かにサヴィニーについて考え、確信したのだが、彼の中には最も活動的で最も意義深い現代的知性が見られる。すべての法が消え去りそうになり、すべての形式が破られて、権力者の意志だけが効力を有するとしても、彼は静かに神々に由来する聖なる言葉を守り、世界の最初の日から最後の日まで統御する法の永遠の秤を守る。彼にとって、自身の生活は素敵なものなのだろう」。Schellberg-Fuchs, S.379.
(41) Ebda., S.293 (Brief 129).
(42) Amelung, S.152.
(43) 一八〇三年四月および五月初めのサヴィニー宛の手紙。Schellberg-Fuchs, S.297ff. (Nr. 130-134).
(44) 一八〇三年六月七日、十四日、十七日、二十四日付の手紙。Schellberg-Fuchs, S.306ff. (Briefe 136-139).
(45) 一八〇三年七月十二日および十九日付の手紙。Stoll, Bd.1, S.219f. (Briefe 75, 76). 書簡七七番の発信年が書き換えられねばならないことは、すでに言及した。
(46) Schellberg-Fuchs, S.314 (Brief 140).
(47) 一八〇三年十月の手紙。Stoll, Bd.1, S.224 (Nr. 81). シュトルが次に掲げる一八〇三年十二月二十日付の手紙 (Nr. 82) の中に見出されるのは、サヴィニーがクレメンスのためにクリスマスの贈り物さえ手配しているということである。
(48) 一八〇三年七月三十日付のバング宛の手紙。Stoll, Bd.1, S.223.
(49) 一八〇三年九月四日および七日付メロー宛の手紙。Amelung, S.162f. u. 173.
(50) 以下では、一八〇三年八月三十日および九月四日、七日、十日付のメロー宛の長い手紙から引用する。Amelung, S.151ff.
(51) Amelung, S.172.
(52) Ebda., S.155.

（53）Ebda., S.152.
（54）Ebda., S.151 u. 155.
（55）Ebda., S.172, 152.
（56）Amelung, S.172. 似たような描写を、ブレンターノは一八〇三年十月十二日付の手紙において、友人のアルニムに宛てて用いている。「彼（サヴィニー）は、何百台もの織機の技師長と同様に学問の中に座っています」。Beutler, a. a. O., S.439.
（57）Amelung, S.186.
（58）その際に疑わしいのは、グンダは友人サヴィニーに相応しくないとして、クレメンス・ブレンターノがサヴィニーとグンダの結びつきに同意しなかったのだから果たしてクレメンスはサヴィニーの深謀を正しく分析して明示したのかということである（Amelung, S.221）。グンダはサヴィニーに対して、彼女に価値が不足しているわけではないことを証明した。ブレンターノの不同意の背景には、彼はこの結びつきによって友人サヴィニーの一部を失いかねない、という考えが心底にあったのだろうか？
（59）ブレンターノが、サヴィニーの受け取った多くの手紙を羨むのは、それは副次的な点にすぎない（Frühlingskranz, S.389）。生活の中では与えることができ、また用意があるのと同じだけの量のみを受け取る、ということを彼は知らなかったのだろうか？
（60）Frühlingskranz, S.254.
（61）Haller, S.34.
（62）Steig, Bd.1, S.106.
（63）一八〇四年二月十一日付マールブルク発の、兄フランツの妻アントニー・ブレンターノ宛の手紙（Clemens Brentanos Gesammelte Werke, hrsg. v. Christian Brentano, Frankfurt, 1852-1885, Bd.8, S.119）において、ブレンターノはまたしてもサヴィニーの内向性を嘆いている。サヴィニーはブレンターノとゾフィーには目前の旅立ちについて何もいわないが、これによって彼らはマールブルクでの交際を失ってしまうというのである。〔以下 Gesammelte Schriften〕
（64）Vgl. Schellberg-Fuchs, S.324. ――ブレンターノのハイデルベルク時代の精神史的意味につき、Vgl. Benz, S.279ff.; Haller, S.85ff.
（65）Schellberg-Fuchs, S.338 u. 343. 一年前に生まれた息子のヨアヒム・チリエルも、数週間後に死んだ。Schellberg-Fuchs, S.324.
（66）一八〇五年五月八日付の手紙にみられるクレメンスからの代父の要請。Schellberg-Fuchs, S.337f.（Brief 152）. サヴィニーによる代父の受諾と、ダウプ教授が彼を代行する旨の要請は、一八〇五年五月十五日付の手紙にみられる。Stoll, Bd.1, S.255（Brief 109）. 受洗者名簿への記帳におけるアルニムとサヴィニーの代父の順番。Schellberg-Fuchs, S.340.
（67）Schellberg-Fuchs, S.345（Brief 155）.
（68）Stoll, Bd.1, S.259（Brief 112）.

(69) Schellberg-Fuchs, S.336（Brief 151）.

(70) 一八〇四年から一八〇八年までのすべての手紙と返信の比較までは必要ない。最も重要な対象は、以下で言語化されているからである。

(71) この招聘につき、Vgl. Stoll, Bd.1, S.187f.

(72) Schellberg-Fuchs, S.322. および Stoll, Bd.1, S.231, Note 4 は、当該の手紙を突き止めることを可能にする。――ブレンターノによるティークの斡旋は、ティークがイェーナでブレンターノに対して一貫して友人として振る舞ったわけではないので、それだけに交友関係の美しい証を提示することになる。Benz, S.159f. ――サヴィニーがハイデルベルクに推薦したイェーナの哲学者フリースに宛てて、ブレンターノは一八〇五年の初めに、招聘問題を理由として二通の手紙を書いた。Gesammelte Schriften, Bd.8, S.129f.

(73) リンク問題につき、Vgl. Schellberg-Fuchs, S.326, 327, 331.

(74) さらに一八〇四年三月には、ブレンターノの手紙はちょうどゲッティンゲンに滞在していたサヴィニー宛てに出されて、これには当地の図書館で二人のスペイン人作家の伝記的資料を集めてほしいとの要請が添えられていた。Schellberg-Fuchs, S.321（Brief 146）. けれども、サヴィニーはいずれも見つけられなかった。Stoll, Bd.1, S.229（Brief 87）.

(75) 例として、一八〇五年三月および五月の手紙。Vgl. Schellberg-Fuchs, S.330f., 333, 339（Briefe 150, 151, 153）. これについての一八〇五年三月二十三日付の返信。Vgl. Stoll, Bd.1, S.253（Brief 106）. こうした書物購入において格別の役割を果たしたのは、フライジングの古書商ヨーゼフ・モッラーである。彼についての綿密な研究として、Anton Mayer, Der Freisinger Antiquar Joseph Mozler und seine Beziehungen zu den Heidelberger Romantikern, in: Frigisinga, Beiträge zur Heimat- und Volkskunde von Freising und Umgebung（Jahresbandaufgabe）, Bd.6, 1929, S.70ff.

(76) サヴィニーの一八〇五年四月十九日付パリ発の手紙（Stoll, Bd.1, S.253f., Brief 107）および一八〇六年八月二十五日付ニュルンベルク発の手紙（Stoll, Bd.1, S.290, Brief 139）に対しては、ブレンターノの返信は見当たらない。

(77) Vgl. Stoll, Bd.1, S.268. サヴィニーの手紙につき、ebda., S.290ff. これらの手紙には、ほとんど大学や研究の問題のみが述べられている。

## 3　ランツフート時代のサヴィニーとブレンターノ（一八〇八～一八一〇年）

ヴィッテルスバッハ王家の事跡、堂々たる市民精神、このことは今日でもなお、目を開けばゆったりとイザール河畔に広がるランツフートを、つまり実り豊かなニーダーバイエルンの農産地の中心部を貫く地域の歴史的意味について直接に語っている。だが、ランツフートが一八〇〇年から一八二五年までは大学町であって、一四七二年にインゴルシュタットに設立された単科大学の後身であり、間もなく大きな意義をもつまでに躍進したミュンヘン大学の前身であったことは、ほとんど忘れられているように思える。けれども深く考える者ならば、記念銘板が偉大なる法学者アンゼルム・フォイエルバッハとフリードリヒ・カール・フォン・サヴィニーが居住した旨を想起させるに相応しい家の前で感動しないわけにはいかないし、[1] その際に、ドイツ精神史の重要な一部を、その舞台がここにあって、その中でサヴィニーの名前が一瞬にせよ光り輝いたことを偲ぶことになる。あまりにも早く世に現れたフライブルクの歴史家フィリップ・フンクは、古いバイエルンの空間たるランツフートとミュンヘンで啓蒙主義からロマン主義への経路以上に知られていることを、文献学的で思想豊かな書物の中に封じてきた。[2] その成果が確認させるのは、サヴィニーが一八〇八年五月十三日に、フーフェラントの後任として名誉な条件を伴うランツフート大学への招聘を受諾したとき、彼は運命の重要な暗示に従ったということである。[3] サヴィニーは、ランツフートに一八〇八年秋から一八一〇年春まで留まって活動した。彼の活動は豊かな結実をもたらし、彼自身のためにも、当時のランツフートの精神的中心であったザイラーとの交友を伴う滞在を、つまり継続して生活する価値をもたらすものであった。落ち着かない両ブレンターノたるクレメンスとベッティーナは、サヴィニーを追いかけてバイエルンに移ったのだが、両人の主たる意図は、ミュンヘンで音楽研究をして過ごすことにあった。このことは、サヴィニーとの頻繁な行き来を排除するものではなく、サヴィニーは内面的には自由を奪われ悩ませられたものの、結婚の惨めさの抑圧のもとでサヴィニーの周りに形成された仲間が、人間的および精神的な価値について提供するはずのものに無関心であったわけではない。何よりも、一八〇八～一八一〇年の時期に、クレメンスの天才的な作品『薔薇の物語』に関する仕事のまったく決定的な部分が現れている。(4) それとともに、まさにカトリックの環境に目覚めることで、格別に厳しい表現を見出そうとする宗教的なものに対する反発にも拘わらず、(5) 遠くからアウグスティヌス的な回心がすでに兆していた。クレメンスのために、「動物の弦を張った金色の竪琴《ハープ》で」愛の女神が情熱的に強音《フォルテ》を奏でたために、弦が切れてしまったのである。(6) 苦いだけでなく恥ずかしくもあるこの種の経験は、クレメンスによる最終的解決に至るまで、なおランツフート時代を越えて波及することになる。したがって、アウグステ・ブスマン問題の解決の途方もなく豊かに記録された物語が、少なくともその起伏に富んだ展開とともに先取りされなければならない。この問題解決は人的な関心のみならず法的な関心をも惹起して、その際にはサヴィニーの正義感および友人としての理解が繰り返し美しく輝いている。先取りしておくのは、ランツフートの新しいロマン主義的精神の出発時において、サヴィニー派の全体としてはるかに明るい姿を影で覆うことのないようにするためである。

すでに言及したように、一八〇七年十月十九日付のブレンターノからアルニム宛の手紙は、(7) アウグステ・ブスマンとの婚姻締結（一八〇七年八月二十日、フリッツラー）の前史および経過についての、最も重要だがおそらく多くの点で一方的な叙述である。その中でクレメンスが報告するには、二か月ほどしか結婚生活は続かず、妻の精神的興奮《ヒステリー》の勃発や(8) 双方に生じた暴力的行為について、以前から衝撃的なものがあったとしている。アウグステがその性格についての未熟さを精神病質者に特有の演技と思い違いさせる日々もあり、クレメンスもそうした日々には彼女を治療できることをなおも望んでいた。だが一八〇七年十二月十八日付の手紙において、法律的な助言を常に求めていたサヴィニーにより、どこかの裁判所に離婚を提訴するべきだと強く要望されていることをクレメンスは知るに及んだ。(9) その一方で、アウグステは同日付のサヴィニー宛の手紙の中で、クレメンスなしには生きられないと宣言しているのではあるが。(10) アウグステの振る舞いにおける一応の改善についての報告が届いたあと、サヴィニーはクレメンスに対して、その落ち着いた正しい態度を保つように助言した[11]。同じような助言をサヴィニーは一八〇八年三月五日付で再び与えたが、それはクレメンスが絶望的な手紙でもって繰り返しモーリッツ・ベートマンに相談したあとのことであった。だがサヴィニーは、この結婚が修復不能なことを分かっていた[12]。それでもサヴィニーは、何日かのちの一八〇八年三月十一日付の手紙の中で、すべてが離婚に同意する確実な事例などありえないにしても、クレメンスが離婚をあまり簡単に考えることのないようにと警告した[13]。ヤーコプ・グリムなら、フランス法による離婚が如何に困難を伴うものかを、クレメンスに語ることができたであろう[14]。この頃ベートマンは、クレメンスが彼に出した様々な手紙に対して立場を明らかにした。クレメンスは今や自信をなくして、自分の返信に見解を求めるべく、まずはサヴィニー宛てに転送した[15]。一八〇八年三月十二日のアウグステの本気ではなかった自殺未遂は、夫婦の家族をともかく不安がらせた。彼らにはクレメンスがフランクフルトに派遣したヤーコプ・グリムによって知らされ、その結果として大体において結婚の解消は必要とみなされた[16]。だがアウグステは、明らかに双方の合意に基づく離婚を目指すような解決を妨げようとして、どんな場合でもクレメンスに従いたいと説いた。こうしてサヴィニーも、一八〇八年三月十五日および十八日付のアルニムおよびクレメンスに宛てた手紙にあるように、一時的な別居に賛成することとなった[17]。アウグステは、今やアレンドルフの牧師マンネルのもとに収容されて[18]、そこから夫に一連の感傷的な手紙を書いた[19]。サヴィニーがランツフートへの招聘を受諾したのち、一八〇八年五月二十二日付でクレメンスはサヴィニーに対して、尊敬に値する生活に向けて助けてもらうべくランツフートに同行することを認めてほしいと頼んだ。クレメンスが総じて独身生活への転機と自覚したかのように[20]。サヴィニーは、クレメンスが過大な要求によって誤解を生じることがないならば、それを了承すると返信した。ところが、クレメンスの将来に向けたすべての計画は、すでに別れた妻への配慮をも求めるものであり、このことによってクレメンスが彼女に左右されうることについては述べられていないのである。[21] 言及した妻のお涙頂戴の手紙に惑わされるにせよ、彼女の継父フラヴィニー伯爵のまったく理性的な提言を無視して決心するにせよ、[22] アウグステをランツフートに連れて行くにせよ、[23] クレメンスは充分に未熟であった。だがすでにアレンドルフでの出会いに際して再び激しい争いが生じて、さらにランツフートでは結婚の悲喜劇がその頂点に達した。アウグステは服毒による自殺を装ったが、前もってお涙頂戴の赦しを乞う手紙を書かなかったわけではない。[24] クレメンスは、喜劇役者の前から主たる観客を奪うために、ミュンヘンに逃げてサヴィニーの正義感によって慰めてもらおうとした。もっとも、クレメンスがそれに値しなかったので、サヴィニーは助けようとはしなかったようだ。[25] クレメンスは、ミュンヘンにはせいぜい二、三日しかいなかった。というのも、一八〇九年二月二十七日の朝早くサヴィニーから馬で来た使者に起こされ、アウグステがそちらに向かっている途中なので、至急ミュンヘンから去るよう要請されたからである。実際アウグステは、クレメンスがこっそり立ち去ってしまったのに、彼の旅館に踏み込んで芝居がかった声明を発表したあと、居合わせた客の前で瓶を取り出し自称命取りの毒薬を飲んだのであった。当然ながら、これには客たちが大騒ぎになった。毒薬は医者のもとに送られ、次いである聖職者のもとに送られて、聖職者はただちに弔鐘を鳴らさせた。しかしながら、瓶はマラガ産ワインを入れたものであったこと、アウグステは以前にミュンヘンの貸本屋とのあいだで、長編小説をランツフートに定期的に送付する契約を結んでいたことが明らかになった。[26]

サヴィニーの斡旋によって逃げたクレメンスは、シュタルヴァンク（ランツフートから二時間離れている）の元ベネディクト会修道士カンディド・フーバーという、昆虫採集家にして「森の図書館」の考案者のもとに避難所を見出した。[27] そこでクレメンスはベノーネという名前で匿われていたのだが、[28] アウグステが三月にアレンドルフに追い払われるまで、[29] もう一度ランツフートで狼藉を引き起こさなかったはずはない。[30] その後のすべての経緯は最大限の明晰さでもってサヴィニーの次の手紙が示しているのだが、これはシュタルヴァンクのベノーネ宛てに出されているものだ。

ここではもはや結婚上の不和についてではなく、抑えつけるべき狂女について述べます。誰がそうすべきなのでしょうか？　法律の字句によれば、もちろんクレメンスです。でもそれは絶対に不可能です。なぜならば、アウグステは自制することができるので、したがって裁判所や警察を彼女に用いようとする至る所で、今回も再びミュンヘンで多くの人々に勝利したように、彼女に有利でクレメンスに不利な体裁を装うことでしょう。アウグステの家族はそれを拒むことができますし、裁判上もそのように強制されえないのですから、ましてや彼女は拒むはずでしょう？　どうしようもないのですから、クレメンスにとっては、立ち去って彼女を運命に委ねるしかないのです。彼に対しては、単なる字句のために彼女のもとに留まることを強いることもできません。そこでは彼が何事かを改善することなどできませんし、すべてをもっと険悪にしてしまうことができるだけなのです(31)。

概してこの事態におけるサヴィニーのブレンターノに対する立場は、性急にではなく得られた確信から説明される。この確信を、サヴィニーは一八一〇年四月十三日付のバンク宛の手紙の中でこう表明した。

人々はアウグステを称賛するでしょうが、私が君たちに言いたいのは、彼女はとうてい何の役にも立たないということです。おそらくクレメンスはもっと良い婦人とも一緒に生きていけなかっただろう、ということを私が否定しないとしてもです(32)。

とはいえ、「ベートマン・ブスマン＝サヴィニー・ブレンターノ離婚問題」[33]についての話し合いは、アウグステもクレメンスと縒りを戻すことを諦めたあとになっても、なお長引くことになった[34]。ブレンターノにとって肝心なのは、なによりも不快な公的評判を可能なかぎり回避することであり、ついに一八一二年になって[35]アシャッフェンブルクの宗教裁判所が悪意の遺棄（malitiosa desertio）に基づく別居を言い渡すまで、彼はしばしばサヴィニーの法律的な忠告を必要とした[36]。こうしてブレンターノの二度目の結婚は終わったのだが、これについて彼は一八一二年十二月に妹のメリーネに宛てて書いている。「僕の全人生は、驚愕や惨状や狂乱や嫌悪を、これらを僕はひどい怪物によって体験したのですが、そうしたものを魂から抹消するには充分でないようです[37]」。

ついでながら、アウグステは一八一六年に再婚し、多くの子供たちの母親になった。彼女は、しばしば自殺をもって気を惹こうとしていたが、一八三二年一月にマイン川で溺れることで、とうとう自殺により生を終えた[38]。

ブスマン事件はサヴィニーも分かち合ったランツフート時代に重苦しい影を投げかけたが、しかしながら「高度の政治の雷光」に対する家族内の不安は急速に後退した。おそらく、ブレンターノから友人アルニムに宛てた特徴的で長文の一通の手紙が、シュタルヴァンクで書き始められながらも、ようやく一八〇九年の五月にランツフートで締め括られなかったならば、人間的なこととドイツの大きな運命とが一気に言及されることはけっしてなかったことだろう。直接にはアウグステの最後のランツフートおよびミュンヘンでの滞在の報告と並んで、一八〇九年の四月にランツフートおよびその近郊で起きた、例の重大な軍事的出来事が眼前に出現したかのように書かれているのである[39]。一八〇九年の三月末、オーストリアは伯爵フィリップ・フォン・シュタディオンの外交的指導のもとで――オーストリアにも「シュタイン」的人物がいたのだ――、ナポレオンに対する戦争を宣言していたが、ナポレオンの側では、ライン同盟諸国の一員であるバイエルンの軍隊、つまり当時において反ナポレオン的と目されていた王太子にして、のちのルートヴィヒ一世の軍隊も、遺憾ながら闘っていた(40)。

一八〇九年四月二十二日までの六日間のうちに、サヴィニー夫婦とクレメンス・ブレンターノは、カール大公指揮下のオーストリア軍の戦勝気分の進撃、打ち負かされたオーストリア軍の撤退、ナポレオンとその大軍の通過――したがって二度にわたってそれぞれ一五〇、〇〇〇人の軍隊の進軍、これに加えて町の近郊での激しい砲撃戦を経験した(41)。この出来事は、帝国自由都市の伝統のもとでドイツ問題を支持するサヴィニー家やブレンターノ家にとって――ベッティーナと彼らとの手紙が、バイエルンの立場のために隠された政治的仄めかしであることが今や一義的に証明されたと彼らは考えた(42)――、単に物騒なだけでなく、なによりも国民的希望の後退として苦いものであった。また、大急ぎで捨てられた軍隊の野営地において、あらゆる領邦からの兵士の手紙を蒐集するブレンターノの姿も――依然として彼にとって人間こそ最も重要なものであった――、こうした感銘を妨げることはない。ミュンヘンに留まっていたベッティーナは、現実的な度量をもってサヴィニーを励ますことを心得ていた(43)。アスペルンからの知らせが如何に元気づけるものであったか、ワグラムからの知らせやシェーンブルンの講和についての知らせが如何に衝撃的なものであったかを、想像することができるだろう。この講和は、ベッティーナが称賛し、彼女も微力ながら支援したティロルの自由戦士たちに委ねられていたのだが。実際サヴィニーは、一八〇九年八月十四日付ヤーコプ・グリム宛の手紙の中で、こう告白している。「私は長いあいだまったく萎えてしまい、多くの研究に夢中になることで、ようやく再び快復したのですが、このことを再び学んでみるつもりです(44)」。

彼がそうできなかったとすれば、彼はサヴィニーではありえなかったということだろう。ランツフート時代末期（一八一〇年四月十三日付）の友人バンク宛の手紙から知られるのは、この一年半が如何に実り多いものであったかということである(45)。ローマ法の文献史という古い計画は精力的に進められ(46)、『使命』は「彼の思考の中で発展」し続けたのだが、以前には聞けなかった新しい計画であるローマ法の体系が学説彙纂《パンデクテン》講義によって刺激された。サヴィニーは、一八〇八／〇九年冬学期に法学提要《インスティトウツィオーン》とローマ法史を講義したあと、一八〇九年の夏学期と続く冬学期を通してパンデクテン講義をおこなった。[47]新しい計画が文献史を背景に押しのけるよう迫るような、まさにそうした時間となったのである。[48]このことは、サヴィニーがパンデクテン講義の準備に没頭してきた、原典研究に利用されたということに関連している。このパンデクテンとは、彼がレオンハルト・クロイツァーに宛てて書いたところでは、「朝から晩までパンを求めて泣き叫んでいる小さな子供のようなもの」だという。[49]こうしてサヴィニーにとっては時間と書物の不足のみが、一八〇八年にハイゼ宛てに書いたように、[50]「法学方法論についての著作の歴史学的な概観」を執筆することを妨げたのである。

ランツフートにおけるサヴィニーの仕事の専門的な側面は、再びサヴィニー＝ブレンターノ関係に目を向けるとき、詩人ブレンターノとはまことにかけ離れていたけれども、とはいえそれらの仕事が詩人になんの影響を残さなかったわけではない。ブレンターノがサヴィニーによる法の歴史的基本見解を理解し、そのうえ古代ローマおよび中世の法史についての詳細を呑み込んでいたことは、『薔薇の物語』の研究において証明されている。ブレンターノに照射された仕事はきわめて深いものであるが、これらはサヴィニーの正当で、ゲーテの知性にも達した人格性に由来するものであり、またこの人格性の魔力に魅惑されて、サヴィニーの周りに集まった仲間たちに由来するものである。後世に手紙の形で残されることになるのだが、たしかにサヴィニー家とその客人たちとの生き生きとした思想的交流の中で表明された思想が、人生の真面目さや深遠な芸術家的責任において成長してきたブレンターノへの影響[51]がないままにありうるものだろうか？　そうした思想が、芸術とりわけ文学や学問から成る直接的な共通性に由来しているとすれば、なおさらであろう。[52]以下のような認識について考えてみよう。

すべての関係における人々の、また学識者の努力は、市民のみが属する真の国家あるいは真の教会へと向かうのです。その結果、最もちっぽけな市民も全体の一部として尊重され評価されるし、最も偉大な市民もまさに市民とは別格の尊重を要求することはできなくなります。……あらゆる本物の努力が、学問の本体を精神的なものにしたり、文字を解釈しさらに深く解釈するために否定しがたくなるのです。こうした現代の幸運児たちは、それによる情けない誤用を進めてきました。ご立派なことに、彼らの手でもって至高のものよりは低い何かに触れるために、独力で扱いたいと思う精神そのものを、彼らは死せる文字に変える不幸な秘密を見出したのです。今や最も深く最も強い事物が、内的な力も動きもなしに、語られたり書かれたりするように見え、こうしてそれらは感情抜きで聞かれたり読まれたりするのです。

さらに、最後にユストゥス・モーザーの称賛に繋げて、こう述べている。

思うに、すべての善意の人が、喜びの日までに手を付けて、なすべきこととは、先ずは周りの腐敗から各人の手を清潔に保つことなのです。本来このことは、最初ではなく唯一なのです。この時代のあらゆる有害さの根底で、我慢できない嫌悪感を呼ぶものは、虚偽ということであり、芸術と学問におけるあらゆる奮闘に相応しい唯一の法則は、真実ということなのです。私は高次の真実を考えているのですが、この真実とは、人間が本当は自分のものとしてこなかったすべてを撥ねつけ、この目標に向けての無限の途上でそれをけっして安住させないようなものなのです。同時にこの真実は、芸術や学問の中にある最も民族的なものにも見えます[53]。

そしてアダム・ミュラーとシュライエルマッハーへの批判を抜きにして、以下のことが表明されているわけでもない。

時代のこの重い病ですが、その中では形式と言語が独自の形成を、つまり独自の生活を促し、ちょうど異国の積み重ねられた家のように、思想の周りで揺らいでいます。この病に貴方たちは、最も才知豊かで最も教養のある人々に至るまで、慣れ親しんでいるのです。(54)

もちろん、ランツフート時代のサヴィニーとブレンターノが互いに意味したものを個別的に捉えることは、歴史家にとっても容易ではない。ブレンターノが、基本的に一八〇九年七月まではランツフートにいたので、当然ながら手紙による証言は欠けている(55)——離婚問題の渦中でのすでに知られている手紙という例外はあるが——。また一八〇九年九月からブレンターノがベルリンのアルニムのもとに滞在して以来、ベルリンに魅了された詩人の手紙は、サヴィニーを動かして、ベルリン大学に来させ、この活動領域と町の利点につき最良の印象を与えるという、ただ一つの主要課題をもつことになる。(56)本質的には充分である！　なおその数年前にブレンターノは、彼の行路は今や孤独に向かっていると信じて、サヴィニーに対してランツフートに同行してくれるよう頼んでいた。(57)とはいえ、ブレンターノはランツフートでは楽しくないことを自覚していた。すでにメローによって思い知らされていた不在者の強力な魅力というブレンターノの法則が、再びその力を証明したのである——したがって今度はアルニムが強力な磁石となった。その一方で、ベルリンでは別の友人がサヴィニーがいなくて非常に寂しかったので、サヴィニーもベルリンに呼び寄せられねばならなかった。こうしてブレンターノは、本研究においては少しばかりのあいだ、おのずと周辺部に追いやられることになる。サヴィニーが前面に、やはりランツフートで長いあいだ（二十一年間）活動していた神学教授のヨハン・ミヒャエル・ザイラーとともに、まさに中心部に登場することになるのである。もう一人、性格的な閉鎖性においてではないものの、精神の高次の才能においては彼らに匹敵するアンゼルム・フォイエルバッハは、公的にはなおランツフートの教授であったが、法典の筆を執るべく実際にはすでに教壇から離れていた。

フンクのすでに言及した叙述は、ルートヴィヒ・マクシミリアン大学のランツフート時代（一七九九～一八二六年）に一致するミュンヘン・ロマン主義の前段階を、啓蒙主義からロマン主義への道筋として特徴づけた。ミュンヘン・ロマン主義とは、国王ルートヴィヒ一世の治世（一八二五～一八四八年）における、精神的および芸術的なバイエルンの開花期であった。サヴィニーの精神的な予感能力に関して示されるのは、彼がバイエルンのバロック的な生活感情を、あらゆる死亡宣告の試みもしくは啓明派[58]や後期啓蒙主義者による殺害計画にも拘わらず、民族の中で生きている有効な力として認識したということである。「思うに、私がバイエルンで啓明派が登場する以前にそこのすべての修道院を訪れていたとしたら、この国を非常に愛しいと思えたことでしょう[59]」。教育問題に向けられた彼の感覚は、その際、なによりも知識の一様な流布や伝達に留意してきた修道院の「受動的学識」と、学問的進歩に向けられた中部ドイツおよび北部ドイツの大学の能動的な学識との相違を書き留めている。だが彼は、例の古い方法を学識と功績とで否定すべきではないと信じており、いずれにせよ、支配者層が「みごとな作品」を打ち砕いてしまって、その場所であれこれの種類の何か素晴らしいものを養成できなくしてしまうことを残念に思ったのである[60]。三十年間にわたる支配者層の無知と悪意の中で、一定の偏狭さの根拠を強力で教育可能で善良な民族的核心部の中に認識することを、彼は信じていた[61]。実際、彼は間もなくランツフート周辺の魅力的な風景を愛でることを覚え[62]、一八〇八年の十一月には日々に好きになるとも表明し[63]、たちまちにして非常に美しく、同時に彼の善意や品位欲求に相応しい関係をランツフートの学生たちと結んだ。そうした彼にとっても、すでにその定款において古いものと新しいものの不均衡な混合物であった大学の状況は考えさせられるものであったようだ。当時約七、五〇〇人の住民しか数えられなかったランツフートにおける小市民的な生活の断片のもとで、サヴィニーは非常に都会的な家の一つの階をすべて借り切っており、夏にはトラウスニッツ城の麓のホーフベルクに住んだのだが、ミュンヘンにはベッティーナがおり、そこに少しばかり旅行すれば差し当たって願望を満たすことも可能であったので、彼はけっして我慢する必要があったわけでもない。図書館もおよそ一五〇、〇〇〇巻を備え、その中には貴重な手稿本や古い版本もありまずまずの予算も整っていたので、同時代の他の大学図書館との比較を憚るまでもなかった。だがサヴィニーとその同志たちは、この大学には、個々の専門分野は立派に配置され全体として熱心に講義されているものの、精神的な絆が欠けていることに気づいていた[66]。すでにこのことが心情を同じくする友人仲間には共有されており、フォイエルバッハが次のように書いたことも、残念ながらすべての大学にとって不当なわけではなかったのである。「この町と近辺とは天国のようだが、教授たちの関係は悪魔たちの関係である[67]」。このことについての最も重い責任はニコラウス・タッドイス・ゲナーにあって、彼は学問上の美しい出発にも拘わらず、インゴルシュタット＝ランツフート大学をめぐる著しい功績にも拘わらず、無節操な名誉欲のゆえに、無制約な権力欲のゆえに、安直な教育成果に向けての手段を選ばない欲求のゆえに、他人の成果と功績に対するちっぽけな嫉妬のゆえに、策謀と誹謗への邪悪な傾向のゆえに、そして無秩序な行状のゆえに、まさしく大学の権力的で邪悪な精神と呼ばれねばならなかったという[68]。ゲナーはフォイエルバッハの情熱的な気質にとっては不幸のもととなったけれども、ゲナーは卓越した冷静さを備えたサヴィニーによって遇されることとなった。サヴィニーは最初から、ゲナーが自分に好意的でないことを見通していたが、就任挨拶以外では彼と関わることはないとも考えていた[69]。サヴィニーはゲナーにほとんど会っていないので、フーフェラント宛の手紙では衝突する機会さえなかったと書いている。[70] 法学者のうちゲナーの一党に属していたのは、あまり重要でないヨーゼフ・ゲオルク・クサーファー・ゼーマーと、教会法学者のアントン・ミヒルである。[71] サヴィニーのランツフート時代の最後までに、法学者たちはウンターホルツナーとミッターマイアーにおいて、非常に有能でフォイエルバッハとサヴィニーが必要とした二つの勢力を確保した。[72]

だがサヴィニーとゲナーにおいて現れたのは、二つのまったく異なった性格的な原則だけでなく、二つの精神史的な方向でもあった。後者はすでにランツフートで明瞭に隔絶し始めていたもので、サヴィニーが当地の党派組織を、他の大学の不透明な学閥組織よりも我慢できるとみなしていたものであった。[73] モンタゲラスの統治下で一般に受けの良かった啓蒙主義者たちは、「ランツフートの会」においてゲナーと神学者ヤーコプ・ザラートの周りに集まっていた。[74] 他方の、神学者のザイラーの周りに形成された集団たる「修道士、神秘論者、シェリング党」、またの名を非開化主義者たちは、とりわけ数学者のマンゴルト[75]や神学者のマル――彼らはサヴィニーに近かった――、医学者のレシュラウプ、[76] イェーナから招聘した古典語学者のフリードリヒ・アシュト、[77] 同様にイェーナからやって来た歴史学者のブライヤー[78]を含んでいた。サヴィニーはこれに加わったのだが、またフォイエルバッハも、異なった世界観の系統にあったものの、ゲナーとの敵対関係の結果としてこの集団に接近していたのであった。[79]

何よりも、流行哲学者たるシェリングが新たな精神性を規定するかのように現れたのだが、[80] シェリングが期待した新哲学と当時の宗教運動との結合を成就できなかったあとでは、この精神性は、ヨハン・ミヒャエル・ザイラー（Johann Michael Sailer, 1751-1832 一七八四～一七九四年、ディリンゲンの司牧神学および倫理学の教授。一七九九年、インゴルシュタットの教授。一八〇〇～一八二一年、ランツフートの教授。のち一八二九年から没年までレーゲンスブルクの司教）によってまったく指導的に形成された。[81] この卓越したカトリックの指導者像は、当時の精神的転換期にあって、高貴なキリスト教的人文主義および深く内面的な信仰の原型となった。あらゆる偉大なものや美しいものに対する精神の開放性によって、その存在の善良さや純粋さや内面的調和によって、その抜きん出た教育の才能によって、その宗教的な文筆活動によって、シェリング、ヤコービ、ラファーター、シュテフェンス、マティアス・クラウディウス、ペスタロッツィ等々との人間関係の保持によって、その膨大な往復書簡によって、ザイラーは宗派を超えた活動において、類い稀な魂の指導者および魂の医者であった。これこそ、サヴィニーの心に適う人物だった。

ザイラーはいつでも私にとって、ここにいるすべての人々の中の第一の人です。彼は非常に沢山書いてきました。……でも彼の本から、彼のことを知る必要はありません。彼は、文学として彼から出てくるすべてよりも高みにいるのであって、それが再び完全に彼に属し、そして生き生きとみごとに活動してきたのです。

サヴィニーのヤーコプ・グリム宛の手紙では、そのように記されていた。[82] そして一八一〇年三月四日付で、バンク宛てにサヴィニーはこう書いている。

ザイラーについて取り上げさせてください。……あらゆる時代およびあらゆる人物の文学的・学識的な動向については、それを熟視しがちではありますが、それについての、君たちの温かく生き生きとした喜びを考えてみてください。そして今度は思考の中に学識性に代わる宗教的な気分を据えてみてください。そうすれば、君たちは彼の精神の支配的な方向を思い描くことになるのです。……論争的な事柄は完全に彼の道の外にありますし、学識的な事柄も、文学的な事柄もそうです。教義的な事柄さえ、彼にはあまり興味がないようにみえます。少なくとも宗派の多様性が些かも彼を妨げることはありませんし、彼はあらゆる形での宗教的霊感を等しい愛情でもって尊重します。ルターの高次に支配的な意味が、全体としてカトリック的な心情をもち、啓蒙された者の評判を得ようとしたことのないこの人物に優るとの感情でもって是認されるのを、私は見たことがありません。彼は、あらゆる階層出身の人々と特別な結びつきをもっています。万人が、中でも学生たちが、彼を父親のように敬愛するのです。そしてあらゆる側面に向かって同じ仕方で、覚醒的に活力をもって断固として、その宗教的な気分の内奥から、彼は活動しようとします。彼の著作も、その都度の民衆学級としての学生たちに対する手紙や挨拶としてのみ取り上げられるべきであって、通常の意味での書物ではありません。彼自身は、まったく誇らしげにでもなく、まったく要求することも儀式ばることもなしに、陽気に、あけすけに、子供のように（kindisch）[83]現れる。「私は一人の学生です」、彼はしばしば冗談めかしてそう言うのですが、この冗談は深い意味にもとづいているのです。[84]

ここからみて取れるのは、とりわけ平和神学的な立場、つまりキリスト教的諸宗派に共通するものを強調するのがザイラーの立場であって、これがサヴィニーを特別に惹きつけたということである。サヴィニーは確信的な福音派のキリスト教徒であったが、カトリック教徒のグンダ・ブレンターノとの結婚において、キリスト教の深奥の統一性の体現をみたのである。[85]

他方でザイラーも、サヴィニーの高次の天分と性格的価値を知っていた。両人の生涯の交友は、双方の尊敬という美しい基盤において生じた。以前からザイラーの家はランツフートの新しい精神の中心となっていたのだが、一八〇八年秋から一八一〇年春までは、サヴィニー家の客間がその役割を引き受けていたように思える。ザイラーとその同志たちは、ここでほとんど毎晩のように親しい集まりをもち、その際、政治的会話や宗派的会話は一般に避けられたとしても、これらの活発な人物たちにとって思想的交流のための話題に不足したわけでもなかった。[86]

時代の流れの中で、あれやこれやの学生がこの集団への入り口を見出した。学生たちについても、今や語られねばならない。充分に長いあいだ、サヴィニーは大学の若者たちとの賑やかな繋がりなしで過ごしてきた。彼は教育的課題に、すっかり夢中になって献身した。[87] 学生たちからの感謝に満ちた尊敬によって、彼も報われた。彼の聖名祝日たる聖カールの日（一八一〇年一月二十八日）に、松明の音楽が献ぜられた。[88] 公的に若き法学徒たちが表明したところによれば、サヴィニーがいなければ大学に行く甲斐がない、というほどであった。[89] サヴィニーは、その講義室がほとんど一杯になるのをみた。というのも、たとえば一八〇八／〇九年の冬学期の学生五四三名のうち、三一一名の法学生が聴講したからである。[90] 彼にとっては、中部や北部の大学に比して、まったく異なった聴講者の構成が目を惹いた。農民や手工業者の子息に混じって、若い貴族たちが主要部分を形成していたのだが、これに対して、教養ある中間層の子息はほとんど完全に欠けているように見えた。[91] 予備教育における中等学校の粗末な状態の結果、それらの学生たちに不足していたものを努力と受容力によって埋め合わせようと試みたけれども、その際には、とりわけサヴィニーが採用したローマ法学の原典の釈義が、大きな評判を獲得したのであった。[92]

非常に頑固な古いバイエルン人に活気を与える要素として――サヴィニーは、この部族の重要な法的天分を認識するほどに長くはランツフートにいなかったのだが――、サヴィニーは新しいバイエルン人やシュヴァーベン人やフランク人のことを受けとめていた。その際こうした「三つの国民」に対する彼の共感は、次の順番で段階づけられていた。ティロール人とつながるシュヴァーベン人、バイエルン人、フランク人、の順番である。[93] 少ない給与で雇用された私的財産も有さない他の教授たちに関しては痛切な問題であり、彼らには研究助成金や貴族特権の結果として僅かな講義料収入しかなかったのだが、サヴィニーにはなんの心配も生じなかった(94)。

サヴィニーが、学生たちによる一般的な「進歩に対する素朴な関心(95)」を越えて、何人かの学生と密接な交流をもったということは、クレメンス・ブレンターノに還元されるべきである。ランツフートの青年学生の一部には、様々な出来事が示すように、新たな傾向が広がっていた(96)。啓蒙主義者のザラート教授が、彼のいう「若者主義」とシェリング哲学やロマン主義との関連が認識できると信じたのは、まったく根拠がないわけではなかった。彼は不当にも、単純に青年の未熟さの表現であった大騒ぎを、この勘定方に記帳したからである(97)。実際、医学生のヨハン・ネポムク・リンクザイスを中心とする一派の中に、バイエルンの青年ロマン主義者の集団を認識することができる(98)。彼の弟のゼバスティアン・リンクザイス、医学生のレーヴとロットマナー、法学生のファニーノとテンクが属していたその集団は、すでに一八〇八年の夏にはゲレス宛の手紙(99)をつうじて、ハイデルベルクの一派や『隠者新聞』と連絡をとっていた。彼らによる一連の詩歌は、『隠者新聞』に掲載されていた。その中でもロットマナーの悪名高い、当然にも彼自身が出版に応じなかった「挑発」なる詩は(100)、今日ではただ滑稽なものと受け取られる自己転倒的なバイエルンの地方的愛国心なる厄介物であって、北ドイツの存在に対する強い攻撃的な当てこすりを伴っている。アルニムは、にも拘わらずその詩歌を彼の雑誌に掲載するほどに寛大であった。他のあまり喜ばれなかった再演(101)とは異なって、まさにこの詩歌は、クレメンス・ブレンターノがランツフート到着後リンクザイス派を訪れるといった良好な効果を招いたのである。ブレンターノは、こう自己紹介した。「僕はヴァルターやティーデマンやレシュラウプ(102)のところで、君たちがどういう人たちなのかを問い合わせてみた。そして君たちが勇敢にも勉学から外れたものの、総じて何かに役立っているとは聞いた。君たちが無職の感激屋だったら、僕は君たちを訪ねなかっただろう。というのも、無職の悲惨を、僕は自身の経験から知っているからだ(103)」。

ブレンターノは、この一派の一面性や芸術的な成熟の不足を看過したわけではない[104]。このバイエルンの青年ロマン主義者たちにより構想された機関誌『青年新聞』が、検閲上の差し止めによって刊行に至らなかったとき、彼は遺憾の意を示すことができなかっただけなのである[105]。にも拘わらず、彼はランツフートの諸関係についての一般的な不満の印象のもとで、一派の意義を、彼の信じるかぎり、ランツフートではこうした人々について何も知られていない、と過小評価した[106]。ブレンターノはリンクザイスと交友関係をもち、なによりもサヴィニーとザイラーをして、不明瞭ながらも心情を共にする学生たちに注目させた。そしてサヴィニーと天才的な医者のリンクザイスとの生涯にわたる交友が基礎づけられるならば[107]、このような仕方で何人かの学生との密な接触をも得られるとみていたのである。

再び総括的に、サヴィニー家で優遇された友人を紹介せねばならない。すなわち、ザイラー、医学教授のレシュラウプとティーデマン、古典語学者のアシュト、私講師のウンターホルツナーとミッターマイアー、若き医学生のヨハン・ネポムク・リンクザイスとレーヴ——後者はリンクザイスの弟ゼバスティアンとともに一八〇九年に、当時ランツフートで蔓延した野戦病院熱で死んだ[108]——、彼らの他には最初の年にクレメンス、そして最後に一八〇九年の秋にミュンヘンから到着したベッティーナである。ベッティーナは、誰や彼やと一緒に訪ねてきたが、たとえば彼女の音楽教師であった宮廷楽団指揮者のペーター・ヴィンターであり、彼のオペラ『阻止された犠牲祭』は当時の最も愛好されたオペラ作品群に属しており、彼はモーツァルトの死からベートーヴェンの『フィデリオ』までの時代において、真面目なオペラの分野でドイツの作曲家の第一人者とみられていた[109]。ベッティーナは、ヴィンターおよび彼の弟子の作曲家リントパイントナーとともに、一八〇九年九月末にサヴィニー家を訪問したが、これらの客人がミュンヘンに帰ったあともサヴィニーの退職までランツフートに残った。こうして学問、文学および造形芸術への関心[110]に、優雅な芸術としての音楽が加わった。また周知のように、ヴェニスの作曲家にして法律家のベネデット・マルチェロ

(Benedetto Marcello, 1686-1739) ――ティボーはマルチェロを法学と音楽の結合のゆえに非常に評価した[111]――は、当時ベッティーナのことを特に好んで歌っていたが[112]、彼の聖歌はサヴィニー家でも鳴り響いた[113]。不思議な「子供」ベッティーナの魅力は、大学生の若者たちをサヴィニーの家に引きつけた[114]。たとえば、アルゴイ地方の法学生にして音楽生のアロイス・ビーラーだが、彼にはベッティーナに和音理論を教えるという名誉ある任務が与えられた[115]。さらには、サヴィニーの弟子の法学生たちのうち、マックス・プロコプ・フォン・フライベルクは、暫くのあいだベッティーナの『人間像への帰依』にゲーテやアルニムと並んで登場する[116]。フライベルクの友人のカール・フォン・グムッペンベルクもおり、のちに国王ルートヴィヒ一世の側近で大臣になったエドゥアルト・シェンクもいた[117]。ところでサヴィニーの研究にまったく心酔したアントン・フォン・サルヴォッティは、サヴィニーと生涯にわたる交流を結んで、のちにはオーストリアの指導的な政治家として、歴史法学の普及のために非常に多く貢献した[118]。

すでに一年後にはサヴィニーを中心に一派が形成されていたが、興味と好感をもって紹介されるようなものではなかったようだ。この一派から離れることは、みずから身を置いたサヴィニーにとって容易ではなかった。とはいえ、彼が三学期を経たのちにランツフートを去ってベルリンに移ることを決心したのは、如何なる事情によるものだったのだろうか？　通俗的な意味での経歴を作るという野心はなかったにせよ、プロイセンにおけるより大きな課題、つまりドイツ的な課題をめぐる学識はあった。プロイセンの漸次的だが可視的な発展は――しかもアルニムは、それについて情報を提供するという存在を務めている――、すべてのドイツ的で反ナポレオン的な心情を有する人々の支持を求めているように思えた。ドイツ問題としての政治的諸関係一般は、当時のライン同盟＝バイエルンにあっては具合が悪かっただろう。フンクが明瞭な手法でもって当時のバイエルンにおける反抗的で絡み合った傾向や運動の混沌を解明して以来[119]、まずもって正当に学んだのは、サヴィニーの炯眼に感嘆することであった。というのもサヴィニーは、一八〇九年二月二十八日付のグリム兄弟宛の手紙の中で、こうしたまったき「言葉の混乱」について以下のように書いているからである。

総じてこの国、とりわけミュンヘンにおいて、諸々の党派が如何に奇妙に邪魔し合っているか、これを述べるのは困難です。すべてが混沌としており、自分で何をしたいのか分かる人間がいないのです。全体としてミュンヘンでは余所者（＝北国人、新教徒《プロテスタント》）は嫌われており、反対党は次のような市民的絆によって取り囲まれているのです。①偏狭な国民性に囚われた生粋のバイエルン人、②非常に悪賢い人々を含む、啓蒙されすぎた司祭および修道士の前衛、③新しい宗教人、④他の多くの害虫ども、のことですが。[120]

ともかくサヴィニーは、ランツフートでは善と悪は大きく分かれているし、[121]波もミュンヘンほどには高くないとし[122]て自分を慰めていた。大学のレーゲンスブルクへの移転に関しては、当時これに関して公的に語られているのだが、彼は万人にとっての喜びと利益だとして期待していた。[123]いずれにせよ一般的にはバイエルンでのこうした状況は――政府は小心翼々とした中立性において傾向や動向の混沌に寄る辺なく対峙していた[124]――、特殊的にはランツフートでの状況は、ベルリンへの招聘の受け入れのために力を尽くしたアルニムとブレンターノの提言を、彼らが思っていた以上にサヴィニーに喜んで聞いてもらうことになった。[125]ヴィルヘルム・フォン・フンボルトは、サヴィニーを新設の大学のために獲得するべくアルニムの仲介を利用した。一八一〇年三月十八日付で、サヴィニーは国王マックス一世に宛てた辞表を書き記した。[126]なおサヴィニーは、バイエルンの公務からの正規の解職を受ける前に、フンボルトに対して一八一〇年四月九日付でベルリンへの確約を与えることが正当だと感じた。[127]

サヴィニーとランツフートおよび学生たちとの別れについて、手紙の中の家族的な表現ではあるものの[128]、その年頃にはサヴィニーを良く理解できるまでに成長していた[129]ベッティーナは、一八一〇年七月ブコヴァン発のゲーテ宛の手紙において有名な報告を残している[130]。

サヴィニー一行の最初の旅先は、ウィーンであった。そこからボヘミアのブコヴァン農場を経て、ベルリンに旅立つつもりであった。サヴィニーは、今や復活祭の直後に（一八一〇年四月二十二日）ランツフートを発つことにして[131]、ベッティーナもそのことをとくに楽しみにしていた[132]。出発のときには、同僚たちと学生たちとが儀式ばった別れのためにやって来て、行程の一部を共にした。多くの学生が先行して道端に立ち、サヴィニーをもう一度見ようとしたが、その中には「人格化された民族的物語詩」たるアロイス・ビーラーもいた[133]。サヴィニーと格別に親しかった何人かの学生は、一行を馬車や馬でザルツブルクまで送って行った。ベッティーナはこうしたお供を愉快に特徴づけている。たとえば、ヨハン・ネポムク・リンクザイスは鋼で鋳造されたような顔立ちであり、フォン・シェンク男爵は礼儀正しく、「イタリア人」のサルヴォッティは、常に勉学に耽っていたけれども、ベッティーナをそのつど庇護してくれ、内気で物静かなカール・フォン・グムッペンベルクはベッティーナの考えでは「すべての人の中で最も重要な人」であった。この他に、マックス・フォン・フライベルク男爵や、グリム兄弟の下の弟で若い画家のエーミル・ルートヴィヒ・グリムもいた。

旅の第一日目はアルテッティンクまで行き――ここでベッティーナは、民俗学的に興味深い、有名な巡礼地の印象についての描写を加えている――、第二日の夜までに、進むにつれて一行の前に驚嘆すべき山岳地帯が開けてきた。翌日の朝、ザルツブルクを発ってザルツ川を渡ったとき、すべてのお供たちは橋の近くの火薬倉庫のところに集まって、サヴィニーに最後の万歳を捧げた。フライベルクは、なおも次の宿駅まで旅の一行を送って行きながら、こう考えた。「彼らがあらゆることを叫んだので、倉庫は空中に吹っ飛びそうだったが、僕たちの心も張り裂けそうだった」。また彼はベッティーナに話しかけて、「どのような新たな生活がサヴィニー先生によって花開くとしても、教授たちのもとではあらゆる緊張と敵意が起きたり、あるいは和らげられたりしたように、格別に先生の影響は学生たちにとって有益なものでした」と述べた。(134) ここからみて取れるのは、サヴィニーが、かつてのランツフートにみられた教授と学生の関係における卑屈な様式に対して、真の大学の自由としての精神を導入したということである。

フライベルクのこうした表明は、次のような問題を浮上させる。すなわち、ランツフート時代はサヴィニーとその家族において如何なる余波を残し、如何なる客観的成果を生んだかという問題だが、その際すでに言及した研究に関しては再論するまでもない。サヴィニー自身が、一八一〇年四月十二日付の手紙において、したがってランツフートの最後の日々に、友人ヤーコプ・グリムに対して以下のように表明しているからだ。

すべての名誉と品位が政府の平準化制度によって奪われ、たいていの人々が最下層の身分から訪ねられることになって、それ（大学）は、我が国の大学を素晴らしいものにしてきた、ほとんどすべての教養や自由や刺激を欠くことになりました。これに反して貴方は、非常にしばしば単純で子供のような献身を、つまり欲望もなく不真正で有害な自負心もない、真正の学生精神を見つけ出しました。とりわけこのシュヴァーベン人の親密で心地良い特質に関しては、他の大学ではけっして見ることはできません。他の場所のように、街路上で牛が鳴くのを、貴方はほとんど聞いたことがないでしょう。これに対して貴方はしばしば、夜中に街路上で美しい合唱《コーラス》や器楽さえ聞くそうですね。私は自分の講義に共感を惹き起こすだけでなく、もっと喜ばしいことに、心からの好意を獲得することに成功しました。私の公的な別れに際しては、多くの人々が涙を流してくれました。こうして私は、教授たちのもとでまさに心からの交友を見出してきたのですが、それは他の教授たちの激しい憎悪とともにありました。[135]

一八一一年四月十三日付ベルリン発のライデンのH・W・ティーデマン教授宛の手紙の中で、サヴィニーはランツフートの密告者制度について嘆いているが、これはサヴィニーやその友人たちには戦争推進者たちよりも危険をもたらした。だがそれと同時に、ザイラーとの交友という明るい姿も示している。ベルリンは、なによりもそこに支配的な文学的生活のゆえに、サヴィニーを惹きつけた。[136]のちにグリム兄弟がある小さな大学でサヴィニーと再び親しく会ったとき、彼は次のように考えた。

私は喜んで白状しますが、ある小さな大学で生活することで、邪魔されることもなく、学問的な法律学にとっての大きな範囲で仕事をすることができてきましたが、でも私は知っているのです。本来的な教授不足によって、私はどれほどに損失をこうむったことでしょう？……神の教育方法は、その固有の道を、我々の便覧にある方法とは異なって進みます。まさしく、その物事が我々には見通せず計算できないがゆえに、神の使命において几帳面に変化を求めることもなく、これが自然に現れたとしても、内面的に対応する変化に抵抗するわけでもない、ということが確かに最良なことなのです。[137]

そのような内面的に適合する変化は、サヴィニーにとってはランツフートからベルリンへの移籍であった。ランツフートおよび一般的に小さな大学についてのサヴィニーの評価が控え目な態度であったとしても、彼の家族はランツフート時代を最良の思い出の中に抱いていた。グンダ・サヴィニーは、一八一四年にベルリンでリンクザイスに対してこう言明した。「ねえそうでしょう。ここはランツフートとは違います。あそこには家父長的な生活がありましたが、ここでは同僚はともかく学生たちとの接触はありません」[138]。ランツフートの最も熱心な賛美者は、もちろんベッティーナであった。すでに言及したゲーテ宛の手紙には、次の箇所がある。

ランツフートは私にとって実りある滞在でしたし、すべてに関して称賛せねばなりません。故郷を思わせる町、穏やかな自然、友好的な人々、無邪気でしなやかな習俗……。ああ、愛するランツフートよ。お前の白く塗られた切妻屋根と苦しめられた教会の塔よ。お前の噴水よ。その錆びついた管からはつつましく水が流れ出て、その周りを学生たちが夜のひとときに飛び込んだり、おとなしくフルートとギターで合奏しました。そして遠くの道から、歌いながらその「今晩は」の挨拶を鳴り響かせたものです。冬の軽く降り積もった雪の、なんと美しかったことでしょう。それは私が七十歳の参事会員アイクスドルファーや、私の通奏低音教師や、優れた熊猟師と一緒に散歩したときでした。……ああ、私は愛するランツフートに戻ってくることはないでしょう。そこで喜ばしいのは、雪が降り夜になって風がまさに吹きすさんだときですが、太陽がまさに素敵に射してきたときも良いものです。そこで私たちは互いに元気が出て、学生たちは演奏会をおこない、教会でも地獄のような演奏会になるのですが、彼らから逃げ出すのもまるで悪い気がしないものでした[139]。

同じ手紙は、ベッティーナの所見によれば、サヴィニーの活動にも及んでいる――その後、これについてフライベルクは次のように表明している。

今や私は、若い人々と交際するサヴィニーの才能が如何に大きなものであるかを、貴方に充分に書くことはできません。彼は真っ先に、彼らの努力や熱心に対する真の霊感を感じ取るのです。彼らにさせる課題ですが、これが良くなされると、彼をまったく幸せにします。同様に彼は、その最も内面的なものを誰とでも分かとうとします。彼は彼らの将来や運命を見積もり、善行への輝かしい熱中は彼らのために道を照らし出すのです。この関連で確かに言えるのは、若者たちの無邪気さは今の時代の守護天使でもあるということです。そして本来の彼の特質とは、彼がその精神や魂のきわめて美しい力でもって奉仕する人々への愛情なのです。まさに、このことが本当に愛すべきことであって、愛嬌こそはもっぱら偉大さを裏書きしえないでしょうか？　こうした素直な善行は、彼はそれと美学的な学識とをまったく同等視するのですが、彼を二重に偉大なものとするのです。[140]

サヴィニーの強力な教育成果とその人望がランツフートの学生たちに疑いないものであったとともに、少なからぬ教授たちが彼を失ったことを率直に残念に思った。[141]ザイラーの場合には、手紙による証言はまったく必要ではない。アシュトとウンターホルツナーも、ランツフートがサヴィニーに関して限りなく多くのことを失ったことに気づいていた。[142]さらにこうした単なる個人的な影響以上のものを認識できると、フンクは信じている。というのも彼は、サヴィニーとアシュトの歴史的な意味のための活動を、ザイラーによる信仰上の意味の覚醒と並んで、ランツフート時代の最も美しい結実と呼んでいるからである。[143]

すでに言及したように、旅はまずウィーンを目指した。ここでベートーヴェンが、サヴィニーの視野に入ってくる。[144]——友好的な運命、これがサヴィニーのために当時の偉大な人間たちを仲間内に導いた！　ベッティーナが成し遂げたのは、社交的とは言いがたいベートーヴェンが、サヴィニーによってなされた招待に応じて、そこで求められたわけでもないのに、魅了する仕方で即興演奏をおこなったということである。

旅の一行は、ウィーンからプラハティン郡（ピルゼンの近く）にあるボヘミアのブコヴァン農場に向かった。この農場を、サヴィニーは一八〇八年に、大部分がブレンターノ家の縁者であった十三人の共同経営者のための固定資産として取得していた。とはいえ、そこにはなお若干のハーナウの家族が共同出資者として参加していた。農場とはいっても、これは適切な管理者が不足していたために——それに選ばれたクリスティアンものちのクレメンスも、この物件においてなんら有効な手腕を発揮しえなかった——、期待された収入を生むことなく、一八一四年にライ伯爵に売却され、彼はそれを一年後にはシュヴァルツェンベルク侯爵に転売してしまった[145]。一八一〇年七月五日に、サヴィニーはベルリンに到着したが、これによって、シュトルがいうように、その生涯の第一幕は、つまり修業および遍歴の時代は終わったのである。

**原注**

（1）写真につき、Vgl. Stoll, Bd.1, S.354. 次葉。記念銘板の銘文も再現されている。Ebda., Bd.3, S.295.

（2）Philipp Funk, Von der Aufklärung zur Romantik, München, 1924. 戦争によって制約された諸関係の結果、ようやく後になって入手できたものとして、フンクの論文がある。Funk, Der Geistesgeschichtliche Ort Fr. K. von Savignys, in: Hist. Jb., Bd.50, 1930, S.189ff. 同論文について、ここで一般的に指摘するならば、彼はその主題領域に対して、すでに述べたことと同様の成果に至っている。

（3）このことにつき、一八〇八年四月二十八日付枢密顧問官ツェントナー宛の手紙、および一八〇八年五月十三日付グリム兄弟宛の手紙があり、それらの中でランツフート大学からの招聘の受諾が伝えられている。Stoll, Bd.1, S.322ff.（Briefe 160 u. 161）. サヴィニーに対する一八〇八年五月十三日付のランツフートの辞令につき、Vgl. Stoll, Bd.3, S.272（Anhang）.

（4）Viktor Michels, Einleitung zur Ausgabe der Romanzen vom Rosenkranz in der Schüddekopfschen Gesamtausgabe, Bd.4, S. LIX.

Vgl. Stoll, Bd.1, S.347. さらにいうならば、この物語詩は一八〇九年に到達した範囲を総じて越えるものではなかったようだ。

（5）Michels, S. LVI.

（6）Ebda., S. LV. ――この言葉は、一八一二年のフーケー宛てブレンターノの手紙に由来する。Gesammelte Schriften, Bd.8, S.167.

（7）Steig, Bd.1, S.222ff. Lujo Brentano, Clemens Brentanos Liebesleben, S.129ff.

（8）アウグステの性質につき教示に富むものとして、一八〇七年八月三日付の父モーリッツ・ベートマンからの手紙がある。Vgl., Lujo Brentano, S.136ff.

（9）カッセル発の手紙。Schellberg-Fuchs, S.369f.（Brief 165）.

（10）Ebda., S.370.

（11）Lujo Brentano, S.140f.

（12）Ebda., S.141f.

（13）Schellberg-Fuchs, S.371f.（Briefe 166）.

（14）フランス法へのサヴィニーの言及は、一連の広範な諸前提を伴う「夫婦の相互的かつ継続的な同意」（consentementmutuel et persévérant des époux）に基づくという、市民法典《コード・シヴィル》により当時の表現において許容された離婚につき明らかに指摘していた（詳細につき、Vgl., Martin Wolff, in: Enneccerus-Kipp-Wolff, Lehrbuch des Bürgerlichen Rechts, Bd.4, Familienrecht, 6. Aufl., Marburg, 1928, S.115.）。フランス法が問題になるのは、ブレンターノ夫妻の当時の居住地であったカッセルの法が、基準となるものとみなされる場合である。すなわち、一般的にはコード・シヴィルはライン左岸のみを支配していたところ、ライン右岸のバーデンを通り越して、一八〇八年以降はヴェストファーレン王国、つまりジェローム王の国でも導入された。Adolf Zycha, Deutsche Rechtsgeschichte der Neuzeit, Weimar, 1937, S.207.　領主首座大司教ダールベルクのもとに置かれたフランクフルト大公国は、フランス法を導入しなかったようだ。

（15）Lujo Brentano, S.45f.

（16）Ebda., S.147f.

（17）Lujo Brentano, S.148ff. 同様の意味で、アルニムも三月十八日付でクレメンス宛てに手紙を書いている。Steig, Bd.1, S.249f.

（18）この収容については、クレメンスが一八〇八年四月十九日付サヴィニー宛の手紙で報告している。Schellberg-Fuchs, S.374（Brief 168）.

（19）Lujo Brentano, S.153ff.

（20）Schellberg-Fuchs, S.377ff.（Brief 171）.

(21) Stoll, Bd.1, S.327f.（Brief 164）.

(22) この計画について、アウグステには一八〇八年夏のクレメンス宛の手紙の中で書いている。Lujo Brentano, S.161f.

(23) 一八〇八年六月十九日付サヴィニー宛の手紙。Schellberg-Fuchs, S.380ff.（Brief 172）.

(24) Lujo Brentano, S.166.

(25) 一八〇九年二月二十五日付のミュンヘンからの手紙。Schellberg-Fuchs, S.380ff.（Brief 172）.

(26) この叙述につき、Vgl. Lujo Brentano, S.167. 別の出典として、一八〇九年二月二十八日付ミュンヘン発サヴィニー宛のブレンターノからの手紙。Wilhelm Schellberg u. Friedrich Fuchs, Die Andacht zum Menschenbild, Unbekannte Briefe von Bettina Brentano, Jena. 1942, S.198ff.〔以下 Andacht〕この事件につきサヴィニーは、一八〇九年二月二十八日付グリム兄弟宛の手紙、および一八〇九年三月一日付アルニム宛の手紙において短く報告している。Stoll, Bd.1, S.377（Brief 189）u. S.378（Brief 190）.

(27) ブレンターノは、この「森の図書館」のことを一八〇九年三月／四月アルニム宛の手紙でこう書いている。すなわち、一定の樹木の木材で作られた小さな箱があって、その中に葉や花や特徴的な虫が保存されていると。

(28) この時期（本質的には一八〇九年の三月）のブレンターノからのサヴィニーおよびザイラー宛の手紙。Schellberg-Fuchs, S.392ff.（Briefe 178-181）.

(29) Stoll, Bd.1, S.346.; Lujo Brentano, S.168.; Schellberg-Fuchs, S.392.

(30) これに関するサヴィニーからブレンターノ宛の手紙。Stoll, Bd.1, S.375（Brief 188）.

(31) Lujo Brentano, S.168. サヴィニーのこの説明の基本思想は、体系化された形で次の論稿の基本的な一部において再び姿を現す。Savigny, Darstellung der in den preußischen Gesetzen über die Ehescheidung unternommenen Reform, in: Vermischte Schriften, Bd.5, S.222ff. bes. 233 u. 236ff.

(32) Stoll, Bd.1, S.416（Brief 215）. 結婚問題に関する事柄の全体がシュトリントベルクの姿を想起させる、とルプリヒは適切にも述べている。Vgl. Hans Rupprich, Brentano, Luise Hensel und Ludwig von Gerlach, Wien-Leipzig, 1927, S.25.

(33) Schellberg-Fuchs, S.431.

(34) 二人の友人による関連した手紙が認める法律的関心にも拘わらず、もちろんその際に重要なサヴィニーの手紙は公刊を免れているようだが、ここでは列挙しておく必要がある。

| ブレンターノ | サヴィニー |
| --- | --- |
| ベルリン発、一八〇九年十二月二十八日付 | 離婚問題に関するサヴィニーの二通の手紙 |
| Schellberg-Fuchs, Nr.186. | Einleitung von Schellberg-Fuchs, Nr.187. |

Stoll, Bd.1, Nr.206.
ベルリン発、一八一〇年二月一日付
A. a. O., Nr.188.
ベートマンからアルニム宛の手紙の写し
ベルリン発、一八一〇年三月十三日付　一八一〇年春
A. a. O., Nr.190.　Stoll, Bd.1, Nr.210.

（35）離婚手続が一八一一年に終わったと繰り返し読み取れるが、そのことは正しくない。一八一二年三月五日付クレメンス宛のアルニムからの手紙（Steig, Bd.1, S.298）、および一八一二年四月十二日付サヴィニー宛クレメンスからの手紙（Schellberg-Fuchs, S.474）においても、終結に近づいているようにみえるにせよ、なおも離婚手続について述べられている。

（36）宗教裁判所の決定が問題であるが、このことはSchellberg-Fuchs, S.425 に再現されている一八一〇年九月二十九日付のアシャッフェンブルク宗教裁判所の宣告から生じている。だとすれば、この宗教裁判所において悪意の遺棄の事実は、夫婦の絆の切断ではなく、別居を理由づけることとなろう。Friedberg, Lehrbuch des Kirchenrechts, S.473ff. アウグステ・ブスマンが、Gesammelte Schriften, Bd.8, S.46 所収の伝記が伝えるように福音派であった場合に、そのことは妥当した。実際アシャッフェンブルクの裁判所は別居問題を、裁判所が夫婦の絆の後見人（defensor matrimonii）を選任したような状態として処理した（アルニムからクレメンスへの手紙。Steig, Bd.1, S.292）。――文献は例外なく離婚について述べているが、概して法的問題については置き去りにしている。アウグステのちの婚姻締結が可能であったことは、福音派の教会法が承認した、別居を夫婦の絆の解消を伴う完全な離婚に移行させる権限に依拠している。Friedberg, S.482.

（37）Stockmann, S.69.

（38）Stoll, Bd.1, S.346.; Lujo Brentano, S.171f.

（39）Schellberg-Fuchs, S.397ff.（Brief 182）.

（40）Max Spindler, Kronprinz Ludwig von Baeyern und Napoleon, Abhandlungen der Münchner Akademie, hist.-phil. Klasse, 1942, Abh. 20.

（41）ランツフート近郊の戦闘につき、Vgl., Stoll, Bd.1, S.352ff., u. Schellberg-Fuchs, S.396f. サヴィニー自身も、一八〇九年六月八日付フリードリヒ・クロイツァー宛の手紙の中で、わずかな言葉ながら出来事について報告している。Stoll, Bd.1, S.381（Brief 193）.

（42）Andacht, S.124f. 一八〇九年四月二十三日付の手紙にはこう書かれている。すなわち「貴方たちは神の党派であり、これを堅持しているのです」と。その際に留意すべきは、ベッティーナはミュンヘンでフリードリヒ・ロタール・フォン・シュタディオン伯

爵という、オーストリアの外務大臣の弟でミュンヘン駐在のオーストリア大使と親しくしていたということである。彼はバイエルンをナポレオンから引き離すことを自身の任務と考えていたのだが、言及された出来事の直前にミュンヘンから去っていた。Stoll, Bd.1, S.353, Note 4 がまさに乏しい資料的土台の上に築いた、サヴィニーおよびその親族のドイツ的心情という推測は、今や資料の充実によって支持されている。クレメンス・ブレンターノがこの問題で同様に考えていたことは、一八〇九年八月二十日および九月二十六日付の手紙（Schellberg-Fuchs, S.409f. u. 413f.; Nr.183 u. 184）が、バイエルンの検閲のゆえに順応したものの容易に見抜かれた粉飾によって証明している。

（43）一八〇九年四月から五月にかけての手紙（Andacht, S.127）には、次のようなみごとな文章がみられる。「没落と呼ばれる事柄は、一般的には、もちろん一度しか生じません。でも、私たちの全存在としての問題は、そこへと向かっていって、内面的な栄光から通り過ぎていくのであって、悲惨からではないのです」。

（44）Stoll, Bd.1, S.386（Brief 196）.

（45）Stoll, Bd.1, S.415f.（Brief 215）.

（46）一八〇八年十一月十一日付アルニム宛ての手紙において、サヴィニーはこの著作の出版社問題に言及している。Stoll, Bd.1, S.361（Brief 178）.

（47）ランツフートにおけるサヴィニーの講義につき、一八〇九年二月二十八日付グリム兄弟宛の手紙を参照。――その際サヴィニーは、法史的な講義の基礎にフーゴーの法史を（Wilhelm Felgentraeger, Savignys Einfluß auf die Übereignungslehre, Leipzig, 1927, S.27）、パンデクテン講義の基礎にハイゼの概説を（一八一〇年四月十三日付ハイゼ宛の手紙。Otto Lenel, Briefe Savignys an Georg Arnold Heise, in: ZRG, Romanistische Abteilung, Bd.36, 1915, S.116f.; Brief 17）据えた。〔以下 Lenel〕

（48）一八〇九年一月二十六日付フーフェラント宛の手紙。Stoll, Bd.1, S.372（Brief 186）.

（49）一八一〇年一月二十九日付の手紙。Stoll, Bd.1, S.401（Brief 205）.

（50）ハイゼ宛のこの手紙（Lenel, S.114ff.; Brief 16）は、もちろん一八〇八年春のもので、フランクフルトから出されている。

（51）一八〇九年十二月二十二日付ベルリン発のブレンターノからサヴィニー宛の手紙にみられる、アルニムの創造力に関する皮肉な調子に不足しない記述を参照。Schellberg-Fuchs, S.414f.（Brief 185）.

（52）詩歌と学問に共通する一般文学的なこうした立脚点を、サヴィニーは一八〇九年九月二十五日付バング宛の手紙（Stoll, Bd.1, S.388f.; Brief 197）において強調している。ここからは次の引用もなされている。

（53）一八〇九年十二月二十六日付ヤーコプ・グリム宛の手紙。Stoll, Bd.1, S.398（Brief 204）.

（54）一八一〇年四月十二日付グリム兄弟宛の手紙。Stoll, Bd.1, S.413（Brief 213）.

（55）当時いずれにせよ集中的にではなかったブレンターノとアルニムの往復書簡（Steig, Bd.1, S.258ff.）が提供する僅かなものは、アルニムの関連において言及されるべきだろう。――Lebensbild, in: Gesammelte Schriften, Bd.8, S.45. によれば、ブレンターノはランツフートの図書館で古い版本を探し回ったのだが、その折り貸出のための時間に何人かの学生の顔を特徴のない筆遣いで素描的に写していた。これらの素描は、当時の司書ハルターの報告によれば、残念ながらただちに破棄するのが常であったのだが。

（56）これらの手紙は、一八〇九年十二月二十二日付のもので始まり、一八一〇年三月のものに及んでいる。Schellberg-Fuchs, S.414ff.（Briefe 185-191）.

（57）Vgl. Dichterjuristen, Bd.1, S.43.

（58）ヴァイスハウプト教授が一七七六年に創立した啓明派教団は一七八五年に解散したが、彼の弟子たちはなお長いあいだ活動した。

（59）一八一〇年三月四日付レオンハルト・クロイツァー宛の手紙。Stoll, Bd.1, S.407（Brief 208）.

（60）一八〇九年九月二十五日および一八一〇年三月四日付の手紙。Stoll, Bd.1, 390 u. 404（Briefe 197 u. 207）.

（61）一八一〇年四月十日付フリードリヒ・クロイツァー宛の手紙。Stoll, Bd.1, S.410（Brief 211）.

（62）Stoll, Bd.1, S.354.

（63）フリードリヒ・クロイツァー宛の手紙。Stoll, Bd.1, S.362（Brief 180）.このことに当てはまるのは、留保つきで採り上げるが、クレメンスからのベッティーナに対する表明であり、これによれば、サヴィニーにおいてはすでに一八〇八年秋に大学移籍の計画がみられたという。Stoll, Bd.1, S.345.

（64）一八〇九年八月三日付レオンハルト・クロイツァー宛の手紙。Stoll, Bd.1, S.382（Brief 194）.

（65）詳細につき、Vgl. Funk, S.102ff. Gustav Radbruch, Paul Johann Anselm Feuerbach, Wien, 1934, S.65.〔以下 Radbruch〕

（66）一八一〇年三月四日付レオンハルト・クロイツァー宛の手紙。Stoll, Bd.1, S.406（Brief 208）.この資料に、あまりに一般的な断定でもって対立するものとして、Stoll, Bd.1, S.344f.　教授たちは、官職への熱意と配慮とによって彼らの学生たちを優遇していたというのだ。

（67）Vgl. Stoll, Bd.1, S.344, Note 1. Anselm von Feuerbachs Biographischer Nachlaß, hrsg. v. Ludwig Feuerbach, Leipzig,1853, Bd.1, S.95.

（68）ゲナーにつき、Vgl. Landsberg, Bd.III-2, Text, S.147ff., Noten, S.73ff. こうした性格については、Radbruch, S.66. から借用した。

（69）一八〇八年十一月十六日付フリードリヒ・クロイツァー宛の手紙。Stoll, Bd.1, S.362f.（Brief 180）.

（70）一八〇九年一月二十六日付フーフェラント宛の手紙。Stoll, Bd.1, S.372（Brief 186）.

（71）Vgl. Funk, S.7f., 11. 20.

（72）Vgl., Stoll, Bd.1, S.381, Note 4, und S.395, Note 2. ――ファーレン（Alfred Vahlen, Savigny und Unterholzner, 24 Briefe Savignys, in: Abhandlungen der Preußischen Akademie, phil.-hist. Klasse 1941, Nr.3, Berlin, 1941）によって伝えられた、フォイエルバッハが学術上の履歴に示し、サヴィニーが強く支援したウンターホルツナー（Unterholzner, 1787-1838）宛のサヴィニーの手紙のうち、一八〇九年十月二十日付の手紙（Vahlen, S.13）は、もとよりランツフート時代に由来する。けれども、続く一八一〇年十一月十五日および一八一一年三月十三日付ベルリン発のサヴィニーの手紙から分かるのは、サヴィニーが私講師ウンターホルツナーを、とりわけ専門学問的な思想的交流の可能性のゆえに評価していること、そして彼がこのことをランツフートの大切な思い出に数えていることであるが、それはそうとしても他方では、彼はランツフートの法学部の構成員たちを皮肉を込めて「無学な連中」に数えあげているのである。

（73）「ここでは良きにつけ悪しきにつけ本当に大規模に分裂しているのですが、それ（党派組織）が私を邪魔することはありませんでした」。一八一〇年四月十日付フリードリヒ・クロイツァー宛ての手紙。Stoll, Bd.1, S.409（Brief 211）.

（74）Funk, S.40 u. 109. 啓蒙主義の代表的人物、とりわけザラートにつき、ebda., S.32ff.

（75）元ベネディクト会修道士マンゴルトにつき、Vgl., Funk, S.13.

（76）レシュラウブにつき、Vgl., Funk, S.16f.

（77）アシュトにつき、Vgl., Funk, S.23ff.

（78）ブライヤーにつき、Vgl., Funk, S.27ff.

（79）集団全体につき、Vgl., Funk, S.40 u. 109f.

（80）新たな精神性の預言者としてのシェリングにつき、Vgl., Funk, S.42ff.

（81）ザイラーにつき、Vgl., Stoll, Bd.1, S.349f.; Funk, S.63ff.

（82）一八〇九年八月十四日付の手紙。Stoll, Bd.1, S.387（Brief 196）.

（83）当時の語法では、kindlich〔子供のように〕の代わりに kindisch〔子供っぽい〕が用いられた。

（84）Stoll, Bd.1, S.404（Brief 207）.

（85）Funk, S.142. サヴィニーの宗教的な経歴に関する最善の評価につき、Vgl., Beethmann-Hollweg, Erinnerungen an Friedrich Karl von Savigny, in: Zeitschrift für Rechtsgeschichte, Bd.6, 1876, S.42ff., bes. 77ff. u. 80f. Funk, Der geistesgeschichtliche Ort Savignys, S.200f.

（86）ゲーテの『親和力』がランツフート時代のサヴィニーの手紙において（一八〇九年十二月二十五日付フリードリヒ・クロイツァー宛の手紙〔Stoll, Bd.1, S.39.; Brief 203〕、および一八〇九年十二月二十六日付ヤーコプ・グリム宛の手紙〔Stoll, Bd.1, S.40.; Brief

204］参照）果たした役割によれば、以下のことを想定することができる。すなわち、この著作について語ることで、これをサヴィニーは偉大で調和的で高貴なものとみており、ゲーテの他のすべての作品よりも好んでいたことが想定できるのである。「それはこうした混乱した時代へのみごとな眼差しで、全体としてロマン主義的であるよりも悲劇的なものです」。Vgl. Funk, S.143. さらに、アルニムの『冬の庭園』は、サヴィニーにとって「まったく愛すべき書物であり、才知豊かで独創的」（Stoll, Bd.1, S.396f.）であって、ランツフートで読み聞かせられたことが分かる。

（87）ランツフートでおこなわれた講義、およびその入念な準備につき、Vgl. Dichterjuristen, Bd.1, S.48. ——自分の講義の方法について、当時まだ私講師であったサヴィニーは、一八〇三年一月九日付マールブルク発クラップ・ロビンソン宛の手紙の中で表明している。それによれば、教えることの完全な技法は、学生の生産的な精力《エネルギー》を方法的に活性化し、学生に学問そのものを見出させることにあるという。Stoll, Bd.1, S.217（Brief 73）.

（88）一八一〇年四月十三日付のサヴィニーからバング宛の手紙。Stoll, Bd.1, S.416（Brief 215）. ベッティーナが述べるところによれば、それは「破棄院」（Cassation）という形式の野外演奏用の器楽組曲であった。Stoll, Bd.1, S.355.

（89）一八一〇年三月三十一日付ゲーテ宛の手紙におけるベッティーナの所見も参照。Stoll, Bd.1, S.344, Note 4.

（90）Stoll, Bd.1, S.344, Note 4.

（91）一八〇八年十一月八日付フリードリヒ・クロイツァー宛の手紙。Stoll, Bd.1, S.365（Brief 181）. 一八〇八年十二月二十二日付バンク宛の手紙。Stoll, Bd.1, S.367（Brief 183）.

（92）一八〇九年九月二十五日付バング宛の手紙。Stoll, Bd.1, S.390f.（Brief 197）.

（93）一八一〇年四月四日付レオンハルト・クロイツァー宛の手紙。Stoll, Bd.1, S.407（Brief 208）.

（94）Stoll, Bd.1, S.345.

（95）一八〇八年十一月十六日付フリードリヒ・クロイツァー宛の手紙より。Stoll, Bd.1, S.363（Brief 180）.

（96）詳細につき、Vgl. Funk, S.113ff.

（97）Funk, S.116f.

（98）この仲間につき、Funk, S.117ff. ——リンクザイスの時代像につき、Vgl. Stoll, Bd.2, Professorenjahren in Berlin 1810-1841, Berlin, 1929, S.344ff.

（99）この手紙の再現につき、Vgl. Funk, S.130.

（100）多くの物議をかもしたこの詩歌の、せめて初めの二つの特徴的な詩節を、ここで再現しておこう（Vgl. Funk, S.133f.）。

はあ、どうして君は僕を軽蔑するのか、

君は冷たい稚魚で、君は他の領域にやって来た。
そこから、君は冷たく、そこから僕は君を
ここバイエルンの土地なる砂の上に。
僕は君をあらゆる神々の傍らで打ち倒す！
君を赤っぽい砂地に倒す！
そこに君は伸びている、はあ！　僕の雷雨によって
転倒して、砂地に君は伸びている！

(101) それらの概観的な編成につき、Vgl. Funk, S.135.

(102) ヴァルターとティーデマンは、レシュラウプと同じく医学の教授であった。Funk, S.28.

(103) レシュラウプの回想記による。Funk, S.135.

(104) Funk, S.136. で再現された、グリム兄弟宛ブレンターノの手紙を参照。サヴィニー自身は、一八〇八年十月十七日付フリードリヒ・クロイツァー宛の手紙（Stoll, Bd.1, S.36.; Brief 176）の中で、アストとロットマナーは、教会で彼らの眼下で打ち壊された古い芸術作品の保存に指一本も動かさずに、至る所で芸術と中世についていいたい放題だと嘆いている。

(105) Funk, S.136.

(106) 一八〇八年十月末のアルニム宛の手紙に、そう書かれている。Steig, Bd.1, S.262.

(107) この交友についての優れた総括につき、Vgl. Stoll, Bd.2, S.345ff.

(108) 一八一〇年二月二十七日付クレメンス宛の手紙が示すように、サヴィニーは若きレーヴを忘れることができなかった。Andacht, S.125 u. 129（Briefe 91 u. 96).

(109) ヴィンターにつき総括的なものとして、Vgl. Andacht, S.93.

(110) サヴィニー派の芸術関心につき、Vgl. Funk, S.142.

(111) Vgl. Dichterjuristen, Bd.1, S.129（Thibaut und Robert Schumann).

(112) 一八〇九年四月二十三日および五月三日付のベッティーナからサヴィニー宛の手紙。Andacht, S.125 u. 129（Briefe 91 u. 96).

(113) Andacht, S.166. 一八〇九年十月のベッティーナからゲーテ宛の手紙（Bettinas Leben und Briefwechsel mit Goethe, hrsg. v. Fritz Bergmann, Leipzig, 1927, S.272）。〔以下 Bergmann〕ゲーテもまたベッティーナの提言によって、マルチェロに関心をもち始めた（Bergmann, S.277）。サヴィニー家でのある演奏会《コンサート》について、ウンターホルツナーも一八一〇年一月二十六日付の許嫁アマーリエ・ガスナー宛の手紙（Vahlen, S.45f.）において報告しているが、その中では、ベッティーナが裁判所の事情聴取に際して取

り乱していた様子を面白おかしく述べている。

(114) Andacht, S.162.; Stoll, Bd.1, S.351f.

(115) Andacht, S.162. 次の未整理の記事を参照。 Beethoven und das Kind, eine Mitteilung aus den Erinnerungen des Appellrats A... B...（= Alois Behler）, in: Gartenlaube, 1870, S.314f.

(116) 詳細につき、Vgl. Andacht, S.165ff.

(117) エドゥアルト・フォン・シェンクの経歴につき、Vgl. Stoll, Bd.1, S.351, Note 2. Funk, Eduard von Schenk 1823-1841, München, 1930.

(118) サルヴォッティにつき、Vgl. Landsberg, Bd.III-2, Text, S.197, Noten, S.105.; Stoll, Bd.1, S.351, Note 3 u. S.419.; Stoll, Bd.2, S.392（一八二八年五月のレオポルト・ランケ宛の手紙で、サヴィニーはサルヴォッティを愛すべき友人と読んでいる）.; Stoll, Bd.3, S.85, 133, 196（サヴィニーの債務法の指導的な奨励者としてのサルヴォッティ）.; ebda., S.232 u. 235（ベルリンのサヴィニー家へのサルヴォッティの訪問）.; ebda., S.98ff. u. 107f.（サヴィニーとグンダの死に対するサルヴォッティ）.; ebda., S.149, Note 2 u. S.199（ドイツ法学とオーストリア法学の媒介者としてのサルヴォッティ）.――アルニムのサルヴォッティに対する小さな嫉妬（Steig, Bd.2, S.341）は、根拠がなかった。――サルヴォッティの写真につき、Vgl. Stoll, Bd.3, S.194 次葉.――キール行政専門学校《アカデミー》での私の聴講生の一人であったドルナ＝エックル氏はサルヴォッティの子孫であり、トリエントのフォン・サルヴォッティ男爵がサヴィニーの大量の未公表の手紙を友人のもとで保管していると知らせてくれた。

(119) Funk, S.147ff.

(120) Stoll, Bd.1, S.376（Brief 189）. 一八一〇年三月四日付のバンク宛の手紙も同旨。Stoll, Bd.1, S.405（Brief 207）.

(121) 一八一〇年四月十日付フリードリヒ・クロイツァー宛の手紙。Stoll, Bd.1, S.409（Brief 211）.

(122) Ebda., S.410.

(123) 一八一〇年四月十三日付レオンハルト・クロイツァー宛の手紙。Stoll, Bd.1, S.414（Brief 214）.

(124) Funk, S.149.

(125) 招聘の前史につき、Vgl., Stoll, Bd.1, S.355. そこで言及されたフンボルトからアルニム宛の二通の書簡については、Stoll, Bd.3, S.272f.（Anhang Nr.9 u. 10）. クレメンス・ブレンターノの当該の手紙については、すでに言及した。Dichterjuristen, Bd.1, S.50, Anm. 56.

(126) Stoll, Bd.1, S.407f.（Brief 209）.

(127) Stoll, Bd.1, S.417（Brief 217）.

(128) ベッティーナはしばしばサヴィニーに、「親愛なるおじさん」と呼びかけている。一八〇八年の秋に暫くミュンヘンに滞在したサヴィニーの子供たち――プーレットと呼ばれた小ベッティーナとフランツ――が、彼女に託されたとき、彼女は両親の要望により子供たちの様子について毎日手紙を書かねばならなかった。このことはとうとう彼女に次のような叫び声を挙げさせた。「おお、貴方たち手紙を食べる動物たちよ!」(一八〇八年十一月六日付の手紙。Andacht, S.89 [Brief 54])。

(129) 一八〇八年十一月中旬の手紙 (Andacht, S.90f.; Brief 56) には、こう記している。「人は多く考えるほど、多くを知ったり感じたりして、その人は用心深くみられるようになり、こうして正しくないことを次第にやらなくなるのです」。また一八〇九年二月九日付で、彼女はこう書いている。「貴方は、親愛なるサヴィニーさん、間接的にも直接的にも無限に多くの善いことについて私に対して責任があります」。Andacht, S.05 (Brief 73).

(130) ベッティーナとゲーテの往復書簡は、彼女が手紙の下書きに基づいて仕上げた書簡体小説『ゲーテとある子供との往復書簡』によって最初に知られた。ここでの表現は、エールケの批判的改訂版から引用した。Vgl. Oehlke, Bd.3. ラインホルト・シュタイクは、一九二一年に初めて手紙の下書きを出版した、これはベルクマンの版によって引用される。――言及された報告につき、Oehlke, Bd.3, S.445ff. 部分的には、Stoll, Bd.1, S.420ff.; Bergmann, S.295ff. 版の相違につき、Vgl. Bergmann, Noten, S.450f.

(131) 学生たちは、書物の荷造りに際してもサヴィニーを手伝った。一八一〇年三月十三日付ベッティーナからゲーテ宛の手紙。Vgl. Oehlke, Bd.3, S.438ff.

(132) Vgl. Dichterjuristen, Bd.1, S.63.

(133) ビーラーは、Bergmann, S.450. が正当に推測したように、ベッティーナが書簡体小説 (Oehlke, Bd.3, S.466) の中でヌスバウマーと呼んでいる人物の原型と考えられる。

(134) Oehlke, Bd.3, S.52.

(135) Stoll, Bd.1, S.412 (Brief 213).

(136) この手紙は、私の知るかぎりでは公表されていない。ここでなされた記述につき、Vgl. Funk, S.105 u. 141.

(137) 一八二四年一月二十四日付グリム兄弟宛の手紙。Stoll, Bd.2, S.316 (Brief 400).

(138) Stoll, Bd.1, S.355.

(139) Oehlke, Bd.3, S.445 u. 452f. ここに言及された箇所は、詳細にわたって書簡体小説に取り込まれている。手紙の下書き (Bergmann, S.296ff.) は、ベッティーナの同様の気分を示しているが、ほんの手がかりにすぎない。

(140) Oehlke, Bd.3, S.452.

(141) Stoll, Bd.1, S.354f.

(142) アストにより繰り返された表明につき、Vgl. Stoll, Bd.1, S.354f. Vahlen, S.7.

(143) Funk, S.200f. 他方でザイラーの文化政策的な影響につき、Vgl., ebda., S.166ff. 論評につき、S.194ff. Funk, Der geistesgeschichtliche Ort Savignys, S.194ff.

(144) Vgl., Stoll, Bd.1, S.422.; Bergmann, S.92.; Benz, S.330ff. ベートーヴェンからベッティーナ宛の手紙について、また様々な作品（「ディアベリ変奏曲」op.12.;「ピアノ・ソナタ　ホ長調』op.10.;「ピアノ三重奏曲　変ロ長調」）のアントニオ・ブレンターノおよびその娘マクシミリアーネへの献呈についての詳細は、Stoll, Bd.1, S.422, Note 3.

(145) Stoll, Bd.1, S.418ff.

## 4　ベルリン時代のサヴィニーとブレンターノ（一八一〇〜一八四二年）

サヴィニーはベルリンに活動拠点を見出したが、ここは彼を死ぬまで（一八六一年）、引き留めておくことになる。ところがブレンターノの落ち着きのない生活は終わることなく、彼は死ぬまで余所者であり続けることになった。ベッティーナもベルリンにやって来たので、なによりもクレメンスは喜び、彼が愛するすべての者は今や一つの場所に集まらねばならないと画家のルンゲに手紙を書くほどであった。「これらの卓越した人々に隠れて、僕はしばしば赤面しつつも、ぶらぶらしているのです」と。[1] サヴィニー家が一家をそこに構え、これによって望ましい家庭の中心を作ったので、アルニムの、続いてサヴィニーの多面的関係を考慮しても、ベルリンの「人間砂漠」[2]において精神的な刺激が欠けることはなかった。[3] またブレンターノも、ほとんど至る所で好意的に迎えられる話し相手として、サヴィニーがバンクに伝えたように、「かなり楽しんで」いた。[4] ブレンターノは、すでに一八一〇年の夏に王妃ルイーゼの死に臨んで交声曲《カンタータ》を作っており、[5] 秋には大学の開設に向けた荘厳な歌詞を作ることができたのだが、同様に祭祀交声曲の形式を含んだもので、ライヒャルトによって作曲された。[6] それはフンボルトの格調の高い結びの言葉の中で、大学の建造物のための銘文をこう提示している。

全体性、万能性、統一性に、
一般性に
学識的な賢明性に、
学問の自由性に
この国王の家は属する。
ゆえに私は貴方たちに黄金の言葉を提示する、
文芸の府（Universitati litterariae）たれ。

大学開設に向けてのアルニムの祝祭詩は、ブレンターノのそれに比べて思想の深みや形式の完成度において著しく劣っていた。[7] ともかく注目すべきは、レンツが強調するように、まさにこのロマン主義の双子の兄弟が、サヴィニーを通じて大学に近づけられ、ベルリン大学の最初の日々に変容したということである。もっともこの大学は、いまだロマン主義の精神においてではなく、醒めた学問的認識の精神において、その偉大なる道を歩んだのであったのだが。[8] こうして、ブレンターノは美学の教授にはあまり相応しくないのでは、といった噂が一八一一年に彼の耳にも入ることになった。[9]

すでにブレンターノは、新しい大学の「施主」の一人として[10]拡大し続ける活動領域で成長したサヴィニーが、もはや以前ほどには彼のために多くの時間を見出せないことを了承していた。こうしてブレンターノは、アルニムもまたベッティーナとの結婚（一八一一年三月十一日）によって独自の生活領域を確保して以来、敏感にも脇に押しやられたと感じていた。しかしながら、ブレンターノをブコヴァン農場を経営する弟クリスティアンの下に共同経営者か管理者として付かせるという、兄フランツのまったくもって幸せとはいえない考えがあった。[11] 一八一一年の七月末にクレメンスはブコヴァンに赴いて、一時的にはプラハにも住居を得たものの、一八一三年の七月までボヘミアに留まった。[12] 当時クレメンスからサヴィニーに宛てた手紙は、[13] もとよりナポレオン戦争の影響下でおこなわれた経済的諸関係に関して報告している。これはクリスティアンの未熟やむら気によって、[14] また常駐の助手たちが当てにならないことによって、最終的に困難になり、サヴィニーが推薦した有能な管理人も、改善のための決定的な変化をもたらすことはできなかった。こうしてロマン主義者のうちで最も空想的な者が、大きな農場をなんとか秩序づけて維持するために任じられたのであるが、[15] それとともに、二つの大きな演劇的文学――『アロイスとイメルデ』と『プラハの建設』――が、彼を呪縛することとなった。「しかしながら君の現状は、正しく調和のとれた人よ」、とブレンターノはサヴィニーに宛てて書いている。「大方において、それどころか細部にわたって、決められている（ことでしょう）[16]」。サヴィニーの課題は、万人の平安を考えることであったようだ。[17]

ブコヴァンにはサヴィニーとブレンターノの資産の多くが投入されていたが、この懸念に加えて、なおも詩人の個人的な心配事が現れた。すなわち、一八一一／一二年冬のプラハにおける惨めで退屈な生活、「立派な社交がないこと」、戯曲『アロイスとイメルデ』の原稿を奪ったファルンハーゲン・フォン・エンゼにまつわる憤懣、[18] なんの収益も生まなかったブコヴァンでの放漫経営の結果としての財政的困難、[19] ゲーテの『詩と真実』にみられる失われた祖国――古いフランクフルトのことが考えられている――の贈り物のように思える状況、[20] といった心配事である。

サヴィニーは、なによりも手紙という方法によって、ブコヴァンでの諸関係に対する良好な影響を行使しようとした。[21]アルニム夫婦、グンダ、クレメンスがあらかじめ落ち合っていたテプリッツを訪れたあと、ようやく一八一二年の八月になって、サヴィニーはアルニムと一緒にみずからブコヴァンの様子をみるべくやって来た。十四日間にわたって、そこでは議論や計算がなされた。[22]サヴィニーがクレメンスに頼まれた貸付金を提供したように、彼はあまり経験のない義兄のさらなる財務をも整理した。このことはたとえば一八一三年十一月十六日付の手紙が知らせており、[23]アウグストの相続問題でクレメンスに助言したものだが、アウグストはペーター・アントン・ブレンターノの三度目の結婚から生まれ一八一三年に倒れた異母弟であった。またサヴィニーは、クレメンスとブコヴァンの売却を相談した。[24]

そのあいだに、世界史に残る大事件が発生した。ブレンターノは一八一三年の七月にボヘミアを去ってウィーンでナポレオンに対する蜂起の時代を体験していたが、[25]サヴィニーはベルリンで真っ先に国民軍への協力を申し出て、ボヘミアおよびシュレージエンへの軍旅により、一八一三年の八月と九月にはライプツィヒでの諸国民の戦いという決定的な軍事行動が準備されていた地域に派遣されていた。[26]ブレンターノも、解放戦争なる大事件から遠ざかっていたはずがない。ウィーンでは祖国愛の戯曲『ライン河、ライン河』および『勝利《ヴィクトリア》の女神とその姉妹たち』、また若干の美しい愛国的な歌曲が作られた。[27]このようにして、彼も祖国を見出していたのだ。だが彼には、真の心の住まいが欠けていた。多くの可能性や刺激を示すウィーンの社交界の真ん中で、彼は「妻子による生活の補強」[28]の欠如を感じていたので、生活の中では母親やベッティーナやアルニムやサヴィニー以外の如何なる人々とも知り合いになりたくないと望むようになった。[29]

彼はこれら最愛の人々のところに引っ越すべく、一八一四年の九月にベーアヴァルデ地方のヴィーパースドルフに住むアルニム夫婦のもとにやって来た。一八一四年九月二十三日付サヴィニー宛のブレンターノによる最初のヴィーパースドルフ発の手紙は、サヴィニーの誕生したばかりの息子カール・フリードリヒについて喜びを共にするものであり[30]、一八一四年十月末の次の手紙は、生まれたばかりで画期的なサヴィニーの精神的な子供たる『使命』論文に対して簡潔に立場を明らかにしたものである[31]。アルニムが『使命』およびその結論についてサヴィニーとの数年にわたる意見交換に関わった[32]という事実を眼前にするとき、ここにはこの著作に対するブレンターノの重要な表明が出現する。

君の著作を、僕はその晩にアルニムと読みました。それを読んで語り合ったり魅惑されたりすること、そしてそれを理解することは、僕には喜ばしいかぎりです。それは多くの読者を得るでしょうし、僕には彼らの大学のための試練にも見えました。オーストリア人にとっては、それは……彼らが大いに自慢している法典への批判のゆえに……受け入れるのが難しいでしょう。彼らには、僕がウィーンの有力な裁判所職員から聞いた次のような格言があります。すなわち、我らはヨーロッパで最も優秀な法律を有するものの、何事も義務づけないし尊重もされない、というものです[33]。……僕は時代に、すなわちこの時代以外のすべての時代に大いなる信頼を寄せており、理念と思想で捏ねられた生地はいつでも紳士たちの日常の食材となることでしょう。だからこそ、君の真理とティボーの真理とは一緒になるのであって、このことは満足できますが、さもなければ両人の平均値もそれに満足できるはずがありません。同じように今は両人は法典を取り出すことはできませんし、同じように両人は君が望むことを促進することはできないでしょう。偉人たちは植物園やら牛痘やら法典やらに向けた特別の愛情を有していますが、すべては古いものを維持しているのです。思うに君の著作は、こうした情熱の一つへの批判として最も実り豊かなものであり、並外れて明晰で体系的で衒学的ならぬ学識的なものです。

一八一四／一五年の冬をベルリンで過ごそうと考えたアルニムとともにブレンターノはベルリンに赴き、オーバーヴァル通り四番地のサヴィニー宅に受け入れられた。[34] これによりブレンターノには、多くの刺激を提供する家庭が用意されたわけだが、もはやこれは決定的な刺激とはならなかった。むしろ今度は、弟クリスティアンやクレメンス・マリア・ホフバウアーの他にも、とりわけランツフート時代の二人の友人リンクザイスとザイラーが手を貸したとはいえ、[35][36] ルイーゼ・ヘンゼルとの恋愛体験が最終的には魂を解放した重大な危機に向かって、ブレンターノのアウグスティヌス的回心が生じたのであった。[37] かつて世界への仲介者であったはずの友情と愛情は、[38] 彼が教会の中に神への仲介者たる女性を見出したあとは、後景に退くことになった。ブレンターノの伝記は、サヴィニーとアルニムが今やクレメンスから離れたかのような印象を繰り返し呼び覚ましている。しかしながら、むしろ、過去においてブレンターノとの関係を強い試練に晒してきた、常軌を逸した要求をするブレンターノの友情が終わったのである。宗派的な事柄においてはそうでなくとも皮肉に構えるサヴィニーと、確信的な福音派キリスト教徒のアルニムにとっては、承認できないものの理解はできるその後の細道においても、友への関心を断たないほどには寛大であった。そしてこのことが、その後の経歴の停留所になったのである。なによりも、ケースフェルト近郊のデュルメンの修道女アンナ・カタリーナ・エメリヒの病床での数年間は、[39] 一八一八年の秋に短い訪問によって準備され、次いで一八一九年五月から一八二四年二月におけるエメリヒの死に至るまで耐え抜かれることで、この預言者たる乙女の素描に献げられた。[40] さらに短いフランクフルト滞在ののちの五年間（一八二四年の秋から一八二九年の夏まで）は、隣人愛の活動の一部になったコブレンツの市参事会員ディーツとの共同作業のために、フランクフルトでの隠遁的な三年間（一八二九～一八三二年）は、偉大な歴史家ベーマーとの交友により美化されつつエッカルト・フォン・ブレンターノの正確な文学的全集のために献げられ、レーゲンスブルクでの一年間（一八三二／三三年）は、メルヒオール・ディーペンブロックとともにあったが、一八三三年以降はミュンヘンでの晩年となり、一八四〇年以降は死の前兆たる心臓病に襲われた。詩人クレメンスは、弟のクリスティアンによってアシャッフェンブルクの居住地に連れ帰られたものの、一八四二年七月二十八日にその病に負けたのであった。(41) このことによって、それ自体が象徴として深遠な韻文を見出してきた存在は失われた。

おお星と花、精神と衣装、
愛しなさい、苦難と時間と永遠を。(42)

この二十五年もしくは十五年にわたる――アルニムはすでに一八三一年に死んでいた――詩人〔クレメンス〕と、その青年期以来の友人たちとを結びつけたものは何かを、なお簡単に確認しておきたい。一八二三年に、アルニムはデュルメンのクレメンスのもとを訪れた。(43) すでにそれ以前の年（一八一九年）に、サヴィニーはカタリーナ・エメリヒの介護のために、ミュンスターの上級議長フォン・ヴィンケ宛ての推薦状をクレメンスに用立てたのだが、このことは望ましい成果をもたらさなかった。(44) 一八二三年夏のシュランゲンバートでの出会いの際に、サヴィニーはクレメンスが賑やかさにしても冗談にしても変わっていないことを見出して、彼に良い印象を抱いた。(45) ザイラーの死後、ブレンターノはレーゲンスブルクからサヴィニーとベッティーナに対して、「ザイラーについての同時代人の意見」に、つまりディーペンブロックが計画したザイラーの伝記に何か寄稿すべく依頼した。その際、ブレンターノは何よりもかつてのランツフートでの諸関係に光を当てることを期待したのであった。(46) けれどもサヴィニーとベッティーナは、こうした依頼には明確に応えなかった。これに反してベルリン大学教授のサヴィニーは、友好的なことに、ブレンターノがサヴィニーへの推薦状を持参させてきた未知の人々の面倒をもみてきた。たとえば一八二九年には、フランスの歴史学者たるドゥ・バラン男爵ペロスペ・ブリュギエール[47]と、ラムネの仲間に属する法学者で歴史学者のエドモン・ドゥ・カザレ[48]といった人々である。ブレンターノが、サヴィニーの娘ベッティーナと、彼の弟子でギリシアの法律家にして外交官のコンスタンティン・シナス（Konstantin Schinas, 1801-1857）との目前に迫った結婚について知らされたとき、彼は妹に心からの祝いの手紙を書いた[49]。また若い夫婦の幸福が、ベッティーナの早すぎる死（一八三六年）によって一年で終わったとき、ブレンターノはきわめて素晴らしい手紙でもってシナスに向き合った[50]。詩人が偉大な法学者に出した最後の手紙は、ハンス・フォン・ボステルという青春時代の共通の友人の未亡人からの年金請願の推挙を依頼するものであった[51]。

ブレンターノの晩年の何十年かの、数年間の中断をも伴う途絶えがちな文通と、並びに交友の最初の十年にみられる友人たちとの繋がりの途方もない集中とを捉えるとき、一種の物足りなさの感情が生じないだろうか？　このことは、思うに、けっして正しい解釈ではないだろう。常に大きな責任に入り込みながら、一方の友人サヴィニーはまっしぐらに自分の道を進んだが、他方の、ブレンターノが晩年に好んで自称したように「くたびれた、襤褸をまとった巡礼者」は、たしかに使命をもっていなかったけれども[52]、自分という存在の真の意味を発見していた。これについては、かつての共通の道が分岐していたのである。道が二つに分かれたことについて各々の進路が描かれたならば、後世の者たちには連帯の不滅の象徴が残されることになる。それはむしろ、過ぎ去りつつあるがゆえに個人的に記憶すべき、生まれながらの法律家と生まれながらの詩人との結びつきの記録という以上に価値に満ちたものである——すなわち、サヴィニーへの、およびブレンターノ文学にみられるサヴィニーの著作への賛美であるのだが、ブレンターノ文学は、才気溢れる高貴な仕方で、詩人の法律家に対する恩義を示しているのである。

## 原注

(1) 一八一〇年七月のブレンターノからルンゲ宛の手紙。Gesammelte Schriften, Bd.8, S.159.

(2) 一八一〇年五月三十日付ブレンターノからサヴィニー宛の手紙。Schellberg-Fuchs, S.445（Brief 192）.

(3) アルニムのキリスト教的・ドイツ的な食卓仲間についての、またクライストの夕刊紙にその組織が見出せる愛国的な一派についての詳細は、Vgl. Stockmann, S.70ff.; Benz, S.377ff.

(4) 一八一〇年十月一日付の手紙。Stoll, Bd.2, S.56（Brief 227）.

(5) Johannes Diel u. Wilhelm Kreiten, Clemens Brentano, Freiburg, 1877/78, Bd.1, S.427ff.〔以下 Diel-Kreiten〕.; Schellberg-Fuchs, S.446ff. Vgl. Stoll, Bd.2, S.45, Note 2.

(6) Diel-Kreiten, Bd.1, S.415ff.（カンタータは、間違った結果として Gesammelte Schriften の Bd.1 および Bd.2 の詩歌集として収録された。断篇は ebda., Bd.8, S.48ff. に収められている）。Vgl. Stockmann, S.156ff.; Max Lenz, Geschichte der Königlichen Friedrich-Wilhelms-Universität zu Berlin, Bd.1, 1910, S.288, 301ff.〔以下 Lenz〕

(7) アルニムの祝祭詩につき、Vgl. Lenz, Bd.1, S.288, 290.

(8) Lenz, Bd.1, S.304. 研究と教育という二重の使命を伴う新しい大学理念につき、Vgl. Franz Schnabel, Deutsche Geschichte im 19. Jahrhundert, Bd.1（1. Aufl., Freiburg, 1937）, S.438ff., bes. 445f.

(9) Stockmann, S.71.

(10) Lenz, Bd.1, S.304.

(11) ボヘミア時代につき、Vgl. Stockmann, S.73.; Steig, Bd.1, S.288ff.; Schellberg-Fuchs, S.448.

(12) Schellberg-Fuchs, S.448.; Stoll, Bd.2, S.80, Note 8.

(13) 一八一一年八月七日、九月六日および二十三日、十一月六日付、一八一二年三月二十四日、四月十二日、八月一日、十二月二十日付の手紙。一八一三年六月二十三日および七月二日付グンダ宛の手紙。Schellberg-Fuchs, S.448ff.（Briefe 194-204）.

(14) クレメンスは、「ぞんざいで、がむしゃらで、機知に富むが、断片的で、下品な冒険的経済活動」と、クリスティアンの経営を特徴づけた。Schellberg-Fuchs, S.460.

(15) Stockmann, S.73.

(16) Schellberg-Fuchs, S.457. ついでながら、またしても感動的な心服の表明が並んでいる。「僕から君の友情を取り上げないでください。僕は長く生きている割りに、自立できていないと感じているからです」（ebda., S.455）。さらには、「僕を愛しつづけてください。僕がそれに値するより、もっと多く愛してほしい」（ebda., S.461）とまで書いている。

（17）Ebda, S.473.

（18）ブレンターノの無作法は、すでに一八一一年夏のテプリッツにおけるある口論につながっていた。だがこのことは、プラハにおけるファルンハーゲンとブレンターノとの頻繁な行き来を妨げるものではなかった。ファルンハーゲンが冷徹な優越感でもって無邪気なブレンターノへの仕返しを準備したこと、ファルンハーゲンが戯曲『アロイスとイメルデ』の原稿を将来的な改善の担保としてブレンターノから取り上げたことは、ファルンハーゲンの性格に有利な印象を与えるものではない。アグネス・ハルナックが『アロイスとイメルデ』の版本の序文（Clemens Brentanos Sämtliche Werke, hrsg. v. Karl Schüddekopf unter Mitwirkung von Heinz Amelung, Viktor Michels u. a. , München-Leipzig, 1909ff., Bd.IX-2, S.XLVIIIVIIff.）に書いた詳細な叙述に加えて、さらに典拠を挙げることができる。すなわち、一八一一年十二月二十三日付および一八一二年五月十五日付ファルンハーゲンからウーラント宛の手紙（Uhlands Briefwechsel, hrsg. v. Julius Hartmann [Stuttgart-Berlin, 1911ff.], Bd.1, S.280 u. 307f.）であるが、その中でファルンハーゲンはブレンターノの詩的な能力を承認して、『薔薇の物語』に特別の詩人桂冠を約束しているのである。

（19）Vgl. Schellberg-Fuchs, S.468.

（20）Ebda, S.469.

（21）サヴィニーは一八一一年九月十四日付で、ワイマールに滞在していたアルニムに対して、アルニムがボヘミアに向けてまだ旅立てないならば、クリスティアンの良心に手紙で訴えるよう頼んでいる（Stoll, Bd.2, S.7.; Brief 239. Vgl., Schellberg-Fuchs, S.455f.）。また一八一一年九月十六日付でサヴィニーはクレメンス自身に宛てても手紙を書かねばならなかったのだが、一八一一年十月十二日付では、先の手紙への返信の書き出し部分が如何に取り除かれるべきかを書いている。Schellberg-Fuchs, S.462.

（22）Schellberg-Fuchs, S.477. Vgl. Steig, Bd.1, S.303.

（23）Stoll, Bd.2, S.91f.（Brief 251a).

（24）一八一四年七月十二日付ベルリン発サヴィニーからクレメンス宛の手紙（Stoll, Bd.2, S.112f.; Brief 268）は、一八一四年六月三十日付プラハ発のクレメンスの手紙（Schellberg-Fuchs, S.488f.; Brief 207）への返信である。

（25）ウィーン時代につき、一八一三年七月末のグンダ宛の手紙、一八一三年十二月二十七日付サヴィニー宛の手紙（書店を開く計画）。Schellberg-Fuchs, S.483ff.（Briefe 205, 206). ウィーン滞在につき、Vgl., Steig, Bd.1, S.310ff.; Stockmann, S.74f., 158ff.; Schellberg-Fuchs, S.482f.

（26）Vgl. Stoll, Bd.2, S.27f.

（27）詳細につき、Vgl. Stockmann, S.160ff.

（28）すでに言及したグンダ・サヴィニー宛の手紙より。Schellberg-Fuchs, S.484f.

(29) ラーエル・ファルンハーゲン宛の手紙より。Vgl. Migge, S.62, Note 19.

(30) Schellberg-Fuchs, S.490f.(Brief 208).サヴィニーは九月二十日付の手紙で、アルニムにこの出来事を知らせていた。Stoll, Bd.2, S.116 (Brief 273).

(31) Schellberg-Fuchs, S.491f.(Brief 209).

(32) Vgl. Dichterjuristen, Bd.1, S.10.

(33)「オーストリアの惨めで下劣な司法関係」は、すでにブレンターノのボヘミア時代に、「臣民に対する国王と貴族の陰謀に他ならない国家」と彼が述べ(Schellberg-Fuchs, S.476)、そのうえ彼の『プラハの建設』の中にオーストリアの司法に対する諷刺を組み込んだほどにまで不満を掻き立てていた。Stoll, Bd.1, S.418, Note 6.

(34) Schellberg-Fuchs, S.493.

(35) ついでにいうならば、クリスティアンは一八一六年に、ヘレンキームゼーを取得するとの計画を抱いていた。一八一六年八月二十日付ブレンターノからリンクザイス宛の手紙。Gesammelte Schriften, Bd.8, S.199.

(36) 一八一五年十一月および一八一六年二月のリンクザイス宛の手紙。Gesammelte Schriften, Bd.8, S.177ff. またザイラーからブレンターノ宛の手紙を参照。Ebda, Bd.9, S.431ff.

(37) 短い総括として、Schellberg-Fuchs, S. S.493. 詳細につき、Vgl. Stockmann, S.82ff.; Benz, S.447ff. 教示に富んだものとして、Hans Rupprich, Brentano, Luise Hensel und Ludwig von Gerlach, Wien-Leipzig 1927.

(38) Vgl. Dichterjuristen, Bd.1, S.26.

(39) ブレンターノによるアンナ・カタリーナ・エメリヒの生涯の概略。Gesammelte Schriften, Bd.4, S.291ff.

(40) Morris, S.XXXVff.; Stockmann, S.95ff. これに関してブレンターノは、神学者にして教会法学者のオウゼビウス・アモルト(オーバーバイエルンのポリング大教区首席司祭)に興味をもった。Eusebius Amort, Derevelationibus, visionibus, apparitionibus regulae tutae. Augsburg, 1744. 一八二一年三月十一日付の弟クリスティアン宛の手紙。Gesammelte Schriften, Bd.8, S.437. アモルトにつき、Vgl. Friedrich von Schulte, Quellen und Literatur des kanonischen Rechts, Bd.III-1, Stuttgart, 1880, S.174ff.

(41) ブレンターノの晩年につき、Vgl. Morris, S.XLff.; Stockmann, S.99ff. 文献一覧にあるヘルマン・ネストラーによるブレンターノのレーゲンスブルク時代およびミュンヘン時代についてのものとされる著作は、残念ながら入手できなかった。

(42) 女祖先の日記より。Gesammelte Schriften, Bd.4, S.97 u. 152. 解説につき、Vgl. Diel-Kreiten, Bd.2, S.484ff.

(43) Steig, Bd.1, S.347.

(44) Schellberg-Fuchs, S.493. 一八一九年七月/十月妹グンダ宛のブレンターノによる長文の手紙においても、デュルメンでの彼の印象や体験について言及されている。Ebda., S.497（Brief 210）.
(45) 一八二三年七月七日付サヴィニーからアルニムへの手紙。Stoll, Bd.2, S.313（Brief 397）.
(46) 一八三三年一月五日付の手紙。Schellberg-Fuchs, S.509f.（Brief 213）.
(47) バランの訪問について、サヴィニーは一八二九年七月三日付の手紙の中でヤーコプ・グリムに報告している。Stoll, Bd.2, S.411（Brief 435）.
(48) 一八三四年四月初めミュンヘン発の、カザレのためのブレンターノからサヴィニー宛の推薦状。Schellberg-Fuchs, S.511（Brief 214）.
(49) 一八三四年六月十六日付グンダ宛の手紙。Schellberg-Fuchs, S.512（Brief 215）. ——ベッティーナ・サヴィニーとその夫につき、Vgl. Stoll, Bd.3, S.205ff.
(50) Gesammelte Schriften, Bd.9, S.337ff.; Stoll, Bd.3, S.283ff.
(51) 一八三九年三月十三日付ミュンヘン発の手紙。Schellberg-Fuchs, S.516ff.（Brief 218）.
(52) 司祭になるという一八三〇年に真面目に検討された計画は、挫折した。離婚した婦人との結婚と、彼の二番目の妻が当時まだ存命であったという事実とによって生じた教会法上の障害を、取り除けなかったからである。Morris, S.XLf.; Stockmann, S.103.

## 二　ブレンターノの文学における法と法学

ブレンターノの文学における法的要素について語りうる事柄は、優れた意味でサヴィニーの思想世界に属している。このことを越えて、ブレンターノの文学の中に広範な法的特徴を探し求めようとすることに、利益がないわけではない。というのも、若きブレンターノにおいて、法秩序や法学の関心事への深い認識を確認することができるからだが、同時に、法的束縛やその体系的で学問的な理解に対する嫌悪を確認することもできるであろう(1)。

ブレンターノの文学作品との関連におけるサヴィニーの第一の言及は、「S.」なる略語にも拘わらず容易に解釈可能であるのに、奇妙なことにはブレンターノ自身ではなく、詩人と法律家の周知の共通の友人である若き医学生アウグスト・ヴィンケルマンに由来する。今日では知られていることだが、ヴィンケルマンは、「野性化した長編小説」たる『ゴドヴィ』(2)の第二巻に付け加えられた「亡きマリアの生活状況についての報告」、および連詩――同時代の詩人たちの戯文集――の編者である。(3)その一方でもとよりブレンターノ自身は、第二巻においてゴドヴィの所領の叙述に当たって、サヴィニーの所領トラーゲスを念頭に置いていた。(4)ヴィンケルマンによる幻想的な付録は、詩人マリア――もちろんクレメンス・マリア・ブレンターノのことと思われる――とS．との交友への仄めかしに満ちており、また若くして死の病にある詩人マリアを、最期にS．の田舎の別荘で過ごさせているのだが、このことによっても再びトラーゲスが連想されるのである。そこでS．は、こう話しかけられている。

この住居の良き精神は、マリアをも慰めます。彼の腕の中で、マリアは喜んで死んだのです。……君、私のS．よ、彼は書き記すことはありませんでした。君の姿の平穏な品位や、君の表情の静かな善意や、君の生活の愛すべき首尾一貫性を、誰が言葉で示せるでしょうか？

彼は、亡きマリアにティークの滑稽譚『岐路に立つ新ヘラクレス』から読み聞かせている。

そこに永遠がやって来て、
初めてまさに多くの時間をもつことになる。(5)

これがマリアを最後の微笑と「S.」との心からの握手に誘う。添えられた詩歌のうち、「サ……ィーに」(An S... y)と題するソネットのみが真面目に挙げられる。これはサヴィニーの交誼を求めるヴィンケルマンの依頼である。(6) サヴィニーは『ゴドヴィ』の付録の中で平穏や品位や善意の良き精神として登場するのだが、彼のことをブレンターノ自身は、歴史主義的・ロマン主義的な戯曲『プラハの建設』の序幕において、フランクフルトの偉大なる息子として称えている。(7) 詩人ゲーテやマクシミリアン・クリンガー(Maximilian Klinger, 1752-1831)——ちなみに詩人法律家であった——、並びに「高貴な思想家」シュロッサー(8)、さらには画家のエルツハイマーやモルゲンシュテルンやシュッツが称賛したあとで、名前は挙げられないものの、フランクフルト出身の医者も、こう記している。

多くの人が裁判官たちに奉納した
法の女神《テミス》の像を汝のローマ人《レーマー》館の泉に、
フォイエルバッハの星の煌めく波の上には
サヴィニーが乗って、高く、明るく。(9)

これに続けて、なおフランクフルトの神学者たちや商館群が想起されていく。
アンゼルム・フォイエルバッハはフランクフルト生まれではないものの、フランクフルト定住(一七一九年以来)の家族の出身地であったのだが、このことはもちろんブレンターノもよく知っていた。(10) フォイエルバッハとサヴィニー、十九世紀初頭の「法律家天国」における最も輝ける二つの星を比較する多様な試みに言及するならば、(11) 少ない言葉で非常に本質的なことを捉えたブレンターノも加えねばならない。ブレンターノは、変化に富んだ存在が一部ではあるが同時代者の目に留まったフォイエルバッハの中に、運命に差し出される動揺を見ているし、サヴィニーの中には、安定的で崇高な光を見ているのである。

しかしながら、言及した『プラハの建設』への序幕が書かれる以前に、ブレンターノは友人たる義弟のために、『薔薇の物語』[12]の中に永遠なる記念碑（monumentum aere perennius）を建立した。そしてこの物語詩は、構想の壮大性――ブレンターノによくある欠陥だ――の結果として未完に留まったとしても、ブレンターノの多くの作品からの任意のものではなく、内容的にみてある体験文学から最高度に成長した作品なのである。このことに、ブレンターノの詩人幻想とまったく意識的な芸術家気質が寄与して[13]、多くの人が述べてきたように――もちろん留保付きで受け入れられるべき比較であるけれども[14]――、カトリック的な『ファウスト』となった。すなわち、磨きをかけられたブレンターノの形式において、王者のような詩人的才能を最も輝かしい光の下で示す作品なのである[15]。

『物語』とサヴィニーの関係は、この文学の成立史への一瞥に際して明らかになる[16]。ブレンターノがマールブルクで大部分を一緒に過ごした一八〇三年から、一八一一年あるいは一八一二年まで、彼は長い中断を含みながら『物語』に取り組んだ。この叙事詩の内容は、中世のボローニアの町と大学を背景として、ボローニアと大学の歴史に精通していることを前提としているので、サヴィニーが『中世ローマ法史』のために集めた資料をブレンターノが用いたことが容易に推測できる[17]。このことは、その著作が一八一五年から公刊され始めたとはいえ、いずれにせよサヴィニー自身がこれ以上長い研究旅行をもはや必要とは思わなかったかぎりで、ランツフート時代において問題になっていた。そして実際にも多くの人が述べているように、ブレンターノのランツフート時代（一八〇八／〇九年）は、シュタルヴァンクでの自発的な流刑生活[18]をも含めて、『物語』への取り組みにとってとりわけ意義深いものであった。いずれにせよ詩人は一八一〇年に、彼が高く評価した画家ルンゲに対して『物語』を線描画で装飾するよう依頼したつもりでいた。[19]

サヴィニーとのさらなる関係は、『物語』を体験文学の側面から見たり注目するときにも明らかになる。すなわち、サヴィニーはボローニアの法学教授ヤコポーネのモデルとなったのだが、もとより、ミヒェルスが正しく見たように[20]、学生たちに取り巻かれ敬愛されながらも、あらゆる党派的な争いにおいて堂々たる距離を保ったランツフートのサヴィニーは、マールブルクの若い私講師ないしは教授たるサヴィニーに優る存在であったということである。ヤコポーネの弟で学生のメリオーレがブレンターノの多くの特徴をなぞっているとすれば[21]、このことも、二人の友人同士が結びついていた兄弟的な信頼関係にも、またブレンターノはサヴィニーから法学こそ受け取らなかったが、その代わり多くの刺激を受けたという事実にも適っている。ヤコポーネの弟たる、メリオーレとピエトロ、血縁や愛情によって彼らと結ばれている妹たちのロザローザやロザドーラ（ビオンデッテ[22]）やロザブランカ、彼らの重要な敵役として、悪魔的な原理の化身たるアポーネが登場するのだが、この中世的な原型は、ピエトロ・ダ・アバーノという十一世紀の哲学者にして医者であるけれども、彼はその真に迫った特徴をむしろはるかにシェリングに負っている。[23]しかも流行哲学者のシェリングこそは、周知のように、ランツフートで期待された哲学と宗教の統合を成し遂げることなく[24]、その結果、彼の哲学は『物語』の立場からは、「光の非嫡出子」と呼ばれるのである。確認できることだが、こうした二重の鏡像は、モリスが表明するように、歴史上の人物やブレンターノの同時代人において、ヤコポーネやアポーネといった登場人物には強い生命力が与えられている。本論稿の企図にとっては、「モーレス」（『物語』第十二）の創作史において、「喧し屋」のアウグステ・ブスマンがリリトのために非常に特徴的な性質を提供したことは、あまり重要ではない。[25]

前述したことから明らかなのは、『物語』とサヴィニーとのさらなる関係たるボローニアという背景の選択が、サヴィニーの学問的関心によって定められたということである。このことすべては、つまり成立史およびヤコポーネの人物像に向けたサヴィニーの意味づけは、クリスティアン・ブレンターノが『物語』の初版の前書きとして記した次のような献詩が、美しい仕方で要約している。

君たちがもてなす愛する家で
かつて不思議な文学が始まって、
そして高貴なヤコポーネの姿に、
法律家の天国に輝く星だ、
多くの美しい憧れをもつのは、僕のサヴィニーだ、
君から兄貴は愛を込めて引用した。
このように利用するのは、君たちが親しく結ばれているからだ、
文学を仕上げて、君たちに兄貴は献げるのだ。[26]

本論稿で言及する『物語』の内容そのものに目を向けるとしても、語られた出来事の核心について短く概観すれば充分である。この核心は、最高に魅力的ではあるものの、部分的には縺れたアラベスク模様に絡みつかれているのだが。[27]画家のコスメはその妻ロザレータ、つまりヤコポーネ、メリオーレ、ピエトロという三人の息子の母親を残して、修道女のロザトリスティスを誘惑したのだが、それはロザトリスティスがコスメのために聖母マリア像のモデルになったときであった。ロザトリスティスとの関係から、ロザローザ（赤い薔薇）と、父親のコスメの世話をしたロザ

ブランカ（白い薔薇）と、たいていはビオンデッテと呼ばれる歌手のロザドーラ（金の薔薇）という三人の娘が花開いた。子供たちはまったく別々に育てられ、したがってその血縁関係につき知らないままに成長したのだが、その一部が、ヤコポーネとビオンデッテのように高い評判を得るようになったとき、近づいてきたのは近親相姦の危険を伴う罪であった。ロザローザは実際にヤコポーネと結婚したが、彼とは純潔な婚姻のうちに生活し、劇場の火事の際に被った怪我によって死んだ。ロザブランカは庭師のピエトロの手を拒絶した。ビオンデッテは、法学生メリオーレから騎士的な愛で崇拝されていたが、高い魔力で働きかけるアポーネの罠から、短刀で自害することによって逃れることができた。モーレスことアポネス・ファムルスは、命をかけて不快な地獄の亡霊を追い出したが、これはどぎつい不協和音のようにして、ヤコポーネの妻ロザローザのための厳かな葬儀に向かって金切り声をあげたからであった。ブレンターノが仕上げた最後のものである『物語』第二十にしたがった行為の継続を想定して薔薇の数珠《ロザリオ》の根拠づけとの関連[28]を確立し、法学者としてのヤコポーネから有名な続唱たる『悲しみの聖母』（Stabat mater）[29]の自称創作者としてのヤコポーネ・ダ・トーディへの心理的な架け橋を見出したのである。このことについては、多くの推測が表明されてきたが、この推測についてここでこれ以上に跡づける必要はない。

いずれにせよ中世最盛期のボローニアにおいてはあらゆることが起こるので、サヴィニーの最も重要な学問的関心事との直接の連関も生じた。上部イタリアの諸大学、とりわけボローニアの法学にみられるローマ法の再生であるが、このことが彼の『中世ローマ法史』の大きな原動力となった主題である。すでにサヴィニーは、大学制度および註釈学派の叙述には都市制度の叙述を先行させることが必要だとみていたので、[30]まさに上部イタリアの諸都市の国制的・刑法的な状態から、あらためて法学の再生との連関が解明されたのである。[31]ヤコポーネを、有名な教会法註釈の創作者たるアクルシウス（一二六〇年頃歿）、およびオドフレドゥス（一二六五年歿）の弟子として紹介することから出発するならば、[32]十三世紀後半にまで遡ることになる。このことに一般的に対応するのは、『物語』の中で叙述されたボローニアの政治的諸関係や、二つの貴族党派であるかつての皇帝派ギベリン党のランベルタッツィとかつてのヴエルフェ党のジェレメイとの対立であった。[33]もっとも、この対立の元々の意味は、すでに忘れられていたのだが。一二五〇年以降にはジェレメイ派が優勢になりランベルタッツィ派から権力を奪ったのだが、ブレンターノはヤコポーネを二つの党派の誠実な仲介者としてその真ん中に据えた。

しばしば二つの一門に与えたのは
ヤコポーネの忠告だった、
そして、その真ん中に立つことで、
友も敵も彼を称えねばならなかった。[34]

調停者の役割は、もとより陰険なアポーネのことで常にヤコポーネの敵対者であるのだが、メリオーレとの口論において不快な結末を予言するものである。二つの党派は、ヤコポーネの芸術に飽きてしまったかのようだ。

そして彼らの争いはようやく終わる、
その中心において
彼らの刃が交わされて、
永遠の平和を樹立しつつ。[35]

以下はブレンターノに期待されたとはいえ不当なことなのだが、彼はボローニアの錯綜した国制の展開を——一八二八年の同業組合《ツンフト》の蜂起によって、人民（Popolo）にとって指導的な影響が貴族の自治体（Commune）の他に独自の人民国制を達成し、最終的には支配権力を奪取したのであり、こうした出来事の結果をサヴィニーですら確定的に説明することができなかった——、歴史的なまったき誠実さにおいて顧慮したのであった。このように『物語』第二十編が言及する八人の執政官と評議会を眼前にしても、[36]多くの問題が未解決のままに残された。詩的視点でより具体的で感謝されたのは、都市の軍用牛車たるカルロッキオであり、[37]これは多くの詩節において歌われている。[38]大学制度からも、いくつかの問題点がはっきりと現れた。先ずは、一一五八年のロンカグリアのバルバロッサによる大学特権たる、有名な慣習的勅法（Authentica Habita）[39]に基づく学生たちに対する教授たちの固有かつ法的な権限——そのような権限によってアポーネは、メリオーレと他の学生たちとの争いに介入した[40]——。次に、学生は補習や討論を避けてはならないという禁令だが、こうした補習や討論はむしろ学卒者に留保されたのであり、[41]このことをアポーネは、たしかに根拠なく、メリオーレに反論したのであった。[42]最後に、都市の裁判権からの教授たちの特免であり、つまりは学長たちの下への彼らの排他的な従属であって、[43]これをアポーネは平和を命じる執政官に対して引き合いに出したのであったが、[44]そのうえで、もちろん学長のアポーネは、葬列のさらなる妨害を断念するよう警告させたのである。[45]二つの大学（Universitates）たる山の此方（Citramontani）と山の彼方（Ultramontani）の学問的同好団体《ギルド》は、なお十三世紀までボローニアの大学制度にゲルマン的仲間団体の特色を与えていたのだが、[46]『物語』では明瞭になっていない。とはいえ、ブレンターノは劇場の火事の場面で、一連の同郷人会を効果的に介入させている。たとえば、フランス団、ハンガリー団、「堅いドイツ学友会」、ミラノ団、ローマ団、ナポリ団といったものだが、[47]これらは実際に、サヴィニーが数えあげたボローニアの三十五の同郷人会一覧に見出すことができる。[48]一般的な意義を有する法的な手続きとは、メリオーレがビオンデッテの家の前の聖母マリア像のところで庇護権を要求したとき、当然ながら、自分の外套を闘いの証として地面に広げた者に決闘を申し込むつもりであったということなのである。[49]

したがって繊細な法史的手続きの充実は、すべての詩人の教養を高めることになる。とはいえブレンターノはもっと先を行き、「ヤコポーネとロザローザ」という標題を付した『物語』第十編では、「法史の全体を一つの物語詩に持ち込む」ことを敢えておこなおうとする。「僕が望むのは」、一八一〇年三月十三日付ベルリン発のサヴィニー(Savigny)宛の手紙に彼はこう添え書きしている。「君たちがあとで読んでくれることです。というのも、僕はラーベオの敵であるサビヌス派(Sabinianer)を、その中で擁護しているからです[50]」。

ただちにヤーコプの第一詩節が、生き生きと眼前に現れる。

大型本にぐるりと囲まれて
座っているのは誇らしげなヤコポーネ、
依頼人たちから高く尊敬されているのは
若き賢き博士なり。[51]

彼の鑑定は、至る所から求められた。[52]ブレンターノが多くの詩節(第十編第五～二十)で描写しているヤコポーネの基礎的教養も、考えられるかぎりの基本的なものであって、おのずと次のことを意識したようだ。すなわち、この三十歳の男が途方もない量の知識を消化することは困難だったから、やはりローマ法史の全体を収容するとの意図においてだが、その際には読者に降り注ぐ人名の充満も、法史的に聖別された者においてのみ生き生きとするように意識したのである。[53] こうしてブレンターノは、ローマ法形成の最初期に立ち戻って、十二表法の作成を委任された十人委員会（Decemvirn）がギリシア人のヘルモドルスを招いたという伝承を利用する。[54] 周知のように、ボローニアの法学授業はユスティニアヌス法典のまったく確固とした部分に依拠していたが、[55]これに対して、ブレンターノはヤコポーネの研究を古代ローマの共和制的な法学の業績に据えている。彼が名前を挙げるのは、フラヴィウス法典（Ius Civile Flavianum）と称される著書によって立法行為を広範な国民層に知らしめたフラヴィウス（紀元前三〇四年歿[56]）に加えて、マニウス・マニリウス（紀元前一五〇年頃）、ほぼ同時代のユニウス・ブルートゥス、クウィントゥス・ムキウス・スカエヴォラ（紀元前八二年殺害）といった著名な法学作品の著者たちや、キケロの同時代人にして友人のセルヴィウス・スルピキウス・ルーフスである。[57] とりわけブレンターノが誇るのは、彼が西暦紀元の一世紀と二世紀を貫くサビヌス派とプロクレヤヌス派の学派の対立を、『物語』に追加したことである。ちなみに、サビヌス派はアテイウス・カピートの権威に寄りかかり、プロクレヤヌス派はM・アンティスティウス・ラベーオを手本にしていた。[58] いわゆる古典主義的なローマ法学の光のもとに、ブレンターノはある選択をおこなっている。すなわち彼が挙げるのは、ハドリアヌスのもとでサビヌス派の首領であったサルヴィウス・ユリアヌスや、ガイウス（一七八年以降歿）や、パピニアヌス（二一二年殺害）や、ウルピアヌス（二二八年殺害）や、これより若い同時代人のヘレミウス・モデスティヌスであるのだが、[59] とはいえ非常に重要なパウルスについては見落としているのである。こうしてブレンターノは彼のヤコポーネを高く位置づけることによって、グレゴリアヌス、ヘルモゲニアヌス、テオドシアヌスの三つの法典たる勅法をユスティアヌス法典（五二九年）において統合する際に基準となる課題を、学説彙纂《パンデクテン》の完結のために必要となった当該法典の新編集版たる講義用再編法典（Codex repetitae praelectionis）（五三四年）において、ヤコポーネに割り当てたということなのだろう。[60] 詩人の思うところでは、ヤコポーネがユスティニアヌスの同時代人であったならば、五十の決定（quinquaginta decisiones）に必ずや参加したことであろう。これは古い争点の最終的な決定であり、パンデクテンのための準備作業であったが、[61] ちょうど彼が、帝国官房長に加えて、四人の教授と十一人の弁護士から構成されたパンデクテン委員会に招聘されたようなものである。[62] ブレンターノの思うところでは、最終的にはヤコポーネは、帝国大臣のトリボニアヌスや教授のテフィロスとドロテウスとともに抜擢されて、法学提要という教科書を作ったとされる。[63]

のちの世紀のある息子は、ボローニア法学派（一一〇〇年頃）の創設者たるイルネリウスや、「四博士」たるブルガルス、マルティヌス・ゴシア、フーゴー、ラヴェンナ門のヤコブスといった偉大な伝統の真ん中にヤコポーネを位置づけている。[64] ちなみにラヴェンナ門のヤコブス（Jacobus de porta Ravennate）と称するのは、彼がラヴェンナ門が目印となる街区に住んでいたからである。[65] サヴィニーが、註釈学派の中に中世ローマ法学の最高到達点を認識できると確信し、そのうえで後期註釈学派の業績に対しては不公正であったように、[66] ヤコポーネもまったく特別にヤコブスを敬愛している。

彼がまったく特別に尊敬したのは
ラヴェンナ門のヤーコプだったので、
彼はヤーコプにならって自称した
まったく控え目にヤコポーネと。[67]

もっとも、ヤコポーネは四博士の時代に属していたわけではない。彼の師匠のアックルシウスとオドフレドゥスは、彼がすでに言及しているように、十三世紀の半ば頃に活躍している。彼らは、有名なアーゾ（一二三〇年以降歿）の大全を、勅法彙纂（Codex）や法学提要に向けた研究の基礎としてヤコポーネに指示したからである。ヤコポーネの学生時代の終了を、詩人ブレンターノは次のように語っている。

彼は厳格に法律の傍らに留まって
学位請求論文を書いた、
これが彼を高い栄光に導いた、
占有権論（De bonorum possessione）なり。[68]

サヴィニーの『占有権論』（一八〇三年）への有名な仄めかしであるのだが、もちろんその際、占有権論の本質についてのブレンターノの誤謬は法学者サヴィニーの気に障った。[69]当時、博士号の取得が直接に教職につながっていたが、ヤコポーネの場合もそうであった。

だがのちの栄光の時代になって、
彼はまさに飾り物を生んだ
ボンの講壇の上には、
大聖母研究（Magnae matris studiorum）が。[70]

サヴィニーの人物像を描くのは年齢であり――まさに一八〇九年にサヴィニーは三十歳になった――、外見の洗練であり――サヴィニーはたとえばフォイエルバッハについてその衣服の無頓着を非難した(71)――、そして弁舌の流暢さである。

彼が弱冠三十歳を数えるや、
広い額の周りには巻き髪が
茶色の髪がビレッタ帽から波打ち、
そして彼の髭は美しく整えられた。

彼が法服をまとって
博士たちを創り出すとき、
彼からは堂々たる弁舌が流れ出す
間もなく第二のキケロになるのだ(72)。

偉大なのは、サヴィニーのそれと同様に、学生たちにおけるヤコポーネの評価と人望とである。

彼が忘れた事柄を、
他の多くの教授が知っていても、

そこが学生たちを惹きつける
しばしば窮地から助けられたから。

まったき栄光の中に漂いながら、
彼は誇りの中に生きる。
その名声は至る所にあって
千人もの学生が追いかけてくる。(73)

当時のヤコポーネが、学位請求論文の完成後に本質的には討論から成る試験に進んだとき、(74)ロザローザは彼に出会った。

美しい乙女よ！　彼女に出会ったのは
とても危うい場所だった。
今や僕は闘いに行く
占有権論（De bonorum possessione）の闘いだ。

そして全世界の財宝を
僕は彼女のもとで失った。

僕は地上では何も所有しない、
彼女に僕自身も奪われたからだ。

僕がやがて取得する物を、
彼女は僕から奪ってしまった。
行って祈ろう、その栄光を
今日は失うことのないように。(75)

ロザローザは求婚を受け入れ、ヤコポーネが討論を成功裡に成し遂げたので、彼女は小さな教会でマリアに祈る。

彼に法を増やさせよう
神の賛美を増やすために。(76)

夜に用意された結婚披露宴は、これにヤコポーネは客として弟のメリオーレとピエトロだけを招待したのだが、神秘的な出来事のために、朝まで延期された。かつては『物語』の言語力についての表象を与えた素敵な言葉でもって、ピエトロは昇り来る太陽に挨拶した。

おはよう、東方《オリエント》の勇士よ！

おはよう、神の朝日よ！
おはよう、すべての存在の救世主よ！
おはよう、満開の薔薇の救世主よ！

おはよう、暗い森の慰めよ！
おはよう、朝露の滴の泉よ！
おはよう、天上の道よ、
おはよう、金色の朝日よ！(77)

これに対して詩人は、感動的な反歌において、その思想を返す。劇場の火事の際に重傷を負った妻ロザローザを亡くしたあと、ヤコポーネはこの思想を抱いて太陽が昇るのを見たのであった。(78)

おはよう、血まみれた死の太陽よ！
おはよう、没落の勇士よ！
おはよう、茨に覆われた救世主よ！
おはよう、我が庭園の草刈り鎌よ！

おはよう、明るい死の使者よ！

おはよう、朝露の涙の収集人よ！
おはよう、すべての死者の覚醒者よ！
おはよう、墓地の火の勇士よ！(79)

運命がヤコポーネのこうした苛酷な犠牲を求めるよりも前に、ヤコポーネの忠実な弟であり弟子でもあったメリオーレは、アポーネの「悪事の哲学」から、師匠の学問と人格を擁護せねばならなかった。中世のボローニアにあっては、もとよりそのような内容とは考えられてこなかったのだが、『物語』第五編のこの論争において、ブレンターノは次のことを証明している。すなわち、彼は歴史的な成果のみならず、彼の義弟のサヴィニーによる法についての基本的見解をも理解していたのである、と。

アポーネは、メリオーレに異議を唱える。

ヤコポーネ、君の学識ある
兄さんは、君に大いなる策略を教える、
彼は言葉さえも細工できる
教会の中でも裁判官の前でも。

君は彼に感染した、
法学の俗物に、

彼は、私の理論を侮って、
ラテン語の家畜小屋を掃除する。(80)

今度はメリオーレが反論する。

君は兄の名誉を辱める、
この文芸《ムーサ》の夢魔たちの誉れを、
太陽のごとく光り輝く
法学者たちの永遠なる氷の宮殿の上で、

君は永遠なる法律を辱める、
社会の太古の御影石を、
そして君は大地の神髄を罵るのだ、
それは山脈を貫いて光るものなのに。(81)

アポーネは、法律を太古の御影石とみる描写を嘲笑しつつ取り上げて、代々伝わる不毛な法はメリオーレのいう太古の御影石のように草木が生えていないと考える。だがメリオーレは、そのみごとな対比の深遠な基本思想のために、素晴らしい表現を見出す。

このようにも法律は存在する、
一帯の国家が没落して、
そして無数の家門が
古い法に即して形成されるとき。(82)

ここで誰が、ローマ法について考えなかっただろうか。ローマ法はローマ帝国（Imperium Romanum）の崩壊後にもかくも長く生き残って、ヨーロッパ法の基本要素の一つとなったではないか！　最後にメリオーレは、あらゆる時代の終わりへの注目を促している。

そして何処に君たちはいるのか？
最後に永遠なる裁判官が
永遠なる法律によって
君たちと彼らとに向かうとき。(83)

右なる法を罵った者どもは、
左側に置かれるだろう、
そこは神の猿どもが住む所で、
彼らも天使には気に入られる、筋が通らないのに。

悪事を働く諸哲学の
無数の体系も
魔女たちのもとでは
箒に跨がることを哀訴するだろう。(84)

同様にフェーアも、こうした論争を『物語』の法的に重要な部分と考えているのだが、(85)彼はアポーネの振る舞いにみられる矛盾も指摘している。アポーネは、初めは法律を侮辱しているのに、次には法規範に基づいて、つまりすでに言及した学生たちと卒業者たちとの議論の禁止に基づいて、メリオーレを学生牢に連行させているのである。もとよりその禁止を、アポーネはまったく偏向的なものと解してはいるのだが。

この『物語』第五編が叙事詩の最も古い在庫に由来し、したがってなおもマールブルク時代（一八〇三年）に属するかそれに近いということが正しければ、(86)すでにその当時、サヴィニーはブレンターノに対して、哲学に対する留保を隠していなかったということになろう。実際サヴィニーは、一八〇二年の法学方法論についての講義において、法律学は自然法があろうとなかろうと同じように学ばれると説明していた。(87)しかしながら周知のように、ブレンターノは『物語』をたびたび書き直してきたので、この論争において、啓蒙主義的哲学の拒絶と、ランツフートのザイラー一党が考えるように、神と疎遠なシェリング哲学の拒絶とを一緒くたに論じることも充分に可能なのである。(88)

ブレンターノの法思考が、薔薇の『物語』において、サヴィニーの生き生きとした模範によって軽やかにではあるが、もはや凌駕されることのない高みに登りつめたとすれば、彼の他の詩作品がもたらす法的成果にも、充分に注目すべきであろう。(89)

何よりも天賦の叙情詩人ブレンターノといった文学史的な立脚点が想起されるが、こうした叙情的な作品群には、ドイツ文学にあってはとうてい到達しえない音楽性が際立っている。[90] だとすれば、この叙情詩の企てに対して、あまり多くのことを期待することはできないであろう。このことはおのずから、『世俗の詩歌』(Gesammelte Schriften, Bd.3) の第一章「祖国」にまとめられた歌曲群についても当てはまるのであって、[91] たとえば「フランス軍に対する蜂起時のティロルの天候と晴雨計《バロメーター》」は、ティロルの祖国的な民衆気性に的中していたのである。[92] ドイツ国民が、解放戦争という巨大な国民的決起後に、ドイツの自由と統一に向けた政治的要求の実現をみることを正当化したとすれば、ブレンターノは、一八一五年の神聖同盟 (Belle Alliance) の際に生じた青年伯爵クリスティアン・フォン・シュトルベルクに関する詩歌において、そのような要求に対して、当時他の何人も表現しえなかったような深い道徳的な根拠づけを与える。そうした表現は、「勝利者たち」に向けられる。

その日は必ず来ることを、知りなさい
国民の力と、神の力において、
そこでは責任が引き受けられる
勝利が獲得した、すべての事柄に対して、

そしてブレンターノは、「我々の収穫物は国家である」こと、したがって貴い犠牲には貴い平和国家がついてくることを見守るように、君主たちに勧めるのである。[93]
宗教裁判のもとでの手続の法的基礎は、まったく淡く信じられないほど朦朧とし続けている。この宗教裁判は、司教が美しいローレライに対して実施したものだが、彼女は蠱惑的な魔力で多くの男をたぶらかしたのであった。[94]
ブレンターノの散文著作と区別されるのは、メルヒェンや宗教的著作であって、彼はこれらにその後の数十年間で取り組んだのだが、本論稿の予定では初めから除外されている。他の仕事においては、ドイツの法史と法的民俗の事実にとっての意味が立ち現れてくるのだが、この意味はヤーコプ・グリムの思想世界に精神史的に近いようにみえる。サヴィニーの仲介によって、ブレンターノはまさにグリム兄弟と友人関係になったのである。[95]
ブレンターノが述べるところでは、深遠な寓話たる「ドイツ」[96]は、十七世紀の資料から生まれ、彼によって物語化された。それはいずれにせよ、力強い法、つまりここでは乗り越えようのない法を意識する力という永遠なる問題の、美しい発見なのである。

法の女神の翼から作られた羽は、彼女の秤の針となります。また、彼女は剣を携えています。その秤と剣とは、長いあいだ左手と右手とどちらに相応しいかで争ってきました。羽は言います。「私は名誉ある場所に位置するわ。なぜなら、私は法の言い渡しをおこなって、善には報いを与え、悪を剣によって罰するからよ」。でも剣は、羽もあらゆる統治も護っている全般的な防御を引き合いに出します。

さて法の女神がこの争いを尻目に眠り込んでしまったとき、騎士が法と騎士らしく闘うべく羽を刀身の前に呼び出しました。羽は書かれた法としての法律や規則を引き合いに出して、平和術による防御を求めます。でも騎士は、七人の質の悪い職人を引き取って、みずからの手で無駄話や殴り書きをさせまいとしました。

ドイツは、国境で災厄が紡がれてきたのですが、これを聞いて「公正」を派遣し、争っている諸党派を和解させようとしました。こうして、諸党派は互いに食い合おうとしなくなったのです。今や「公正」は、双方のいずれからも名誉を引いたり足したりすることなく、法の女神を励まして目覚めさせ、ドイツの要望に応じて、騎士と羽を交互に役立てるよう命じるのでした。

法の女神の剣に関して、とりわけ刑事司法に関して、一般的に語られるのは、ブレンターノのきわめて印象深いいくつかの法見解である。フリードリヒ・フォン・シュペーの『抵抗の小夜鳴き鳥《ナイチンゲール》』は、ドイツ・ロマン派の愛読書であって、これにブレンターノは『魔法の角笛』の仕事を介して大いに注目して、そのいくつかの宗教的な歌曲を『魔法の角笛』に収録するほどであった。[97] その新版（ベルリン、一八一七年）に、ブレンターノは内実のある序文を寄せたのだが、この序文は、シュペーによる刑事保証金（Cautio criminalis）の考え方、つまり魔女裁判の方法の大胆な拒否についてまったく優勢的に論じている。[98] その際、ブレンターノは、ライプニッツによってなされた例の報告を取り上げており、これにしたがえば、ヴュルツブルクの魔女裁判における贖罪師としてのシュペーの活動は、魔術の疑いで有罪判決を受けた多くの人々は無実だとする確信を抱かせて、保証金（Cautio）制度へと彼を促すものであった。したがって、近年の研究がこうした理解の非現実性を果たして証明してきたかということからすれば、詩人に対していかなる非難をなすことも許されないだろう。[99] もっともブレンターノは、「機械的になされる裁判上の人殺し」、つまり当時の「裁判上の放火殺人」に反対するシュペーの大胆な態度を、正当にも称賛している。

文学の内なる法について従来の文献が注目してきたのは、[100] 田園小説の傑作『実直なカスペルルと美しいアネルルの物語』であるが、[101] これは勇敢な兵士カスペルルと美しいアネルルの生活における、宿命的に理屈っぽい名誉概念の強引な並行性にも拘わらず、強く真正な詩人的作品である。[102] カスペルルには何にも優る名誉が与えられたが、故郷での休暇に際して、彼は父と弟が破廉恥な盗賊であることに気づくことになる。生きながらえるわけにいかず、みずからに死を与えるような恥辱であった。また彼の婚約者たる美しいアネルルは、同様に名誉を求めて、ある貴族との書面上の婚約に惑わされつつ、唆されてみずからの子供を殺してしまった[103]。

詩人は、アネルルの処刑の前夜に導く[104]。彼は物語を独特の出来事として語り、とりわけカスペルルの祖母であり、同時にアネルルの代母たる素晴らしい老農婦の人物像を具象的に提示する。カスペルルの祖母にとっての関心事は、カスペルルが正規に埋葬されることである。彼女に対して廷吏が述べたところでは、公爵の命令によれば、鬱病《メランコリー》に基づく自殺者のみが正規の墓所を与えられるのである。これに対して絶望に基づく自殺者の死体は、解剖学教室に引き渡されねばならない[105]。――語り手が解するように、「奇妙な法律」である。だが語り手は、ある請願書によって、カスペルルのために正規の埋葬を実現することを申し出る。翌朝に処刑されるアネルルへの慈悲を公爵に嘆願するという語り手の企てには、老農婦は反対する。「正義は赦免より良いものです。地上でのあらゆる赦免を助けることを、私たちはすべて裁判の前になさねばならないのです[106]」。アネルルは死刑執行人による死を免れることはできない、という思い込みに彼女は支配されていた。アネルルがまだ小さかったとき、死刑執行人の剣が彼女の目の前で閃き、死刑執行人が用いようとした反魔術も、役人が来合わせたことによって妨げられたので、猟師ユルゲの処刑に際し、刎ねられた首がアネルルのもとに転がってきて子供の前掛けに噛みついたからであった[107]。そして出来事の経過は、老農婦が正しいと認めたのである。語り手によって実現した特赦は、遅すぎた。慈悲の被り物《ヴェール》を付け剣を帯びて全速力《ギャロップ》で刑場に馬を走らせてきた士官に対して、報告者は「物悲しげに彼に微笑みかける、美しいアネルルの血まみれの首」を差し出したのであった[108]。

嫉妬による殺人、および殺人者が数年後に良心の呵責の重圧のもとに示した贖罪に関して、ブレンターノの形式的に完璧な物語『三個の胡桃』は、神秘的な仕方でもって語っているのだが、それはサレルノ学派（Schola Salernitana）

に由来する金言「一個の胡桃が芽生えると、第二の胡桃が邪魔をして、第三の胡桃が死滅する」（Unica nux prodest, nocet altera, tertia mors est.）に基づいている。[109]

犯罪学上の動機に満たされての作品としては、ほとんど運命悲劇を思わせるものだが、ようやく一九二二年になってヨーゼフ・ケルナーによって再発見された短編小説『平和人形入りの箱』がある。[110]もっと明るい分野に導くのは、走り書き的な小品『女祖先の日記からの数葉』であり、[111]これは有名な『遍歴学生の年代記』の一種の続篇であった。[112]

序文では帝国の封建領主プファルツ伯の権限について述べられるのだが、これは非訟事件の様々な恩典や行為を実施する資格をまさに与えるものであった。[113]この日記そのものは、ヘネガウの伯爵令嬢のものとされ、一三一七年に出版されたのだが、年代記の美しい編年様式を採ることもなしに、「喜ばしく敬虔な子供たちの教団」の設立を叙述している。貧しい子供たちの窮乏を防ぐべく、ヘネガウの伯爵令嬢はこの教団のために八人の女の幼なじみと結束した。年の流れの中で、伯爵令嬢の幼なじみたちには、森林の一画とか穀物畑とか薔薇園とか爪草《クローバー》畑といった財産や、放牧権とか刈草権とか伐採権とか徴税権といった特権が贈られたのだが、そのためにその都度、彼女たちは一羽の鶏を認定税として納付せねばならなくなる。こうした「税鶏」は、森林鶏・落穂鶏・庭園鶏・聖霊降臨祭鶏と、また牧人鶏・草鶏・煙鶏・薬鶏とそれぞれに呼ばれており、[114]まったく古い法源と同様に、物税の呼称において進んで税主の権利との関連を確立している。[115]彼女たちの敬虔な活動のさらなる経過の中で、伯爵令嬢は小さな修道院を創立したが、このために指定された土地や特権が形式ばった文書によって確認された。[116]日記の終結部では、さらに伯爵令嬢の結婚について記されている。その際幼なじみたちは、乙女の長い髪が婦人の頭巾《ボンネット》に変わることを当てこすってこう歌った。

おお　美しい花嫁がそんなに泣くなんて！
お下げ髪をしまい込まねばならないからね
　金色の頭巾の下にね。[117]

ブレンターノが読み語ったドンナ・マリア・デ・ザイアス・イ・ソトマヨールによるスペインの短編小説（初版、一六三七年）にみられる、部分的には興味深い法的要素についてはここでは除外する。というのも、素材的なものは、スペインの女性の語り手のもとにあるのであって、もとより職人芸的な翻訳者のブレンターノのもとにはないからである。[118]

最後に、本論稿を通り過ぎていった多様な人物像の本質的な印象を捉えてみよう。そこには何よりも、たとえ緊張に満ちたものであるにせよ、高貴な交友関係の運命がみられる。サヴィニーは、卓越した人物であり研究者であり教師であったが、明晰で確固としており、しかも生の喜びと温かさに溢れていて、軟弱で気分に依存するブレンターノとは、つまり稀な天分をもった詩人的人格とは、性格的に対極にあった。サヴィニーはブレンターノにとって、友人ならそれを選び取ったように、真の「世界への仲介者」であった。サヴィニーは、内面的であれ外面的であれ個人的な困窮にあっては、忠実に友人の味方をしている。サヴィニーは、教示によってではなく模範によってだが、ブレンターノにとっての超人格的な秩序づけへの教育者になったのである。ブレンターノの伝記類は、この関連で常に教会への視線のみを強調するが、『魔法の角笛』や『薔薇の物語』が示すように、すでに以前からブレンターノは、民族や法や国家を高次の価値として彼の存在の中に取り入れていたのだ。そうでなければ、彼は「永遠の法律、太古の御影石の集まり」なる言葉を語りえただろうか？　友人サヴィニーの内向的で安定した性質は、ブレンターノにとっては快適でも一時的でもなかったので、理解することが困難であった。とはいえ、詩人による一定の主観的な発言の印象のもとで、すべての関係が、たとえ望まないにせよ、サヴィニーによる精神的な虐待として捉えられるとすれば、それは間違っている。ブレンターノ自身において、彼がサヴィニーとその交友の価値を認識し、全精神から肯定する時間は過ぎ去っているのである。彼は偉大な法学者の文化力を承知していたし、この人物とその著作が如何に法学の領域をはるかに越えて時代を作ったかを感じてもいた。

最後にドイツ文化全体と密接に結びついた法学の高貴な姿であるが、法学に対してゲーテは、ここでは仄めかしえただけであるものの、親密な関係にあり、そのうえこれにはベートーヴェンの巨大な影が持ち込まれているのである！

**原注**

（1）Vgl. Dichterjuristen, Bd.1, S.21f.

（2）この長編小説は、アーメルンク版にしたがって、シュッデコフによる全集の第五巻に収録されている。『ゴドヴィ』につき、Vgl. Stockmann, S.113ff.; Haller, S.24ff.; Fritz Lübbe, Die Wendung vom Individualismus zur sozialen Gemeinschaft im romantischen Roman (von Brentano zu Eichendorff und Arnim), Kieler phil. Diss., 1930, Dessau, 1931, bes. S.22ff.

（3）Gesammelte Schriften, Bd.8, S.18. 一八〇一年八月五日付ブレンターノからサヴィニー宛の手紙。Schellberg-Fuchs, S.222f.（Brief 80）.「今日、第二巻の原稿が発送されました。雑然としています。雑然というのは、背景としてマリアが死に、諷刺的な生活描写をヴィンケルマンが、君へのソネットに付け加えたからです。詩歌へのパロディーも、巨匠は弔詞としてしまいます」。

（4）Sämtliche Werke, Bd.5, S.228ff. Vgl. Amelung, Einleitung, S.X. ――これに反して確認できるのは、「極度の読みやすさ」に、つまり「家族文庫の法典」（ebda., S.193）に好意的なのはサヴィニーではなく、ブレンターノの弟たる法学博士ドミニクス・ブレンターノであるということだ。Amelung, Einleitung, S.X.; Stoll, Bd.1, S.177, Note 2.

(5) この詩行は、ティークではこうなっている。

　こうして最後に永遠がやって来たので、
　多くの時間をもつことになる。

これはティークの謝肉祭滑稽譚『岐路に立つ新ヘラクレス』（一八〇〇年）から引用されたもので、のちにティークは『作家』という標題を与えた(Ludwig Tiecks Schriften, Bd.13, Berlin, 1829, S.267ff., bes. 306)。文学的な傑作とはいえないこの滑稽譚の中で、ティークはブレンターノを「崇拝者」と紹介し笑いものにして、ブレンターノをただちにティーク的な美の女神の節度ある作品によって知らしめることを断念したフリードリヒ・シュレーゲルを嘲笑している。一八〇〇年八月二十二日付フリードリヒ・シュレーゲルからティーク宛の手紙につき、Vgl. H. Lüdeke, Ludwig Tieck und die Brüder Schlegel. Briefe mit Einleitung und Anmerkungen, Frankfurt, 1930, S.51（Brief 15）.; Noten S.221. Diel-Kreiten, Bd.1, S.146. は、『ゴドヴィ』の中のこのティークの引用をブレンターノのささやかな仕返しと理解している。

(6) 言及された箇所は、アーメルンク版にみられる。S.469, 470f.

(7) オットー・ブレヒラーおよびアウグスト・ザウアーによる版からの引用。Sämtliche Werke, Bd.10. この作品の成立史、出典、芸術的な意図および意義については、ブレヒラーのきわめて詳細な序論が述べている。そのS.XXV. には、従来の国家形成に関する、可能ではあるが個別的には証明困難な、サヴィニー思想のリブッサ戯曲に対する影響についての所見もみられる。総括的には、Vgl. Stockmann, S.130ff.

(8) 作家のヨハン・ゲオルク・シュロッサー（Johann Georg Schlosser, 1739-1799）のことと思われる。彼はゲーテの義弟である。

(9) アーメルンク版。S.4.

(10) Vgl. Radbruch, Anselm Feuerbach, S.2ff.

(11) Eduard Hölder, Savigny und Feuerbach, 1881.; August Bechmann, Feuerbach und Savigny, München, 1894. 優れた感情移入能力につき、Vgl., Radbruch, S.51ff.

(12) 入手できたのは以下の版である。Gesammelte Schriften, Bd.3（この巻は思慮深くもサヴィニー夫妻に献呈されている）. モリスによるその選集版の第四部。以下の叙述の基礎になった、ヴィクトール・ミヒェルスによるSämtliche Werke Brentanos, Bd.4. これにはミヒェルスの優れた序論が付いている。残念ながら、アルフォンス・マリア・フォン・シュタインレによる『物語』の版本（トリーア、一九一二年）は、入手できなかった。注目すべきことに、諸版は『物語』の数え方において互いに異なっている。
――『物語』につき、Vgl. Günther Müller, Die Magie in Clemens Brentanos Romanzen vom Rosenkranz, Göttinger phil. Diss., 1921（in: Jahrbuch der Philosophischen Fakultät, Göttingen, 1921, 1. Hälfte, Hist. phil. Abt., S.69ff.）.; Stockmann, S.122ff.

(13) Steig, Bd.1, S.287.
(14) こうした比較をおこなうのは、調べたけれども、残念ながらもはや入手できなかったショルツの著作である。Felix Scholz, Clemens Brentano und Goethe, 3. Teil, Leipzig 1927.
(15) Stockmann, S.125. 形式的側面における詳細につき、Vgl. Michels, S.XXIXff.
(16) 成立史につき、Vgl. Morris, Einleitung, S.3ff.; Michels, Einleitung, S.XLIIIff.
(17) Michels, S. LIII. も同旨。――サヴィニーの同書第三巻は、とくにボローニアの都市制度（S.137ff.）と、大学の諸制度（S.159ff.）を論じたうえで、註釈学派に言及している（S.420ff.）。この詳細は、同書第四巻および第五巻で論評されている。
(18) Vgl. Michels, S. LIII.
(19) 一八一〇年一月二十一日付および三月のルンゲ宛ての手紙。Gesammelte Schriften, Bd.8, S.135ff., 156ff. これにはブレンターノの意図にとって有益な論評が付してある。たとえば、S.140（近代キリスト教的な金銭音が聞こえない）, S.154, 157.
(20) Michels, S.XLV.
(21) Morris, S.8.; Michels, S.XX.
(22) 女性歌手ビオンデッテの原型としてのマリアンネ・ヴィレマーにつき、Vgl., Morris, S.7f.; Michels, S.XX.
(23) Morris, S.7f.; Michels, S.XVIIIff. u. XXXVIIff.
(24) Vgl. Dichterjuristen, Bd.1, S.53.
(25) Michels, S.210f. なによりも詩節六十八～七十一を参照。Vgl. Michels, S. LV.
(26) Gesammelte Schriften, Bd.3, Vorwort. Vgl. Stoll, Bd.1, S.177.
(27) Vgl. Steig, Bd.1, S.286.; Morris, S.5ff.; Michels, S.XVIff.; Stockmann, S.123f. ――行為の形而上学的な背景や、明るい人物と悪魔のような人物（アポーとモーレス）の対立や、重い罪や悪魔の仕業についての恩寵の勝利については、ここで追求する必要はない。
(28) この点につき、Vgl. Michels, S.VIIIff.
(29) ところで、ヤコポーネ・ダ・トーディ（Jacopone da Todi, ca. 1230-1306）は、妻の死後、フランツ・フォン・アッシシの後継者として流浪する「キリストの道化師」になる前は、実際に法律家であった。
(30) 資料指定についての概観（前述）を想起せよ。Friedrich Carl von Savigny, Geschichte des römischen Rechts im Mittelalter, Bd.3, Heidelberg. 〔以下 Geschichte〕
(31) Georg Dahn, Untersuchungen zur Verfassungs- und Strafrechtsgeschichte der italienischen Stadt im Mittelalter, Sonderdruck aus: Idee und Ordnung des Reiches, hrsg. v. Ernst Rudolf Huber, Hamburg, 1941.

(32)『物語』第十編第二十一詩節。Michels, S.134.
(33) Savigny, Geschichte, Bd.3, S.142ff.
(34)『物語』第十編第二七一詩節。Michels, S.169. その際ブレンターノがなんらかの仕方で、ランツフートの党派問題におけるサヴィニーのまさに仲介的ではないまでも卓越した立場を果たして想定していたのか、このことはフライベルクの見解によれば、ベッティーナに対しては彼によって本質的に弱められていたのではないだろうか？
(35)『物語』第五編第一一六詩節。Michels, S.67.
(36)『物語』第二十編第九および第一五二詩節。Michels, S.374 u. 394.
(37) Vgl., Michels, S.XVII.; Jacob Grimm, Deutsche Rechtsaltertümer, 4. Aufl., besorgt v. Andreas Heusler u. Rudolf Hübner, Leipzig, 1899, Bd.1, S.366ff.（中世最盛期のロンバルト諸都市のカルロッキオについて）u. S.355, Note ＊（カルロッキオ上の軍旗について）. ついでながらグリムは、Savigny, Geschichte, Bd.5, S.296（法的事実たるカルロッキオとしてのアックルシウス）を指摘している。――カルロッキオについては、さらに、Rose, Zeitschrift für historische Waffenkunde, Bd.15, 1937-1939, S.78ff.（入手できなかった）.
(38)『物語』第二十編第三十一～五十三詩節。Michels, S.377ff.
(39) Karl Zeumer, Quellen zur Geschichte der deutschen Rechtsverfassung, 2. Aufl., Tübingen, 1913, S.17f. Savigny, Geschichte, Bd.3, S.168ff., bes. 170.
(40)『物語』第五編第三十九詩節。Michels, S.56.
(41) Vgl., Savigny, Geschichte, Bd.3, S.270f.
(42)『物語』第五編第七十一～七十三詩節。Michels, S.70.
(43) Savigny, Geschichte, Bd.3, S.193ff.
(44)『物語』第二十編第一七九詩節。Michels, S.398.
(45)『物語』第二十編第二〇一詩節。Michels, S.401.
(46) Savigny, Geschichte, Bd.3, S.87ff.; Heinrich Brunner, Der Anteil des deutschen Rechts an der Entwicklung der Universitäten, in: ders., Abhandlungen zur Rechtsgeschichte, hrsg. v. Karl Rauch, Bd.2, Weimar, 1931, S.381ff.
(47)『物語』第九編第七一～八二詩節。Michels, S.126f.
(48) Geschichte, Bd.3, S.187, Note c.
(49)『物語』第五編第三および第十七詩節。Michels, S.51 u. 53. 外套は、闘いの証として投げられる手袋の代わりか？ ブレンターノは、この慣習について何処から知ったのか？ Grimm, Deutsche Rechtsaltertümer, Bd.1, S.221. は、ともかく土地譲渡の際の外套の投げかけに言及しているが、この際に手袋が用いられることもある。

(50) Schellberg-Fuchs, S.434（Brief 190).『物語』の成立史につき、これまで注目されてこなかった指摘。

(51) サヴィニーの本好きが、『物語』第十編第四十五詩節（Michels, S.137）でも表現されている。

　彼は大量の本の中に
　まったく閉じ込められている。

(52) 中世の法学者による鑑定活動につき、Vgl. Woldemar Engelmann, Die Wiedergeburt der Rechtskultur in Italien, Leipzig,1938, S.243ff.

この箇所は、Stoll, Bd.1, S.200, Note 6. がすでに引き合いに出されている。

(53) Vgl. Michels, S.XVI.『物語』のための文献は、知るかぎり、ブレンターノが利用した法史学的な詳細については、高慢にもほとんど沈黙を守っている。Paul Krüger, Geschichte der Quellen und Literatur des römischen Rechts, 2. Aufl., München-Leipzig, 1912.

(54) Krüger, S.14.

(55) Savigny, Geschichte, Bd.3, S.420f.; Erich Genzmer, Die justinianische Kodifikation und die Glossatoren, in: Atti delcongresso internationale di diritto Romano 1933, Bologna, Bd.1, Pavia, 1934, S.347ff.

(56) Krüger, S.32. この著作は、従来はキケロの時代に消失した。

(57) Krüger, S.61f. u. 64ff.

(58) Krüger, S.154ff., 160ff.

(59) Krüger, S.182ff., 201ff., 220ff., 239ff., 253ff.

(60) Krüger, S.366 u. 385ff.

(61) Krüger, S.368f.

(62) パンデクテン委員会につき、Vgl., Krüger, S.367.

(63) 法学提要の成立史につき、Vgl., Krüger, S.385ff.

(64) こうした人物たちの生き生きとした叙述につき、Vgl., Savigny, Geschichte, Bd.4, S.9ff.

(65) Vgl., ebda., Bd.3, S.144, Bd.4, S.143.

(66) 詳細な証明は、前述の著作が示している。

(67)『物語』第十編第十九詩節。Michels, S.133.

(68)『物語』第十編第九詩節。Michels, S.132.

(69) Vgl. Dichterjuristen, Bd.1, S.3f.

(70)『物語』第十第十七詩節。Michels, S.133.

(71) Radbruch, S.51. 中部ドイツの研究旅行についての日記にみられる、サヴィニーの特徴的な表明の指摘（Stoll, Bd.1, S.210）。

(72)『物語』第十編第二十一、二十二詩節。Michels, S.134.

(73)『物語』第十編第二十三、二十四詩節。Michels, S.134.

(74) ボローニアにおける得業士および博士の学位の取得につき、Vgl. Savigny, Geschichte, Bd.3, S.211ff.

(75)『物語』第十編第二十九～三十一詩節。Michels, S.135.

(76)『物語』第十編第七十三詩節。Michels, S.141.

(77)『物語』第十編第二五二、二五三詩節。Michels, S.167.

(78) ロザローザの臨終の床で、悪魔的な医師アポーネと敬虔な司祭ベオーネのあいだに、激しい議論がおこなわれた。アポーネがビオンデッテをロザローザの臨終の床で見出したとき、ヤコポーネの個人的および職業的な栄光に基づく激しい侮辱にもアポーネは怯むことがなかった。

　賢いヤコポーネは
　君を慰めるべく訴追したのか？
　法律家たちも死に臨んで
　　生に留まることを望むのだ。

『物語』第十八編第九十二詩節。Michels, S.256.

(79)『物語』第十三編第二五一、二五二詩節。Michels, S.256.

(80)『物語』第五編第一一一、一一四詩節。Michels, S.67.

(81)『物語』第五編第一二二、一二三詩節。Michels, S.68.

(82)『物語』第五編第一三二詩節。Michels, S.70.

(83)「最後の審判」に関して、贖罪者コスメは、以下のような考えを表明している（『物語』第七編第二十二詩節。Michels, S.87）。

　そして永遠なる美の鏡が
　それぞれの姿を映し出し、
そして法の炎の坩堝が

それぞれの内実に試練を課す。

(84)『物語』第五編第一四一〜一四三詩節。Michels, S.71.

(85) Hans Fehr, Das Recht in der Dichtung, Bern, 1931, S.431.

(86) Michels, S.XLV.

(87) Thieme, Der junge Savigny, S.57.

(88) Vgl., Dichterjuristen, Bd.1, S.53.

(89) ブレンターノの文学的作品の最も明瞭な概観および評価につき、Vgl. Stockmann, S.113ff. これに関しては本論稿で一般的に指摘した。とりわけ、思いやりがあって着想豊かなのは、ヨーゼフ・フォン・アイヒェンドルフによるほぼ同時代のブレンターノ評価である。Joseph von Eichendorff, Geschichte der poetischen Literatur Deutschlands, hrsg. v. W. Kosch, Kempten-München, 1906, S.417ff. ——ブレンターノの後期の宗教的・社会的な著作のみを扱ったものとして、Jakob Baxz, Einführung in die romantische Staatswissenschaft, Jena, 1923, S.164ff.

(90) Hans Rupprich, Brentano, Luise Hensel und Ludwig von Gerlach, Wien-Leipzig, 1927, S.12f. ルップリヒにとって、音楽こそがブレンターノの世界経験の基本形式である。この関連では、名人芸的な音楽付きの有名な詩歌「愉快な音楽隊」(Gesammelte Schriften, Bd.2, S.333ff.) のみならず、詩歌「交響曲」「フルートとヴァルトホルンとファゴットのための幻想曲」「ギターと歌曲《リート》」(ebda., S.46ff.) も興味深い。ブレンターノ自身は、上手にギターを弾きかつ歌った。

(91) 祖国の詩人としてのブレンターノにつき、Vgl. Stockmann, S.147ff.

(92) Gesammelte Schriften, Bd.2, S.23ff. Vgl., Stockmann, S.169f.

(93) Gesammelte Schriften, Bd.2, S.66ff. Vgl., Stockmann, S.171.

(94) 歌曲「ローレライ」は最初は『ゴドヴィ』第二 (Amelung, S.441ff.) に収載されたが、のちには Gesammelte Schriften, Bd.2, S.391ff. に収載された。ブレンターノの詩歌は、周知のように、すべてのローレライ文学の出発点である。

(95) Vgl., Steig, Clemens Brentano und die Brüder Grimm, Stuttgart, 1914.

(96) Gesammelte Schriften, Bd.4, S.471.

(97) Friedrich von Spee, Cautio criminalis, deutsche Ausgabe von Joachim Friedrich Ritter, Weimar, 1939, Einleitung, S.XIIf.

(98) Ritter, S.VIII, Note 1. は、シュペーについての文献編成においてブレンターノの序文も採用している。これは、Gesammelte Schriften, Bd.9, S.439ff. の付録において読むことができる。

(99) Vgl., Ritter, S.XVIIIff.

(100) Fehr, S.430.; Georg Müller, Recht und Staat in unserer Dichtung, Hannover-Leipzig, 1925, S.78.
(101) Gesammelte Schriften, Bd.4, S.171ff.; Morris, Bd.3, S.85ff.
(102) この田園小説の評価につき、Vgl., Morris, Bd.3, S.83ff.; Stockmann, S.142ff.
(103) ブレンターノは、『魔法の角笛』にも収録した民衆歌謡「世俗の法」において重要な提案を伝えた。この民衆歌謡は、子供を殺した美しいナネルルに対する特赦が遅すぎた様子を、感動的な具象性において描写している。Morris, a. a. O., S.83.
(104) 処刑前夜の雰囲気を、ブレンターノ自身の詩歌「執行前夜の血に」(Gesammelte Schriften, Bd.1, S.442f.) が書き留めている。死刑判決を下された者とその血との対話である。

良い夜だね、愛しい血よ、
もう一度愛しい心臓にやって来いよ、
今日はまだ楽しみがあるけれど、
明日は君の喜びも失われるだろうから。

(105) Gesammelte Schriften, Bd.4, S.194f. 自殺者に対する非正規の埋葬の根拠につき、Vgl., Rudolf His, Der Totenglaube in der Geschichte des germ. Strafrechts, Münster, 1929, S.8f. u. 12.
(106) Gesammelte Schriften, Bd.4, S.200.
(107) Ebda., S.190f., 199f.
(108) Ebda., S.205.
(109) Ebda., S.379ff. Vgl., Stockmann, S.146.
(110) この物語は、Preußische Jahrbücher, Bd.187, 1922, S.151ff. で公表された。Vgl., Stockmann, S.146.
(111) Gesammelte Schriften, Bd.4, S.51ff.
(112) ブレンターノが女祖先の日記において辿った民俗学的な意図につき、Vgl., Diel-Kreiten, Bd.2, S.480.; Stockmann, S.174.『年代記』については、Vgl., Haller, S.63ff.
(113) Schröder-v. Künßberg, Lehrbuch der deutschen Rechtsgeschichte, 7. Aufl., Berlin, 1932, S.528f., 866, 899, 939.
(114) Gesammelte Schriften, Bd.4, S.68-73, 76, 78.
(115) Grimm, Deutsche Rechtsaltertümer, Bd.1, S.518ff. Vgl., Deutsches Rechtswörterbuch, Bd.4, Sp.1074 (Grashenne, Grashuhn). ——中世の法制度との親密性を、物語『ガストン・フェーブス・ドゥ・フォワ伯爵の生と死』にみられる、コラッセの領主とカステローニュの司祭との十分の一税紛争に関するブレンターノの報告が記している。Gesammelte Schriften, Bd.4, S.501.

(116) Ebda., S.137.

(117) Ebda., S.161.

(118) Die spanischen Novellen und "Der Goldfaden," hrsg. v. Amelung u. Schüddekopf, in: Sämtliche Werke, Bd.13. 婚姻法史の並外れて魅力的な特徴とともに、短編小説『不可能性への勝利』（S.255ff.）に簡潔に言及している（S.267ff.：完全な結婚としての将来の婚約 sponsalia de futuro および肉体の結合 copula carnalis; S.273ff.：意志に反してドン・アルフォンソと結婚したドンナ・レオノーラは、かつての婚約者ドン・ロドリーゴによって、仮死状態から回復させられ、宗教的および世俗的な裁判所の許可によって彼と結婚する)。

# 第三章　フリードリヒ・カール・フォン・サヴィニーとアヒム・フォン・アルニム

## はじめに

ブレンターノ一族は最高に非自然的な自然だ、[1]というドロテーア・シュピーゲルの極端な言葉に同調できない者も同調しようとしない者も、対照的なものを感じざるをえないのは次の場合である。すなわち、この対照が、ブレンターノ家に由来しながらも、マルクブランデンブルクの貴族にして、確信的なプロイセン人かつ新教徒《プロテスタント》にして、詩人であるルートヴィヒ・アヒム（ヨアヒムの短縮形）・フォン・アルニムに向かう場合である。アイヒェンドルフは、アルニムとブレンターノを夫婦に擬えたことがあるが、その際、もの静かで温和にして生真面目なアヒムを男に、クレメンスを女に設定した。「アルニムは言葉のまったき意味で詩人らしい、これに反してブレンターノはそれ自体が歌曲のようだ」[2]。クレメンスとは異なってアルニムは大学での勉学を修了し、その教養を仕上げて、祖国の苦境と漸次的な再興の時代に確固とした生活目標をもった人物に成長した。彼は、自分が何処にいて自分の任務が何であるかを、常に弁えていた。[3]ブレンターノ一族が保守的な気分の北ドイツの貴族をも彼らの魔圏に引き込むことに成功したとすれば、すでに独特の魔力が彼らの周りに存在していたにちがいない。そのときまでには自然科学の著述家として目立つ学生になっていたのだが——早くからゲーテを崇拝しルートヴィヒ・ティークと知り合っていたにも拘わらず[4]——、初めてクレメンス・ブレンターノが実際にこの学生を文学のために獲得したのであって、二人の友好同盟は共同作品たる『魔法の角笛』のゆえだけではなく、ロマン主義の最も生産的な芸術家交友と呼ばれるに相応しいのである[5]。その際に認めざるをえないのだが、アルニムの広範囲だがどこか暢気な文学作品は、ブレンターノの充分な天才と芸術家的な良心とを拒んだままであった。交友関係が始まって十年たって、好ましい出会いがあり、ベッティーナとの二十年間の結婚がアルニムの個人的体験にとってなくてはならない一部となった。ブレンターノ一族を介してアルニムはサヴィニーとの関係ももったのだが、サヴィニーの専門的な業績にかつての法学生アルニムは常に大きな理解を寄せていた。彼は一八一四年に『使命』を眼前にして、よく理由づけられた批評を差し控えることこそなかったのだが。サヴィニーとの関係は、まずは間接的で、クレメンス・ブレンターノを介してのもので、アルニムの修業時代の終わりに紡ぎ出されたもので——人間的な出会いとしてはむしろ遅かった——、それは遍歴時代を貫いて壮年時代を成熟させ、アルニムの人生行路の抑制された律動《リズム》に呼応していた。

**原注**

（1）Rudolf Haller, Die Romantik in der Zeit der Umkehr, in: Jüngere Romantik 1800-1808, Bonn, 1941. S.39.〔以下 Haller と略記〕

（2）Monty Jacobs, Lebensbild（Arnims Werke in vier Teilen, hrsg. v. Jacobs, Berlin-Leipzig-Wien-Stuttgart, 1908, Teil 1, Einführung), Bd.1, S.Xf.〔以下 Jacobs〕

（3）特徴的なのは、アルニムの蔵書票にある次の標語である。「時は偉大な治癒者なり」（tempora tempore tempera.）。

（4）Jacobs, Bd.1, S.IXf.; Hans-Uffo Lenz, Das Volkserlebnis bei Ludwig von Arnim, Hamburger philos. Dissertation, 1938, S.29f.〔以下 Lenz〕

（5）Haller, S.51. は、この交友を精神史の最も輝かしい光と呼んでいる。

## 一　修業時代

アヒム・フォン・アルニムは、一七八一年一月二十六日に男爵ヨアヒム・エルトマン・フォン・アルニムの次男としてベルリンに生まれたが、[1] プロイセン国に代々官吏や将校として仕えてきた村落共同体《マルク》の古貴族たる有名な家系の出身である。若い母親のアマーリエ・カロリーネは、ラーベス家の出だが、彼女のこの二番目の息子の誕生後に数週間で死去したので、精力的な祖母のラーベス男爵夫人は、一七七九年に生まれたカール・オットーと二歳下のアヒムとの、二人の孫たちの教育を引き受けて、居所もマルク内の農園ツェルニコウからベルリンに移した。その当時父親は、外交官および劇場総監督としての公務上、フリードリヒ大王の宮廷に引きこもっており、ベールヴァルデ地方（ユーターボーク近郊）の農園の経営にも携わっていた。彼は息子たちを、常に何か疎遠なものにし続けていた。

ベルリンのヨアヒムタール高等中学校《ギムナジウム》に通う（一七九三～一七九八年）ことで準備され天分と精神的な感受性が開花したので、アルニムは一七九八年の夏学期にハレ大学に入学し、法学部に聴講手続きをおこなった。学部の選択には、祖母が影響を与えており、これは次のような考慮に基づいていた。すなわち、アヒムは次男として公務において生活の糧を見出すか、あるいは彼が本当に農園主になるとしても法集会の裁判権主として何事かを理解しなければならない、という考慮である。[2] 周知のように、アルニムは、重要でなくもない自然法論者ダベロフのもとで、市民法や荘園法や訴訟法を聴いたが、[3] のちにゲッティンゲンでフーゴーと親しくなって彼と長い関係をもち続けた。[4] しかしながらアルニムは、法学以上の愛着をもって自然科学、とりわけ物理学の勉学に取り組んだ。すでに一七九八年には、彼は教師のギルベルトの年報に、もちろん独自性はないが最初の学問的な試論を発表し、[5] また小冊子『電気現象論の試み』を発表している。カール・オットーとアヒムの兄弟は、重要な医師にして自然科学者ブルーメンバッハの名前に大いに惹きつけられて、ゲッティンゲンでの勉学を継続したことを覚えている。だがそのために彼らは、外国の大学に入ろうとする貴族階級として、国王の許可を必要としたのであった。祖母のフォン・ラーベス男爵夫人がこの理由で国王に出した申請書には、勉学するために当時のハレでは機会がない公法こそが大学移籍の動機である、と記されている。(6) だがアルニムは、申請が許されたあと、一八〇〇年の夏学期にゲッティンゲンに数学生として登録した。(7) 彼の当時の主たる関心は物理学で、これに関していくつかの有望な論文も公表している。(8) 大学時代のアルニムにとって、こうした強い自然科学的傾向にも拘わらず、重要なのは厳密な専門研究よりも教養を広げることであった。こうして彼は、すでにロマン主義的な詩歌や自然論を知ることによって準備されていたのだが、一八〇一年の夏にゲッティンゲンで「若々しい詩歌という新鮮な装飾を身に付けて(9)」登場してきたクレメンス・ブレンターノによって、文学に興味をもつようになったのである。(10)

**原注**

（1）Reinhold Steig, Achim von Arnim und die ihm nahestanden, Bd.1: Achim v. Arnim und Clemens Brentano, Stuttgart, 1894, S.1ff. 〔以下 Steig, Bd.1〕；Lenz, S.19ff. 両著ともに、先祖および父母について詳細な記述がある。

（2）Alois Stockmann, Die jüngere Romantik, München, 1923, S.207. 〔以下 Stockmann〕；Steig, Achim von Arnim über Savignys Buch vom Beruf usw., in: Zeitschrift für Rechtsgeschichte, Germanistische Abteilung, Bd.13, 1892, S.228. 〔以下 ZRG〕 Lenz, S.31. は、単に家族への配慮が基準となっただけだと考える。

（3）ダベロフ（Christoph Christian Dabelow, 1768-1830）につき、Vgl. Roderich Stintzing u. Ernst Landsberg, Geschichte der deutschen Rechtswissenschaft, Bd.III-1, München u. Leipzig, 1898, Text, S.441f., Noten, S.288f. 〔以下 Landsberg〕；Steffenhagen, in: ADB, Bd.4, S.684f. ついでながら、一八一一年のある著作においてダベロフはサヴィニーに論争を挑んだのだが、サヴィニーは彼に応えることを沽券に関わると思った。Adolf Stoll, Friedrich Carl von Savigny（1779-1861）, Bd.2, S.67, Note 1, u. S.69.

（4）Steig, ZRG, Germ. Abt., Bd.13, S.228.
（5）Steig, Bd.1, S.8.
（6）Jacobs, Bd.1, S.VIII.
（7）Steig, Bd.1, S.9. ――アヒム・フォン・アルニムと似た教育歴をフリードリヒ・フォン・ラウマーも経験している。ラウマーもヨアヒムタール高等中学校の生徒であって、一七九八年に法学生として多くの精神的関心をもちつつハレ大学に入ったが、一八〇〇年にゲッティンゲンに移った。ラウマーがハレ時代について報告するところによれば、アルニムはとくに物理学に没頭し、ラウマーの歴史学への熱中をからかったけれども、彼（ラウマー）はアルニム以上に自分の好みに忠実であったのだとする（Friedrich von Raumer, Lebenserinnerungen und Briefwechsel, Bd.1, Leipzig, 1861, S.29）。
（8）Darmstädter, Achim v. Arnim und die Naturwissenschaft, in: Euphorion, Bd.32, 1931, S.454ff.; Haller, S.50f.
（9）Steig, Bd.1, S.VII.
（10）Stockmann, S.209.; Haller, S.51.

## 二　遍歴時代

一八〇一年の夏学期をもって、アルニムは修業時代を終えた。ゲッティンゲンから立ち去った直後に、ヴェルテル様式の自伝的長編小説『ホリンの愛の生活――彼のゴドヴィ――』が出版された。[1]

彼の遍歴時代は、祖母が気前よく資金を出した広範囲な研修旅行によって始まった。[2] この旅はまずドレスデンを越えてレーゲンスブルクに向かい（一八〇一年）、ミュンヘン、ウィーンを経てフランクフルトに到着した（一八〇二年六月）もので、フランクフルトでアルニムはブレンターノに出会い、ベッティーナにも初めて会った。さらにデュッセルドルフまで夢中になったライン下りは、彼らの記憶に長く生き生きと留まり続けた。[3] アルニムはこの年の七月の週にサヴィニーの農場トラーゲスにも行ったが、当時はマールブルクでの講義の義務に縛られていた教授との個人的な出会いには至らなかった。とはいえ、何度もクレメンス宛のアルニムの手紙の転送を引き受けていたサヴィニーにも、[4]友人の友人と知り合いたいという望みが湧いていた。もちろんそれは、アルニムが長期の研修旅行を終えたあとで、サヴィニーがパリから戻ってきてようやく実現することになる。[5]この研修旅行は、フランクフルトからスイスでの長い滞在（一八〇二年末まで）へと続き、そこから上部イタリアへと進んで、[6]ジェノヴァ、マルセイユ、リヨンを経て、パリに向かい、そこにアルニムは一八〇三年六月末までほとんど半年間も留まった。[7]その後アルニム兄弟はイギリスに渡り、ロンドンから内陸に踏破行を試み、ヴァイト島、ウェールズ、スコットランドを訪れた。[8]一八〇四年五月に向けて計画された帰郷旅行は、アルニムを何か月も引き留めた重病によって延期されたので、その結果、一八〇四年の八月になって、彼はようやく再びドイツの土を踏んだ。アルニム兄弟がまだイギリスに留まっていた一八〇三年十二月に父親が死に、兄弟は遺産を相続することになったので、次男としてのアヒムを待ち受けていた公務はもはや必要ではなくなった。[9]こうして、熱心な手紙のやり取りによって[10]旅行のあいだもアルニムと連絡を保ったブレンターノが、一八〇四年四月二日付のマールブルク発の手紙において急き立てた、[11]例の共同の作業への合流のための途が開けたのであった。アルニムは、これまでの成長と研修旅行の成果としての重要な価値を、この共同作業の中に持ち込むことになった。たしかにこの関連では、『アリエルの告白』としての、スイス生まれの未完のロマン主義的文学の蒐集作業は[12]挙げられていない。けれども、異なった国々や異なった習俗、興味深い人々、他の民族の閉じられた文化、その国家制度および法制度からの多様な影響は、アルニムの人間性や著作を豊かにし続けたことを意味していた。[13]だが最も重要なことは、彼がより良いドイツ人として戻ってきたことである――まさに真のドイツ人に特有の、外国旅行なる基本的経験であった。パリでは、ドイツの政治的状態の深刻さが彼にも明らかになった。「ドイツ人たちは自宅でのオデュッセウスのように食卓に座っており、自分たちの食卓で痛飲した自由民から雌牛の足を投げつけられている……」[14]。パリでは、彼はすでに長いあいだプロイセンのみならず、すべてのドイツの地域や系統をみることを学んでいたので、祖国としてのドイツの偉大さが現れてきた。「おお、我が聖なる祖国よ、ここの異国人の中にあって君は熱狂的に霊感を与えるように感じる。君は僕を持ち上げ、君の下で生きるように駆り立てる。僕は自分を羽のように感じる」[15]。

自身の不満からの救い主として戻ってきた友人アルニムを抱きしめるべく、ブレンターノは一八〇四年の秋にベルリンに急いだ。ブレンターノはちょうど財産関係のうち最も必要なものを整理していたアルニムに、共同で計画したドイツ民衆歌謡の蒐集作業を始めて、翌年の夏にハイデルベルクに来るよう指示していた。これまでの説明から、こうした共通の決心が何を意味しているかは、すでに知られている。すなわち、価値の高い民族財産の救済は、言語学的には厳密でないものの、時代に即しているがゆえにますます有効となる姿においてなのだが、ロマン主義からドイツの民族やドイツの歴史の価値への有力な転換であって、その際、アルニムの確立した民族思想が[16]、事実上まったく決定的な役割を果たした[17]。ロマン主義内部のみの転換ではなく、その全体的影響において今日まで成果の多い行為としての「この時代の種子に満ちた成果」であった[18]。

一八〇五年のミカエル祭に、とはいえ標題年は一八〇六年であるが、ゲーテに献げられた『少年の魔法の角笛』第一巻がハイデルベルクで公刊された[19]。これにはアルニムが、あとがきとして論文「民衆歌謡について」を添えている。それはドイツ民族への本当の贈り物である。ゲーテは『イェーナ一般文芸新聞』における繊細で全体として好意的な書評において、そのように心からの歓迎を表した[20]。一八〇五年十二月十七日付で、アルニムとブレンターノは、蒐集の継続のためにさらなる民衆歌謡の報告を呼びかけた[21]。もっとも、『魔法の角笛』の第二巻および第三巻は、ついでながらこれらにはブレンターノの美学的ないし古事学的な傾向が民俗学的な効果の欠陥として際立っていたのだが、[22]ようやく一八〇八年の秋に公刊された。

二人の編纂者にとって、そのあいだの数年は事件の多い年であった。クレメンス・ブレンターノは、個人的運命によって、つまり妻ゾフィーの死や再婚の悲惨によって、ほとんど完全に時間を奪われ息をつく暇もなかった。アルニムは、意志に反してではないにせよ、祖国の運命にますます引きずり込まれた。このことは彼にとって、遍歴時代がまだ終わっていないことを意味した。[23]一八〇六年の秋にベルリンからゲッティンゲンに旅行したのは、そこで働くためであったが、そのときイェーナでの敗戦の知らせが届いた。国王の命令に備えねばならないという気持ちのもとに、彼は急いでベルリンに戻り、そこからプレンツラウ、ダンツィヒを経てケーニヒスベルクの国王の宮廷に向かった。今やドイツを覆っている見せかけの平和が、『魔法の角笛』における仕事を再開する機会をともかくも与えたのである。こうして一八〇七年の年末までに、アルニムはカッセルとフランクフルトに赴き、ようやく一八〇八年の一月にハイデルベルクに戻って、ここで『魔法の角笛』を完成させ、[24]また『隠者新聞』を編集したのであった。[25]ベッティーナはミュンヘンに滞在しており、ランツフートのサヴィニー家とは恒常的に手紙のやり取りをして、時々は彼らを訪問してもいたが、このベッティーナを介して、今やアルニムとサヴィニーの関係も濃密になった。一八〇八年のものとして公表されたサヴィニーの手紙は、十一月十一日付のミュンヘン発のものが唯一だが、[26]規則的な手紙の交換を前提にしている。サヴィニーは、ハーマンの著作の編集に関するアルニムの質問に答え、アルニムが明らかに感情を害したベッティーナの悪ふざけ的な意見についての事実を修復し、ローマ法の歴史をハイデルベルクのモール・ウント・ツィンマー書店から出版する計画について述べている。この計画はのちに(一八一五年)に実現した。[27]

かん高い不協和音を伴って、アルニムの遍歴時代は鳴り止んだ。ただ純真さだけが、無頓着にも即席に作られ、ある意味で野心的でもあった『隠者新聞』に大衆的な宣伝力があると思わせた。この雑誌は、一八〇八年末にバロック的な標題『慰めの孤独』のもとに書物の形式でまとめられたが、成功しなかった。『魔法の角笛』に対する老フォスの無理解でまさに荒っぽい攻撃を、アルニムはたしかに精力的に撃退したけれども、苦い後味が残った(28)。

**原注**

（1）Steig, Bd.1, S.305ff. Vgl. Steig, Bd.1, S.29.; Stockmann, S.209f.; Haller, S.51f. この長編小説の背景につき、Raumer, Lebenserinnerungen, Bd.1, S.43.「……に対する愛着は、さらなる影響をアヒム・フォン・アルニムにもたらした。それが見出したのは、彼の物理学や化学の研究は、彼の雰囲気に好ましくない影響をもたらしたということであった。こうして彼は従来の仕事を投げ出し、楽屋を一新し、良い匂いのする精髄《エッセンス》を揃えて、『ホリーの愛の生活』を書いたのである」。

（2）旅行契約には兄弟が祖母の代わりに署名しなければならなかったのだが、このことは、兄弟が無駄遣いや賭事を控えることを企図していた。　Steig, Bd.1, S.25.

（3）Steig, Bd.1, S.25f., 31f.; Steig, Bd.2: Achim v. Arnim und Bettina Brentano, Stuttgart, 1913, S.2ff.〔以下 Steig, Bd.2〕

（4）Steig, Bd.2, S.9. 一八〇三年四月二十七日付サヴィニーのアルニム宛の手紙。　Stoll, Bd.1, S.218f. アルニムにはすでにライプツィヒで会ったはずだとサヴィニーが思っていたとしても、それはまったくありえない。

（5）Stoll, Bd.1, S.219, Note 1.

（6）Steig, Bd.1, S.36ff.; Stockmann, S.211ff. 当時にあっては、奇妙に高揚した表明がみられる。「世界のすべては、詩歌のために出来する。歴史とは、そのための一般的な表現なのだ。運命は、偉大なる演劇を上演するのだ。……文学と音楽とは、詩的な幹の両枝である」。
Steig, Bd.1, S.38.

（7）Steig, Bd.1, S.63ff.; Stockmann, S.213f.

（8）Steig, Bd.1, S.93ff.; Stockmann, S.214f.

（9）Haller, S.58. 一八〇二年九月の手紙に、ブレンターノはこう記していた。「国家や地位が君を捕らえることはないのだろう？」。
Steig, Bd.1, S.42.

（10）これらの手紙の抜粋につき、Vgl. Steig, Bd.1, S.36ff., 63ff., 93ff.

(11) Steig, Bd.1, S.105.
(12) Vgl. Haller, S.56.
(13) Lenz, S.39. ——イギリスで得たイギリス法制度への着眼は、アルニムの文学の中でも表現された。
(14) Steig, Bd.1, S.93.
(15) Steig, Bd.1, S.69.; Vgl. Lenz, S.39.
(16) アルニムの民族概念やその精神史的連関につき、Vgl. Lenz, S.76ff.
(17) Lenz, S.42. は、アルニムこそが『魔法の角笛』に生き生きとして時代に即した特色を与えたと、正当にも強調している。
(18) Haller, S.87.
(19) 原著に忠実な再版は、三巻本で一九二六年にテュービンゲンのJ・C・B・モール社が、また一九二八年にはメールスブルクのヘンデル社が出版している。蒐集の開始と結果につき、とりわけ編集者と原本との関係につき、Vgl. Steig, Bd.1, S.130ff.; Lenz, S.40ff.; Haller, S.88ff.
(20) Goethes Besprechung, in: Anhang der Hendel-Ausgabe, Bd.3, S.419ff.
(21) Ebda., S.418f.
(22) Lenz, S.42.
(23) Steig, Bd.1, S.155ff.; Bd.2, S.35ff.; Stockmann, S.218ff.; Lenz, S.46ff.
(24) サヴィニーも蒐集に貢献した。すなわち、サヴィニーはアルニムに、キューンの宗教的歌曲集『祭典の祝婚歌』(Marcarium epithalamium)（ミュンヘン、一六五九年）に注目させたのである。ここからは、「戦いの歌」と「聖家族」(Wunderhorn, Bd.3, S.188ff.) が採録された。Vgl. Steig, Bd.1, S.225.
(25) この短命だがとりわけ重要な雑誌の意義につき、Vgl. Stockmann, S.222ff.; Haller, S.105ff.
(26) Stoll, Bd.1, S.360f.
(27) Stoll, Bd.1, S.361, Note 3.
(28) Jacobs, Bd.1, S.XXX.

## 三　壮年期

一八〇八年十一月にベルリンに戻ることによって、アルニムは壮年期の拠点を最終的に故郷のマルク共同体に置くことになった。

その後の数年間にプロイセンの台頭が期待どおりに目立ち始めたが、そのあいだに彼は、ヴィルヘルム・フォン・フンボルトの仲介によって外交官としての職務に就いて、祖国での職務への義務を実感できる機会を得ていたようだ。だがその自立意識によって、彼は政治的経歴への門戸を閉ざしてしまった。[1] こうして彼はこれ以後、時々は法にしたがって資産を管理する農場所有者という存在になったのだが、ついでに作家として町でも活動した。クレメンス・ブレンターノとの刺激的な交際を、彼はなしで済ます必要はなかった。一八〇九～一八一一年まで、友人たちは再びベルリンでの共同生活を送ったからである。概して今やアルニムは、ブレンターノ家やその仲間たちをベルリンに引き寄せようと試みた。ちょうど、彼らがかつて南部への道を彼に示したように。すでに長いあいだある種の古代バイエルン人のランツフートへの流入に不満であったサヴィニーの慎重な手紙は、一八〇九年三月一日付で、サヴィニーをベルリンに招聘する計画がアルニムから出ていたことを認識させる。[2] ついでながら一八〇九年秋の「アルニム兄」に宛てたサヴィニーの手紙[3]は、こう記している。すなわち、教授は詩人の最新の創作たる短編小説集『冬の庭』[4]に理解を示し、書物の蒐集という仕事について、またサヴィニーが負債のある詩人ティークに譲歩するよう迫った財政的な不利益について、[5] サヴィニーが如何にアルニムに関心をもっているかを述べているのである。サヴィニーがベルリンから招聘され転居が現実となったのは一八一〇年七月のことだが、アルニムは祖母の死によって財産法上は自立していたので、ベッティーナに明確な決心を促したようだ。[6] ブコヴァンでの避暑（一八一〇年）も、充分な解決をもたらしたわけではないが、一八一〇年七月末のベッティーナの手紙をアルニムは承諾の返事と考えることができた。[7] 十二月四日、二人はベルリンの宮廷の中庭でまさにロマン主義的な様式で婚約し、続いて十二月二十四日にサヴィニーの家で儀式的に婚約した。結婚式は、まさにベッティーナの策動だったが、一八一一年三月十一日に秘密裡におこなわれ、五日後になってようやくベッティーナから待ちかねた身内に伝えられた。[8] 一八一一年四月七日付の手紙で、サヴィニーが二人の結婚をフリードリヒ・クロイツァーに伝えたとき、サヴィニーはこう付け加えた。「彼（アルニム）は優れた愛すべき男でして、二人には幸福な人生が約束されることでしょう」[9] と。新婚時代を、若夫婦はベルリンで過ごした。一八一四年以降は、アルニムは倹約の理由からベールヴァルデ地方のグート・ヴィーパースドルフに居所を移した。シュトルによって印刷に付された手紙の数と調子から結論を引き出すならば、アルニムとベッティーナの二十年間の結婚生活（一八一一～一八三一年）にあっては、二人の男性との交友関係が確かめられる。アルニムは、しばしばサヴィニーの事務的な手腕を必要とした。それというのも、彼は祖母の遺言によって限嗣相続基金から排除されており、限嗣相続の権利は彼の子供に属していたからであったが、[10] 彼の兄との分割のためでもあり、その他に財産関係の事務のためでもあった。[11] サヴィニー夫妻は、アルニム夫妻のために町での買い物まで心配して、ベールヴァルデ地方が供給する品物、使用人、馬、果てはサヴィニーがとくに好んだ直腸詰め《ソーセージ》に至るまで、当地でアルニム夫妻の側で調達できるようにした。[12] 一八一三年という年は、まったく異なった領域での二人の共同作業をもたらした。すなわち、一八一三年の四月に新たに設けられた国民軍の戦列に関してなのだが、アルニムもサヴィニーも祖国独立の精神からそれへの協力を申し出たのであった。[13] アルニムが新作『舞台』の収益によって財政的にも支えた国民軍の立ち上げ（一八一三年七月）に対して、このマルクの貴族は国王宛の書簡において異議を申し立てた。[14] 一八一三年八月と九月のベーメンとシュレージエンへのサヴィニーの旅行は、まさに諸国民の戦いでの決定的な軍事的偉業がすでに公然と準備されていた地域へと向かうものであった。サヴィニーは、アルニムが直観的にそれについて話すことを知っていたのである。[15]

## 原注

（1）Lenz, S.58.

（2）Stoll, Bd.1, S.377f.（Brief 190）. 一八〇九年十月二十五日付の詳細な手紙（Stoll, Bd.1, S.391f.; Brief 199）でも、サヴィニーは大学について質問している。

（3）Stoll, Bd.1, S.391ff.（Briefe 198-200）.

（4）Stoll, Bd.1, S.377, Note 1.; S.391, Note 1 u. 2.

（5）この事件は、当時のベッティーナからサヴィニーへのミュンヘン発の手紙においても大きな役割を果たしている。Vgl. Andacht, S.96f., z. B. Briefe, Nr. 72, 78, 79, 81, 85, 86, 88, 89, 90 usf.

（6）今や書簡集『人間像への帰依』を如何にして知らしめるかが、ベッティーナの躊躇における二つの問題を規定した。一方では、彼女の音楽修業を終わらせたいという願いであったが、他方では、他の男性たちとの様々な心の交流であった。

（7）Steig, Bd.2, S.398ff., bes. 401.

（8）Vgl. Steig, Bd.2, S.498ff. 一八一一年四月十二日付のアルニムからヴィルヘルム・グリム宛の手紙につき、Jacobs, Bd.1, S.144.

（9）Stoll, Bd.2, S.68（Brief 232）.

（10）Stoll, Bd.2, S.78, Note 1.

（11）Stoll, Bd.2, S. 78f., 81（Briefe 239, 242）.

（12）こうした家政上の事務は、情報や互いの提案の交換の他にも、その後の数十年にわたってベルリンとヴィーパースドルフのあいだでやり取りされた手紙において一定の役割を果たした。

（13）Steig, Bd.1, S.310ff.; Stoll, Bd.2, S.25ff.

（14）Steig, Bd.1, S.312f.

（15）Stoll, Bd.2, S.88ff.（Briefe 250, 251）.

## 四　弛まぬ文筆

ライプツィヒでの諸国民の戦いの日とともに、サヴィニーほどではないにせよアルニムにとっても、祖国の喜びも痛みも終わった。だが最終的な勝利の意識において、今や大いなる落ち着きをもって著作へと向かうことができた。サヴィニーは大著『中世ローマ法史』に取り組み、その第一巻を一八一五年に出版することができた。他方、アルニムの弛まぬ文筆はすでに多くの著作を完成させていた。[1] ベッティーナに献呈された短編小説集『冬の庭』（一八〇九年）は、多くの部分が古い物語の翻案を含んでいるのだが、その短編小説集についてはすでに述べた。[2] 一八一〇年には長大な時代小説『伯爵夫人ドローレスの困窮、富裕、罪過、贖罪』が続くが、この雄大な進行は残念ながら着想豊かな唐草模様に覆い尽くされている。[3] 散文作品の系列も、意識的な芸術理解の介入なしに一八一二年の短編小説の巻において連なっているわけではない。この巻は、次の四篇をまとめている。すなわち、『エジプトのイザベラ、皇帝カール五世の初恋』、『メリュック・マリア・ブランヴィヴィル、アラビアの王家の女予言者』、『三人の愛情深い姉妹と幸福な染物屋』――染物屋のゴルノーに、アルニムはプロイセンの産業の功労者であった祖父ダウムの性格を与えている[4]――、『ジェノヴァ人アンゲリカと縄跳び男コスムス』である。[5] だがそのあいだに、大がかりな二部制の演劇『ハレとエルサレム』を伴うアルニムの戯曲作品が登場していた。その第一部（ハレ）は、グリフィウスの『カルデニオとケリンデ』（一六五七年）の翻案であったにも拘わらず、相当な演劇的力によって産み出されたものだが、これに対して第二部はかなり劣るものであった。[6] 国民軍の絶頂期の一八一三年に公表された『劇場』の中で、アルニムは十篇の演劇的習作を提示した。祖国愛的な意図なしに書かれたわけではない小演劇『一六二九年のヴェーゼルからのスペイン軍の駆逐』、まさに真面目な人形劇『訴える人々』、運命悲劇『大雷鳥』は、その習作集の最良の成果として称賛された[7]。

アルニムは、時事的論評《ジャーナリズム》も拒絶しなかった。彼は一八一三年十月一日から四か月にわたって、ニーブールが一八一三年の春に設けたプロイセンの通信員を献身的にかつ手際よく務めた[8]。彼は以前には、ハインリヒ・フォン・クライストの夕刊紙への熱心な寄稿者（一八一〇／一一年）であった[9]。またグビッツの雑誌『同伴者』においては、解放戦争後の政治的および芸術的な時事問題についてアルニムはしばしば立場を明らかにした。劇場制度の問題についてもアルニムは意見を表明したが、彼は自身の演劇的試みに関しては残念ながら成功していない詩人であった。というのも、演劇『瓜二つ』は、伯爵と瓜二つの婦人との重婚に関する古い物語の改作で、これにアルニムは長いあいだ携わってきたが——一八一九年に出版された版には、一八一五年以降二つの改作が先行している——、舞台化されることはなかったからである[10]。最後になるけれども、『女教皇ヨハンナ』は、もともとは伯爵夫人ドローレスに関する長編小説の演劇上の幕間劇を構成していたのだが、その中で彼は演劇と叙事詩の独自の両性具有物を創作した[11]。

すでに『瓜二つ』の最後の版に先立って、ヤコブスによれば最も熟したアルニムのよく知られた作品であり、長大だが断篇から構成されている小説たる『王冠の番人』が、つまりシュタウフェン朝時代の栄光に結びついた法的理念の賛美が現れた。その第一部は一八一七年に出版されたからである。第二部は、アルニムの死後になって全集版（一八五四年）によって初めて知られるようになったのだが[12]。最後に短編小説の充実につき、アルニムに感謝したい。その中には『素敵な傷痍軍人』のように、今日まで生命力を保ってきたものもある[13]。

ほとんどすべてのドイツの詩人の場合、様々な作品の序列について、個別の多様性に拘わらず整理された見解が形成されるとしても、このことはアルニムの場合には当てはまらないように思える。様々な選集は例外なく『王冠の番人』を前面に出して、ついでにまるで様々な作品を並べるのである。その際、編者たちの主観的な視点が影響しないはずはないので、こうした事実はアルニムの創作活動の不均等性や無頓着性に最も深く依拠しているのだが、彼にとってはすでに存命中に現れていた成果を拒む特性でもある。もちろん忘れられるべきではないが、ドイツ芸術の多くの卓越した作品を経験した時代に、彼はまったく重要な競争相手たちを計算に入れねばならなかったのである。いずれにせよ、ヴィーパースドルフでの地主貴族の生活および活動の十七年間においてアルニムが悩んだのは、彼の不断の努力が比較的わずかな反響しか呼ばなかったことである。「私の作品たちは天国と響き合ってきたのですが、ごく少数のものしかその中に入ることができません」、彼はかつて諦め気味にそう書いたことがある。[14] 彼を知るすべての人々にとっての人間性の総合的印象においては、それは活動的なドイツ的感性をもった人物と創造的な芸術家との統合という理想的な具現化なのだが、彼が考案し単なる着想に終わることの多い事柄の溢れるほどの豊かさを、選択や芸術的飼育によって抑制することはできなかった。もとより、ヤコブスが正当にも気づいたように、その欠乏ならぬ豊かさとは、アルニムの著作に認められる欠如の根源でもあった。

アルニム宛のサヴィニーの手紙で稀に述べられたことはあるのだが、アルニムの文学的著作におけるあらゆる善行やあらゆる不均等の背後にすばらしい人間性が存在する様子を、サヴィニーは感じ取っていたはずである。サヴィニーはまた、ヴィーパースドルフでの孤独がアルニムにとって結局は正当なものではありえないことも感じていた。[15]



**原注**

（1）アルニムの文学的著作の概観的な叙述につき、Vgl., Jacobs, Bd.1, S.XXXIff.（Lebensbild）; Stockmann, S.231ff.

（2）Vgl. Jacobs, Bd.1, S.XXXIf.『宰相シュリックと美しいジーネリンの愛の物語』は、中世イタリアの短編作家の調子をまさによく捉えているが、その朗読についてアルニムはワイマールでゲーテの承認を得ることができた。

（3）Steig, Bd.2, S.1ff. Vgl., Jacobs, Bd.1, S.XXXIIIff.; Stockmann, S.226ff. u. 245ff.; Lenz, S.65. Steig, Bd.3, S.61ff.は、とりわけ両グリムの異なった立場について報告している。
（4）Steig, Bd.1, S.3f.
（5）Vgl., Steig, Bd.3, S.186ff.; Jacobs, Bd.1, S.XLIff.; Stockmann, S.231f.『エジプトのイザベラ』につき詳細は、Lenz, S.154ff.
（6）Stockmann, S.233f.
（7）Jacobs, Bd.1, S.XLVf.; Stockmann, S.234ff.
（8）Steig, Bd.1, S.323ff.; Lenz, S.69.
（9）Jacobs, Bd.1, S. LI.
（10）Steig, Bd.2, S.448ff.; Jacobs, Bd.1, S. LIIIff. アルニムのその他の演劇も、遺稿の中に見出される。
（11）Jacobs, Bd.1, S. LIX. 三つの断篇が印象を紹介している。Jacobs, Bd.2, S.495ff. Vgl., Lenz, S.149ff.
（12）Steig, Bd.3, S.380ff.; Jacobs, Bd.1, S. LIXf., Bd.2, S.5ff.; Stockmann, S.239ff.; Lenz, S.158ff.
（13）列挙につき、Vgl., Jacobs, Bd.1, S. LXff. 年代順の綿密な整理につき、Stockmann, S.242.
（14）Stockmann, S.237. アルニムのヴィーパースドルフ時代、および彼には例外的に有益であった孤独につき、Vgl. Lenz, S.71ff.
（15）Stoll, Bd.2, S.107（Brief 163）.

## 五　サヴィニーの『使命』

ところで、一八一四年の春から夏に出されたサヴィニーによるアヒムもしくはベッティーナ宛の手紙で中心をなすのは、家族や政治に関する知らせであり[1]——ゲレスの『ライン・メルクール』はサヴィニーによれば雑誌の理想であった[2]——、時にはアルニムの法的な問題や財産上の問題であった。一八一四年九月二十日付のサヴィニーの手紙において、以下の重大なことが通知されるまではそうだったのである。「ティボーが怪文書を書きました。一般民法典の提案です。私はとりわけそれについて怒っています。二、三週間のうちに、私の小冊子が印刷されます」[3]。こうして一八一四年十月四日付でサヴィニーが報告するところでは、ラント法をも攻撃した彼の論文は、ティボーの提案を完全に利用したのである[4]。

一八一四年十月二十二日付で、『使命』は早くもアルニムに発送され、サヴィニーはその意見を待ちわびた[5]。従来は注目されなかったにせよ、きわめて重要なサヴィニー綱領論文への意見表明はこの要請のおかげである[6]。ようやく今日になって、ハンス・ティーメやフランツ・バイエルレが後期自然法論に再び充分な正当性を与えたあとで、サヴィニーの性急な批判[7]からアルニムがプロイセンのラント法を擁護したことを、大いに根拠ありと認める事態になった。アルニムは、いわばこの件でサヴィニーを納得させることに責任を感じていた。サヴィニーはのちに（一八一七年）グリム兄弟宛の手紙の中で、その際に私はほとんど手を麻痺させるほど文通したと述べている[8]。サヴィニーの『使命』の基本思想は、すでに周知のことである[9]。彼は論文において、フランス民法典《コード・シヴィル》と、プロイセン一般ラント法典（ALR）と、オーストリア一般民法典とを厳しく批判した。とりわけALRに関しては、これを編纂したドイツ人的真面目さと忍耐力を称賛して[10]、その時代の感覚や認識に完全に適合していると認めてはいるものの[11]、彼の考えでは、すでに立法作業の前史が当時はいかなる法典にも着手されるべきではなかったことを示しているのである[12]。その結果は、一般的かつ指導的な基本原則の高みにも到達しなかったし、一部は法律的事柄にあまり適さないドイツ語とも関連する、ご都合主義的な細部の明確さにも到達しなかったというのである[13]。ALRに関する講義について、立法的な資料が公表されないかぎり、暫定的に度外視するようサヴィニーは助言した[14]。

詳細に考察すれば明らかなように、実際にはあまり深く掘り下げていないこうした批判にアルニムは反対した。彼は、その論文を一八一四年の十月中にヴィーパースドルフで、ちなみにブレンターノと一緒に読んだのだが[15]、彼が最初の手紙の冒頭で述べたように、技術的・法律的な観点ではないにせよ政治的な観点をもって読んだのである。[16] アルニムは正当にも、サヴィニーの誤った判断の根拠に気づいていた。すなわちその根拠は、第一に、サヴィニーが異国人として、ＡＬＲがベルリンのような「過度に繊細化し退廃化した都市において」無能な弁護士たちに適用されている様子しか知らなかったことにあるのだが、一方ではプロイセンの本質は田舎や中小都市に現れている。第二に、私権を国制全体よりも重要だとみなす民法学者の高慢さにもよるのだが、一方では私法が公法において欠落しているならば最良の私法といえども何の役にも立たない。[17] まさにその完全性のゆえに、ラント法は一種の国制学として妥当しうる。新法典の編纂に際しては、君主的虚栄の他になお別のものが働いていた。「非常に繊細な技術的要素と政治的要素との協調」である。これは上手くいったようだ。プロイセンにあっては農民さえもが法制度を「なにか忠実なもの、誠実なもの、非常に厳かなもの」と思い、ラント法の箇所を開くことによって愚かな訴訟から免れているという――他の資料からも知られるように、まったく的確な観察である。[18] 国民の法典を編纂しようとのフリードリヒ大王の意図は、上手くいったようだ。「ラント法は、法的観点からするならば、我が国民にとって、ルターの聖書翻訳と同様に重要なものです」。その他のドイツでも期待された状態に、こうして到達したということである。

このアルニムの手紙の価値は、まさにラント法への的確な解説にあるのであって、いずれにせよ留保を付して伝えられたサヴィニーの一般的な基本原則に対する異議にあるわけではない。したがって、それについて個別的に立ち入る必要はない。[19] だがそれは、次のように述べられるかぎりにおいてである。すなわち、ここでサヴィニーの歴史的な立場とアルニムの現実的な態度の対立が明らかになるのは、自然詩と芸術詩の問題（一八一一年）が現れた、ヤーコプ・グリムとアルニムと論争の場合と同様の意味においてなのである。[20]

続いて生じる一連の出来事から反論を聞くことは、サヴィニーにとっては心地よいものではありえなかった。[21] 彼は一八一四年十一月十五日付で、ヤーコプ・グリムに宛ててこう書いた。「アルニムは私の本について、長いあいだ貴方と論争してきたのと同様に、論争してきました。ここでの彼の考えによれば、ラント法は素晴らしく恩恵的なものであって、どの時代も法形成力を有しており、それは現実に欲求や要望から生じたなどというのです」[22]。アルニムに対して、サヴィニーは手紙での短い回答に限定したようにみえ、詳しい口頭での交渉は留保した。だがアルニムは、第二の手紙が示すように、この問題について一度始めた手紙での思想交換を中断することはなかった[23]。彼はティボーと混同されることは望まず、いかなる新しい立法をも望まないが、諸国民の宿命がそれを呼び出すのが止められない場合には、阻むことはできないと説明している。ついでながら、近代的な立法作業との取り組みの高慢な拒絶は、最終的には若い法律家たちが古い立法への関心をも失い、法律家たちは単なる実務によって養成されるというところに容易に行き着くことだろう。なおも長いあいだサヴィニーとアルニムの往復書簡にみられる問題は発酵し続けたようで、両者において一定の感情の縺れがなかったわけではない。こうして一八一六年十一月二十二日付のアルニム宛の手紙で、サヴィニーはなおもアルニムの表向きの非実務的な見解に反論する。法律家は、領邦《ラント》の諸法律――またしてもラント法が考えられているのは明白だ――を、説明する課題を有しているのであって、何故ならこうした立法は形式においても内実においても殴り書きだからだ、というのである[24]。アルニムは彼の立場を一八一七年一月三日付の手紙でヤーコプ・グリムにあらためて理解させようとしたが、それはサヴィニーがラント法についての講義の課題を引き受けることまでは求めず、専門的ローマ法学にとっての彼の業績を完全に承認しながらも、ラント法とマルク荘園法と地方法についても講義できる者の大学招聘を要求するものであった[25]。その後、彼は疲れ果てて、これがこの問題における最後の言葉だと述べたのである。だがアルニムは、果たして真のドイツ的な民衆法[26]を聞き入れることを要求する意志をもって、実り豊かな穀粒を蒔いたのだろうか？　周知のように、サヴィニー自身は、一八一九年にＡＬＲ

の講義を開始したが、これはなお四回繰り返された[27]。サヴィニーはこのことをただちにアルニムに伝えたが、もとより次の懐疑的な意見を付したうえであった。すなわち、私はこの仕事から精神的生活を得られるかは分からないが、私に必要な内在的な反感を乗り越える義務には気づいている、という意見である[28]。しかしながら、サヴィニーの先入観は、この講義においてプロイセン法のためにあえて現実的な理解と真正な好意の種を蒔くには、あまりに根を張ったものであった[29]。

アルニムは、サヴィニーのそのような矛盾を踏まえて真の偉大さを認識し、その『中世ローマ法史』に当然の称賛を与えることで客観的には満足した。第一巻への謝意は、一八一五年五月初めのヴィーパースドルフ発の手紙でベッティーナのみが感情の溢れた言葉でもって表したとはいえ[30]、彼女は贈り物としてブリリアント・ダイヤ付きの時計鎖を同封した。確かなことだが、すべてがアルニムの了解なしになされたはずはない。のちにサヴィニー教授は、一八二二年四月四日付の手紙の冒頭にみられるように、第三巻に関して「詳細にかつ共感をもって」彼女自身に手紙を書いた[31]。この返信の中でサヴィニーはアルニムに、私は仕事全体の計画をけっして変えなかった、と説明しようとした。サヴィニーは、続刊において文化史的な詳細をもっと強く引き合いに出すことを約束して、最終的には『王冠の番人』にも言及した。この第一巻（一八一七年）について、王太子は非常に評価して続篇に関心をもっていることを表明したという。「君の心の友」――この手紙はこう締め括られている。

**原注**

（1）Stoll, Bd.2, S.106ff., 110ff.（Briefe 262-264, 266, 267, 269, 271）.

（2）Stoll, Bd.2, S.106（Brief 262）.

（3）Stoll, Bd.2, S.117（Brief 273）.

（4）Stoll, Bd.2, S.117（Brief 274）.

（5）Stoll, Bd.2, S.123（Brief 280）.

（6）Steig, ZRG, Germ. Abt, Bd.13, 228ff. シュタイクは、関連するアルニムの二通の手紙を初めて公表したが、残念ながら正確な日付を欠いている。Hans Thieme, Die preußische Kodifikation, in: ZRG, Germ. Abt., Bd.57, Weimar, 1937, S.355ff., bes. 407. 次いでティーメが、この問題を再度取り上げた。彼はのちになって（Der junge Savigny, S.63）、アルニムがサヴィニーに偽りの調子を聞き取っていたことに気づいた。

（7）『使命』の多くの基本思想が、一八一〇年春のサヴィニーからバング宛の手紙が示すように（Stoll, Bd.1, S.416）、すでに長いあいだサヴィニーの中に形成し始めていたとするならば、自然法時代の三つの法典についての『使命』第七節（Jaques Stern, Thibaut und Savigny, Berlin, 1914, S.102ff.）は、いずれにせよ一八一四年には性急に、一般ラント法の予備知識なしに書き上げられたのであって、熟成してはいなかったことになる。Thieme, Die preußische Kodifikation, S.409.

（8）Steig, Bd.3, S.363.

（9）Dichterjuristen, Bd.1, S.9f.

（10）Stern, S.119.

（11）Stern, S.125.

（12）Stern, S.120.

（13）Stern, S.124.

（14）Stern, S.157.

（15）一八一四年十月末のブレンターノからサヴィニー宛の手紙。Vgl. Wilhelm Schellberg u. Friedrich Fuchs, Das unsterbliche Leben, unbekannte Briefe von Clemens Brentano, Jena, o. J., 1942, S.491f.（Brief 209）. ブレンターノは、彼が「綱領論文」を理解したことを、たしかに誇りに思っていた。もっとも、これに付け加えることを彼は知っていたのであって、その理解は表面的なものに留まっていた。

（16）シュタイクにおける日付の欠如にも拘わらず、アルニムのこの最初の手紙は論文の送付後あまり時を置かなかったと思われる。

（17）その際アルニムは、あるハノーヴァー人の、おそらく裁判所吏員の経験を明示的に指している。彼はしばしば絶望的になったのだが、というのも彼は貧困者たちを訴訟費用でもって没落させねばならなかったからである。『ドローレス伯爵夫人』における裁判事情についての叙述をも参照。

（18）Thieme, Die preußische Kodifikation, S.405. Vgl. Hans Brandt, Das preußische Volksgesetzbuch, in: Zeitschrift für die gesamten Staatswissenschaften, Bd.100, 1940, S.337ff. ここではもちろんＡＬＲそのものではなく、例の一七九三年出版の『プロイセン国の居住者のための法律に関する授業』が論じられている。これは、ＡＬＲの真の創案者であるカール・ゴットリープ・スヴァレツが、共著者クリストフ・グロスラーとともに、ＡＬＲの法を民衆に親しませる意図で編集したものである。

（19）その際アルニムは、新しい法律すべての賛美者であることからは、かけ離れていた。西部ドイツにコード・シヴィルが導入されたが、これはドイツの慣習と矛盾するものであり、彼はそれには拒絶的に対応した。Lenz, S.107.

（20）この対立の詳細につき、Vgl. Steig, Bd.3, S.115ff. 要約につき、Steig, ZRG, German. Abt., Bd.13, S.233f. ――ついでながらこの問題においては、ヤーコプ・グリムとヴィルヘルム・グリムのあいだの意見の相違もあり（Steig, Bd.3, S.122ff.）、これについてはさらにサヴィニーが一八一一年四月九日付の手紙で意見を表明している（Stoll, Bd.2, S.68f., Brief 233）。

（21）サヴィニーはまったく一般的に、アルニムは現存するものへの批判をことごとく拒絶するが、あらゆる実在するものへの極度に保守的態度も非難するはずだ、と考えたようだ。一八一五年十二月十一日付の手紙。Stoll, Bd.2, S.150（Brief 307 末尾）.

（22）Stoll, Bd.2, S.128（Brief 284）.

（23）Steig, ZRG, Germ. Abt., Bd.13, S.232f.

（24）Stoll, Bd.2, S.210f.（Brief 319）.

（25）Steig, Bd.3, S.362f.

（26）Lenz, S.107f. は、アルニムの目標を、始原的にゲルマンの法的感覚を基礎とするドイツ民衆法と特徴づけている。ちなみにアルニムは、ヤーコプ・グリムの『ドイツ法古事誌』（一八二八年）の書評を書いた。Steig, Bd.3, S.583, 596ff.

（27）Thieme, Die preußische Kodifikation, S.410.

（28）一八一九年五月三十日付の手紙。Stoll, Bd.2, S.257（Brief 350）. アイヒホルンに対する同様の知らせが伝えられている。Stoll, Bd.2, S.267, Note 2.

（29）Thieme, S.410f. Vgl. Ernst von Meier, Savigny, das gemeine Recht und der Preußische Staat im Jahre 1818, in: ZRG, German. Abt., Bd.30, Weimar, 1909, S.318ff.

（30）「貴方の本は大いに気に入りまして、まったく我を忘れるほどでした」。Andacht zum Menschenbild, S.201（Brief 136）.

（31）Stoll, Bd.2, S.286f.（Brief 371）.

六　一八一四年以降の手紙

心の友——これは若干の相違点にも拘わらずまさに基低音なのであって、これには一八一四～一八三一年に及ぶサヴィニーからアルニム宛のすべての印刷された手紙が同調している。[1] これらは、すべてが同等に重要なわけではない。だがサヴィニーが旅先からアルニムに宛てて出した、いくつかの手紙類が目立っている。こうしてこの往復書簡に、一八一七年夏の旅行の印象についての叙述を負うことになる。この旅行では、サヴィニーはグンダと上の二人の子どもを伴って、グライフスヴァルトを経てリューゲン（プトブス）、シュトラールズント、ロストック、リューベック、キールに赴いた。[2] その際、ちょうど出版されたアルニムの『王冠の番人』が、格好の旅の読み物となった。[3] サヴィニー一家にアルニムの偉大な演劇『瓜二つ』（一八一九年）にも興味を示させようとしたベッティーナの試みが、果たして成功したかは分からない。[4] またサヴィニーの過労による神経性の頭の病を和らげるために、保養旅行が二十年代に必要となった。[5] というのは、一八二三年の三月にサヴィニーはアルニムに報告したようだが、サヴィニーの病気は、実務的・法律的な仕事を被る可能性をもっぱら回避するものであり、さらに彼には気力も仕事への意欲も欠けているというのである。[6] それゆえに一八二三年の夏に人気のシュラーゲンバートへの湯治旅行に出発したのだが、アルニムはサヴィニーの私的な旅行用馬車のために馬を手配した。[7] 病気がその後の数年でいっそう敏感に煩わしく進行したので、サヴィニーは一八二六年の夏に、一年間完全に休養することを決意して、イタリアへの旅行を企て、[8] ジェノヴァ、フィレンツェ、ローマを経てナポリに赴いた。サヴィニーがそれぞれ長く滞在したフィレンツェとナポリ近郊のカステルラマーレ発信の、アルニム宛の手紙がある。一八二六年十二月二十八日付フィレンツェ発の手紙では、[9] 君は悪い病状に善処したのだというアルニムの思いやりのある言葉に、サヴィニーは心から感謝している。[10]

手紙から気づかされるのは、アルニムはこの旅行のあいだベルリンからの重要な知らせの仲介者であったということだ。[11] 一八二七年七月のカステルラマーレ発信の手紙[12]は、サヴィニーの非常に興味深い旅行の印象を含んでいるが、彼は南イタリアの国民性をイタリアの他の地域のそれよりはるかに高く評価する傾向がある。いずれにせよその手紙は、病状の目立った改善がないにも拘らず、サヴィニーがそこでも無為に過ごしていないことを示している。[13]

すでにシュトルによって公開されている一八一四〜一八三一年に及ぶサヴィニーからアルニム宛の手紙が、必ずしも完全な蒐集であることを意味するものではないとしても、アルニムの返信は、おそらく少なからぬ分量であるが、[14] 従来ほんの一部しか印刷され公開されてこなかった。[15] 一定の補充となるヴィーパースドルフ発信のベッティーナからサヴィニー夫妻宛の手紙だが、[16] そこからはベーアヴァルデ地方でのアルニム夫妻および七人の子供たちの田舎暮らしの生き生きとした様子を知ることができる。たとえアルニムが田舎の孤独や精神的刺激の欠如に時に悩んだとしても、彼はけっして荘園領主《グーツヘル》の義務を疎かにはしなかったし、召使いや農民との麗しい家父長的関係の中で暮らしていた。[17] ベッティーナも、彼女の知り合いたちが少なからず驚いたことには、世話女房ないしは勤勉な荘園領主婦人として夫妻のこれまでの芸術家的な生活様式とは異なる新しい任務に順応した。[18] 彼女は、この生活様式の中に「そこから肥料と塩とが余生のすべての上に広がる、真の堆肥場所」をみていた。[19] また彼女がアルニムと一致していたのは、種蒔きと植え付けが、そして蒔かれたものと植えられたものを享受することが、人々との交際を代替しうるということである。もちろん、「地上の天使」であるサヴィニーとの交際を例外としてだが。[20] 彼女がかつて記したことがあるように、様々な世帯道具の他になくて困るのは、サヴィニーとグンデだけであった。[21] もちろん、あり得ないことではないが、ベッティーナは相も変わらぬ生活をしばしば重荷としても感じていた。「手紙を書くことも、ここでは消え去っていきます。ここでは一日中、一年中、愛すべき生活の全体において何も起きません。だからこそ足や手を挙げてみるのですが。

……すべての考えは、置かれた状況から出てくるものなのです」[22]。とはいえ、気分転換がなかったわけではない。サヴィニー夫妻がしばしばヴィーパースドルフにやって来たし、アルニム夫妻ももっと頻繁にベルリンに赴き、あるときはベッティーナの、あるときはアルニムの長距離の旅行も単調さを破るものとなった。

プロイセンの農地改革[23]の時代に、アルニムは政治的および法的な諸問題によって息つく暇もなかったが、これらの諸問題はその財産法上の効果のゆえに直接に彼に襲いかかった。一八一七年一月三日付のヤーコプ・グリム宛の手紙において、アルニムは基本的に自分自身が、荘園領主と農民の諸関係に関するハルデンベルクによる規制の友であることを認めている[24]。その規制とは、自由な土地に自由な農民を創出するかぎりにおいてであるのだが。だが彼が予感したところでは、古い束縛の解消は好都合な結果のみをもたらすわけではない。というのもそれは、土地所有の現金化を惹き起こすからである。まさにこうした立法は、彼には学問的改訂を早急に必要とするように思えた[25]。まさに過渡期にあって、土地所有者にとって重大な困難が生じたのは事実である。それはアルニム夫妻にも財政的な心配事を理解させることになった[26]。総じてアルニムは、フォン・シュタインの改革を、例のベンツェンベルクの、つまりハルデンベルク賛美者の著作に関する論評において、アルニムが部分的に慎重かつ事細かに批評して、ハルデンベルクの改革よりもましだと捉えていたように思える[27]。ハルデンベルクの行政の多くの細目に立ち入らねばならないだろうが、シュタイクによってアルニムの非常に重要なこの政治的論述を歴史的な関連の中で評価してみたい。アルニムの基本的傾向は、こうである。すなわち、シュタインとハルデンベルクのあいだに距離を設けることと、国民形成のために多くのことをなし続けている貴族の功績の擁護とである。その際、アルニムを度量の狭い反動的な貴族的視点の下に置く必要はない。彼はすでに『伯爵夫人ドローレス』において、こう書いていた。

……地上では誰もが貴族的ということで、
貴族は農民にならねばなりません。[28]

たとえアルニムが舞台を十六世紀に移したとはいえ、短編小説『教会法』（一八二二年）は、時代に即した教会政策的な諸問題への皮肉から免れるものではなかった。[29]

一八三〇年のフランス七月革命の大波はプロイセンにも広がるだろうというアルニムの心配を――ブレスラウとアーヘンでは不穏な状態に、ベルリンでは笑うべき喧噪の状態になっていた[30]――、サヴィニーは一八三〇年九月十一日および二十六日付の二通の手紙で軽く慰めてやった。[31] 二番目の手紙は、まだ公表されていない九月二十日付のアルニムの書簡に対する返信であるが、諧謔の調子に満ちている。サヴィニーがその中で伝えているのは、「ドレスデンでの領邦改革への優れた提案」への寄与として、ある劇場理髪師がローマ法の廃止を提案したということである。理由はこうだ。ローマ法は兄弟間の相続除斥を許すので、理髪師の金持ちの兄は劇場と関係しているゆえに彼を相続から除斥しようとしていると聞いた。だから早めに用心せねばならないのだと。これがアルニム宛の最後の手紙になったようだ。このマルク共同体の貴族は、すでに一度一八一六年に生死に関わる病いを患い、[32] 一八二八年に西部ドイツへの湯治旅行で健康状態の回復を試みたものの、一八三〇／三一年の変わり目に重い病気に罹って、[33] 一八三一年一月二十一日に死んだ。五十歳の誕生日の数日前であった。神経性の衝撃によるもので、ヴィーパースドルフの農場で音もなく倒れ、当地の庭園に埋葬されたのである。[34]

## 原注

（1）印刷された手紙を完全に列挙するならば、Stoll, Bd.2 においては、一八一四年分として Briefe 262-264, 267, 269,271, 273/74, 280（最後の三点は、すでに『使命』との関連で知られている）が挙げられる。また一八一五年分として Briefe 288, 291, 294/95, 298,307 が挙げられる。一八一六～一八二〇年分としては、Briefe 314, 319（Vgl., Dichterjuristen, Bd.1, S.112, Note 24）, 328, 333/34, 346, 350（Vgl., ebda., S.112, Note 28）があり、その後の十年分としては Briefe 364, 367, 371（ebda., Note 31）, 381/82, 391, 393-395, 397, 399, 415, 418, 441/42 がある。

（2）Stoll, Bd.2, S.227ff.（Briefe 333 u. 334）. とりわけ際立つのは、リューベックについての「旅の王冠」という言葉と、キールについての言葉である（S.230）。

（3）Stoll, Bd.2, S.227, Note 5.

（4）Andacht zum Menschenbild, S.224.

（5）Vgl., Stoll, Bd.2, S.189ff.

（6）Stoll, Bd.2, S.299（Brief 382）.

（7）この旅行に関する手紙。Stoll, Bd.2, Nr. 391, 393-395, 397. 一八二三年七月のベッティーナからサヴィニー宛の手紙をも参照。Andacht zum Menschenbild, S.234f.（Brief 153）.

（8）空き家になるベルリンのサヴィニー邸を借用する許可に関する、一八二六年夏のベッティーナからサヴィニー宛の手紙。Vgl., Andacht zum Menschenbild, S.234f.（すでに一度言及した Brief 153）.

（9）Stoll, Bd.2, S.333f.（Brief 415）.

（10）グンダ・サヴィニーによる追悼は、こう記している。「貴方たちの愛情はいつも彼を癒します。そして彼は今や貴方たちをとても必要としています」。Stoll, Bd.2, S.334.

（11）一八二六年十月十日付のアルニムからサヴィニー宛の手紙。Andacht, S.241f.（Brief 155）.

（12）Stoll, Bd.2, S.336ff.

（13）Vgl. Friedrich Karl von Savigny, Juristischer Unterricht in Italien, in: Vermischte Schriften, Bd.4, Berlin, 1850, S.309ff. 彼が訪ねた大学、講演、知己と学識者の関係について等の記述がみられる。

（14）サヴィニー遺稿の中にアルニムからサヴィニー宛の手紙も現存することを、フックスは Andacht, S.5f. において明示的に言及している。

（15）それらの返信は、これまでの叙述においてすでに活用した。

(16) Andacht, S.190ff.（Briefe 130-155).

(17) このことは、『ドローレス伯爵夫人』にみられる世襲領主の裁判権や田舎の祭りの叙述にも反映している。

(18) Stockmann, S.253. ベッティーナの主婦および母親としての気配りを、彼女の娘マクセも伝えている。Vgl. Johannes Werner, Maxe von Arnim, Tochter Bettinas/ Gräfin von Oriola, Leipzig, o. J., S.42ff.

(19) Andacht, S.206（Brief 139 vom November 1815).

(20) Ebda., S.201（Brief 136 vom Mai 1815).

(21) Andacht, S.199（Brief 134 vom April 1815).

(22) Andacht, S.232（Brief 152 um Neujahr 1823).

(23) 農地改革につき、Vgl. Adolf Zycha, Deutsche Rechtsgeschichte der Neuzeit, Weimar, 1937, S.284ff. さらなる文献の記述につき、S.288.

(24) アルニムは、一八一一年の当該の法律および一八一六年に発令された改正を明らかに示唆している。

(25) Steig, Bd.3, S.363f.

(26) Stockmann, S.224f.

(27) アルニムのこの論述は、全集版には収録されていないが、Zeitschrift Isis, 1821, Bd.5, Sp. 426-437 にみられる。それは私には入手できなかった。私はそれを、Steig, Bd.3, S.509ff. の報告からのみ知ることができた。アルニムがグリム兄弟にそのことについての意見を求めたとき（Steig, Bd.3, S.507）、善良なヴィルヘルム・グリムは、アルニムの論文を読むのを厭わず、それを価値の高いものとした（Steig, Bd.3, S.520）。――ハルデンベルクに対するアルニムのほとんど人格的な嫌悪につき、Vgl. Lenz, S.72.

(28) Steig Ausgabe, Bd.2, S.64.

(29) Vgl. Steig, Bd.3, S.509. これについてのヴィルヘルム・グリムの立ち入った意見。Steig, Bd.3, S.519.

(30) Stoll, Bd.2, S.419, Note 1.

(31) Stoll, Bd.2, S.418f.（Briefe 441, 442).

(32) このことにつき、一八一六年四月のベッティーナからサヴィニー宛の手紙を参照。Andacht, S.210ff.（Briefe 142,143).

(33) なおアルニムは一八三一年一月十八日付で、サヴィニーに宛てて遅い回復について報告しようと思った。Andacht, S.246.

(34) Andacht, S.246. アルニムの死についての一八三一年一月二十三日付のサヴィニーからグリム兄弟宛の通知もある。一八三一年二月一日付のグリム兄弟宛のベッティーナの美しい手紙は、Steig, Bd.3, S.620ff. で印刷された。

## 七　アルニムとベッティーナ

アルニムとベッティーナの結婚に関して、正しい姿を描くのは簡単ではない。ベッティーナは非エロス的な天性をもっていたが、ますます精神上の魂の友的な関係に身を捧げるようになった[1]。彼女が後年ファルンハーゲン・フォン・エンゼに語ったところによれば、私は夫をもともと愛していたわけではなく、ただ畏敬の念から結婚したのであったし、夫は彼の子供たちの母親として私を選ぶという名誉を与えてくれた、というのである[2]。ベッティーナにとってアルニムは、市民的制度としての、つまり義務ないし所有としての結婚によって、例のロマン主義的・憧憬的な夢想的崇拝の領分から押し出されたという点については、大いに正しい。この夢想的崇拝は、彼女をゲーテ、シュタディオン、ヤコービ、フライベルク、ヘッスリ、シュライエルマッハー、ナトゥージウスに寄せたものであるのだが[3]。外から眺めれば、非常に奇妙で、いずれにせよ最高の幸福に恵まれたわけではない結婚という印象があったようだ[4]。とりわけアルニムは、彼女が信奉する仲間たちの中心にいる社交の場で妻と一緒になると、引き揚げることを好んだ。それはともかく、この結婚の一つの幸福は、七人の子供に恵まれたことであった。すなわち、四人の息子（フライムント、ジークムント、フリートムント、キューネムント）と、三人の娘（のちにオリオラ伯爵夫人となるマクセ[5]、フレミング伯爵夫人となるアルムガルト、ヴィルヘルム・グリムの息子ヘルマン・グリムと結婚するギゼラ）である。これらの子供たちは――夭折したキューネムントを除いて――、ブレンターノとアルニムの名前と血統と天分とを彼らの後裔に伝えた。後裔たちのうちアルムガルト・フォン・フレミングの二人の娘、エリザベート・フォン・ハイキング（一八六一～一九二五年）は『届かなかった手紙』の著者であり、またイレーネ・フォルベス＝モッセ（一八六四年生まれ）はやはり女流作家として名を成した。

アルニムとベッティーナの子供たちは、両親からサヴィニーを愛し崇拝することを受け継いだ。彼らの従兄弟たるサヴィニーの息子たちとの関係は、最高であった。他方でグンダ・フォン・サヴィニーは、あらゆる儀礼を嫌うベッティーナ以上に、アルニムの娘マクセとアルムガルトの社会的経歴に関して面倒をみた。(6)最後になるが、ベッティーナの娘たちがその友人仲間と一緒に、一八三八年にサヴィニーの誕生日の祝賀会を供したときの、敬愛ぶりの叙述があるという。祝いの日のために、「真面目歌劇」(opera seria)として「サヴィニーと法の女神《テミス》、台本および剽窃した音楽：ヨハンナ・マシュー、演出：カロリーネ・バルドゥア」が上演された。(7)この歌芝居《ジングシュピール》の基本構想は、こうであった。すなわち、神々が集まって、テミスが秩序を維持して以来、我々の行為が制約されてしまったと不平をこぼす。軍神マルスは、軍刀で殴る機会を無くしてしまった。狩りの女神ディアナは、林務官によって密猟の罪を問われた。商業神メルクールは、窃盗の現場を押さえられて、司法官試補によってすでに尋問され危ないところを辛うじて逃れた。そして、テミスが恋愛神アモールによって傷つけられるところで終わる。法の女神テミスが、アモールの矢に当てられて、目の覆いを引き裂いたとき、女神はサヴィニーに相対して彼に夢中になる。今や他の神々もフォン・サヴィニーの偉大さを確信して、彼を敬愛すべく一斉にベルリンに引っ越す。またテミスは、最高神ジュピターの指示によって月桂冠をサヴィニーの頭に乗せる。この歌芝居の配役はこうだ。すなわち、マクセがテミスの役、アルムガルトがディアナの役、ギゼラがアモールの役であった。

サヴィニーは、姪たちおよびその友人仲間から成るコーヒー党の詩人的・演劇的・音楽的な能力を何度も利用して、大臣時代のあいだに催した祝典を精神豊かな上演によって美しいものにしたのである。(8)

**原注**

（1）このような認識は、手紙についてのフックスによる感情移入的な解題文の功績である。Andacht, bes. S.75ff.,162ff., 245ff.
（2）Andacht, S.164.
（3）Andacht, S.245.
（4）Andacht, S.245.
（5）Vgl. Johannes Werner, Maxe von Arnim.
（6）Werner, S.74ff.
（7）Werner, S.54ff.
（8）Werner, S.143f. u. 157.

［編者ザイフェルト例言：「サヴィニーとアルニム」の章は、断篇に留まっている。遺品の中に見出された構想によれば、それは――前に提示された「サヴィニーとクレメンス・ブレンターノ」の章、および（実現しなかった）「サヴィニーとベッティーナ」の章と一緒に――「サヴィニーをめぐる詩人たち」の問題圏に属するであろう。サヴィニー＝ブレンターノ章および予定されたサヴィニー＝ベッティーナ論に対応して、サヴィニー＝アルニム研究も二つの部分に分節されている。第一部は人間的な関係を扱い、第二部は詩人の仕事にみられる法を扱っているのである。この第二部「アルニムの文学における法」は、もはや執筆されることはなかった。］

## ゲーテとサヴィニー――訳者解説――

### 一　ヴォールハウプター著『詩人法律家』と本書との関係

本書は、Eugen Wohlhaupter, Dichterjuristen, 3 Bde., hrsg. v. H. G. Seifert, Tübingen, J. C. B. Mohr（Paul Siebeck）, 1953, 55, 57のうち、第一巻からの編訳である。すなわち、「ヨハン・ヴォルフガング・ゲーテ」「フリードリヒ・カール・フォン・サヴィニーとクレメンス・ブレンターノ」「フリードリヒ・カール・フォン・サヴィニーとアヒム・フォン・アルニム」の三つの章を、『ゲーテとサヴィニー』なる標題のもとに一冊にまとめたものである。同じ原書からは、すでに『詩人法律家』と題して編訳しているので、本書はその続篇に相当する。

原著および原著者については、『詩人法律家』の訳者解説の中でやや詳しく紹介したこともあり、ここでは要点のみを確認するに留める。オイゲン・ヴォールハウプターは、一九〇〇年に生まれ第二次大戦終了直後の一九四六年に病死したドイツの法学者であるが、彼は十八世紀から十九世紀にかけてのロマン主義の時代を中心に、法学と文学の境界上に生きた人物群を〈詩人法律家〉と名付けて、膨大な思想史的研究を遺した。原著『詩人法律家』は、ヴォールハウプターの死後、弟子のH・G・ザイフェルトが未発表のものを含む二十二篇の論文を故人の構想にしたがって編集した論文集である。

〈詩人法律家〉（Dichterjurist）という方法的な枠組みは、ドイツ・ロマン主義の主要な担い手たちの生き方を直感的に捉えた卓抜な呼称であり、その魅力的な響きとも相まって、読者を一気にロマン主義の時代へと誘ってくれる。まことに彼らの時代は、啓蒙主義ならぬ歴史主義、普遍主義ならぬ民族主義、個人主義ならぬ全体主義の時代であった。

要するにフランス流の単純な近代化に抗して、近代なるものと前近代なるものとがせめぎ合いつつ、ドイツ独自の国家建設を模索していった時代といえよう。もっとも、ヴォールハウプター自身は〈詩人法律家〉について明確な定義づけをおこなっているわけではないので、なんらかの意味で法学と芸術の世界に関わった者を一括して〈詩人法律家〉と呼んでしまうような傾向がある。たとえば、シューマンは大学の法学部に入学したとはいえ、法学より音楽に向いていることを確認したにすぎなかったし、師のティボーは職業としての法学と趣味としての音楽をうまく使い分けていた。ホフマンも同様であったけれども、彼は裁判官と作家とを兼職できた希有の存在であった。そしてハイネは詩人としての存在が際立って知られているけれども、その諷刺的な時事詩は、彼がまがりなりにも法学博士であったことによって解釈が可能になる。彼らについての論文は、前書『詩人法律家』に組み込んで訳出しておいた。

彼らに比べて、本書で論じられるゲーテとサヴィニーは、詩人としても法律家としても成功した〈詩人法律家〉であった。成功したとは世俗的にすぎる言い方かもしれないが、他に適当な言葉が見つからないので取りあえずそのように表現しておく。

周知のように、ゲーテは小国とはいえワイマール公国における君主の個人的な友人であり、実質的な総理大臣であった。彼は単なる客分であったのではなく、政治家としてワイマール公国の財政改善のために鉱山開発事業などを指揮している。征服者ナポレオンに対面しえたのも、文豪であったというよりも、同国の代表としての政治的立場のゆえであった。ヴォールハウプターは、ゲーテの文学作品について詳細な分析を試みているけれども、『若きヴェルテルの悩み』にせよ『ファウスト』にせよ、主人公の言動は司法官試補なり行政官としてのゲーテ自身の実体験が反映していることを、ヴォールハウプターは内在的に証明している。

同様のことは、サヴィニーについても指摘できる。サヴィニーもプロイセン王国にあっては、国王の個人的な友人であり実質的な総理大臣であった。彼は歴史法学派の領袖としてかつてティボーの立法論に反対したが、のちに引き受けた大臣の正式名称は立法改訂大臣であった。これはサヴィニーの側からすれば、法学を踏まえた立法ということで、単なる変節というより歴史法学の一貫性の証明である。だが三月革命時にベルリンの王宮に迫った革命派からみれば、その瞬間サヴィニーは反革命の象徴であった。それはともかく、サヴィニー自身は法学者ではあっても文学者ではなかった。にも拘わらず、ヴォールハウプターはサヴィニーを〈詩人法律家〉の典型としている。なぜならサヴィニーは、多くの詩人と家族的な交流をもつことによって、ロマン主義者たちの文学的活動のみならず、ときには法学的活動をも支援し続けたからである。たとえば、グリム兄弟やブレンターノ一家との交流であるが、この交流は結果としてサヴィニーと彼らとが縁戚関係になるほどに密なものであった。

ヴォールハウプターの〈詩人法律家〉研究において物足りないのは、グリム兄弟を主題的に扱っていない点であるが、彼がもう少し長生きしていれば必ずや彼らを典型的な〈詩人法律家〉として論じたことであろう。しかしながら、これは無い物ねだりとせねばならない。その代わりにブレンターノ一家については詳細に論じられている。ここでブレンターノ一家というのは、クレメンスと妹のベッティーナ、およびベッティーナと結婚したアルニムの面々である。サヴィニーもまた、クレメンスのもう一人の妹と結婚したので、この意味ではブレンターノ一家の一員であった。

それればかりではない。ブレンターノ一家は、ゲーテとも深い関係を結んでいる。というのも、ゲーテ家とブレンターノ家とは、ともに商都フランクフルトを代表する有力な上層市民層であって、なんと両家はフランクフルトにおいて隣り合わせに住んでいた。ブレンターノ家の広い庭は、少年ゲーテの格好の遊び場であった。後年になって、ベッティーナはゲーテとの往復書簡を公表したり、彼にベートーヴェンを引き合わせたりするのだが、そうしたことを可能にしたのもゲーテ家とブレンターノ家の古い付き合いが背景にある。さらにゲーテとサヴィニーを結びつけるに際しても、ブレンターノ一家が仲介者的な役割を果たしている。ゲーテとサヴィニーの関係については、後述する。

さて、ヴォールハウプターの原著第一巻に収められた三つの論文に関して、少し述べておきたい。まず、本書第一章に配置した「ヨハン・ヴォルフガング・ゲーテ」であるけれども、これは雑誌等に未発表の長大な論文である。その原型は、Recht und Rechtswissenschaft in Leben und Dichtung Goethes, in: Schwäbischer Heimatbote, Günzburg, 1931, Nr. 4 u. 5（ゲーテの生涯および文学にみられる法と法学）と思われるが、編者のザイフェルトも認めるように、分量からいっても本書第一章に訳出したゲーテ論とは比べるべくもない。ただシュヴァーベン地方の郷土誌に発表されたこの原型論文が、ヴォールハウプターの一連の〈詩人法律家〉研究の最初のものであることには留意したい。彼にとってはゲーテこそが、最も典型的な〈詩人法律家〉であったということだろう。

第二章の「フリードリヒ・カール・フォン・サヴィニーとクレメンス・ブレンターノ」は、バイエルン国の歴史雑誌であるZeitschrift für bayerische Landesgeschichte, Bd.14, 1944, S.282-390においてすでに公表された論文である。これにも原型的なものとして、Der Dichter und der Jurist, Zur Beziehung Clemens Brentanos und Friedrich Karl von Savignys, in: Frontsoldatenbriefen der Kieler rechts- und staatswissenschaftlichen Fakultät, Heft 3, September 1942（詩人と法律家、クレメンス・ブレンターノとフリードリヒ・カール・フォン・サヴィニーの交友関係）がある。クレメンスはサヴィニーより半年ほど年長で、のちにサヴィーニが妹のグンダの伴侶となることにより、クレメンスにとってサヴィニーは義弟ということになるのだが、冷静なサヴィニーは奔放なクレメンスの庇護者的な立場で一貫していた。クレメンスも一時は法学を志したものの、彼の文学的才能に比して法学的能力は著しく欠けていた。他方サヴィニーは、法学者としての名声を着実に築いていった。この対照的な二人が交流を続けられたのは不思議なほどだけれども、ここには妹たちの仲介だけでなく、サヴィニーのほうに文学に対する憧れのようなものがあったとしか考えられない。

それと明言しているわけではないのだが、サヴィニーには文学者を保護する義務感があったとさえ思える。サヴィニーはクレメンスに財政問題や離婚問題が生じるたびに、物心両面の支援をおこなっている。またクレメンスからみて、サヴィニーは畏敬すべき義弟であった。彼の『薔薇の物語』という連作物語詩には、自室で書物に囲まれて座っている「若き、賢き博士」が登場するが、これはボローニア大学に実在した法学教授ヤコポーネを指し示しながらも、誰もがベルリン大学教授サヴィニーを想起せずにはおれない。さらにゲーテが造形したファウスト博士をも彷彿とさせるだろう。

第三章の「フリードリヒ・カール・フォン・サヴィニーとアヒム・フォン・アルニム」も、未発表の論文である。これはおそらく、戦争末期の文字どおり戦火の中で書かれたもので、そのせいか分量的にも非常に短くしかも未完成の論文である。アルニムは貴族身分の出身で、ゲッティンゲン大学で法学を学び、前近代的なドイツの政治状況にも強い関心を抱いていた。この意味では、アルニムはクレメンスよりもサヴィニーに近い心情をもっていたといえる。もとよりアルニムもロマン主義的な文学運動の推進者であった。クレメンスとブレンターノの共同作品であった『少年の魔法の角笛』は、民衆歌謡の側面からドイツの民族的同一性を確認することによって、グリム童話集の露払い的な役割を果たした。ヴォールハウプターによれば、クレメンスとアルニムは夫婦関係に擬えられることもあり、その場合クレメンスは妻にアルニムは夫に譬えられたという。これよりも注目すべきは、サヴィニーの歴史法学の出発点となった綱領論文たる『立法および法学に対する現代の使命について』の最初の読者はアルニムであったという指摘である。これについては実はグリム兄弟も同様であって、いずれにせよサヴィニーは原稿の段階で、弟子のグリム兄弟と友人のアルニムに対して綱領論文を送付したのであった。ヴォールハウプターの論文は、アルニムの反応についてのみ紹介している。

サヴィニーとアルニムの関係をめぐる論文は未完成に終わったけれども、ヴォールハウプターはサヴィニーとベッティーナの関係についても論文を計画していた。これは彼の死によって実現しなかったが、第二論文と第三論文にはクレメンスやアルニムを主題としながらも、当然ながら随所にベッティーナのことが言及されている。しかしながら、ヴォールハウプターがベッティーナ論を書いたならば、必ずやゲーテとベッティーナの関係が詳論されたはずであり、無い物ねだりとはいいながらも、このことも惜しまれる。

以上、本書を構成する三つの論文に即して簡単に解説してきた。三つの論文はこの順序で書かれたものと思われるが、そこには戦争の進展とこれに伴う執筆の状況が如実に反映している。第一章のゲーテ論はこれだけで一冊の書物になるような詳細なものであり、第二章のサヴィニー＝クレメンス論は単独の論文として順当な分量から成っている。ところが第三章のサヴィニー＝アルニム論は前二者に比べて極端に短く、「アルニムとベッティーナ」の説で唐突に終わっている。戦火の中、病魔に侵されることによって、ヴォールハウプターの命が燃え尽きたということである。わずかに四十六年の生涯であった。

こうした事情のために、本書はきわめてバランスの悪い構成になっている。ゲーテ論だけで書物にしたほうがまとまりが良かったかもしれないが、訳者としてはサヴィニー論やブレンターノ一家論にどうしても陽の目を浴びさせたかったし、それはゲーテ論の補論としても充分に意義を有すると信じたい。読者のご理解を得たいところである。にも拘わらず、本書の表題としては、ブレンターノ一家を差し置いてゲーテとサヴィニーの名前を前面に出した。このことの理由に関しては、あらためて次節で述べる。

## 二　本書の標題『ゲーテとサヴィニー』に関して

体系的な書物である場合には論外だが、原著は〈詩人法律家〉を共通の主題とした論文集である。全三巻の原著をそのまま完訳すると、おそらく日本語では標準的な版の組み方で全部で六巻程度の膨大な翻訳書になるであろう。このことは訳者の能力からしても当初から断念し、それに代えて原著の構成を見直して、要するに訳者の関心に応じて二巻程度の分量に整理するという次善の策を採用した。もちろん、それぞれの論文は一応独立しているので、注を含めて全訳した。抄訳ではなく、編訳とした所以である。

翻訳の順序としては、前著『詩人法律家』に収録したティボーやホフマンやハイネを先行させたのだが、ゲーテやサヴィニーのような超大物を前に逡巡したというのが正直なところで他意はない。なにしろゲーテは誰もが知る世界的文豪であり、サヴィニーは近代法学の最大の功労者である。もっとも、読み始めるとわかるが、ヴォールハウプターが実際に描くのは、専門的法学の勉学に悩む若きゲーテであったり、ブレンターノ一家に振り回される若きサヴィニーの姿であって、当初敬遠していた気むずかしい天才の偉人伝ではない。訳者としては、この点に大いに共感を覚えた。ただし矛盾するようだが、そのことは安易な「人間ゲーテ」や「人間サヴィニー」像を意味するものでもない。ヴォールハウプターは、全体としてはやはりファウスト的な二人の天才と取り組んでいる。彼らが法学と文学という「二つの魂」をもった〈詩人法律家〉であったことは、ことさらに強調するまでもない。

前にも触れたが、クレメンス・ブレンターノの『薔薇の物語』に登場する、大量の書物に囲まれた「若き、賢き博士」は、二人のファウスト博士たるゲーテとサヴィニーを想起させる。彼らの書斎には法学書ばかりでなく、『少年の魔法の角笛』や『グリム童話』に繋がる文学書も架蔵されていたにちがいない。ドイツ・ロマン主義は彼らの書斎から生み出されたのである。
最初に原著『詩人法律家』を読んだとき、訳者を最も惹き付けたのは、ゲーテとサヴィニーの「類似性」に関する記述であった。それは壮年期を過ぎたゲーテと青年サヴィニーが出会った際に、サヴィニーのある種の老成ぶりの中に、ゲーテがもう一人の自分を見出したことにも現れている。具体的に二人が互いに何を感じ取ったかは推測するしかないが、訳者はそこで、以前に読んだ別の研究者によるゲーテとサヴィニーの比較を思い出した。それは自由法学を提唱したヘルマン・カントロヴィッツのサヴィニー論の中に出てくる（Hermann Kantorowicz, Savigny and the Historical School of Law, in: ders., Rechtshistorische Schriften, Karlsruhe, 1970, S.421. ヤーコプ・グリム『郷土愛について――埋もれた法の探訪者の生涯』稲福日出夫編訳、東洋企画、二〇〇六年、二九六頁以下をも参照）。

サヴィニーはゲーテと比較されてきた。実際、彼らの生涯は著しい、ほとんど奇妙な類似性を有している。彼ら二人は裕福なプロテスタントの家系の出で、ゲーテは上層中流階級の出身、サヴィニーはのちに官僚に転じた封建貴族の出身である。サヴィニーの知るかぎり最も古い祖先は、リチャード獅子心王の下で十字軍に参加した。両者はフランク族の末裔で、ともにフランクフルトに生まれた。ゲーテは一七四九年、サヴィニーはその三十年後である。両者とも八十二年間生きて、サヴィニーはゲーテより三十年後の一八六一年に死んでいる。両者はそれぞれ最初の主著の公表とともに、ヨーロッパの名士になった。ゲーテの場合には一七七三年の歴史劇『ゲッツ』によって、サヴィニーの場合には一八〇三年の概念詩『占有権論』によって。二人とも二十三歳のときであった。両者はそれぞれの分野で仕事を始めたそのときから、最も偉大な人物とみられていたし、彼ら自身、古今東西で最大の詩人もしくは最大の法学者として、多くの人々から称えられながら生涯を送った。だが彼らが死んだときには、その名声と影響は、自国においてもすでに傾いていた。両者はそれぞれ教え子でもあった君主に仕え、各々七年足らずのあいだだが大臣になった。両者は反動主義者ではなかったが、革命を嫌った。両者は壮年時代にはオリンポスの神々のように超然としていたが、このことを多くの人々は誤って冷淡で自惚れが強いと解した。両者は日常生活においてはやや衒学的で、はるか先まで仕事の計画を立て、これを体系的に準備し、それぞれの大作（magnum opus）、『ファウスト』と『中世ローマ法史』に五十年を費やした。両者はしばしば苦痛を伴う病気に罹ったものの、すさまじい仕事師であった。両者は古典的作品への崇拝を中世のロマン的な愛と結びつけた。彼らはまた、互いに共通の賛美者と家族の絆によって繋がっていた。ゲーテの精神的子供ベッティーナ・ブレンターノは、サヴィニー夫人の妹であるが、サヴィニーの誕生日の際には、陽気な性質でよく知られているゲーテの母親が、彼女のフランクフルトの隣人ブレンターノ家にやって来て、サヴィニーの健康のために乾杯し彼を称えて歌っては、正午から翌日の一時まで過ごすのであった。ベッティーナのゲーテ宛の手紙の中に、ゲーテの母親は七十七歳にもなるのに翌朝なんともなかった、とあるのを読むとほっとする。

長い引用になってしまったけれども、カントロヴィッツのこの文章は、期せずして本訳書『ゲーテとサヴィニー』の要領のいい要約になっている。カントロヴィッツがヴォールハウプターのゲーテ論を読んだはずはないが、こうしたゲーテ＝サヴィニー理解は少なくとも法学界ではむしろ共通の前提となっていたとさえいえる。だとすればなおさらに、ブレンターノ一家の媒介者的な役割を飛び越えてでも、本書の標題を「ゲーテとサヴィニー」とするしかないだろう。そう決めてしまえば、ともに功なり名を遂げた二人の肖像までが似て見えてくるから不思議である。無計画な訳者の些かの弁明を含めて、そう断言しておく。

ヴォールハウプターの原著のうち、本書で訳出した範囲にかぎっても、登場人物たちの関係から気づかされることは他にもある。たとえば、フランクフルトのゲーテ家とブレンターノ家とが裏庭を通じて隣り合わせであったということである。ゲーテの生家は、現在はゲーテ記念館の一部として、残っているが、当時「金頭館」と呼ばれたブレンターノ家は、絵画や古い写真でしか確認できない。また、サヴィニーがランツフート大学で教鞭を執っていた時期に彼が住んだ家は、少し前までアンゼルム・フォイエルバッハが住んでいた同じ家である。近代私法学と近代刑法学を切り拓いた二人の偉大な法学者が同じ家に寄宿したことがあるとは、思想史的な大事件ではないだろうか。なにしろヴォールハウプターは、ゲーテとサヴィニーの類似性を敷衍して、ゲーテ的なサヴィニーとシラー的なフォイエルバッハに言及してさえいるのである。だとすれば、ワイマールの国民劇場の前に立つゲーテとシラーの有名な銅像は、思想史的には、サヴィニーとフォイエルバッハの関係を象徴していることにもなる。

こうしたことは、アドルフ・シュトルの浩瀚なサヴィニー評伝に掲載されている古い写真がすでに示唆していたのだが、迂闊なことにヴォールハウプターに指摘されて初めて知ることになった。かくして次々に研究課題は増殖していく。だから思想史は面白い。

この種の際限なく広がりそうな問題提起はともかくとして、原著者のヴォールハウプターについても今一度簡単に論じておきたい。彼は自叙伝のようなものを遺しているが、瞥見するかぎり、そこには彼の政治思想は明示されていない。ヴォールハウプターは、ドイツ南部出身の熱心なカトリックであるけれども、ミュンヘン大学での勉学を経て、プロテスタント色の強いドイツ北部のキール大学で教職に就いた。いうまでもなく、大戦前夜のナチス全盛の時代である。カトリックとナチスとは親和的でもあったので、彼のナチス観をぜひとも知りたいところではあるが、私的な自伝にも反ナチス的な言及は見出せない。ということは、ヴォールハウプターは程度はともかく親ナチス的であったということだろう。率直にそう考えることによって、彼のロマン主義への共感に関してもむしろ理解が深まるはずである。

ナチスの亡霊との距離によって、学問的価値を計るというそれ自体非学問的な態度からはそろそろ解放されるべきではないだろうか。ちょうどファウストが、最後にはメフィストフェレスから解放されて神に救済されたように。前書『詩人法律家』の訳者解説でも触れたが、ドイツ本国においてもヴォールハウプターは、大戦の終了直後に歿したことは別にしても、「ナチス国家における法学」の枠組みの中で辛うじて忘却を免れているにすぎない。キール大学の同僚であったラートブルフのフォイエルバッハ論を読み、そこに注としてのみ挙げられているヴォールハウプターの名前を見るにつけ、そうした感を抱かざるをえない。しかしながら、彼の〈詩人法律家〉研究は、資料的制約はあるにしても、今日でも正当に評価されるべき思想史の宝庫である。訳者としての贔屓目は承知のうえで、そのように強調しておきたい。

ヴォールハウプターの文章は、挿入句が多いことや、とくに法史学的な専門用語を普通名詞のように表記していることが多くて、けっして訳出しやすいものではない。複雑な構造の文章については言葉の順序を入れ替えるなどの工夫をしたが、これをやりすぎると著者が連合軍の空襲の下で命をかけて書き続けた切迫感のようなものが失われてしまうので、基本的にはむしろ直訳に近い翻訳を心がけた。また専門用語については、鉤括弧を付すなどして文章から浮かび上がらせたが充分ではない。それからヴォールハウプターの癖として、書物等の標題のほとんどが省略形で表記されている。『ゲッツ・フォン・ベルリヒンゲン』を『ゲッツ』、『立法および法学に対する現代の使命について』を『使命』と表記する類いである。これについては、正式な標題に拘ると文章の流れを妨げかねないので、原文に従った。

論文集ということもあり原著には索引はないが、読者の便宜のために別途作成した。専門的文献の翻訳の場合、これも読者のためには訳者による補注は付けるのが望ましく、実際にも途中までそれを試みたのだが、膨大になることが必至で、完成までになお数年を要することになりそうなので断念した。すべて訳者の言い訳である。ご寛恕いただきたい。

その代わりにはならないけれども、冒頭の「凡例」で表記上の原則を提示し、さらに「主要人物相関略図」と「原著概要」を掲載した。「原著概要」は、原著 Dichterjuristen の全貌と、前書『詩人法律家』および本書『ゲーテとサヴィニー』の関係を把握するのに役立つだろう。結果として、原著のうちまだ訳出していない多くの論文を明らかにすることにもなっている。訳者にとっての宿題といえようが、完訳する自信はない。

原著所収の各論文は、基本的にはそれぞれの〈詩人法律家〉の生涯と、作品にみられる法的・国家的問題の分析という二部構成から成っている。本書の第一章ゲーテ論も第二章サヴィニー＝クレメンス論も、その方針を踏まえている。だが第三章のサヴィニー＝アルニム論は、そうではない。未完成のゆえといえばそのとおりだが、別の視点から眺めると、第三章の前半は修業時代・遍歴時代・壮年期といったように、ゲーテの『ヴィルヘルム・マイスター』を思わせる構成であり、後半はサヴィニーの『立法および法学に対する現代の使命について』が公表された一八一四年を軸に展開されて、これが本格的に書かれなかった「アルニムとベッティーナ」の節に続いている。死の直前に執筆されたこの未完の論文は、ヴォールハウプター自身の研究計画を予示しつつ、〈詩人法律家〉研究の後継者にその完成を迫っているかのようである。そしてサヴィニーとブレンターノ一家の関係の先には、サヴィニーとグリム兄弟の関係が論じられたにちがいない。それこそ、訳者個人にとってさらに歓迎すべき〈詩人法律家〉論となったことであろう。

## 主要人物相関略図

ヨハン・ヴォルフガング・ゲーテ (Johann Wolfgang Goethe, 1749-1832)
(求婚)
マクシミリアーネ・フォン・ラローシュ (Maximiliane von Laroche, 1756-1793)
(結婚)
※
ペーター・アントン・ブレンターノ (Peter Anton Brentano, 1735-1797)
クレメンス・ブレンターノ (Clemens Brentano, 1778-1842)
(結婚)
(再婚)
ゾフィー・メロー (Sophie Mereau, 1770-1806)
アウグステ・ブスマン (Auguste Bußmann, 1791-1832)
※
クニグンデ・ブレンターノ (Kunigunde Brentano, 1779-1863)
(結婚)
フリードリヒ・カール・フォン・サヴィニー (Friedrich Karl von Savigny, 1779-1861)
ベッティーナ・ブレンターノ (Bettina Brentano, 1785-1859)
(結婚)
ギゼラ・フォン・アルニム (Gisela von Arnim, 1827-1889)
アヒム・フォン・アルニム (Achim von Arnim, 1781-1831)
(結婚)
ヤーコプ・グリム (Jacob Grimm, 1785-1863)
ヴィルヘルム・グリム (Wilhelm Grimm, 1786-1859)
(結婚)
ヘルマン・グリム (Hermann Grimm, 1828-1901)
ドロテーア・ヴィルト (Dorothea Wild, 1795-1867)

# あとがき

ヴォールハウプターの膨大な論文集“Dichterjuristen”のうち、昨年刊行の『詩人法律家』に続いて『ゲーテとサヴィニー』出版の運びにいたった。これによって前書のティボー、シューマン、ホフマン、ハイネに加えて、本書ではゲーテ、サヴィニー、ブレンターノ一家（クレメンス、アルニム）関連の論文を訳出したので、あくまで私の関心からすればだが、原著の主要部分をお示しすることができたと思う。

訳者自身の感想としては、優れた法律家は優れた詩人だが、優れた詩人は優れた法律家とは限らない、といったところだろうか。つまり、〈詩人法律家〉には、シューマンやハイネやクレメンス・ブレンターノのように、あまりに芸術家的個性が強すぎて法学なり市民的生活の秩序の枠から逸脱せざるをえない人々と、芸術家的天分を充分に有しながらも、なおかつ法学や市民的生活の枠組みに留まりうる人々がいるということである。後者の典型がゲーテであることは論を待たない。ヴォールハウプターもゲーテ論に最大の精力を注いでいる。数多あるゲーテ論の中で私がヴォールハウプターのものに惹かれるのは、この天才ゲーテをサヴィニーに重ね合わせてみる視点である。サヴィニーは、世代こそ異なるがゲーテの同時代人とすることができる。彼は歴史法学を樹立することによって近代私法学を完成した、十九世紀ドイツの最大の法律家である。昔も今も法律家は無味乾燥の代表のように捉えられるところ、その過度の論理主義を整えたのがサヴィニーであって、実際にも詩人的業績を遺したわけではないのだから、彼を〈詩人法律家〉の範疇に入れるのは困難にも思える。ところが不思議なことに、サヴィニーの身辺からはブレンターノ兄妹、アヒム・フォン・アルニム、そしてグリム兄弟といったロマン主義者たちが輩出しているのである。ゲーテとサヴィニーとは、意外に近い〈詩人法律家〉同士であったのかもしれない。

前にも書いたが、ヘルマン・カントロヴィッツはゲーテとサヴィニーの類似性を指摘している。ゲーテとサヴィニーはちょうど三十歳の年齢差でともに八十二年の生涯を送ったなどという文章を、当初は面白いと思いながらも少々こじつけが過ぎるように感じたことを記憶しているのだが、今回ヴォールハウプターの中にも同様の指摘を見出して、法思想史上の新たな局面が開けてきた。ゲーテとサヴィニーの関係についていえば、ここにはフランクフルトの上層市民の共通の教養形成が基盤になっているだろうし、なによりもゲーテ家とブレンターノ家という隣家同士の交流がサヴィニー登場の伏線になっていることが推測できる。というより、気がついてみればサヴィニーの孫弟子ともいえるイェーリングや法学史のランツベルクも同様のことを書いており、それはドイツ法学界においてはすでに常識に属することだったのかもしれない。さらにヴォールハウプターの側からみれば、勤務地のキール大学には、専門分野こそ違え、ラートブルフの後任であったカントロヴィッツがユダヤ人であるがゆえに解任されたあとに自身が招聘されたという政治的経緯さえ伏在している。これと関係あるかどうかはともかく、一九三七年に亡命先のロンドンで執筆されたカントロヴィッツのこの英語によるサヴィニー論を、ヴォールハウプターは引用していない。

あらためてカントロヴィッツを読んでみて、「概念詩」(Begriffsdichtung) というドイツ語に注目した。イェーリングはサヴィニーの歴史法学は概念法学に変質したと批判するのだが、「概念」とは汎論理主義を想起させる言葉で、およそ「詩」とは対極にあるように解される。ところが、カントロヴィッツはサヴィニーの出世作『占有権論』を「概念詩」と規定しているのである。私にとっても虚を突かれた思いだが、ここからもゲーテ=サヴィニー説における新たな問題提起が見出されるだろう。

それはすなわち、ゲーテの『ヴィルヘルム・マイスター』と『ファウスト』、およびサヴィニーの『占有権論』と『立法および法学に対する現代の使命について』の並行的関係である。各々の著作は、両者における出世作と名声を確立した代表作ということになる。著作の選び方には異論も出ようが、ヴォールハウプターは、『若きヴェルテルの悩み』よりも『ヴィルヘルム・マイスター』、『中世ローマ法史』と『現代ローマ法体系』よりも『占有権論』と『使命』に関心を寄せているところがある。また、『ヴィルヘルム・マイスター』にせよ『ファウスト』にせよ、そこに青年期のゲーテと壮年期のゲーテ自身とを確認することはさして難しいことではない。だとすれば、『ヴィルヘルム・マイスター』および『ファウスト』同様に、サヴィニーの概念詩たる『占有権論』も綱領論文たる『使命』も、一種の教養小説として読むことが可能になるということである。

念のためにいえば、教養小説《ビルドゥングスロマン》とは通常は一個の青年の精神的自己成長《ビルドゥング》の物語とされる。だが法学者のヴォールハウプターは、これに壮年を迎えた人物による法や国家の建設《ビルドゥング》の物語を接続させている。それはゲーテの場合には、ファウストによる理想の国造りの試みと挫折であり、サヴィニーの場合には法学の確立と将来の法典編纂の準備とであった。もちろん、ゲーテには現実のワイマール公国における大臣経験があり、サヴィニーはプロイセン王国の立法改訂大臣ではあったものの、未だドイツの国家的統一には至らなかったのではあるが。そして彼らを論じているヴォールハウプター自身は、一足跳びに、もしかしたらファウストとメフィストフェレスが実現させたのかもしれないナチス・ドイツの断末魔に立ち会ったのである。

「あとがき」を重苦しい話題で終えたくないので、今度はサヴィニーとフォイエルバッハの関係に目を転じたい。もっとも、近代私法学の樹立者と近代刑事法学の確立者との関係は、ヴォールハウプターにおいては、ランツフート大学在職時代にサヴィニーが住んだ家は、少し前までフォイエルバッハが住んだ同じ家であったこと以上には述べられていない。だが私にとっては、ゲーテとブレンターノの家が隣り合っていたことにもまして、大いに連想力を働かせずにはおかない。フォイエルバッハがランツフートを立ち去ってミュンヘンに移ったのは、バイエルン王国の刑法典を編纂するためであった。より普遍的な刑法学とより個別的な民法学の相違や、一領邦の立法と統一ドイツの立法の相違はもちろんあるけれども、立法という実践的行為にあってはフォイエルバッハのほうが先行していた。このことは、直接間接に民法典論争および歴史法学派の形成に関わっている。詳論は避けるが一八一四年に生じたティボーとサヴィニーの論争は、立法を時期尚早とするサヴィニーの勝利に終わったとする、つまらない見解で結論づけられるものではない。立法促進つまり法典化の思想は、ティボーのみならずフォイエルバッハやヘーゲルやガンスにも共通する根強いものであった。サヴィニーとフォイエルバッハの比較は、歴史法学派と哲学的法学派の対立をあらためて確認させることにもなるのである。

それればかりではない。ここにはヴォールハウプターと同時代を生き抜いたもう一人の著名な法学者が見え隠れする。グスタフ・ラートブルフである。彼の法哲学上の業績はよく知られているが、今日評価されるべきは、その法思想史的な仕事である。ラートブルフはゲーテ論も書いているし、なによりもそのフォイエルバッハ論は秀逸である。ヴォールハウプターもフォイエルバッハを論じるに際して、ラートブルフの業績に依拠している。そしてラートブルフもフォイエルバッハ論において、わずかながらヴォールハウプターを引用しているのである。けれども、キール大学での両者の擦れ違いに象徴されるように、この二人のあいだには直接の交流はなかった。ここにナチスとの政治的距離といったものを持ち出すのは容易だが、思想史的研究にとって固定化された枠組みは面白くない。ラートブルフは戦前においても戦後においても学界の第一線を歩み続けたが、ヴォールハウプターは戦後を生きることができなかった。こうした事実を踏まえて、あとはそれぞれの業績を内在的に評価すればいい。これも私にとっての新たな課題である。

さて、本書『ゲーテとサヴィニー』第一章のゲーテ論は、あまりにも長大であり、第二章と第三章を合わせたサヴィニー論を分量的にはるかに越えている。そのうえ、第三章のサヴィニー＝アルニム論は未完成ということもあり極端に短い。これは原著者ヴォールハウプターがゲーテ論に最も力を注いだことと、サヴィニー論をブレンターノ一家つまりクレメンス・ブレンターノ、ベッティーナ・ブレンターノ、アヒム・フォン・アルニムとの関係で論じる計画をもっていたところ、この三部作の完成を前に命が尽きたことの結果である。書物としての体裁からすればゲーテ論だけで一冊にしたほうがすっきりしたかもしれないが、そもそもゲーテ論の中でゲーテとサヴィニーの類似性に言及している以上、サヴィニー論を割愛するわけにはいかなかった。本訳書の標題をあえて『ゲーテとサヴィニー』にした所以である。

相変わらず私の関心は、法学という専門領域を逸脱して文学の世界に向けられている。社会科学が言葉の学問であるかぎり、単なる論理的記号ではなく言語の象徴性に誠実であろうとすれば、社会科学はおのずから文学になる。私にとって興味があるのは、言語の一義的意味ではなくむしろ連想可能な言葉たちである。〈詩人法律家〉なる言葉に魅力を感じたのも、私の問題意識からすれば当然のことであったのかもしれない。

私事にわたるが、本年の初春に父親を亡くし、夏には私自身が手術を受けるという思わぬ不幸に見舞われた。このこともあって予定が遅れ、御茶の水書房の橋本盛作社長と小堺章夫氏に御迷惑をかける結果になった。

二〇一三年十月三日

堅田　剛

（本書の刊行は、二〇一三年度獨協大学学術図書出版助成費による。）

# 人名索引

※ゲーテ(Johann Wolfgang von Goethe, 1749-1832)、およびサヴィニー(Friedrich Karl von Savigny, 1779-1861)については、頻出のため項目から除外した。

## ア行

アイヒェンドルフ(Joseph Freiherr von Eichendorff, 1788-1857) 4, 140, 201, 262, 445
アウグスティヌス(Aurelius Augustinus, 354-430) 338, 362, 402
アウグスト・コンスタンティン公(Ernst August Ⅱ, Konstantin) 95
アクルシウス(Accursius, -1260) 414
アーゾ(Azo Portius, ca.1150-ca.1230) 420
アックルシウス(Franciscus Accursius, ca.1185-1263) 419
アーデルハイト(Adelheit) 195-6
アーノルト(Johann Arnold, 1780-1829) 143
アポーネ(Apone) 412, 414-6, 425-6, 428
アモール(Amor) 475
アヤ(Aja) 15, 43, 80
アリストファネス(Aristophanes, B.C.ca.445-ca.385) 188
アルカス(Alkas) 216
アルテンシュタイン(Karl Freiherr vom Stein zum Altenstein, 1770-1840) 322
アルニム、A.(Achim von Arnim, 1781-1831) 4, 122, 137, 141-2, 308-9, 314, 321-3, 333-4, 336-9, 345, 350, 352, 362-3, 366, 370, 377, 379-80, 398, 400-2, 445-56, 458-65, 468-71, 474-5
アルニム、G.(Gisela von A., 1827-89) 474-5
アルニム、K.(Karl Otto von A., 1779-) 447
アルフォンス二世(Alphonse Ⅱ, 1174-1209) 209-10
アンティオペ女王(Antiope) 217
アンナ・アマーリア公母(Anna Amalia, 1739-1807) 95, 97
イェルザレム(Karl Wilhelm Jerusalem, 1747-72) 76
イフィゲーニエ(Iphigenie) 215-7
イフラント(August Wilhelm Iffland, 1759-1814) 235
イルネリウス(Irnelius, ca.1050-ca.1130) 419

インマーマン（Karl Leberecht Immermann, 1796-1840） 4, 125, 140, 196
ヴァイセ（Christian Felix Weise, 1726-1804） 50
ヴァーグナー、H.（Heinrich Leopold Wagner, 1747-79） 49-50, 59, 140, 148
ヴァーグナー、R. （Richard Wagner, 1813-83） 263
ヴァルタースハウゼン（Georg Sartorius Waltershausen, 1765-1828） 138
ヴィーコ（Giambattista Vico, 1668-1744） 113
ヴィトコプ（Philipp Witkop, 1880-1942） 210
ヴィーラント（Christoph Martin Wieland, 1733-1813） 69-70, 96, 104, 116, 122, 320-2, 327, 330
ヴィレマー（Marianne von Willemer, 1784-1860） 135
ヴィンケルマン（August Winkelmann, 1780-1806） 187, 330, 332-3, 345, 348, 409-10
ヴィンター（Peter Winter, 1754-1825） 378
ヴェルテル（Werther） 36-7, 52, 77-8, 133, 200-1, 207, 449
ヴェルナー（Zacharias Werner, 1768-1823） 4, 142
ヴォルテール（Voltaire, 1694-1778） 76, 188
ウーツ（Johann Peter Utz, 1720-96） 50
ウーラント（Ludwig Uhland, 1787-1862） 139-40, 166
ウルピアヌス（Domitius Ulpianus, ca.170-228） 418
ヴルピウス（Christiane Vulpius, 1765-1816） 115
ウンターホルツナー（Unterholzner） 373, 378, 385
エウリピデス（Euripides, B.C.ca.485-ca.406） 215
エグモント（Lamoraal Egmont, 1522-68） 87, 197-9, 207, 221
エッカーマン（Johann Peter Eckermann, 1792-1854） 77, 152, 164, 168, 172
エピメテウス（Epimetheus） 234-5
エピメニデス（Epimenides） 236-7, 239
エルネスティ（Johann August Ernesti, 1707-81） 37, 77
エルペノール（Elpenor） 217
オイゲーニエ（Eugenie） 228-33
オーウェン（Robert Owen, 1771-1858） 244
オーケン（Lorenz Oken, 1779-1851） 166-7, 169
オットー一世（Otto Ⅰ, 912-973） 54
オデュッセウス（Odysseus） 451
オーレンシュラーガー（Johann Daniel von Olenschlager, 1711-78） 17-9, 23-4,

43, 247
オルト(Johann Philipp Orth, 1698-1783) 16-7

**カ行**

ガイウス(Gaius, ca.130-ca.178) 418
ガウプ(Ernst Theodor Gaupp, 1796-1859) 139
ガーゲルン(Hans Christoph Freiherr von Gagern, 1766-1852) 8
カピート(Ateius Capito, 1C.) 418
カラス(Jean Calas, 1698-1762) 76
カール大公(Karl, Ludwig Johann, 1771-1847) 367
カール五世(Karl Ⅴ, 1500-58) 99
カール七世(カール・アルベルト) (Karl Ⅶ, 1697-1745) 13, 23
カール・アウグスト公(Karl August, 1757-1828)) 70, 86, 95-6, 98-99, 102, 165-7
カルプツォウ(Benedikt Carpzov, 1595-1666) 53-4, 60
ガンス(Eduard Gans, 1798-1839) 139
カント(Immanuel Kant, 1724-1804) 49, 122, 136, 175, 311
キケロ(Marcus Tullius Cicero, B.C.106-43) 418, 421
キュヴィエ(Georges Leopold Chretien Frederic Dagobert Cuvier, 1769-1832) 170
ギュンデローデ(Karoline von Gunderode, 1780-1806) 48, 81-2, 336
グーターマン(ラローシュ) (Sophie von Gutermann, 1731-1807) 320-2, 327-8
クードレー(Clemens Coudray, 1775-1845) 164
クネーベル(Karl Ludwig Knebel, 1744-1834) 104, 122
グノッソ(Paila Walpurger Brentano Gnosso, 1744-70) 319
クライスト(Heinrich von Kleist, 1777-1811) 196, 210, 459
グライム(Johann Wilhelm Ludwig Gleim, 1719-1803) 6
グラッベ(Christian Dietrich Grabbe, 1801-36) 140, 210
グリム、E.(Emil Grimm, 1790-1863) 381
グリム、H.(Hermann G., 1828-1901) 474
グリム、J.(Jacob G., 1785-1863) 61, 308, 311, 315, 323, 336, 363, 367, 374, 380-3, 430, 462-4, 470
グリム、W.(Wilhelm G., 1786-1859) 308, 311, 336, 380-1, 383, 430, 462, 474
グリルパルツァー(Franz Grillparzer, 1791-1872) 4, 144
クリンガー(Friedrich Maximilian Klinger, 1752-1831) 76, 141, 410

グレゴリウス九世(Gregorius Ⅸ, 1145-1241) 47
クレッテンベルク(Suzanne von Klettenberg, 1723-77) 43, 46, 83, 247
グレートヒェン(Gretchen) 26, 59, 261, 266, 273, 279-81, 288, 292
クロイツァー、F.(Friedrich Creuzer, 1771-1858) 310, 323, 456
クロイツァー、L.(Leonhard C.) 310, 346, 368
グロティウス(Hugo Grotius, 1583-1645) 25
クロプシュトック(Friedrich Gottlieb Klopstock, 1724-1803) 6, 96
クンクタトール(Fabius Cunctator, B.C.275-203) 315
ケストナー(Christian Kestner, 1741-1800) 75-6, 79, 85, 145
ゲーテ、A.(August von Goethe, 1789-1830) 7, 115-6, 136, 144-5, 151, 172
ゲーテ、C.(Cornelia von G., 1750-77) 13, 73
ゲーテ、J.(Johann Kasper G., 1710-82) 11-3
ゲーテ、W.(Walther von G., 1818-85) 145, 152, 163
ケラー(Gottfried Keller, 1819-90) 52
ゲレス(Joseph von Gorres, 1776-1848) 323, 336, 377, 461
ゲレルト(Christian Furchtegott Gellert, 1715-69) 37
ゲンツ(Friedrich von Gentz, 1764-1832) 168
コーイング(Helmut Coing, 1912-2000) 194
コッタ(Johann Friedrich Cotta, 1764-1832) 133, 148
コッツェブー(August von Kotzebue, 1761-1819) 126, 169
ゴットシェト(Johann Christopf Gottsched, 1700-66) 37
コッホ(Christoph Wilhelm Koch, 1737-1813) 61-2, 274

**サ行**

ザイラー(Johann Michael Sailer, 1751-1832) 361, 371, 373-5, 378, 383, 385, 402-3, 428
サヴィニー、K.F. (Karl Friedrich von Savigny, 1814-75) 401
サヴィニー、B.(Bettina von S., 1805-36) 404
サビヌス(Massurius Sabinus, -ca.64) 417-8
ザルツマン(Johann Daniel Salzmann, 1722-1812) 45-6, 49, 60-1, 68
サン=シモン(Claude Henri de Rouvroy Saint-Simon, 1760-1825) 244
ザント(Karl Ludwig Sand, 1785-1820) 169
シェイクスピア(William Shakespeare, 1564-1616) 49, 150, 260, 290
シェーネマン(リリー) (Anna Elisabeth Schonemann, 1758-1817) 84, 86

シェープフリン（Johann Daniel Schopflin, 1694-1771） 45, 61-2
シェリング（Friedrich Wilhelm Josepf von Schelling, 1775-1854） 123, 373-4, 377, 412, 428
ジョフロワ（Geoffroy Saint-Hilaire, 1772-1844） 170
シスモンディ（Jean Charles Leonard Sismondi, 1773-1842） 244
ジッキンゲン（Franz von Sickingen, 1481-1523） 196
シナス（Komstantin Schinas, 1801-57） 404
シャイロック（Shylock） 290
シュヴァルツェンベルク（Karl Philipp Schwarzenberg, 1771-1820） 168, 386
シュタイン、C.（Charlotte von Stein, 1742-1827） 96, 102, 146, 172, 243
シュタイン、F.（Fritz von Stein, 1772-1844） 146
シュタイン、K.（Karl Freiherr vom und zum Stein, 1757-1831） 366, 470
シュトゥルーヴェ（Friedrich Gottlieb Struve, 1676-1752） 24
シュトル（Adolf Stoll） 307, 315, 328, 386, 456, 469
ジュピター（Jupiter） 85, 475
シュペー（Friedrich von Spee, 1591-1635） 431
シュミット、Ca.（Carl Schmitt, 1888-1985） 4
シュミット、Ch.（Christian Heinrich Schmid, 1746-1800） 72
シュライエルマッハー（Friedrich Ernst Daniel Schleiermacher, 1768-1834） 370, 474
シュラークリヒター（Liebetraut Schlaglichter） 194
シュルティング（Schulting） 52
シュレーゲル（Friedrich Schlegel, 1772-1829） 323, 348
シュロッサー、H.（Hieronymus Schlosser） 68-9, 79
シュロッサー、J.（Johann Georg Schlosser, 1739-99） 19-20, 37, 39, 57, 68-9, 71-3, 79, 81, 112, 410
ショーペンハウアー（Johanna Schopenhauer, 1766-1838） 32
シラー（Friedrich von Schiller, 1759-1805） 106, 123, 130, 132, 135-6, 149, 226, 250, 327
シンケル（Karl Friedrich Schinkel, 1781-1841） 336
ソクラテス（Sokrates, B.C.470-399） 71
ゾンマーフェルト（Martin Sommerfeld, 1894-1939） 215

## タ行

タキトゥス(Cornelius Tacitus, ca.55-115) 134
タッソー(Torquato Tasso, 1544-95) 209-12
ターフィンガー(Wilhelm Gottlieb Tafinger, 1760-1813) 139
ダベロフ(Christoph Christian Dabelow, 1768-1830) 447
ダールベルク(Karl Theodor Anton Maria von Dalberg, 1744-1817) 121
チェリーニ(Benvenuto Cellini, 1500-71) 188
ツェルター(Karl Friedrch Zelter, 1758-1832) 60, 152, 167
ディアナ(Diana) 215-7, 475
ティーク(Ludwig Tieck, 1773-1853) 151, 353, 409, 445, 455
ディドロ(Denis Diderot, 1713-84) 149, 188
ディーペンブロック(Melchior von Diepenbrock, 1798-1853) 402-3
ティボー(Anton Friedrich Justus Thibaut, 1772-1840) 122, 136, 144, 313-4, 379, 401, 461-2, 464
ティーメ(Hans Thieme, 1906-2000) 313, 462
テクストーア、J.(Johann Jost Textor, 1739-92) 15, 38, 79, 85
テクストーア、K.(Katharina Elisabeth T.) 11, 13
テクストーア、W.(Johann Wolfgang T., 1693-1771) 11, 14-5, 85
テミス(Themis) 38, 475
トーディ(Jacopone da Todi, ca.1230-1306) 414
トマジウス(Christian Thomasius, 1655-1728) 18, 53
トラウマン(Ernst Traumann, 1859-1923) 3, 45, 59-61
トリボニアヌス(Tribonianus, -546) 419

## ナ行

ナポレオン(Napoleon Bonaparte, 1769-1821) 128, 132-5, 143, 176, 189, 200, 218, 221, 227, 233, 235-7, 366-7, 379, 399-400
ニコライ(Christoph Friedrich Nicolai, 1733-1811) 52, 69, 78
ニーブール(Barthold Georg Niebuhr, 1776-1831) 459
ノイラート(Constantin von Neurath, 1739-1816) 310, 328

## ハ行

バイエルレ(Franz Beyerle, 1885-1977) 462

ハイネ（Heinrich Heine, 1797-1856） 140
ハイネッキウス（Johann Gottlieb Heineccius, 1681-1741） 25, 33, 45
ハインゼ（Johann Jakob Wilhelm Heinse, 1746-1803） 209
バウキス（Baukis） 286, 292
パウル（Jean Paul, 1763-1825） 163
パウルス（Heinrich Eberhard Gottlob Paulus, 1761-1851） 115, 123
パウルス（Julius Paulus, 4C. 前半） 418
バッハオーフェン（Johann Jakob Bachofen, 1815-87） 113
ハドリアヌス皇帝（Pubulius Aelius Hadrianus, 76-138） 418
パピニアヌス（Aemilius Papinianus, ca.140-212） 418
ハーマン（Johann Georg Hamann, 1730-88） 49, 452
ハラー、A.（Albrecht von Haller, 1708-77） 193
ハラー、K.（Karl Ludwig von Haller, 1768-1854） 352
バルドゥス（Ubaldis Bardus, 1327-1400） 52
ハルデンベルク（Karl August Furst von Hardenberg, 1750-1822） 470
ハルトゥング（Fritz Hartung, 1883-1967） 3, 164
バルバロッサ（フリードリヒ一世）（Friedrich Ⅰ, 1123-90） 416
バンク（Bang） 310, 328, 337, 351, 365, 367, 374, 397
パンドラ（Pandora） 234
ビュッシング（Johann Gustav Gottlieb Busching, 1783-1829） 52
ピュッター（Johann Putter, 1725-1807） 18, 54, 120, 193
ヒュープナー（Rudolf Hubner, 1864-1945） 3, 23
ビュルガー（Gottfried August Burger, 1747-94） 140-1
ヒラー（Johann Adam Hiller, 1728-1804） 50
ビールショフスキー（Albert Bielschowsky, 1847-1902） 33, 115, 212, 225, 248, 281, 288, 292
ピンダロス（Pindaros, B.C.522-442） 49
ファウスト（Faust） 8, 71, 128, 261-75, 278-95
ファウスト（ゲオルク）（Johannes Faust, ca.1480-ca.1540） 260
ファルク（Nikolaus Falck, 1784-1850） 314
ファルンハーゲン・フォン・エンゼ（Karl August Varnhagen von Ense, 1785-1858） 167, 399
フィヒテ（Johann Gottlieb Fichte, 1762-1814） 122-3, 127
フィランジェリ（Gaetanoi Filangieli, 1752-88） 112, 252

フィレモン(Philemon) 286, 292
フェーア(Hans Fehr, 1874-1961) 428
フェットミルヒ(Vincenz Fettmilch, -1616) 21
フェリペ二世(Felipe Ⅱ, 1527-98) 198
フェレンベルク(Philipp Emanuel von Fellenberg, 1771-1844) 255
フォイエルバッハ(Paul Johann Anselm von Feuerbach, 1775-1833) 99, 122, 136, 311-2, 361, 371-3, 410-1, 421
フォス(Johann Heinrich Voß, 1751-1826) 76, 125, 142, 144, 453
フーゴー、G.(Gustav Hugo, 1764-1844) 138-9, 146, 447
フーゴー、P.(Hugo de Porta Ravennate) 419
ブスマン(Auguste Busmann, 1791-1832) 336, 345, 347, 355, 362, 366, 412
ブッフ(Charlotte Buff, 1753-1828) 76, 79
フーバー(Eugen Huber, 1849-1923) 232
フーフェラント(Gottlieb Hufeland, 1760-1817) 122, 361, 372
プーフェンドルフ(Samuel Pufendorf, 1632-94) 25
フライベルク(Max Prokop von Freyberg) 379, 381-2, 384, 474
フランツ一世(Franz Ⅰ, 1708-65) 23
ブラント(Susanna Margarethe Brandt, 1746-1772) 261
フーリエ(Francois Marie Charles Fourier, 1772-1837) 244
フリードリヒ二世(大王) (Friedrich Ⅱ, 1712-86) 15, 95, 133, 447, 463
フリードリヒ・アウグスト選帝侯(Friedrich August Ⅰ, 1670-1733) 35
フリードリヒ・ヴィルヘルム四世(Friedrich Wilhelm Ⅳ, 1795-1861) 314
ブルーメンバッハ(Johann Friedrich Blumenbach, 1752-1840) 447
ブルンス(Karl Georg Bruns, 1816-80) 311
ブレンターノ、B.(Bettina, Brentano, 1785-1859) 113, 137, 141, 308-310, 316, 321, 326, 330, 333-4, 338, 345, 348, 352, 361, 367, 372, 378-9, 381, 384-5, 397-400, 403, 446, 449, 452, 455-6, 458, 461, 465, 468-70, 474-5
ブレンターノ、Ch. (Christian B., 1784-1851) 321, 326, 386, 399, 402-3, 413
ブレンターノ、Cl. (Clemens B., 1778-1842) 142, 306-8, 310-1, 314, 316, 323, 325-39, 345-55, 361-2, 365-8, 370, 377-8, 380, 397-404, 408-12, 415-20, 425, 428-32, 434-5, 445-6, 448-52, 455, 462, 474
ブレンターノ、F.(Franz B., 1765-1844) 320-1, 327, 335, 399
ブレンターノ、K.(Kunigunde B., 1780-1863) 311, 321, 326, 330, 352, 375, 469
ブレンターノ、P.(Peter Anton B., 1735-97) 76, 319-22, 326

ブレンターノ、S.(Sophie B., 1776-1800) 321, 326-8, 330, 346
プロメテウス(Prometheus) 202, 207, 234-5
フンク(Philipp Funk) 361, 371, 379, 385
フンボルト(Karl Wilhelm Freiherr von Humboldt, 1767-1835) 5, 123, 380, 397, 455
ヘクトール(Hektor) 56
ヘーゲル(Georg Wilhelm Friedrich Hegel, 1770-1831) 139
ペスタロッツィ(Johann Heinrich Pestalozzi, 1746-1827) 255, 374
ベッカリーア(Cesare Bonesana Beccaria, 1738-94) 35, 99, 252
ヘッベル(Christian Friedrich Hebbel, 1813-63) 201
ベートーヴェン(Ludwig van Beethoven, 1770-1827) 199, 378, 385, 435
ベーメ(Gottlieb Bohme, 1717-80) 7, 33, 36, 274
ベランジェ(Pierre-Jean de Beranger, 1780-1857) 176
ヘーリンク(Wilhelm Haring, 1799-1871) 143
ヘルダー(Johann Gottfried Herder, 1744-1803) 48-50, 69, 97, 100, 104, 114, 131, 207, 346
ヘルダーリン(Johann Christian Friedrich Holderlin, 1770-1843) 210
ヘルツリープ(Minna Herzlieb, 1789-1865) 135, 213
ヘルティ(Ludwig Heinrich Christoph Holty, 1748-76) 76
ベルティエ(Louis Alexandre Berthier, 1753-1815) 124
ヘルマン(Christian Gottfried Hermann, 1743-1813) 39-40, 44
ベルリヒンゲン(Gotz Berlichingen) 75, 195-7
ベルリヒンゲン(Gottfried von Berlichingen, 1480-1562) 193
ベンサム(Jeremy Bentham, 1748-1832) 244
ヘンゼル(Luise Hensel, 1798-1876) 337, 402
ベンツ(Richard Benz, 1884-1966) 337
ホウベン(Hubert Houben) 77, 127, 170, 203
ボッカチオ(Giovanni Boccaccio, 1313-75) 226
ホッペ(Joachim Hoppe, 1656-1712) 24, 46
ホフバウアー(Klemens Maria Hofbauer, 1751-1820) 402
ホフマン(Ernst Theodor Amadeus Hoffmann, 1776-1822) 4, 69, 140
ホムンクルス(Homunculus) 284
ホメロス(ホーマー)(Homeros, B.C.8C.) 49, 140
ポルタリス(Jean Etienne Marie Portalis, 1746-1807) 148

ホルン(Johann Horn, 1749-1806) 39-40, 68
ボワスレー(Sulpitz Boisseree, 1783-1854) 167
ホンメル(Karl Ferdinand Hommel, 1722-81) 35-6

## マ行

マイスター(Wilheln Meister) 243-50, 253-4, 257
マイヤー(Johann Christian Mayer, 1741-1821) 139
マクシミリアン一世(Maximilian Ⅰ, 1459-1519) 284
マニリウス(Manius Manillius, B.C.ca.150) 418
マリア(Maria) 288, 293, 413, 417, 423
マリア・テレジア女帝(Maria Theresia, 1717-80) 23
マルス(Mars) 475
マルチェロ(Benedetto Marcello, 1686-1739) 113, 378-9
マーロウ(Christopher Marlowe, 1564-93) 260-1
ミケランジェロ(Buonarotti Michelangelo, 1475-1564) 288
ミッターマイアー(Karl Joseph Anton Mittermaier, 1787-1867) 373, 378
ミネルヴァ(Minerva) 201
ミヒェルス(Viktor Michels, 1866-1929) 412
ミュラー、A.(Adam Heinrich von Muller, 1779-1829) 370
ミュラー、F.(Friedrich M., 1749-1825) 3-4, 104, 148, 151-2, 164, 167-9, 175
ミュラー、G.(Georg M.) 274, 279, 293-4
ミュラー、J.(Johannes von M., 1752-1809) 133
ミュレンジーフェン(Paul Müllensiefen) 130, 222
メーザー(Justus Moser, 1720-94) 54, 80, 85, 179, 193
メッテルニヒ(Klemens Wenzel Lothar Furst von, Metternich, 1773-1859) 168-9
メフィストフェレス(メフィスト) (Mephistopheles) 70, 150, 263-71, 274, 276-93
メリオーレ(Meliore) 412-7, 423, 425-8
メネラウス(Menelaos) 284, 294
メルク(Johann Heinrich Merck, 1741-91) 4, 7, 69-73, 104, 140, 147, 202, 322
メルクール(Merkur) 475
メロー(Sophie Mereau, 1770-1806) 327-9, 336, 345-8, 350-2, 370
モーザー、F.(Friedrich Karl von Moser, 1723-98) 18-9, 43, 53

モーザー、J.(Johann Jakob M., 1701-85) 18, 85
モーザー、K.(Karl Friedrich von M.) 16, 70, 247
モーゼ(Mose) 55
モーツァルト(Wolfgang Amadeus Mozart, 1756-91) 378
モハメッド(Mohammed, ca.571-632) 55
モルゲンシュテルン(Christian Morgenstern, 1871-1914) 410
モンテスキュー(Charles Louis de Secondat Montesquieu, 1689-1755) 25

## ヤ行

ヤーゲマン(Karoline Jagemann, 1777-1848) 125
ヤコービ、F.(Fritz Jacobi, 1743-1819) 103, 129, 322, 374, 474
ヤコービ、J.(Johann Georg Jacobi, 1740-1814) 148
ヤコポーネ(Jacopone) 305-6, 412-5, 417-425
ユスティニアヌス一世(Justinianus Ⅰ, 483-565) 51, 418
ユリウス・カエサル(シーザー)(Gaius Julius Caesar, B.C.102-44) 71, 104
ヨーゼフ二世(Joseph Ⅱ, 1741-90) 101, 127, 251
ヨブ(Job) 150

## ラ行

ライザー(Augustin Leyser, 1683-1752) 53-4, 274
ライヒャルト(Johann Friedrich Reichardt,1752-1814) 129, 397
ライプニッツ(Gottfried Wilhelm Leibniz, 1646-1716) 431
ラインホルト(Karl Leonhard Reinhold, 1757-1823) 122
ラウマー(Friedrich von Raumer, 1781-1873) 176
ラーエル(Rahel Antonie Friederike Varnhagen von Ense, 1771-1833) 474
ラファーター(Johann Casper Lavater, 1741-1801) 374
ラベーオ(Marcus Antistius Labeo, B.C.ca.50-A.D.ca.18) 418
ラーベナー(Gottlieb Wilhelm Rabener, 1714-71) 50
ラローシュ(Maximiliane von Laroche, 1756-1793) 76, 320, 326
ランツベルク(Ernst Landsberg, 1860-1927) 16, 72, 138, 274
ランベルタッツィ(Lambertazzi) 307, 415
リーゼ(Johann Jacob Riese, 1746-1827) 39, 68
リーマー(Friedrich Wilhelm Riemer, 1774-1845) 104, 147, 152, 164, 217
リンクザイス、J.(Johann Nepomuk von Ringseis, 1785-1809) 377-8, 381, 384,

402
リンクザイス、S.(Sebastian von R., -1809) 377-8
ルイーゼ王妃(Auguste Wilhelmine Amalie Luise, 1776-1810) 397
ルイーゼ公妃(Luise, 1757-1830) 125, 172
ルソー(Jean-Jacques Rousseau, 1712-78) 48, 55
ルター(Martin Luther, 1483-1546) 170, 375, 463
ルーデン(Heinrich Luden, 1780-1847) 134, 166
ルートヴィヒ一世(Ludwig Ⅰ, 1786-1868) 367, 371, 379
ルンゲ(Philipp Otto Runge, 1777-1810) 397, 411
レッシング(Gotthold Ephraim Lessing, 1729-81) 36, 38, 202
レーナウ(Nikolaus Lenau, 1802-50) 210
レーベン(Otto Heinrich Graf von Loeben, 1786-1825) 143
レンツ(Jakob Reinhold Lenz, 1751-92) 49, 398
ローレライ(Loreley) 337, 430

## 原著概要

**Bd.1 Inhalt**

Vorwort des Herausgebers

Präludium: Juristen und Künstler Drei Begegnungen

Friedrich Karl von Savigny und Clemens Brentano

→『ゲーテとサヴィニー』第２章

(Zeitschrift für bayerische Landesgeschichte, Bd.14, 1944, S.282-390)

Friedrich Karl von Savigny und Achim von Arnim

→『ゲーテとサヴィニー』第３章

Anton Friedrich Justus Thibaut und Robert Schumann

→『詩人法律家』第１章

(Neue Heidelberger Jahrbücher 1941, S.76-121)

Erstes Buch

Johann Wolfgang Goethe →『ゲーテとサヴィニー』第１章

Franz Grillparzer

Heinrich von Kleist

**Bd.2 Inhalt**

Vorwort des Herausgebers

Zweites Buch

Zacharias Werner

E.T.A. Hoffmann →『詩人法律家』第２章

Joseph Freiherr von Eichendorff

Ludwig Uhland

(Schmollers Jahrbuch, Bd.68, S.49-98 und S.237-278)

Christian Dietrich Grabbe

Karl Immermann

Heinrich Heine →『詩人法律家』第３章

**Bd.3 Inhalt**

Vorwort des Herausgebers

Drittes Buch

Friedrich Hebbel

Fritz Reuter

Theodor Storm

(Kieler Blätter II, 1939, S.254-271)

Gottfried Keller

(Kunst und Recht, Festgabe für Hans Fehr, Karlsruhe, 1948, S.143-219)

Josef Viktor von Scheffel

Felix Dahn

Timm Kröger

(Zeitschrift der Gesellschaft für Schleswig-Holsteinische Geschichte, Bd.72, 1944, S.64-119)

Finale: Juristen als Künstler, Namen und Probleme

→『詩人法律家』第４章

Anhang: Schicksaltragödie und Kriminalistik

(Heimgarten, Beilage zur Bayerischen Staatszeitung, vom 23. September 1927)

※既発表の論文については、下線を付し、発表紙誌等を掲げた。
その際、Ｈ・Ｇ・ザイフェルトの「編者序言」を参照した。
前書『詩人法律家』および本書『ゲーテとサヴィニー』で訳出した論文については、→を付して、章別を示した。

編訳者紹介

堅田　剛（かただ・たけし）

1950年　宇都宮市に生まれる
1975年　上智大学法学部卒業
1980年　明治大学大学院法学研究科博士課程修了
現　在　獨協大学法学部教授、法学博士（明治大学）

〔専攻〕　法思想史・法哲学
〔主著〕　『法の詩学―グリムの世界――』（新曜社、1985年）
『歴史法学研究――歴史と法と言語のトリアーデ――』
（日本評論社、1992年）
『独逸学協会と明治法制』（木鐸社、1999年）
『法のことば／詩のことば――ヤーコプ・グリムの思想史――』
（御茶の水書房、2007年）
『明治文化研究会と明治憲法――宮武外骨・尾佐竹猛・吉野作造――』
（御茶の水書房、2008年）
『ヤーコプ・グリムとその時代――「三月前期」の法思想――』
（御茶の水書房、2009年）
『独逸法学の受容過程――加藤弘之・穂積陳重・牧野英一――』
（御茶の水書房、2010年）
〔訳書〕　R・A・ニスベット『歴史とメタファー――社会変化の諸相――』
（紀伊國屋書店、1987年）
J・グリム『法の内なるポエジー』
（ドイツ・ロマン派全集第15巻、国書刊行会、1989年）
オイゲン・ヴォールハウプター『詩人法律家』［編訳］
（御茶の水書房、2012年）

ゲーテとサヴィニー――詩人法律家／続

2013年11月20日　第１版第１刷発行

著　者　オイゲン・ヴォールハウプター
編訳者　堅　田　剛
発行者　橋　本　盛　作
発行所　株式会社 御茶の水書房
〒113-0033　東京都文京区本郷5-30-20
電話　03-5684-0751

Printed in Japan　　印刷／製本　東港出版印刷

ISBN978-4-275-01039-1 C3012

詩人法律家　オイゲン・ヴォールハウプター著　堅田剛編訳　菊判・三七〇頁　価格六八〇〇円

法のことば／詩のことば　堅田剛著　菊判・三一〇頁　価格四〇〇〇円

ヤーコプ・グリムとその時代　堅田剛著　菊判・三二〇頁　価格四二〇〇円

独逸法学の受容過程　堅田剛著　A5判・三一〇頁　価格五六〇〇円

明治文化研究会と明治憲法　堅田剛著　A5判・三〇〇頁　価格四五〇〇円

芸術の至高性——アドルノとデリダによる美的経験　クリストフ・メンケ著　柿木・胡屋・田中・野内・安井訳　菊判・三六〇頁　価格七〇〇〇円

イェーナ大学講義『超越論的哲学』　フリードリヒ・シュレーゲル著　酒田健一訳・註解　菊判・三八二頁　価格八四〇〇円

モデルネの葛藤　仲正昌樹著　菊判・四〇〇頁　価格四八〇〇円

ヘーゲルとドイツ・ロマン主義　伊坂青司著　A5判・三〇〇頁　価格三二〇〇円

美的思考の系譜　水田恭平著　菊判・三二四頁　価格六〇〇〇円

ドイツ・ロマン主義研究　伊坂青司・原田哲史編　菊判・五八〇頁　価格九〇〇〇円

ドイツ・ロマン主義美学　田中均著　菊判・二三〇頁　価格四四〇〇円

御茶の水書房

（価格は消費税抜き）